普通高等教育『十三五』规划教材

应用型本科院校财会专业教改系列

政府预算管理与会计

主编 郑俊敏

立信会计出版社

图书在版编目(CIP)数据

政府预算管理与会计 / 郑俊敏主编. —上海：立信会计出版社，2019.7(2022.12 重印)
ISBN 978-7-5429-6224-9

Ⅰ.①政… Ⅱ.①郑… Ⅲ.①国家预算—预算管理—研究—中国②预算会计—研究—中国 Ⅳ.①F812.3 ②F812.3

中国版本图书馆 CIP 数据核字(2019)第 147038 号

策划编辑　蔡伟莉
责任编辑　余　榕
封面设计　南房间

政府预算管理与会计
ZHENGFU YUSUAN GUANLI YU KUAIJI

出版发行　立信会计出版社
地　　址　上海市中山西路 2230 号　　邮政编码　200235
电　　话　(021)64411389　　传　　真　(021)64411325
网　　址　www.lixinaph.com　　电子邮箱　lixinaph2019@126.com
网上书店　http://lixin.jd.com　　http://lxkjcbs.tmall.com
经　　销　各地新华书店

印　　刷　浙江天地海印刷有限公司
开　　本　787 毫米×1092 毫米　1/16
印　　张　25.75
字　　数　657 千字
版　　次　2019 年 7 月第 1 版
印　　次　2022 年 12 月第 2 次
印　　数　3 101—4 200
书　　号　ISBN 978-7-5429-6224-9/F
定　　价　55.00 元

总　序

自20世纪末期开始，我国高等教育步入大众化教育发展阶段。当前，我国已建成了世界上最大规模的高等教育体系。随着经济发展进入新常态，经济结构深刻调整、产业升级步伐加快、社会文化建设不断进步，党中央、国务院适时作出了引导本科院校向应用型高校转变，推动高等院校转型发展的重大战略部署，以便为生产服务一线培养出大量的、急需的高层次应用型人才。

广东金融学院创建于1950年，是一所省属公办普通本科院校。近年来，学校以“建成国内知名的应用型金融品牌大学”为发展目标，坚持“面向金融、面向地方、面向需求”的办学思路，秉承“金融为根、育人为本、应用为先、创新为范”的办学理念，不断提高办学质量，在人才培养、科学研究、社会服务等方面履行大学职能和社会责任，赢得了良好的社会声誉。

广东金融学院会计系创立于1993年。伴随着我国会计市场化、国际化改革进程，以及我国会计规则体系的不断完善，会计系获得了“跨越式、可持续”的高速发展。20余年来，会计系始终立足于“培养高层次应用型会计人才”这一目标，在会计学科建设、专业建设、人才培养模式、师资队伍建设、课程建设等方面进行了积极探索，取得了可喜的成就。

教材是体现教学内容和教学方法的知识载体，是组织教学的基本工具，也是深入教学改革，提高教学质量的重要保证。教材建设是专业建设、课程建设的基本要素，也是教师教学、科研水平及其成果的重要反映。我们推出的“应用型本科院校财会专业教改系列”教材，是会计系近年来教材建设成果及应用型人才培养教改成果的集中体现。

“应用型本科院校财会专业教改系列”教材建设的指导思想及目标定位如下：

(1) 坚持和服务于应用型本科会计人才的培养定位。应用型本科会计人才，是能够将会计学专业知识和技能应用于会计工作实践的高级专门人才。应用型本科院校教材建设，始终要坚持以社会人才需求为导向，坚持以本科层次的学科教育为依托，以应用型专业教育为基础，服务于高层次应用型会计人才的培养目标。

(2) 坚持“突出基础、突出应用、突出技能、突出特色”来构造教材体系和教材内容。在理论知识上，以保证系统性为前提，突出基础知识，以“应知应会”为度；在体例结构上，强化业务举例、知识链接、习题练习、实训案例等应用技能要素，以期打造出“在基础理论上弱于研究型本科、在知识体系上强于高职高专”，符合应用型本科层次会计人才培养定位的专业教材。

(3) 坚持“系统性”，兼顾“可行性”和“开放性”。坚持“系统性”，我们全面推出了财会专业的系列核心课教材、选修课教材及部分实验课教材；坚持“可行性”，此次组织编写的教材均具备一定的历史积累，主编均具有本门学科的编写经验或具有本门课程长期的执教经历；坚持“开放性”，对暂时不成熟的课程，将进行持续积累建设，陆续推出。

(4) 坚持、发挥金融行业特色和优势。我校有几十年金融行业办学的历史积累和优势，在金融企业会计教学和课程建设中，已形成自己的特色和优势。在本系列教材中，我们组织推出了《银行会计》《非银行金融企业会计》《商业银行财务管理》等三部金融行业特色专业教材。

本系列教材的推出，首先得益于我们拥有的一支“双师型、双强型”专业师资团队，我校会计系现有19名教授、20名副教授、22名博士，教授和博士的全面参与，构成了系列教材建设的中坚力量；其次本系列教材的推出，也得益于会计系在“十一五”“十二五”期间积累和取得的一系列教学成果；过去的10年间，会计系会计学专业、财务管理专业取得省级质量工程立项建设，会计学基础、会计信息系统、银行会计获得省精品课程立项建设，会计系在国家级教学实验中心建设、国家级教学实习基地建设、人才培养模式创新、校企协同培养班等方面取得的教学成果，均为推出本系列教材提供了基本的支撑和保证。

本系列教材的推出，凝结着全体参编人员的辛勤付出和智慧，也得到了立信会计出版社同仁的大力协作和支持。同时我们深知，随着财会体制变革的不断深化，加之编写人员的水平所限，教材的不足和错误之处在所难免，恳请读者不吝赐教，多提宝贵意见，以便我们继续修订完善，不断提升本系列教材建设的质量和水平。

前　言

自2013年党的十八届三中全会提出建立权责发生制的政府综合财务报告制度以来，财政部拉开了政府会计改革的序幕。自2017年1月1日起，《政府会计准则——基本准则》《政府会计准则第1号——存货》《政府会计准则第2号——投资》《政府会计准则第3号——固定资产》《〈政府会计准则第3号——固定资产〉应用指南》《政府会计准则第4号——无形资产》相继开始施行，《政府会计准则第5号——公共基础设施》《政府会计准则第6号——政府储备物资》也于2018年1月1日起施行。2017年10月24日，财政部印发《政府会计制度——行政事业单位会计科目和报表》，自2019年1月1日起施行，且鼓励行政事业单位提前执行。而执行《政府会计制度——行政事业单位会计科目和报表》的行政事业单位，不再执行《行政单位会计制度》《事业单位会计准则》《事业单位会计制度》《医院会计制度》《基层医疗卫生机构会计制度》《高等学校会计制度》《中小学校会计制度》《科学事业单位会计制度》《彩票机构会计制度》《地质勘查单位会计制度》《测绘事业单位会计制度》《国有林场与苗圃会计制度(暂行)》《国有建设单位会计制度》等制度。由此，现有的《政府与非营利组织会计》教材，尤其是其中行政单位会计和事业单位会计的内容必须更新。

按照现阶段的学科发展需要，课程设置应扭转重核算、轻管理的现状，因而，应对原有的"政府与非营利组织会计"课程进行延伸，形成政府预算管理与会计核算相结合的课程。因此，作者重编并形成本书。

本书以政府预算管理及会计准则、制度体系为主线，系统地阐述了政府预算管理流程及方法、政府会计的基本理论及改革框架，全面分析、介绍了政府会计制度的各项内容；同时，本书精心挑选了大量翔实、具体、有针对性的会计核算案例，并结合会计制度规定，对重点案例做了精确解析，帮助读者更加精准地理解和掌握政府会计准则和制度体系。总体来看，本书既适合各级政府财政、政府单位会计培训和自学，也适合作为本、专科院校相关专业的参考教材，是一本全面解读我国政府预算管理及会计准则的专业教材。

本书内容共分两篇：第一篇为政府预算管理，其中，第一章为政府预算与预算管理概论，第二章为政府预算收支分类，第三章为政府预算的编制与管理，第四章为政府预算的执行与管理，第五章为政府决算的编制与管理；第二篇为政府预算会计，其中，第六章为政府预算会计基本理论，第七章为财政总预算会计，第八章为政府单位会计概述，第九章为政府单位财务会计，第十章为政府单位预算会计。每章大都附有复习思考题和操作练习题。

本书主要具有以下显著特点：

(1) 体现内容的制度化。本书的内容均基于中国现行的政府预算管理及会计制度，并能够体现其新变化，旨在使读者能够获取中国政府预算管理及会计核算内容、方法等方面的知识，进而为其应对在校学习、升学考试、入职考试、教学等提供帮助。

(2) 体现内容的新颖性和务实性。本书在内容上结合最新的制度体系，选择有代表性的案例作为例题，详细解读新制度的实施细则，通过复习思考和操作练习题，理论与实践相结合，帮助读者强化和提高自主学习和实际业务的操作能力。

(3) 体现知识结构的系统性。本书根据政府预算管理各流程，介绍政府预算的编制过程及方法；结合政府会计主体资金运动特点安排结构，使知识描述更加系统；根据财政总预算会计与行政事业单位会计之间存在的经费领报和业务指导监督关系，在结构安排顺序上先介绍财政总预算会计，再介绍行政单位会计和事业单位会计。

本书在编写过程中，得到了广东金融学院会计学院同事们的大力支持和帮助，在此表示感谢。本书也参考了部分学者编写的教材、专著和发表的论文，在此也一并表示感谢。

本书由郑俊敏主编。由于作者水平有限，在写作过程中难免出现一些错误和疏漏，恳请读者予以指正。

郑俊敏

2019 年 7 月

目　录

第一篇　政府预算管理

第二篇　政府预算会计

第一篇　政府预算管理

知识要点

从多角度掌握政府预算及预算管理的概念；了解政府预算管理的要素与原则、政府预算管理流程与周期、政府预算管理组织体系等内容；熟悉政府收支分类及政府预算执行过程；掌握政府预算的编制及政府决算。

本篇结构图

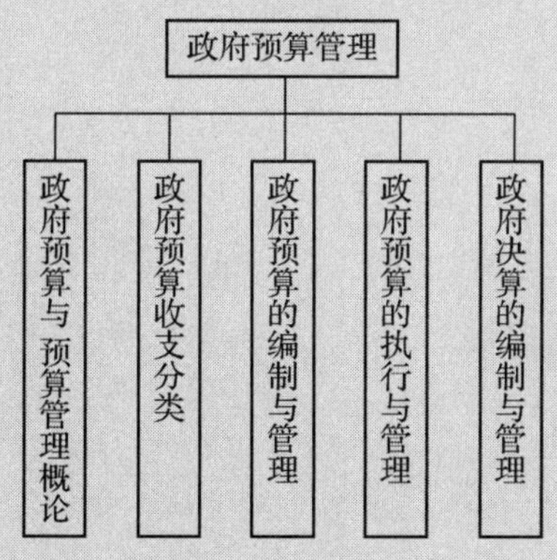

第一章 政府预算与预算管理概论

第一节 政府预算概论

一、政府预算的概念

政府预算是以一个国家各级政府为预算主体，按照一定的法律程序编制、审议、批准和执行的政府年度财政收支计划，是政府组织和规范财政分配活动的根本依据和国家财政的核心。

政府预算是财政体系的重要组成部分，并同国家财政具有内在的联系。从财政收支的内容上看，政府预算是国家财政的核心，但从起源看，两者不具有一致性。国家财政随国家的产生而产生，而政府预算是社会发展到封建社会末期资本主义初期的产物，即是国家财政发展到一定阶段的产物。当国家财政要求制定统一的年度收支计划，而且要求经过一定的立法程序审查批准时才出现政府预算。因此，简而言之，政府预算就是具有法律效力的国家年度财政收支计划。

政府预算是以年度财政收支的形式存在的。它是对年度政府财政收支的规模和结构进行的预计和测算。其具体形式是按一定的标准将政府预算年度的财政收支分门别类地列入各种计划表格，通过这些表格可以反映一定时期政府财政收入的具体来源和支出方向。

政府预算是具有法律效力的文件。它表现为政府预算的级次划分、收支内容、管理职权划分等都是以预算法的形式规定的；预算的编制、执行和决算的过程也是在预算法的规范下进行的。政府预算编制后要经过国家立法机构审查批准后方能公布并组织实施；预算的执行过程受法律的严格制约，不经法定程序，任何人无权改变预算规定的各项收支指标，这就使政府的财政行为通过预算的法制化管理被置于民众的监督之下。其基本属性可概括为：① 在形式上，政府预算是财政年度预算收入和支出的一览表，反映政府在财政年度内预计财政收支总额及其结构间的平衡关系，是一个技术性和法律性的文件。② 在内容上，政府预算是政府对财政收支的计划安排，直接反映可供政府集中支配的公共资金的数量和分配结构，间接反映政府职能。③ 在本质上，政府预算须经国家权力机关审查和批准才能生效，因而是公民和国家意志的体现。

二、政府预算的特征

政府预算的特征与政府预算的制度紧密相连，不同国家和同一国家的不同历史阶段的预算制度的不同决定了各自国家预算具有不同的特征。从现代国家预算制度所具有的某些稳定共同属性和基本特征来看，政府预算的特征可以总结为以下五个方面。

1. 民主性

从理论上说，政府预算的民主性是由政府与纳税人的社会契约关系决定的，根据卢梭的社会契约论，政府必须代表“公意”，在“公意”授权下行使公共权力，而现代社会政府的合法性也在于政府与民众之间是否存在这种社会契约关系，其中核心的契约就是民主理财。在制度保证上，民主性主要体现在代议制的议会民主制。最初议会的主要职责就是以民主的方式进行财政预算的决策。在现代社会中，民主理财已经成为政府预算的最本质的特征之一。

2. 法定性

法定性是由民主法制国家财政依法理财对政府预算的根本性要求决定的，凡涉及预算的决策和执行都必须有法律依据，都要经过立法机关审查批准。法定性保证了财政收支不会被公共权力滥用，是财政预算约束的本质体现。政府预算按照一定的法定程序审批，使之形成反映国家财政资金来源规模、去向用途的法律性规范，一切政府部门必须遵照执行。我国的《预算法》明确规定各级人民代表大会有审查批准本级预算的职权。各级预算确定的各项收支指标经国家权力机关审查批准后下达，各级政府、各部门、各单位都必须严格贯彻执行。非经法定程序——即报请本级人民代表大会常务委员会(乡、镇人民代表大会审查和批准本级预算的调整方案)审查批准，任何地方、单位均不得擅自改变批准的预算，反映了政府预算的法定性特征。

3. 年度计划性

政府通过编制预算的直接目的是对预算收支规模、收入来源和支出用途作出事先的设想和预计，通常是对未来一个预算年度内预算收入和支出的计划作出安排，也就是根据实际需要与可能，对预算年度的预算收入和预计支出的各项指标进行预计和测算。财政年度收支计划是否符合实际，最终能否得以实现，一方面取决于预算事前编制的准确性、科学性和民主化程度；另一方面也取决于预算执行过程中客观条件的变化、应变措施的选择，以及预算管理水平和预算管理手段的影响。此外，政府预算的年度计划性不但要体现政府和公共部门年度内的工作任务，还必须体现一定时期内围绕中长期目标所应保持的各年度内计划的连续性。例如，在我国，政府预算要符合国家发展的中长期规划和各级政府的5年规划的要求。

4. 集中性

集中性主要体现在政府财政预算资金必须作为集中性的政府财政资金进行收支安排，即对财政资金的规模、收入来源、支出去向、收支结构比例和财政平衡等状况，都必须由国家和各级政府按照财权与事权相统一的原则集中分配，任何部门、单位或个人不得截留、坐支和挪用，保证预算收入能及时、足额地缴入国库，预算支出由国库集中拨付。各部门、各单位必须按照政府预算所规定的用途、比例和数额进行使用。集中性还体现在政府预算必须综合反映财政收支活动的全貌，一方面，预算内容应包含政府的一切事务所形成的预算收支，全面体现政府年度整体工作安排和打算；另一方面，政府预算的集中性特征使其全面地反映了国家的方针政策，因而通过预算就可以了解到政府在整个年度内的整体工作安排和打算。

5. 公开性

公开性是由税收的广泛性和纳税人与政府之间的委托代理关系决定的，因为财政资金是纳税人的钱，如何花纳税人的钱必须做到公开。预算作为公开性的法律文件，其内容必须明确细化，以便于全社会公众及其代表能够获得尽量对称的信息，便于参与决策和进行监督。同时，政府预算收支计划的制定、执行以及决算的全过程也须向公众全面公开。政府预算的公开性所采用的形式是政府预算不仅要经过国家权力机关审批，还要通过媒体以各种现代化的信息渠道向全社会公布预决算报告。

三、政府预算的产生与发展

（一）政府预算产生的根本原因

资本主义市场经济的确立是政府预算产生的根本原因。从西方看，资本主义生产方式出现后，资产阶级强大的政治力量要求国与家彻底分离，资产阶级才有可能通过议会控制全部财政收支，要求封建君主编制财政收支计划。因此，现代的政府预算制度是新兴资产阶级同封建君主进行较量的一种经济斗争手段。在13世纪至17世纪之间，封建地主阶级日趋没落，新兴中产阶级逐渐成为社会财富的主宰，但他们并没有控制政府的财权。封建统治阶级仍利用财权滥收滥支。为争夺财权并最终打击封建势力，资产阶级提出政府财政收支必须编制计划，并经议会批准方能生效，经过长期斗争，这一要求才最终得以实现。英国于17世纪编制了第一个国家(政府)预算，其他西方国家也陆续接受了这一做法。

一般认为，中国现代政府预算出现于1910年(清宣统二年)。据历史记载，1908年，为了推行新政，清廷颁布了《清理财政章程》，决定从1910年起，由清理财政局主持编制预算计划，首先由各省汇报，然后由度支部加以审核，资政院加以修正并奏请施行。同时还参照国外编制预算的方法，制定了《预算册式及例言》，该次预算编制应是我国的第一部现代意义上的政府预算。

（二）政府预算的发展

加强财政管理和监督是政府预算发展的决定性因素。政府预算随资本主义生产方式产生以后，又因财政监督的需要而得以进一步发展。在资本主义生产方式下，社会生产力迅速发展，财政分配规模日益扩大，财政收支项目增加，收支之间的关系也日益复杂，财政收支的发展变化客观上要求加强财政的监督与管理，要求编制统一的财政收支计划。因此，政府预算是适应财政管理的需要而发展的。同时政府预算也加速了财政预算、统计科学化的进程，因为政府预算制度的确立，规定了统一的收支科目和计量单位，便于审批机关审核，也为财政预算、统计的科学管理奠定了基础。

新中国政府预算的发展主要经历了计划经济和市场经济两个时期。在《中国人民政治协商会议共同纲领》中规定：建立国家预算决算制度，随后中央人民政府编制了1950年财政收支概算草案，这是新中国第一个预算，在1949年的中央人民政府第四次会议上中央人民政府批准了这个概算草案。1956年随着我国社会主义改造的完成，社会主义制度基本确立，我国基本形成了与计划经济体制相适应的全能型的高度集中的政府预算体制。

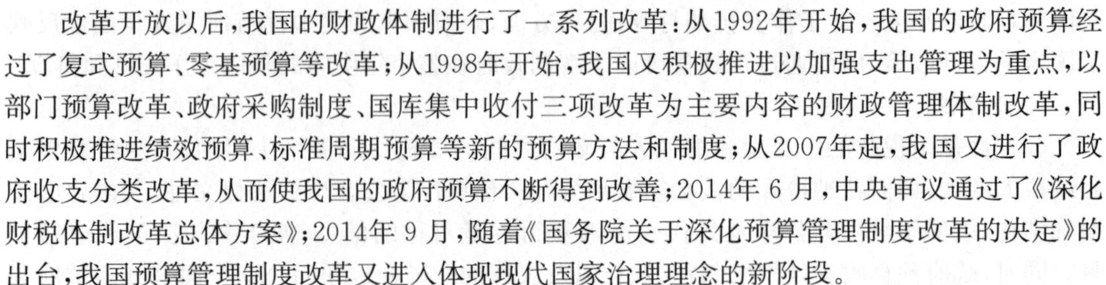

改革开放以后，我国的财政体制进行了一系列改革：从1992年开始，我国的政府预算经过了复式预算、零基预算等改革；从1998年开始，我国又积极推进以加强支出管理为重点，以部门预算改革、政府采购制度、国库集中收付三项改革为主要内容的财政管理体制改革，同时积极推进绩效预算、标准周期预算等新的预算方法和制度；从2007年起，我国又进行了政府收支分类改革，从而使我国的政府预算不断得到改善；2014年 6 月，中央审议通过了《深化财税体制改革总体方案》；2014年 9 月，随着《国务院关于深化预算管理制度改革的决定》的出台，我国预算管理制度改革又进入体现现代国家治理理念的新阶段。

四、政府预算的原则

政府预算原则是指政府选择预算形式和体系应遵循的指导思想，也就是确定政府财政收支计划的方针。自政府预算产生之后，就开始了对预算原则的探索，形成各种各样的思想和主张。政府预算原则与政府预算特征有密切关系，可以说，正是政府预算原则决定了政府预算的特征，因此，两者在某些方面具有一致性。时至今日，影响较大并为大多数国家所接受的主要有以下五条原则。

（一）公开性

政府预算反映政府活动的范围、方向和政策，与全体公民的切身利益息息相关，因此政府预算及其执行情况必须采取一定的形式公之于人民，让人民了解财政收支状况，并置于人民的监督之下。公开性是由税收的广泛性和纳税人与政府之间的委托代理关系决定的，因为财政资金是纳税人的钱，如何花纳税人的钱必须做到公开。预算作为公开性的法律文件，其内容必须明确细化，以便于全社会公众及其代表能够获得尽量对称的信息，便于参与决策和进行监督。同时，政府预算收支计划的制定、执行以及决算的全过程也须向公众全面公开。

（二）可靠性

每一收支项目的数字指标必须运用科学的方法，依据充分确实的资料，并总结出规律性，进行计算，不能任意编造。

（三）法律性

政府预算与一般财政经济计划不同，它必须经过规定的合法程序，并最终成为一项法律性文件。政府预算的法律性是指政府预算的成立和执行结果都要经过立法机关审查批准。政府预算按照一定的立法程序审批之后就形成反映国家集中性财政资金来源规模、去向用途的法律性规范。

（四）统一性

尽管各级政府都设有该级财政部门，也有相应的预算，但这些预算都是政府预算的组成部分，所有的地方政府预算连同中央政府预算一起共同组成统一的政府预算。这就要求统一的预算科目，每个科目都要严格按统一的口径、程序计算和填列。

（五）年度性

任何一个政府预算的编制和实现，都要有时间上的界定，即所谓预算年度。它是指预算收支起讫的有效期限，通常为 1 年。世界各国普遍采用的预算年度有两种：一是历年制预算年度，即从每年1月1日起至同年12月31日止，我国即实行历年制预算年度；二是跨年制预算年度，即从每年某月某日开始至次年某月某日止，中间历经12个月，但却跨越了两个年度，如美国的预算年度是从每年的10月1日开始，到次年的9月30日止。所谓预算年度原则，是指政府必须按照法定的预算年度编制国家预算，这一预算要反映全年的财政收支活动，同时不允许将不属于本年度财政收支的内容列入本年度的国家预算之中。

五、政府预算分类

政府预算可以按照不同的标准分类。

（一）按收支管理范围分类，政府预算可分为总预算和单位预算

总预算是各级政府的基本财政收支计划，它由各级政府的本级预算和下级政府总预算组成。单位预算是政府预算的基本组成部分，是各级政府的直属机关就其本身及所属行政事业单位的年度经费收支所汇编的预算，另外还包括企业财务收支计划中与财政有关的部分，它是机关本身及其所属单位履行其职责或事业计划的财力保证，是各级总预算构成的基本单位。

（二）按照预算的级次分类，政府预算可分为中央政府预算和地方政府预算

中央政府预算是指经法定程序审查批准的，反映中央政府活动的财政收支计划。我国的中央政府预算由中央各部门的单位预算、企业财务收支计划和税收计划组成，财政部将中央各部门的单位预算和中央直接掌管的收支等，汇编成中央预算草案，报国务院审定后提请人代会审查。中央预算主要承担国家的安全、外交和中央国家机关运转所需的经费，调整国民经济结构、协调地区发展、实施宏观调控的支出以及由中央直接管理的事业发展支出，因而在政府预算体系中占主导地位。地方政府预算是指经法定程序审查批准的，反映各级地方政府收支活动计划的总称。它是政府预算体系的有机组成部分，是组织、管理政府预算的基本环节，由省、地、县、乡（镇）预算组成。地方预算担负着地方行政管理和经济建设、文化教育、卫生事业以及抚恤等支出，它在政府预算中占有重要单位。

（三）按编制形式分类，政府预算可分为单式预算和复式预算

单式预算是传统的预算形式，其做法是在预算年度内，将全部的财政收入与支出汇集编入单一的总预算内，而不去区分各项财政收支的经济性质。其优点是把全部的财政收入与支出分列于一个统一的预算表上，这就从整体上反映了年度内政府总的财政收支情况，整体性强，便于立法机关审议批准和社会公众了解，而且简便易行。其主要缺点是没有把全部的财政收入按经济性质分列和汇集平衡，不便于经济分析和有选择地进行宏观经济控制。复式预算是从单式预算组织形式演变而来的。其做法是在预算年度内，将全部的财政收入与支出按经济性质汇集编入两个或两个以上的收支对照表，从而编成两个或两个以上的预算。这种组织形式的典型例子是把政府预算分成经常预算和资本预算两个部分。其中，经常预算主要以税收为收入来源，以行政事业项目为支出对象；资本预算主要以国债为收入来源，用于经济建设支出及宏观调控。复式预算组织形式由于把政府的一般性质上的经常收支列为经常性预算，把政府的资本投资支出列为资本预算，这样就区分了各项收入和支出的经济性质和用途，便于政府权衡支出性质，分别轻重缓急，做到资金使用的有序性，比较合理地安排各项资金，便于经济分析和科学的宏观决策与控制；复式预算组织形式把预算分成经常预算和资本预算两个部分，两个部分以各自来源应付各自的支出，各自平衡，这就打破了预算

的完整性原则和传统的收支平衡观念；复式预算组织形式由于把国债收入作为资本预算的正常收入项目，这就使得资本预算总是平衡的，只有经常预算的收支才可能有差额。

（四）按编制方法分类，政府预算可分为增量预算和零基预算

增量预算是指财政收支计划指标在以前财政年度的基础上，按新的财政年度的经济发展情况加以调整之后确定的预算。零基预算是指对所有的财政收支，完全不考虑以前的水平，重新以零为起点而编制的预算。零基预算强调一切从计划的起点开始，不受以前各期预算执行情况的干扰。零基预算的做法是，编制预算不只是对新的和扩充部分加以审核，而且要对所有正在进行的和新的计划的所有预算支出申请都重新审核，以提高资金使用效率，从而达到控制政府规模、提高政府工作效率的目的。

（五）按投入项目能否直接反映其经济效果分类，政府预算可分为项目预算和绩效预算

项目预算是指只反映项目的用途和支出金额，而不考虑其支出经济效果的预算。绩效预算是指根据成本—效益比较的原则，决定支出项目是否必要及其金额大小的预算形式。具体说就是有关部门先制定需要从事的事业计划和工程计划，再依据政府职责和施政计划选定执行实施方案，确定实施方案所需的支出费用所编制的预算。绩效预算是一种比较科学的预算方法。其特点有二：一是绩效预算重视对预算支出效益的考察，预算可以明确反映出所产生的预计效益；二是按职责、用途和最终产品进行分类，并根据最终产品的单位成本和以前计划的执行情况来评判支出是否符合效率原则。

（六）按预算作用的时间分类，政府预算可分为年度预算和中长期预算

年度预算是指预算有效期为 1 年的政府收支预算。这里的年度指预算年度，大体有公历年制和跨历年制。中长期预算也称中长期财政计划，一般 1 年以上 10 年以下的计划称中期计划，10 年以上的计划称长期计划。在市场经济条件下，经济周期性波动是客观存在的，而制订财政中长期计划是在市场经济条件下政府进行反经济周期波动，从而调节经济的重要手段，是实现经济增长的重要工具。

六、政府预算的功能

政府预算的功能是政府预算作为既定的经济手段和经济变量，对社会经济发挥的基本作用，因此，需要对政府预算的总体作用加以分析，才能得到清晰而完整的认识。

（一）资金配置功能

资金配置功能是政府预算的基本功能。首先，这一功能表现为全社会的资金在政府部门和私人部门之间的配置。国家通过预算将一部分社会资金以税收和公债、收费等形式集中为财政资金，这一部分公共资金的使用主要集中于公共经济领域，通过资金的配置，实现全社会资源在市场和公共需要两个领域的资源配置，以实现全社会资金的最优配置。其次，预算资金配置功能体现为公共资金在公共部门之间的配置。公共部门的职能在于根据社会对不同公共产品和公共服务的需要，提供各类公共产品和公共服务，因此，在既定公共资金的约束下，合理地在政府各部门和非政府公共部门之间分配资金是预算的基本功能。

（二）收入分配功能

在市场经济中，初次收入分配以效率原则在生产要素所有者之间按要素价格分配，这种

分配有利于生产要素的优化配置，以实现生产的帕累托最优。但是，初次分配的结果会导致不同要素所有者之间收入的差距过大，不利于实现社会公平。因此，政府必须通过预算对收入进行社会的再分配。主要是通过税收和转移支付手段进行收入的再分配，通过社会保障资金的预算，对失业者、低收入者、老年人以及其他社会弱势群体给予各种形式的救济和基本生活保障；通过再就业培训预算提高就业率；通过建设保障性住房解决无居所者的住房问题；通过实施免费义务教育和基本医疗，保障公民的发展权和健康权；通过兴办各种社会福利以满足社会的基本公共服务需要。总之，通过政府预算的分配功能以改善民生，促进社会公平与社会和谐。

（三）宏观调控功能

在克服市场失灵导致的经济周期性波动和危机方面，政府预算是宏观调控的重要手段。在现代市场经济中，政府预算集中了大量的社会资源。以发达国家为例，政府财政预算已经占到GDP的30%～40%；在我国，以2014年为例，包括一般公共预算收入、政府性基金收入、国有资本经营预算收入、社会保险基金收入的财政收入总额已达到235 653亿元，占当年GDP的37%，如此巨大的经济总量，其收支对经济的影响力非常巨大。利用财政手段调控经济始于20世纪30年代的美国罗斯福新政，其理论依据是凯恩斯主义关于政府对需求管理。自20世纪80年代以来，虽然新自由主义再度兴起，但是通过政府预算安排实现财政政策目标一直是世界各国政府调控经济的最重要的手段，特别是面对2008年爆发的全球性金融危机，政府运用财政手段来应对和化解危机已经成为不可替代的良方。我国自改革开放以来所实施的历次宏观调控，财政预算都发挥了主导作用。以1997年亚洲金融危机爆发后，我国实施的长达8年之久的积极财政政策为例，国家财政通过发行国债，利用政府投资有效地实现了经济的软着陆，实现了经济以每年平均10%左右的速度持续增长。

（四）反映监督功能

政府预算作为财政收支的基本计划，体现了两个功能，首要的是反映功能。在收入方面，政府预算全面反映了政府收入的全部来源和各自所占的比例，如税收收入、非税收入、社会保障金收入、资本性收入、捐赠收入等；在支出方面，政府预算通过收支的功能分类反映了政府部门提供了哪些公共服务和公共产品，钱花到什么地方去了，从而向国家权力机关和全体国民提供了财政收支的全貌。但是，要很好地实现这一职能，政府预算必须要遵循可靠性原则和完整性原则，同时还要有适当的细化，以便使反映的信息真实和明了。

在反映功能的基础上，政府预算还要发挥监督功能。预算的监督功能体现在接受监督和监督预算执行两个方面。从接受监督的角度看，预算作为法律性的文件，其严肃性需监督才能实现，对预算的监督包括专门的监督部门，如我国的人大财经委员会、审计监察机构等，也需要全社会的监督，监督的依据就是预算。就部门而言，财政监督的依据是部门预算，预算是否执行或在执行中发生了怎样的调整，都需要通过对预算和决算的对照才能发现，因此，预算的监督功能主要体现在预算信息的及时和准确地提供，这就需要依法建立财政信息的披露制度，提高财政的透明度。从监督预算执行的角度看，财政管理部门和相关监督机构对所有预算单位也负有预算监督的责任，这种监督包括事前、事中和事后的监督，无论是哪种监督，都需要以预算为基本依据，才能及时发现问题，也只有坚持以预算为依据，才能避免随意性和主观性。

第二节 政府预算管理基本理论

政府预算管理是人类社会财政经济管理的一个重要组成部分。优化政府预算管理既是构建我国公共财政框架的组成部分，也是建立廉洁高效政府的现实途径。

一、政府预算管理的概念

政府预算管理是指国家根据特定时期的方针政策及有关法律、法规，依法对预算资金的筹集、分配、使用进行合理安排、有效配置、优化管理而开展的组织、指挥控制、协调和监督等一系列活动的总称，是财政管理的核心组成部分，也是政府对经济实施宏观调控的重要手段。在整个预算过程中，预算的编制、执行和决算的形成都要依据国家的法律、法规和方针政策，对其加强组织、协调和监督，严肃财经纪律，以保证预算收支任务的完成，提高预算资金运行效率。

政府预算管理在财政管理中处于主导地位，是财政管理的核心内容，也是财政管理的重要依据和综合反映；同时，政府预算管理是各项财政收支管理的枢纽，在与单项财政收支计划的关系上起着总揽全局的作用，制约和支配其他各单项财政收支计划，使之服从于预算管理总的要求；政府预算管理还是财政进行宏观调控的基本形式，是财政管理的核心部分。

随着经济体制改革的不断深化以及政府职能的转换，政府预算管理在宏观财经管理中的作用进一步扩大。政府预算从总体上制约着各个单项财政收入和支出计划。在政府预算正式编制之前，国家拟定和颁发政府预算收支指标。这一收支总规模指标是确定政府预算总体轮廓的主要依据，既是编制各个单项收支计划的主要依据，也是各地区、各部门编制预算的主要依据。拟定和颁发预算收支指标，就是在宏观上对国家财政收支的总体规模和结构进行宏观控制。经过全国人民代表大会批准的中央预算和地方各级人民代表大会批准的各级地方预算成为具有法律效力的文件，是各级人民政府执行预算的依据，也是进行财政管理的依据。预算执行中的调整也必须经过法律的程序，不能随意变更预算，这不仅为加强预算管理所必需的，同时也应看到，政府预算管理的法制化和规范化对整个财政管理乃至经济管理的作用和影响是至关重要的。

二、政府预算管理的要素

政府预算管理要素主要包括预算管理的主体、对象、依据、管理和手段，各要素构成一个有机的管理系统。

（一）政府预算管理的主体

政府预算管理是一个复杂的管理系统，管理主体是多层面的，主要包括政府预算法规的立法主体、政府预算政策的决策主体、政府预算的执行主体等，不同主体的地位和责任不同。按照法律地位的不同，政府预算管理的主体可分为：全国人民代表大会和地方各级人民代表大会、国务院和地方各级人民政府、财政部和地方各级财政部门、税务部门、国家金库等。

全国人民代表大会及其常务委员会是政府预算的最高立法机构，负责制定具有重要地位、用于明确基本法律责任和义务、具有全局性和长期性的政府预算法律，如《中华人民共和国预算法》等；负责审查、批准一般中央预算和决算。各级地方人民代表大会及其常务委员会负责制定地方性政府预算法规；负责审查、批准本级预算和决算。

国务院是政府预算管理的最高行政机构，负责制定政府预算法规。作为一种法律形式，这些法规在国家法律体系中处于低于《宪法》、高于地方法规、部门规章和地方规章的地位。地方各级人民政府是地方政府预算的决策主体，负责制定地方性政府预算规章，并负责本级预算的执行。

各级财政部门是政府预算管理的具体执行主体，负责制定政府预算规章制度，全面、具体地实施预算收支计划，对政府预算活动进行日常管理。

具体执行机关还包括税务部门、国家金库等单位。税务机构负责办理国家税收的征收缴库任务及税收管理；国家金库则负责政府预算管理中的预算资金的入库、拨款及统计汇总等工作。

（二）政府预算管理的对象

政府预算管理对象是预算资金的全部运行过程和结果。政府预算管理对象的范围涉及国民经济与社会发展的各个方面，涵盖政府宏观调控与微观主体活动的全过程。从政府预算本身来讲，既包括预算法律制度制定、预算政策的制定、预算收支体系的构建、预算收支形式和结构的选择以及预算管理体制的确定等，又包括预算机构的设置、人员的配备、预算信息的传导、预算收入的具体征纳、预算支出的资金拨付和具体运用等。

政府预算管理不仅贯穿于预算行为活动的全过程，而且涉及与政府预算分配直接相关的各个领域。如财政税收部门要正确地组织预算收入，就必须对企业收入的形式和核算进行监督；政府要对一些事业单位进行补助，也应对该单位的自身收入进行核实等。由此可见，政府预算管理对象具有广泛性。

（三）政府预算管理的依据

政府预算管理的依据是国家在一定时期制定的方针政策、相关法律法规，特别是经过审批后成立的年度预算法案和专门的预算法，这是各国进行政府预算管理工作的主要依据；同时，预算是政府完成其特定的政治或经济目标的重要工具。因此，政府预算管理工作也必须以国家的方针政策为依据。

（四）政府预算管理的目标

政府预算管理的目标如图 1－1 所示。

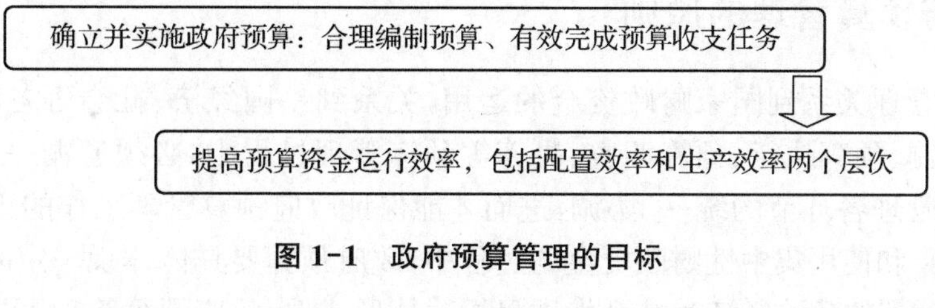

确立并实施政府预算：合理编制预算、有效完成预算收支任务

↓

提高预算资金运行效率，包括配置效率和生产效率两个层次

图 1-1　政府预算管理的目标

预算收支反映一定历史发展时期政府活动的范围、内容和方向。通过预算管理，要使所

编制的预算具有科学性和合理性；预算形成以后，完成预算收支任务就是预算管理的重要目标。任何管理活动都应以效率为中心，因此，提高预算资金运行的效率应贯穿于预算管理的始终。政府预算资金运行的效率包括配置效率和生产效率两个层次。政府预算对资源的配置主要是处理社会有限资源在公共用途（提供公共商品、满足公共需要）和私人用途（提供私人商品、满足私人需要）之间以及不同的公共用途之间的关系。提高预算配置效率的关键是使预算决策符合社会成员的公共需求偏好以及相应的承受能力，因此，预算决策程序和方法的安排要有民主性和科学性，以充分体现公共意愿并有客观的计量依据；而生产效率考察的是投入与产出之比、费用与效果之比、开支与收入之比、代价与收益之比，延伸到管理领域，可表示实际成绩与标准成绩之比、实际完成任务量与可完成任务量之比等。

政府是公共部门，以有效提供公共商品、满足公共需要为基本职责，因而政府预算收支的管理不存在对利润的追求问题，但是，政府的一收一支，一取一予，也要讲求投入与产出、所费与所得的比较，遵从“少花钱、多办事、办好事”的原则，用尽可能少的资财提供尽可能多的能满足人们需求的公共商品和服务。

（五）政府预算管理的手段

政府预算管理的手段是指预算管理主体为了达到管理目标所选择的各种方法和工具，它大体上分为经济手段、法律手段和行政手段三大类（见图1－2）。

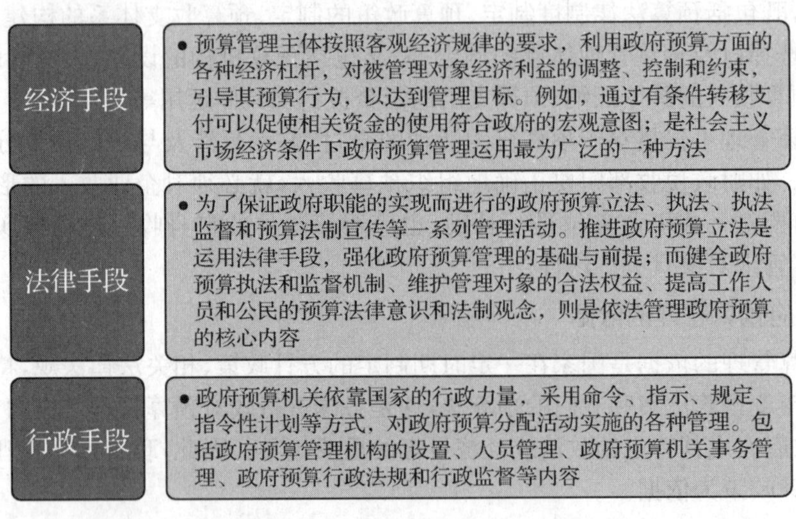

图1-2　政府预算管理手段图

三、政府预算管理的原则

政府预算管理关系到国家财政资金的运用，关系到一国经济、社会等各项事务的发展，因此在预算编制、预算执行、预算调整、决算等预算管理过程中，必须遵循一定的原则，这样才能保证预算管理各环节的统一、协调，进而才能保证政府预算管理工作的正常、顺利开展。

在政府筹集和使用集中性财政资金的过程中，政府预算要具体体现一定时期内政府的施政方针及其要达到的政治经济和社会发展目标。从形式看，政府预算管理不过是对预算收入和预算支出的管理；但从实质看，政府预算管理体现中央与地方、国家与企业、国家与个人等多方面的分配关系。政府预算这种内在质的规定性，决定了它在国民经济和财政管理中的重要地位和作用，也决定了政府预算管理必须按照国家的法律、法规和遵循一定的原则进行。

在现代政府预算管理中应坚持以下几项原则。

1. 遵循客观经济规律的原则

政府预算实际上是对国民收入的分配行为，政府预算管理就是政府在一定程度上对经济生活的干预。在市场经济条件下，政府可以对经济进行一定的宏观调控，但是不能违背客观经济规律；否则，将导致整个经济的波动，因此政府在通过预算管理对国民经济进行调控时，应先遵循市场经济的客观经济规律。

2. 符合国家法律、法规要求的原则

市场经济是法制经济，反映政府活动范围、活动内容和活动方式的政府预算管理也必须在法律允许的范围内进行。各级政府预算编制必须符合法律规定；各级政府预算报告及其审查和批准必须符合法律规定；各级政府预算的执行和调整必须符合法律规定。

3. 应贯彻执行政府方针政策的原则

由于政府预算体现了政府活动的范围、内容和方向，因此，政府预算管理必须体现政府的意志。预算管理要体现政府的方针和政策，要贯彻落实政府择机采取的重大政策。国家的政治经济形势是不断变化的，政府必须根据变化了的情况适时修订政策，预算管理活动必须认真贯彻落实。

4. 坚持统一、真实、公开的原则

政府预算管理作为国家经济管理的重要手段，除了要体现国家法律、法规的要求和体现政府的意志外，还必须遵守其固有的一些准则：

(1) 政府预算必须统一。预算统一性是指政府预算必须反映政府的全部收支活动，不应该存在脱离于预算之外的政府收支活动。这种统一性要求政府有统一的预算体系、有统一的预算分类、有统一的财政预算制度。总之，政府一切收入来源和一切支出用途都应包括在预算之中。如果政府预算不统一，就不利于对整个政府财政收支活动进行汇总，也就难以对政府的收支活动进行准确分析和判断，更难以为政府提出正确的预算政策建议。

(2) 政府预算必须真实。预算真实是指政府预算必须真实、准确地反映政府收支的规模、内容和性质。只有真实的政府预算收支规模和内容才能提供正确的预算信息，才能有利于决策者正确决策。

(3) 政府预算必须公开。预算公开是指政府预算要公之于众，明确政府预算收入的各项来源和各项支出的用途。该原则对政府的财政权力加以约束，便于人民代表大会和社会公众对财政业务、政府收支活动进行监督，有利于提高财政资金的使用效率，防止预算分配过程中产生腐败现象。

上述原则是相辅相成的，形成一个有机的整体。预算管理只有遵循这些原则和要求才能提高预算管理水平，充分发挥政府预算的职能作用。

四、政府预算管理的流程和标准周期

(一) 政府预算管理的流程

政府预算管理流程是指一个相对完整的预算管理运行过程，按照各个运行阶段的管理内容，主要分为预算规划与决策、预算编制与审批、预算执行与决算、预算审计与评价、预算控制与监督等阶段。其核心内容是预算的编制与审批、执行与决算。政府预算管理的核心流程如图 1－3 所示。

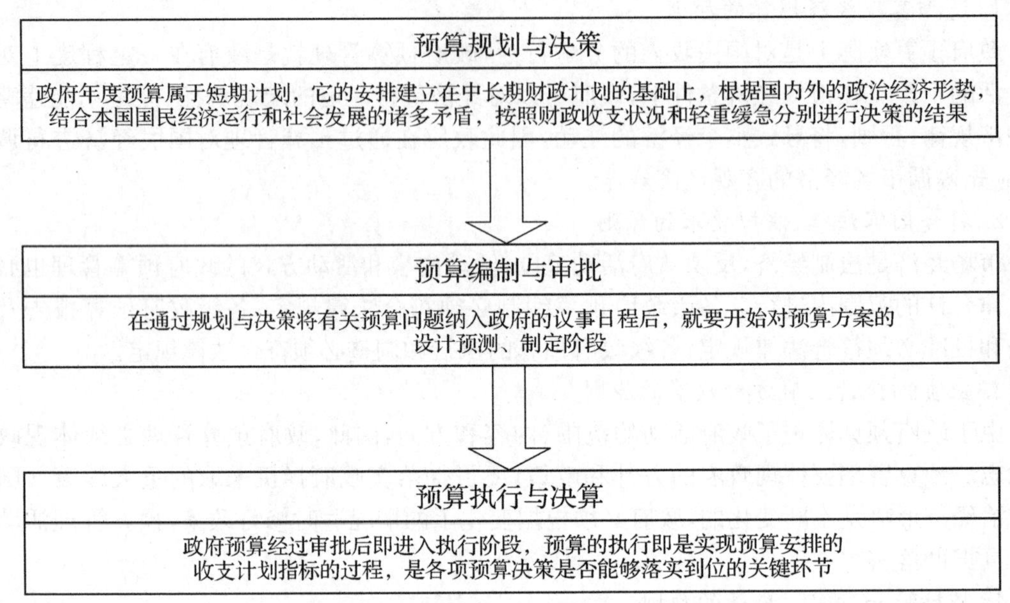

图 1-3　政府预算管理的核心流程

预算管理离不开相关信息、数据资料的掌握和分析，因此，预算管理的基础工作是预算会计、国家金库核算和财政统计。预算会计为预算管理提供基础资料，通过会计信息反映预算执行情况，通过会计监督提高预算管理水平。国家金库处于预算执行的第一线，通过国家金库的收支核算资料和定期的金库报表，可以分析检查预算收支执行情况。财政统计是财政部门信息工作的重要组成部分，通过占有和分析有关资料，可掌握财政活动各方面的情况和变化趋势，为制定和调整财政政策提供依据。

每个执行周期完成后还要对预算的执行情况进行总结，即进入决算过程。决算是对预算执行的检查、评估和总结。编制决算，一方面可以全面反映预算执行的结果，另一方面可以总结预算管理中的经验，以利于提高预算管理水平。在决算的编制中，要划清预算年度、预算级次和资金界限，做到收支数字准确，内容完整，报送及时。

为了保证政府预算的合法性与严肃性及执行的效率和效益，实现政府预算的政策目标，应对政府预算编制、执行、决算与评价等全过程进行控制与监督。预算的控制与监督是政府预算整个流程中的重要内容，贯穿于预算过程的始终。为了掌握预算的基本规律，加强预算的严肃性、科学性和效率性，提高预算的政策效应，还应按照一定的财务、会计、预算规定指标对政府预算实施的结果进行检查与评价，分析其结果与预算目标的差异及预算执行成本与效益（包括社会效益），及时发现问题，调整和纠正预算中的偏差，解决预算资金使用中的铺张浪费、截留挪用等问题。因而，预算审计与评价也是政府预算管理必备流程。

全面预算管理的基本环节与内容示意图如图 1-4 所示。

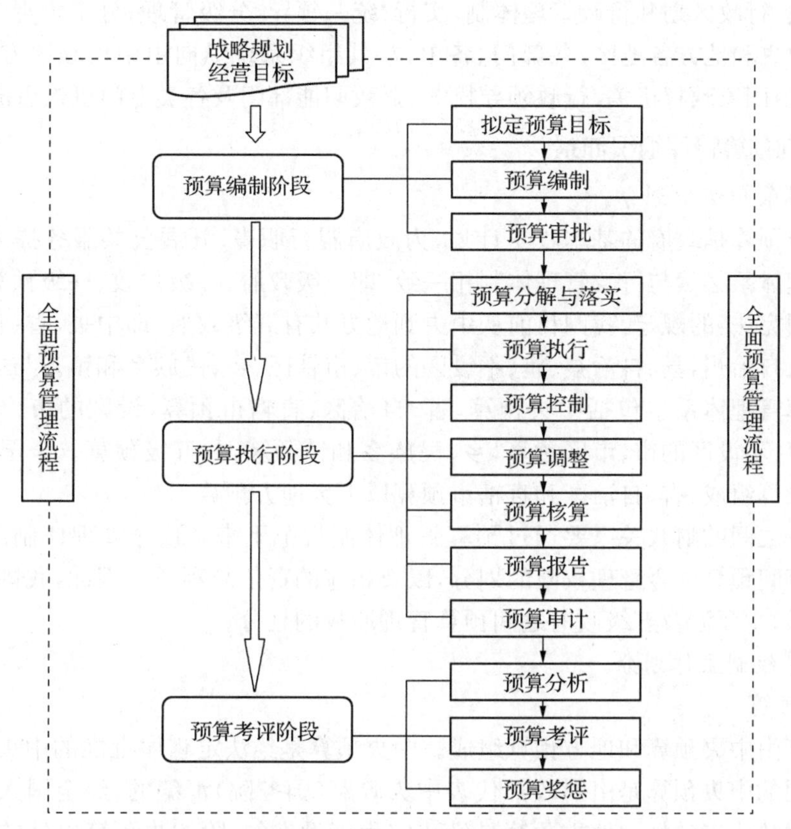

图 1-4　全面预算管理的基本环节与内容示意图

（二）政府预算管理的标准周期

政府预算管理是一个周而复始的循环过程。其标准周期是从时间序列上将预算管理划分为预算编制、预算执行、决算三个标准阶段，并对各个阶段的实施时限、工作任务、工作要求及工作程序、步骤等做出统一的制度规范。

1. 预算编制阶段

一般从每年年初开始，在对上年预算执行结果进行绩效评价的基础上，测算下一年度预算收支规模和增长速度，编制下一年度预算草案，期限约为 12 个月。

2. 预算执行阶段

从次年年初开始，组织该预算的执行，分析预算执行情况，办理预算调整，期限为 12 个月。

3. 决算阶段

从第三年年初开始，组织编制本级和汇总下一级决算草案，并对预算执行结果进行分析总结和绩效评价，作为编制下一年度预算的依据，期限约为 6 个月。

五、政府预算管理的组织体系

政府预算管理的组织体系是指为政府预算服务的各种组织、机构、程序、活动等构成要素的总称，它们共同构成一个完整的系统，以保证政府预算的实现。我国政府预算管理按照

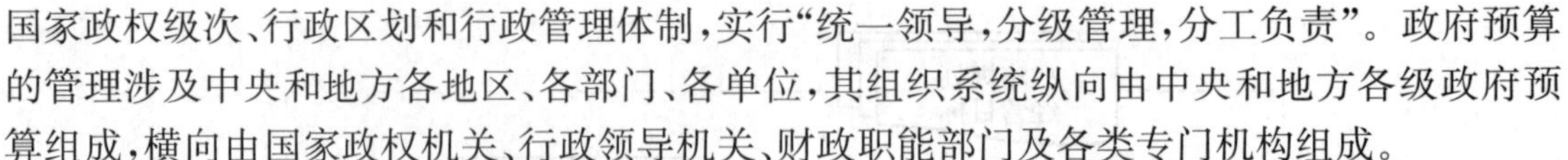

国家政权级次、行政区划和行政管理体制，实行“统一领导，分级管理，分工负责”。政府预算的管理涉及中央和地方各地区、各部门、各单位，其组织系统纵向由中央和地方各级政府预算组成，横向由国家政权机关、行政领导机关、财政职能部门及各类专门机构组成。

（一）纵向预算管理组织体系

1. 按预算管理级次划分

由于政府预算是政府的基本收支计划，为政府履行职责、开展公共服务提供财力保障，因而预算管理体系必然与行政管理体制相一致，即一级政府、一级财政、一级预算。根据《中华人民共和国宪法》的规定，我国目前从中央到地方共有五级政府，即中央，省、自治区、直辖市，设区的市、自治州，县、自治县、旗、不设区的市、市辖区，乡、民族乡和镇。与之相适应，我国纵向的预算管理体系也包括中央预算，省、自治区、直辖市预算，设区的市、自治州预算，县、自治县、旗、不设区的市、市区预算，乡、民族乡和镇预算，共五级预算。全国预算由中央预算和地方预算组成，省、自治区和直辖市预算以下为地方预算。

各级政府之间的财政关系要通过预算管理体制规范下来。预算管理体制的核心，就是如何处理政府间预算资金管理权限的划分，以及相应的责任与利益。因此，我国的纵向预算管理组织体系，主要涉及五级政府之间预算管理职权的划分。

2. 按预算编制主体划分

1）政府预算

政府预算由中央预算和地方预算组成。中央预算是经法定程序批准的中央政府财政收支计划。我国的中央预算是由财政部代表中央政府（国务院）汇编的、经全国人民代表大会审批通过的财政收支计划。地方预算是经法定程序批准的、除中央预算以外的地方各级政府财政收支计划的统称，在我国包括省级及其以下的四级预算。地方各级预算由地方本级财政机关代表同级政府汇编，根据其涵盖的范围、级次又分为本级预算和总预算。

2）部门预算

部门预算反映各本级部门（含直属单位）所属所有单位全部收支的预算，由部门机关及所属各单位预算组成。本级各部门是指与本级政府财政部门直接发生预算缴款、拨款关系的国家机关、政党组织和社会团体（中央部门含军队），直属单位是指与本级政府财政部门直接发生缴款、拨款关系的企业和事业单位。

3）单位预算

单位预算是指列入部门预算的国家机关、社会团体和其他单位的收支计划。

3. 按行政隶属关系和经费领拨关系划分

纵向预算管理组织体系按行政隶属关系和经费领拨关系划分如图 1-5 所示。

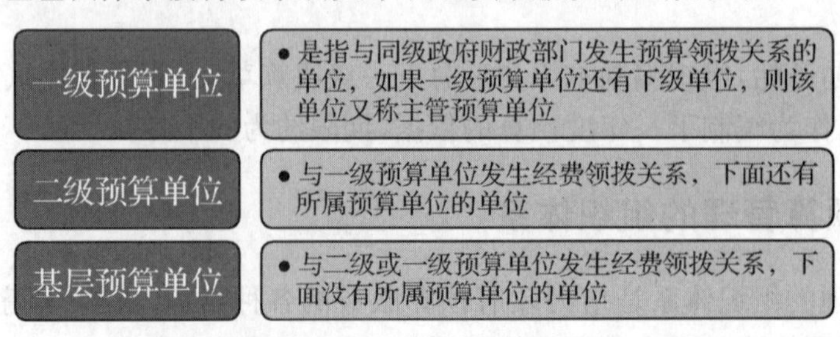

图 1-5　纵向预算管理组织体系按行政隶属关系和经费领拨关系划分图

（二）横向预算管理组织体系

1. 横向预算管理组织体系的主要构成

1）立法机构

各国的立法机构（西方国家的议会、国会，我国的人大）均具有对政府预算方案的制定、预算收支的落实、预算结果评价的审查批准和监督管理权限，这也是公共选择机制的具体体现。

《中华人民共和国预算法》规定，全国人大及其常务委员会对中央和地方预算、决算进行监督；县级以上地方各级人大及其常务委员会对本级及下级政府预算、决算进行监督；乡、民族乡、镇人大对本级预算、决算进行监督。

2）各级政府

政府预算日常管理贯穿于政府预算编制、执行和决算的全过程。按照《中华人民共和国预算法》的规定，各级预算由本级政府组织编制、执行和决算，即负责政府预算管理的组织领导机关是国务院及地方各级人民政府。国务院作为国家最高行政机关，负责组织中央预算和全国预算的管理；地方各级人民政府负责本级政府预算和本行政区域内总预算的管理，并负责对本级各部门和所属下级政府预算管理进行检查和监督。

3）各级财政

《中华人民共和国预算法》规定，政府预算的具体编制、执行和决算机构是本级政府财政部门，即各级政府财政部门是预算管理的职能机构，是具体负责预算收支管理的主管机构。财政部对国务院负责，在国务院的领导下具体负责组织中央预算的管理，指导和监督地方预算的管理，并定期向国务院报告预算情况；地方各级财政部门对地方各级政府负责，并在其领导下具体负责组织本级预算的管理，监督和指导所属下一级预算的管理，并定期向同级人民政府和上一级财政部门报告预算情况。

4）执行机构

政府预算收支的具体管理工作，由财政部门统一负责组织，并按各项预算收支的性质和不同的管理办法，分别由财政部门和各主管收支的专职机构负责组织管理，即除财政部门外，国家还根据预算收支的不同性质和不同的管理办法，设立或指定了专门的管理机构，负责参与组织政府预算的有关管理工作。

组织预算收入执行的机关主要有税务机关和海关，参与组织预算支出执行的机关主要有中央银行、有关商业银行和国家开发银行、中国农业发展银行等政策性银行。国家金库担负着政府预算执行的重要任务，具体负责办理预算收入的收纳、划分和留解，办理预算资金的拨付。我国的国家金库由中国人民银行代理。

各有关部门、单位是预算管理中部门预算和单位预算的执行主体。中央和地方各级主管部门负责执行本部门的部门预算和财务收支计划，提出本部门的预算调整方案，定期向同级财政部门报告预算执行情况；各事业、行政单位负责本单位预算的执行。

除上述机构外，我国预算管理机构还包括审计部门及有关社会中介组织，它们共同参与对政府预算的审计与评价。

2. 预算管理职责权限的划分

预算管理权是国家政治权利的重要组成部分。为有效实施预算管理、维护社会公共利益，需要将各项管理权限、职责在有关方面合理划分。《中华人民共和国预算法》等有关法

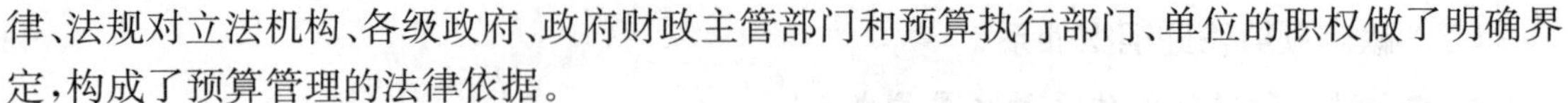

律、法规对立法机构、各级政府、政府财政主管部门和预算执行部门、单位的职权做了明确界定，构成了预算管理的法律依据。

1）立法机关的职权

（1）各级人大的职权。各级人大行使预算和预算执行情况的审批权，以及预算、决算不适当决定的撤销权等。

即全国人大有权审查中央和地方预算草案及中央和地方预算执行情况的报告，批准中央预算和中央预算执行情况的报告，改变或者撤销全国人大常务委员会关于预算、决算的不适当的决议；县级以上地方各级人大有权审查本级总预算草案及本级总预算执行情况的报告，批准本级预算和本级预算执行情况的报告，改变或者撤销本级人大常务委员会关于预算、决算的不适当的决议，撤销本级政府关于预算、决算的不适当的决定和命令；乡、民族乡、镇的人大审查和批准本级预算和本级预算执行情况的报告，监督本级预算的执行，审查和批准本级预算的调整方案，审查和批准本级决算，撤销本级政府关于预算、决算的不适当的决定和命令。

（2）各级人大常务委员会的职权。各级人大常委会主要行使预算执行监督权及调整权、预算执行情况及决算的审批权、预算和决算不适当决定的撤销权等，即全国人大常务委员会有权监督中央和地方预算的执行，审查和批准中央预算的调整方案，审查和批准中央决算，撤销国务院制定的同《宪法》、法律相抵触的关于预算、决算的行政法规、决定和命令，撤销省、自治区、直辖市人大及其常务委员会制定的同《宪法》、法律和行政法规相抵触的关于预算、决算的地方性法规和决议；县级以上地方各级人大常务委员会监督本级总预算的执行，审查和批准本级预算的调整方案，审查和批准本级政府决算，撤销本级政府和下一级人大及其常务委员会关于预算、决算的不适当的决定、命令和决议。

2）各级政府的职权

各级政府是本级预算的行政机关。其主要职权有：编制本级预算草案、决算草案；向本级人大做关于本级预算草案的报告；组织本级总预算的执行；决定本级政府预备费的动用；编制本级预算调整方案；监督本级各部门和下一级人民政府的预算执行；改变或者撤销本级各部门和下一级人民政府关于预算方面的不适当的决定；向本级人大、本级人大常委会报告本级总预算的执行情况。

3）各级财政主管部门的职权

各级财政主管部门是政府预算管理的职能部门，具体负责预算编制、执行和决算的各项业务工作。

其主要职权有：具体编制本级预算、决算草案；具体组织和负责本级总预算的执行；提出本级预备费动用方案；具体编制本级预算调整方案；定期向本级人民政府和上一级财政部门报告本级预算执行情况。

4）各预算执行部门的职权

各部门编制本单位预算、决算草案，组织和监督本部门预算的执行，定期向本级财政部门报告预算的执行情况。

5）各预算单位的职权

各单位编制本单位预算、决算草案，按照国家规定上缴预算收入、安排预算支出，接受国家有关部门的监督。

【复习思考题】

1. 试说明政府预算与国家预算的联系与区别。
2. 什么是政府预算?
3. 政府预算应遵循哪些基本原则?
4. 政府预算有哪些主要分类?
5. 简述政府预算的基本功能。
6. 怎样正确理解政府预算管理的内涵?
7. 怎样正确认识政府预算管理的地位?
8. 说明政府预算管理的原则。
9. 简要说明政府预算管理的要素。
10. 简要阐述政府预算管理的目标。
11. 简述政府预算管理的流程。
12. 我国政府预算管理周期应如何改革?

第二章 政府预算收支分类

第一节 政府预算收支分类的意义与原则

一、政府预算收支分类的意义

政府预算收支分类是对预算收支结构的科学系统的划分，即把名目繁多的各项预算收支，按照各自的性质和相互关联，进行科学系统的排列与归并。政府预算收支分类是进行各项预算管理活动必不可少的前提；其实质是对政府职能的细化列示，是各级政府各预算单位进行明细核算的基础条件。

（一）预算收支分类的意义

预算收支分类作为预算管理的一项基础性工作，涉及预算的编制、执行、决算、监督等各个环节，同时也涉及众多的政府收支管理部门。对政府预算收支进行科学分类，具有重要的意义。

(1) 预算收支分类能够准确系统地反映预算收入的来源和支出的方向与结构，合理把握财政调控力度，优化支出结构，提高财政运行效率；

(2) 预算收支分类有利于增加预算透明度，强化财政监督，从源头上防止腐败；

(3) 预算收支分类有利于建立高效实用的财政统计分析体系，不断推进国际合作与交流。

（二）我国预算收支分类的主要渠道

一是通过政府预算收支科目来体现；二是通过政府提交给人代会的预算草案来体现。两者既有联系，又有区别，预算收支科目是预算草案分类的基础，预算草案的分类方法是政府预算收支科目的高度概括，是在政府收支科目上进行的归并合成。

所谓预算草案，是指未经法定程序审查批准的年度财政收支计划。而预算收支科目，则是政府预算收支项目的总分类，是编制预算、决算、组织预算的执行和进行财政统计的依据。它系统地反映了预算收入的来源、构成以及预算支出的方向和用途。它分为收入科目和支出科目两部分。收入科目按收入形式和收入来源又具体分为“类、款、项、目”四级科目。支出科目按其性质和用途分为“类、款、项、目”四级科目。四级科目之间的关系为前者是后者的高度概括，后者是前者的具体化。一般来说，我国预算收支分类的内容全部体现在政府预算收支科目中。

二、政府预算收支分类的原则

建立完整规范的政府预算收支分类体系，一般应遵循以下原则。

（一）正确完整地反映政府活动的范围和方向原则

政府的活动，旨在履行国家的政治、经济和社会管理职能，预算收支分类，必须正确完整地反映政府在履行职能中的活动范围和方向。在具体分类中，为了完整准确地反映预算收入的来源和支出方向，体现国家的方针政策，预算收入和支出项目之间必须划分清楚，该列收入的列收入，该列支出的列支出，不应把列支出的项目在收入项目中冲减暗扣。

（二）与国民经济和社会发展计划的指标体系相适应原则

政府预算是国民经济和社会发展计划的重要组成部分，是实现其计划的重要财力保证，预算的编制要以该计划为主要依据。因此，预算收支科目应同国民经济和社会发展计划的有关指标体系相适应，使之既根据国民经济计划指标编制预算，又可在预算执行中，根据国民经济计划完成情况，分析检查预算中存在的问题，保证预算收支任务的实现和国民经济计划的完成。

（三）要体现国际惯例与本国国情相结合的原则

预算收支分类，既要合理借鉴国际经验，实现与国际通行分类方法有效衔接，使之具有可比性，又要充分考虑我国的实际情况，尽可能满足各方面对预算管理的需要。

（四）满足预算管理原则

预算收支科目是预算收支分类的规范化，是重要的预算管理制度。它是各级财政机关、税务机关、国家金库以及执行预算的各部门、各单位统一数字项目的基础，涉及财政总预算和部门单位预算之间的不同需要，也涉及预算、会计、财务、统计等专业核算的粗细繁简的不同需要。所以，预算收支科目的设计，要根据各种不同需要统筹兼顾，全面安排。

（五）适当简化和相对稳定原则

由于预算收支科目涉及面广，每一项目的增加与减少，都会增加许多核算工作，因此，在保证预算管理需要的前提下，应尽量简化。此外，作为一种预算管理和核算工具，它本身具有较长时期的连续性和适应性。为此，除了管理和改革的需要做必要的修改外，收支科目也不宜经常变动，要保持其相对稳定性。

第二节　政府预算收支分类的基本方法

一、预算收入分类的方法

政府预算收入是指国家为了实现其职能的需要，按照有关法律、法规，通过一定的形式和程序，由预算集中起来的那部分财政资金，它是各级政府行使其职能的财力保证。

预算收入分类是从不同角度，按照一定标志对预算收入进行科学系统地排列与归并。对名目繁多的预算收入进行分类，有利于对预算收入的结构进行分析，了解国民经济各部门

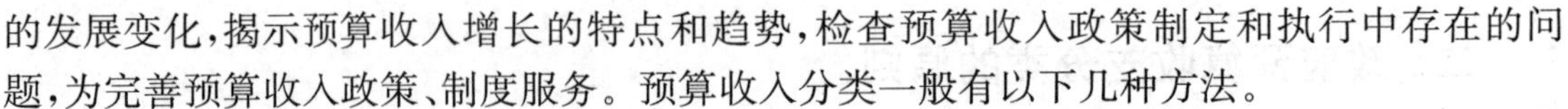

的发展变化，揭示预算收入增长的特点和趋势，检查预算收入政策制定和执行中存在的问题，为完善预算收入政策、制度服务。预算收入分类一般有以下几种方法。

（一）按经济成分分类

目前，我国经济是以国有经济为主导的多种经济成分并存的经济结构，这种经济结构必然会反映到预算收入上来。按照经济成分分类，政府预算收入分别来自全民所有制的国有经济、集体所有制经济、股份制经济、私营经济、个体经济以及港澳台和外商投资企业等。

计划经济时期，国民经济的所有制结构虽有所不同，但从总体上看，全民所有制经济历来占主导地位，这就决定了我国的预算收入主要来源于全民所有制经济。随着社会主义市场经济体制的建立和完善，多种经济成分的共同发展，也势必形成预算收入来源对象的复杂化。为了保证预算收入能够随着经济的发展而快速增长，必须从过去主要依靠全民所有制的收入模式，转变为以公有制为主体多种经济成分共同发展所需要的预算收入管理模式，才能保证国家预算收入的长期稳定增长。

预算收入按经济成分分类，可以反映所有制结构变化对预算收入的影响，有利于制定和分析符合各个时期经济发展要求的收入政策。

（二）按经济部门分类

按经济部门进行分类，我国的预算收入主要来自农业、工业、交通运输业、建筑业和服务业等。

农业是国民经济的基础，也为国民经济其他部门发展提供基本条件，没有农业的发展，其他部门的发展和财政收入的增加都将受到制约。从这个意义上说，农业也是预算收入的基础。长期以来，来自农业的预算收入主要表现在两个方面：第一，来自农业的直接收入即农业税收。由于我国的农业剩余产品率比较低，加上国家对农村集体经济实行稳定负担的分配政策，尽管农业生产发展很快，但来自农业的预算收入所占比重一直较低。尤其是2006年以来，我国在全国范围内取消了农业税以后，来自农业的直接收入所占比重就更低了。第二，来自农业的间接收入，即农业部门为轻工业产品提供了原材料及销售市场，再加上工农业产品的价格剪刀差，就使得在农业部门创造的部分价值，转移到轻工业部门来实现，这部分收入在预算中则占有一定的比重。

工业是国民经济的主导部门，也是预算收入的主要来源，工业的发展对预算收入起着决定性作用。新中国成立以来，来自工业部门的预算收入所占比重一直较高，近年来这一比重虽有所下降，但仍是预算收入的主要来源。

除了农业和工业两大部门以外，其他部门对预算收入也有着重要的影响。近年来，这些部门提供的预算收入增长速度较快，尤其是服务业的发展，带来了更多的预算收入。2014年以服务业为代表的第三产业增加值已占我国 GDP 的比重达48.2%，服务业对我国预算收入的贡献越来越大。

预算收入按部门分类，可以反映部门结构以及与之相关的价格结构变化对预算收入的影响，便于根据各部门的发展趋势和特点，制定合理的收入政策，有效组织预算收入；同时，还可以贯彻国家的产业政策，优化国民经济结构。

（三）按预算收入的形式分类

1. 税收收入

税收收入是国家依据法律规定筹集起来的收入，是我国公共财政收入的主要形式。

2. 国有资产收益

它是指各部门、各单位占有、使用和依法处分境内外国有资产产生的收益，按照国家有关规定应当上缴预算的部分。其主要包括国有企业上缴的税后利润，国有股份的股息、红利，国有资产租赁费、承包费等。

3. 专项收入

它是指根据特定需要由国务院批准或者经国务院授权由财政部批准、设置、征集和纳入预算管理、有专项用途的收入。其主要包括排污费收入、城市水资源费收入，教育费附加收入等。

4. 其他收入

它是指除上述三种收入形式之外，各级政府取得的一些名目繁多的杂项收入，如外事服务收入、捐赠收入、利息收入等。

这种分类可以充分发挥各收入形式的不同作用，为优化收入结构提供充分的信息和依据。

（四）按预算收入性质分类

按照预算收入性质分类，可将各种预算收入划分为经常性收入和资本性收入（或建设性收入）。经常性收入主要是指各种税收收入，资本性或建设性收入主要指国有资产收益和债务收入。

（五）按照预算编制的类型进行分类

按照预算编制的类型进行分类，我国的预算包括一般公共预算、政府性基金预算、国有资本经营预算、社会保险基金预算。相应的预算收入可分为一般公共预算收入（主要是税收）、政府性基金预算收入、国有资本经营预算收入、社会保险基金预算收入。其中，一般公共预算收入是最基本最主要的收入。

除此之外，预算收入还可以按预算级次分类、按预算科目分类、按政府财政统计的国际口径分类等方法。

预算收入分类的主要内容，具体体现在历年的政府预算收入科目中。

二、预算支出的分类方法

预算支出是国家为了实现其职能，将通过预算所筹集起来的那部分资金进行有计划的分配，以满足社会公共需要。它体现在预算资金的安排、供应和使用的过程之中。预算支出在整个国民经济发展中具有重大作用。首先，它是实现政府职能的财力保证，是国民经济稳定协调发展的重要手段；其次，通过预算支出可以反映出国民经济结构的变化，为优化产业结构、支出结构起到促进作用。

（一）预算支出分类的必要性

预算支出的分类，就是根据预算支出的方向、用途、性质等，从不同角度，不同层次按照其内在联系，进行科学的归并与排列。这是进行各项预算管理活动必不可少的前提。

（1）分门别类归集预算支出的内容，能够系统地反映国家的职能，体现政府活动的范围和方向，有利于正确地编制预算和考核预算的执行。

（2）规范预算支出的分类，能合理分配预算资金，提高资金使用的规范性、安全性、有

效性。

(3) 规范预算支出的分类,有利于加强预算管理和财务管理。

基于以上三点,在实际工作中就必须将内容广泛而又复杂的预算支出进行科学分类,这是预算管理统一性和规范化的基本要求,也是进行各项预算管理活动、不断提高预算管理水平的客观要求。

(二) 预算支出分类的方法

预算支出分类的方法见表 2-1。

表 2-1　　预算支出分类表

分类标的	分类结果	特点
1. 按支出的性质分类	可分为六大类:① 经济建设费类。② 科教文卫费类。③ 行政管理费类。④ 国防费类。⑤ 债务支出类。⑥ 其他支出类	按支出的性质分类,这种分类方法有利于预算按部门归口管理,便于按部门分配预算指标,便于我们直接从预算支出中了解国家政治经济活动的全貌和各个时期所进行的主要工作。这种分类方法的不足之处是:这是一种概括性很强的粗线条的分类方法,它不能反映内容丰富、用途越来越广泛复杂的预算支出情况,不能适应各种宏观分析管理的需要
2. 按支出的用途分类	按支出的用途分类,可以分为基本建设支出、企业挖潜改造资金支出、科技三项费用、地质勘探费、科教文卫事业费、行政管理费、国防费等几十个大类	这种分类方法的优点是:能够明确反映各项支出用途,并且与国民经济指标体系相一致,可以反映出预算支出中生产性和非生产性支出、积累与消费之间的比例关系。缺点是:不能全面反映国家职能,不利于部门的归口管理,且"类"级科目增加过多,不利于进行历史统计和分析
3. 按支出的形式分类	按支出的形式分类,可以分为无偿拨款支出和有偿贷款支出两部分	拨款支出,是政府预算将预算资金无偿转移给资金使用单位的支出形式,它是预算支出的基本形式;贷款支出,是预算支出的特殊形式,它是为了提高预算资金的使用效益,而对有收入来源且盈利的部门实行的有偿使用方式,如基本建设资金的"拨改贷"
4. 按支出是否与商品和劳务相交换为标准分类	按支出是否与商品和劳务相交换为标准分类,可以划分为购买支出和转移支出两大类	购买支出是直接表现为政府购买商品或劳务活动的货币支出,具体表现为经费支出和投资支出。购买支出是预算支出的主要内容。安排这部分支出,必须遵循价值规律,实行等价交换;转移支出是不与商品和劳务相对应的支出,表现为资金无偿的、单方面转移、如补助支出、捐赠支出、公债利息支出等。这种分类具有较强的经济意义
5. 按照预算编制的类型进行分类	按照预算编制的类型进行分类,我国的预算包括一般公共预算、政府性基金预算、国有资本经营预算、社会保险基金预算	相应的预算支出可分为一般公共预算支出、政府性基金预算支出、国有资本经营预算支出、社会保险基金预算支出。这种分类方法便于反映政府支出的全貌

预算支出分类的主要内容，具体体现在每年的政府预算支出科目中。

【复习思考题】

1. 简析政府预算收支分类的意义。
2. 试析预算收支分类的原则。
3. 简述预算收入分类及特点。
4. 简述预算支出分类及特点。

第三章 政府预算的编制与管理

第一节 政府预算编制的依据与原则

一、政府预算编制的依据

政府预算编制是指各级政府制定筹集和分配年度预算资金计划的活动，是对预算收支进行综合平衡的过程，它是整个预算管理的起点，编制是否科学直接关系到政府预算能否顺利实现，因而，政府预算编制应当遵守政府编制预算的原则，按照法定编制办法和程序进行。

各级政府编制年度预算的主要依据如下。

（一）国家的法律、法规

国家的法律、法规是指国家现行有效的法律、行政法规、司法解释、地方法规、地方规章、部门规章及其他规范性文件等。广义上讲，法律泛指一切规范性文件；狭义上讲，仅指全国人大及其常委会制定的规范性文件。法规则主要是指行政法规、地方性法规等。法律、法规是国家权力机关和行政机关颁布的具有强制性的行为规范，是国家意志的体现，也是各级政府履行其职能和实施经济管理的依据和行为准则。政府预算是国家分配财政资金的重要手段，要为实现一定时期国家的各项任务服务，它的编制必须要以国家的法律、法规为依据，从预算规模的确定、预算结构的安排，到预算程序的选择，都要做到有法可依、科学合理。

我国政府预算编制的法律依据主要是《中华人民共和国预算法》和《中华人民共和国预算法实施条例》及其他相关的法律、法规。我国现行新修订的《预算法》共 11 章 101 条，对预算管理职权、预算收支范围、预算编制、预算审查和批准、预算执行预算调整、决算等做出了全面的规范，是国家对预算进行管理，加强国家宏观调控，保障经济和社会健康发展的一部基本法律。

（二）政府宏观经济政策

宏观经济政策是指政府有意识、有计划地运用一定的政策工具，调节控制宏观经济运行，为达到一定的政策目标而制定的一系列解决经济问题的指导原则和措施。不同时期，政府会根据宏观经济的不同形势制定不同的宏观经济政策，以实现充分就业、经济增长、物价稳定和国际收支平衡等目标。而财政政策是政府宏观经济政策的支柱，因此，政府预算编制必须体现一定时期政府宏观经济政策和财政政策的要求。

（三）预算管理体制安排

预算管理体制是根据国家各级政权的职责范围划分各级预算收支范围和管理权限，并规定收支划分方法的基本制度，它处理的是中央财政和地方财政及地方各级财政之间的关系。预算管理体制的实质是正确处理国家在财政资金分配上的集权与分权问题。

根据我国的《预算法》与分税制，政府预算收入可划分为中央预算收入、地方预算收入、中央和地方预算共享收入；预算支出划分为中央预算支出和地方预算支出；在编制环节，各级政府、财政的预算管理职权做了相应划分，各级人民政府负责编制本级总预算草案，各级政府财政部门具体编制本级预算草案，各部门编制本部门预算草案，各单位编制本单位预算草案。各级政府必须根据预算管理职权和体制规定的预算收支的范围编制各自的预算，制度规定的哪一级政府收支，就应该列入哪一级政府的预算，各级政府与财政也应正确履行自己的预算管理职权。

（四）国民经济和社会发展规划（计划）、财政中长期规划

国民经济和社会发展规划是国家或地区对一定时期内经济、社会、文化事业发展所做的统筹规划和安排，是指导经济和社会发展的纲领性文件，体现了国家在宏观上对经济和社会发展的总体设想和要求，主要包括中长期规划。国民经济和社会发展的中长期规划又要具体化为年度计划。国民经济和社会发展的年度计划是政府有计划地组织国民经济和社会发展的重要手段，是国家进行国民经济宏观管理的重要工具，也是国民经济和社会发展中长期规划实现的重要保证。财政中长期规划则是国民经济和社会发展规划得以实现的财力保障，是与国民经济和社会发展相适应的中长期财力计划，该计划的实现要具体化到年度预算的编制。

（五）上一年度预算执行情况和本年度预算收支变化因素

国民经济和社会发展、政府预算都具有延续性，上一年度预算执行情况反映了上一年度政府预算活动的规模、结构和方向，是编制下一年度政府预算的基础和重要参考。每年除少量预算收支科目进行调整外，大部分预算收支科目都具有相对稳定性，预算资金作为一个连续不断的过程，过去和现在的许多特征都会延续到未来，而很多建设项目本身就需要多年的预算投入。因此，在编制政府预算时，要充分考虑预算收支的连续性，以上一年度政府预算执行情况为基础，充分考虑国民经济和社会发展、财税体制变化、国际经济形势变化等可能影响本年度预算收支变化的因素，对本年度的预算收支指标进行综合测定，从而编制本年度的政府预算。

（六）上级政府对编制本年度预算草案的指示和要求

为了保证预算编制的科学性和统一性，每年国务院、地方政府和财政部门都要下达编制本年度预算草案的指示和要求，明确提出本年度预算编制的指导思想、预算编制的工作重点、预算编报的时间安排、预算编报的要求等，这些指示和要求也构成预算编制的重要依据。

二、政府预算编制的原则要求

政府预算除了要遵循公开性、可靠性、完整性、统一性、年度性等一般的编制原则外，我

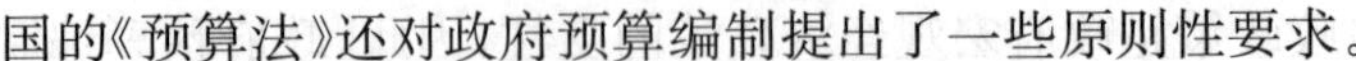

国的《预算法》还对政府预算编制提出了一些原则性要求。

1. 合理安排预算收支关系

《预算法》规定，各级预算应当遵循统筹兼顾、勤俭节约、量力而行、讲求绩效和收支平衡的原则；中央一般公共预算中必需的部分资金，可以通过举借国内和国外债务等方式筹措，举借债务应当控制适当的规模，保持合理的结构；对中央一般公共预算中举借的债务实行余额管理，余额的规模不得超过全国人民代表大会批准的限额；地方各级预算按照量入为出、收支平衡的原则编制，除《预算法》另有规定外，不列赤字；经国务院批准的省、自治区、直辖市的预算中必需的建设投资的部分资金，可以在国务院确定的限额内，通过发行地方政府债券举借债务的方式筹措等等。

2. 保持预算收支与经济社会发展水平相适应

《预算法》规定，各级预算收入的编制，应当与经济社会发展水平相适应，与财政政策相衔接。各级政府、各部门和各单位应当依照《预算法》的规定，将所有政府收入全部列入预算，不得隐瞒、少列。各级预算支出的编制，应当贯彻勤俭节约的原则，严格控制各部门、各单位的机关运行经费和楼堂馆所等基本建设支出。各级一般公共预算支出的编制，应当统筹兼顾，在保证基本公共服务合理需要的前提下，优先安排国家确定的重点支出。

3. 合理选择预算编制的方式方法

新的《预算法》明确规定，我国的预算包括一般公共预算、政府性基金预算、国有资本经营预算、社会保险基金预算。一般公共预算、政府性基金预算、国有资本经营预算、社会保险基金预算应当保持完整、独立。

4. 保留必要的预备费和周转金

预算周转金是指各级政府为调剂预算年度内季节性收支差额、保证及时用款而设置的周转资金。各级一般公共预算应当按照本级一般公共预算支出额的1%～3%设置预备费，用于当年预算执行中的自然灾害等突发事件处理增加的支出及其他难以预见的开支。各级一般公共预算按照国务院的规定可以设置预算周转金，用于本级政府调剂预算年度内季节性收支差额。各级一般公共预算按照国务院的规定可以设置预算稳定调节基金，用于弥补以后年度预算资金的不足。

第二节 政府预算编制的程序

一、政府预算编制的准备工作

（一）对本年度预算执行情况进行预计和分析

对本年度预算执行情况进行预计和分析是编制下一年度预算的基础。因为预算在年度之间存在着紧密关系，预算收支科目相对稳定，预算规模在年度之间存在一定变化规律，上下年度之间的预算在很多方面都会存在共同点，通过预计和分析本年度预算执行情况来为下一年预算安排提供基础资料，并测算下一年度的预算收支指标，是世界各国编制预算普遍采用的方法。

（二）修订政府预算收支科目和预算表格

政府预算收支科目是对政府预算的总分类和明细分类，它系统反映政府预算收入的来源和预算支出的方向，是编制政府预算、决算，组织预算执行、进行财政统计以及预算单位进行会计明细核算、财务分析的重要工具，也是了解政府预算活动的重要窗口。政府预算收支科目由收入科目和支出科目组成。

预算收支表格是预算收支指标体系的表现形式，通过预算表格可以清楚地反映预算的全部内容。一般情况下，由财政部在上一年表格的基础上，对下一年度的预算表格进行修订。

（三）拟订计划年度预算收支控制指标

在对本年度预算收支执行情况进行预计分析的基础上，财政部门要结合国家的方针、政策、法律和经济发展的状况，拟定计划年度政府预算收支的控制指标或年度预算限额。预算收支控制指标基本上规定了预算收支规模和增长速度，按照预算的程序，各级财政部门要在各地区、各部门上报的预算收支建议数的基础上，根据国民经济和社会发展计划、各地区和部门承担的职责任务，进行综合平衡，拟定下达主要预算收支控制指标，作为各地区和部门编制预算的重要依据。

（四）颁发编制预算草案的通知和具体规定

为了使各级政府预算的编制符合国家的方针、政策及国民经济和社会发展的要求，保证政府预算的统一性、完整性和准确性，每年在政府预算编制之前，财政部要根据国务院关于编制预算草案的指示精神，预算法和预算管理条例的有关规定，颁发编制预算草案的具体规定通知。主要内容包括：① 预算编制的指导思想和工作重点。② 预算编制的具体要求。③ 预算编制的时间安排。④ 预算编制的基本方法和编制软件。⑤ 预算报送的程序、预算报表报送的份数与期限等。

二、政府预算编制的流程

为了帮助各部门、单位准确理解和执行政策、提高预算编报质量，统一内部预算管理运行机制，实现预算编制的规范化和制度化，预算编制必须实行程序化管理，并通过相关法律法规规定下来。经过多年的探索，我国预算编制形成了一些基本流程。

（一）行政、事业单位预算编制流程

单位预算是部门预算编制的基础，其编制的基本流程包括：

（1）行政、事业单位根据年度工作计划、事业发展计划和收支增减因素，提出预算建议数或收支概算，经主管部门审核汇总报财政部门，一级预算单位直接报财政部门。

（2）财政部门参照行政、事业单位提出的收支概算下达预算控制数，审核分配单位预算指标。

（3）行政、事业单位根据分配的单位预算指标正式编制年度预算，并逐级汇总报送同级财政部门。

（4）经法定程序审核后；财政部门正式批复行政、事业单位预算，行政、事业按批复的预算执行。

行政、事业单位预算编制流程见图 3-1。

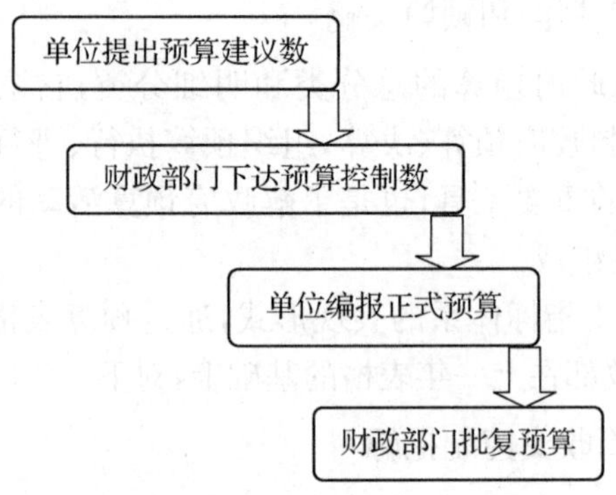

图 3-1 行政、事业单位预算编制流程

（二）部门预算编制总体流程

以中央部门预算为例，其编制流程大体分为五个阶段："准备"阶段和"二上二下"阶段：

(1)"准备"阶段。时间节点为每年 4～5 月份，主要参与方为财政部和中央部门。主要目的是通过开展项目清理工作、前置预算编制环节，延长各部门准备下一年度部门预算的时间，提高部门预算编制的科学性和准确性，逐步实现预算编制的滚动管理。主要内容是对本年度预算已批复项目进行清理，提出滚动列入下一年度中央部门预算的前三类项目和打捆项目，并下发中央部门。

(2)"一上"阶段。时间节点为每年 6～7 月份，主要参与方为财政部和中央部门。主要目的是由中央部门提出下一年度预算建议数。部门编制预算从基层预算单位编起，主要是按照每年预算编制通知的精神和要求编制项目预算建议数，并提供与预算需求相关的基础数据和相关资料，涉及基本支出核定的编制人数和实有人数，增人增支的文件，必保项目的文件依据；然后层层审核汇总，由一级预算单位审核汇编成部门预算建议数，上报财政部。

(3)"一下"阶段。时间节点为每年 8～10 月份，主要参与方为国务院、财政部和中央部门。主要目的是财政部下达各部门预算控制数。对各部门上报的预算建议数，由财政部各业务主管机构进行初审，由预算司审核、平衡，在财政部内部按照规定的工作程序反复协商、沟通，最后由预算司汇总成中央本级预算初步方案报国务院，经批准后向各部门下达预算控制限额。涉及有预算分配权部门的指标确定，由财政部相关主体司对口联系，其分配方案并入"一下"预算控制数统一由财政部向中央部门下达。

(4)"二上"阶段。时间节点为每年 11 月至次年 2 月份，主要参与方为全国人大、国务院、财政部和中央部门。主要目的是形成下一年度的中央预算草案和本部门预算。部门根据财政部门下达的预算控制限额，编制部门预算草案上报财政部，基本支出在支出经济分类科目之间由中央部门根据自身情况在现行相关财务制度规定内自主编制；项目支出必须按照财政部下达的预算控制限额进行编制，并对支出项目进行细化分解落实到项目具体承担单位。

(5)"二下"阶段。时间节点为每年 3～5 月份，主要参与方为财政部和中央部门。主要目的是以法律文件的形式下达下一年度预算。财政部根据全国人民代表大会批准的中央预算草案批复部门预算。财政部在对各部门上报的预算草案审核后，汇总成按功能编制的本级财政预算草案和部门预算，报国务院审批后，再报人大预工委和财经委审核，最后提交人代会审议，在人代会批准草案后1个月内，财政部统一向中央部门批复预算，各部门应在财政部批复本部门预算之日起15日内，批复所属各单位的预算，并负责具体执行。

在实际操作过程中，结合预算改革的要求和深化程度，各财政年度对“上”和“下”的具体内容进行必要的调整。在“二上二下”的过程中，各部门与财政部可随时就预算问题进行协商、讨论，及时、充分地交流有关预算信息。

中央部门预算“二上二下”编制流程见图3-2。

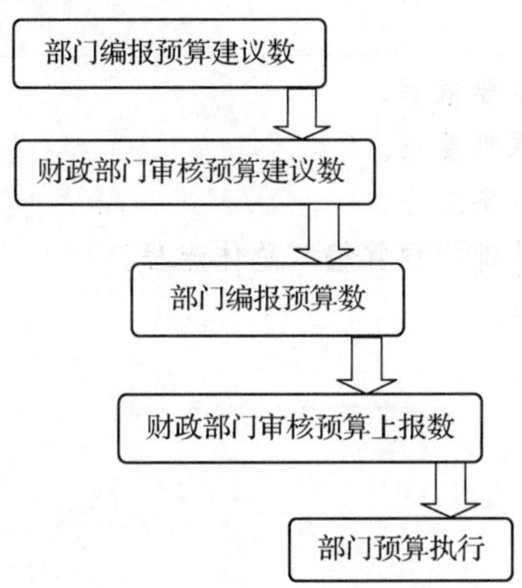

图3-2　中央部门预算“二上二下”编制流程

（三）政府预算编制流程

部门预算是各级政府总预算编制的基础。按照《中华人民共和国预算法》《中华人民共和国预算法实施条例》的有关规定，政府预算的编制一般采用自上而下、自下而上、上下结合、逐级汇总的程序：

(1) 国务院及时下达关于编制下一年预算草案的指示。国务院于每年11月10日前向省、自治区、直辖市政府和中央各部门下达编制下一年度预算草案的指示，提出编制预算草案的原则和要求。财政部根据国务院编制下一年度预算草案的指示，部署编制预算草案的具体事项，规定预算收支科目，报表格式、编报方法，并安排财政收支计划。

(2) 中央各部门应当根据国务院的指示和财政部的部署，结合本部门的具体情况，提出编制本部门预算草案的要求，具体布置所属各单位编制预算草案。中央各部门负责本部门所属各单位预算草案的审核，并汇总编制本部门的预算草案，于每年12月10日前报财政部审核。

(3) 省、自治区、直辖市政府根据国务院的指示和财政部的部署，结合本地区的具体情况，提出本行政区域编制预算草案的要求。

(4) 县级以上地方各级政府财政部门审核本级各部门的预算草案，编制本级政府预算草案，汇编本级总预算草案，经本级政府审定后，按照规定期限报上一级省、自治区、直辖市政府财政部门，财政部门汇总的本级总预算草案，应当于下一年1月10日前报财政部。

(5) 财政部审核中央各部门的预算草案，编制中央预算草案，汇总地方预算草案，汇编中央和地方预算草案。

(6) 中央预算草案经全国人民代表大会批准后，为当年中央预算。财政部应当自全国

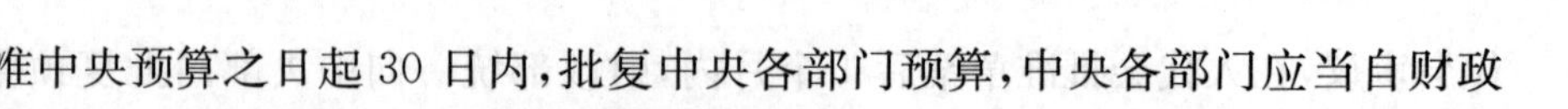

人民代表大会批准中央预算之日起30日内，批复中央各部门预算，中央各部门应当自财政部批复本部门预算之日起15日内，批复所属各单位预算。

(7) 地方各级政府预算草案经本级人民代表大会批准后，为当年本级政府预算。县级以上地方各级政府财政部门应当自本级人民代表大会批准本级政府预算之日起30日内，批复本级各部门预算。地方各部门应当自本级财政部门批复本部门预算之日起15日内，批复所属各单位预算。

【复习思考题】

1. 简述政府预算编制的主要依据。
2. 简述政府预算编制的原则要求。
3. 简述政府预算编制的准备工作。
4. 什么是部门预算？试述部门预算编制总体流程。
5. 试述政府预算编制流程。
6. 简述单位预算编制流程。

第四章
政府预算的执行与管理

第一节 政府预算执行概述

一、政府预算执行的目标与任务

（一）政府预算执行的目标

政府预算执行的目标应该包括两个层次：一是政府预算执行的直接目标，就是要把预算收支的计划通过合理的组织安排变为现实，实现预算安排的各项指标。从收入角度看，要根据计划保证收入及时、足额入库，并实现收入入库成本最低；从支出角度看，要根据计划保证及时、合理拨付财政资金，并实现资金拨付成本最低；从管理角度看，实现制度严明，体制合理，管理高效。二是政府预算执行的间接目标，即通过政府预算执行的组织工作，在实现政府预算执行的直接目标的同时，促进和保障国民经济和社会事业发展目标的实现。可见，在组织政府预算执行时，不能简单地就预算论预算，还应站在国民经济和社会事业发展的高度，协调好政府预算执行与国民经济和社会事业发展计划之间的关系。

（二）政府预算执行的任务

政府预算执行的基本任务概括起来可以分为五个方面。

1. 完善制度

预算执行的时间周期比较长，涉及的环节比较多，各项工作的开展需要以制度作保证。这就需要预算执行的相关部门，要从实际出发，在各自权限范围内，制定政府预算执行的政策、法令和制度，提出完成预算的措施和办法，以保证预算规范有效执行。

2. 收入执行

根据国家政策、财税法律制度，按照收入预算安排，把各地区、各部门和各单位应缴的收入，及时足额的收缴入库，这是预算执行的首要任务。同时，在预算收入的组织过程中，要监督检查企事业单位的经营活动和财务收支状况，促进企业不断提高经济效益，为收入计划的完成打好基础。

3. 支出执行

按照政府制订的支出计划和各项经济事业发展计划，及时合理地拨付预算资金，保证各项经济事业发展的资金需求，是预算执行的又一重要任务。在预算资金的拨付构成中，要严

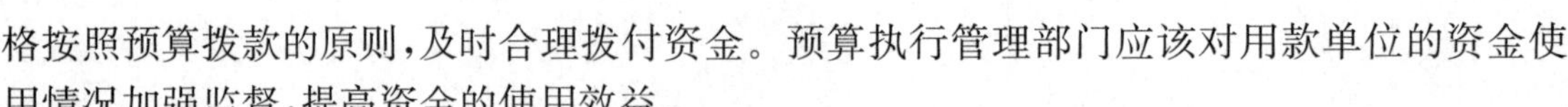

格按照预算拨款的原则,及时合理拨付资金。预算执行管理部门应该对用款单位的资金使用情况加强监督,提高资金的使用效益。

4. 调整平衡

预算的执行是经过从平衡到不平衡再达到新的平衡过程。在预算执行过程中,可能由于主观或客观的原因会导致出现预算与实际情况发生比较大的偏离。这就要求根据国家或地区经济形势的变化、政策的调整,针对预算执行过程中出现的问题,采取有力的措施,对预算进行必要的调整,不断地组织新的预算收支平衡,保证收支任务的完成。

5. 监督管理

加强预算执行的监督管理,一方面,要监督检查各地方、各部门、各单位预算执行情况,促使其正确贯彻执行国家的各项方针、政策及财税、财务的法令和制度;另一方面,要将监控的重心转向预算绩效,要求支出部门和单位要对预算资源使用的结果负责。通过监督管理,要防止和纠正预算执行中的各种偏差,维护财经纪律,提高财政资金的使用效率。

二、政府预算执行的组织体系

政府预算的执行是一个系统工程,涉及各地区、部门和单位,需要它们之间的相互分工、协调与配合,各自承担不同的职责,共同完成预算执行的任务。政府预算执行组织体系由领导机关、管理机关、执行机构、监督机构等组成。根据《预算法》的规定,各级预算由本级政府组织执行,具体工作由本级政府财政部门负责。各部门、各单位是本部门、本单位的预算执行主体,负责本部门、本单位的预算执行,并对执行结果负责。按政权级次、行政区划和行政管理体制实行"统一领导,分级管理,分工负责"。

(一) 领导机构

负责政府预算执行的组织领导机构是国务院及地方各级人民政府。它们分别承担不同的职责。

国务院领导全国政府预算的执行,其职责主要为:一是制定和执行国家预算法律、法令,制定预算管理方针、政策;二是核定政府预算、决算草案;三是组织、领导政府预算的执行;四是颁发全国性的、重要的财政预算规章制度;五是审查、批准总预备费的动用。同时,地方各级人民政府应当加强对预算工作的领导,定期听取财政部门有关预算执行情况的汇报,研究解决预算执行中出现的问题。

地方各级人民政府领导地方政府预算的执行,其职责主要为:一是颁发本级预算执行的规定、法令;二是批准本级预备费、机动财力的动用;三是按规定执行预算调剂权和按规定安排使用本级预算结余;四是审查本级预算的执行和决算。

(二) 管理机构

地方各级人民政府财政部门是国家预算执行的具体负责和管理机构,是执行预算收支的主管机构。财政部在国务院的领导下,具体负责组织政府预算的执行工作,执行中央预算并指导检查地方预算的执行工作;提出中央预算预备费的动用方案;具体编制中央预算的调整方案;定期向国务院报告中央和地方预算的执行情况;负责制定与预算执行有关的财务会计制度。

地方各级人民政府财政部门主要任务职责包括:① 研究落实财政税收政策的措施,支持经济社会健康发展。② 制定组织预算收入和管理预算支出的制度和办法。③ 督促各预算收入征收部门和单位、各有预算收入收缴职责的部门和单位依法履行职责，征缴预算收入。④ 根据年度支出预算和用款计划，合理调度、拨付预算资金，规范库款和国库单一账户体系管理，监督检查各部门、各单位预算资金使用管理情况，建立覆盖预算执行全过程的动态监控机制，厉行节约，提高效率。⑤ 统一管理政府债务的举借、支出、偿还，对使用单位和债务资金使用情况进行监督检查和绩效评价。⑥ 指导和监督各部门、各单位建立健全财务制度和会计核算体系，规范账户管理，健全内部控制机制，按照规定使用预算资金。⑦ 汇总、编报分期的预算执行数据，分析预算执行情况，按照本级政府和上一级政府财政部门的要求定期报告预算执行情况，并提出相关政策建议。⑧ 指导和监督各部门、各单位建立健全资产管理制度，监督检查各部门、各单位资产使用情况。⑨ 组织和指导预算资金绩效监控、绩效评价，充分应用绩效评价结果。⑩ 协调预算收入征收部门和单位、国库和其他有关部门的业务工作。

（三）执行机构

1. 收入的征收机构

政府预算收入的执行工作，由财政部门统一负责组织，并按各项预算收入的性质和征收方法，分别由财政部门、税务机关、海关及其他收入征收机构征收。

税务机关主要负责征收和管理各项税收，同时负责办理国家交办的其他有关预算收入的征收管理。从1994年起，税务机构因分设国家税务总局和地方税务局而使其职能范围有所不同。国家税务总局主要负责征收中央税和中央地方共享税。地方税务局主要负责征收地方税。税务机关除按规定范围组织征收外，还应研究制定税收政策、法令、规章制度；检查税收计划执行情况；依法审批税收减免等。

海关主要负责关税的征收管理，另外还应对进口货物代征增值税、消费税等有关税收以及海关罚没收入等进行征收管理。

各项纳入预算管理的政府性基金主要由税务或财政部门负责征收管理，其余各项基金由财政部驻各地专员办事机构与同级财政部门或经同级财政部门委托的部门负责征收管理。

各级财政、税务、海关等预算收入征收部门和单位，必须依法组织预算收入，按照财政管理体制、征收管理制度和国库集中收缴制度的规定及时将预算收入缴入国库，按照《中华人民共和国社会保险法》规定将社会保险基金收入存入依法设立的财政专户。

2. 政府预算支出的执行机构

财政部门是国家预算支出的管理机构，此外，还有其他各职能机构配合。

一是银行等金融机构，主要包括中央银行、商业银行、政策性银行。银行是资金结算中心，也是政府资金的清算系统，以银行存款为切入点联动绝大部分社会资金的结算业务，关系到政府资金的安全和效率。中央银行经理国库，政府预算一切收入都由国库收纳，一切支出都要通过国库拨付；同时，作为“银行的银行”，还要履行相应管理职能；各商业银行分工协作，通过财政部门、预算单位的账户分别对各项财政的购买支出、转移支出资金进行结算、划转清算；政策性银行主要负责国家重点建设的货款及贴息业务、农业政策性贷款和进出口政策性贷款等。

二是各部门、单位。各个支出预算部门和单位具体负责执行预算支出和预算资金的使用，预算收入主要来自国民经济各部门，预算支出都要通过各部门、各单位进一步分配和使用。各部门、各单位预算执行中的主要任务职责包括：① 制定本部门、本单位预算执行制度，建立健全内部控制机制。② 依法组织收入，严格支出管理，实施绩效监控，开展绩效评价，充分应用绩效评价结果，提高资金使用效益。③ 对单位的各项经济业务进行会计核算。④ 编制财务报告，汇总本部门、本单位的预算执行情况，定期向本级政府财政部门报送预算执行情况报告和绩效评价报告。

3. 国库

国库是办理预算收入的收纳、划分、留解和库款支拨的专门机构，分为中央国库和地方国库。中央国库业务由中国人民银行经理。未设中国人民银行分支机构的地区，由中国人民银行商财政部后，委托有关银行办理。地方国库业务由中国人民银行分支机构经理。未设中国人民银行分支机构的地区，由上级中国人民银行分支机构商有关的地方政府财政部门后，委托有关银行办理。我国的国库体系由五级国库组成：总库、分库、中心支库、支库和乡镇国库。中央国库与地方国库应当按照有关规定向财政部门编报预算收入入库、解库及库款拨付情况的日报、旬报、月报和年报。各级国库和有关银行必须遵守国家有关预算收入缴库的规定，不得延解、占压应当缴入国库的预算收入和国库库款。各级国库必须凭本级政府财政部门签发的拨款凭证于当日办理库款拨付，并将款项及时转入用款单位的存款账户。中央国库业务应当接受财政部的指导和监督，对中央财政负责。地方国库业务应当接受本级政府财政部门的指导和监督，对地方财政负责。

中央国库业务经理机构和地方国库业务办理机构要履行下列国库管理职责：① 按照财政部规定及时准确办理预算收入的收纳、划分、留解、退付、更正和预算支出的拨付。② 按照财政部门指令及规定时间，办理国库单一账户与零余额账户资金清算业务。③ 按规定监督代理国库集中收付业务的银行业金融机构的资金清算业务。④ 对国库库款收支有关凭证要素的合规性进行审核。⑤ 按照财政部规定向财政部门编报预算收入入库、解库及库款拨付情况的日报、旬报、月报和年报及明细情况。⑥ 建立健全预算收入对账制度。

（四）监督机构

强有力的监督管理是预算执行的重要保证。监督机构主要涉及各级人民代表大会及其常务委员会、各级政府、各部门单位、各级审计机关等。按照《预算法》及实施条例的规定，各机构的监督职责主要包括：

全国人民代表大会及其常务委员会对中央和地方预算、决算进行监督。县级以上地方各级人民代表大会及其常务委员会对本级和下级政府预算、决算进行监督。乡、民族乡、镇人民代表大会对本级预算、决算进行监督。各级人民代表大会和县级以上各级人民代表大会常务委员会有权就预算执行、决算中的重大事项或者特定问题组织调查，有关的政府、部门、单位和个人应当如实反映情况和提供必要的材料。

各级政府应当加强对下级政府预算执行的监督，对下级政府在预算执行中违反法律、行政法规和国家方针政策的行为，依法予以制止和纠正，对本级预算执行中出现的问题，及时采取处理措施。下级政府应当接受上级政府对预算执行的监督，根据上级政府的要求，及时提供资料，如实反映情况，不得隐瞒、虚报，严格执行上级政府做出的有关决定，并将执行结果及时上报。

各级财政部门应当加强对本级各部门、各单位预算编制、执行的监督检查。

各部门及其所属各单位应当接受本级财政部门有关预算的监督检查，按照本级财政部门的要求，如实提供有关预算资料，执行本级财政部门提出的检查意见。

各级审计机关应当依照《中华人民共和国审计法》和有关法律、行政法规的规定，对本级预算执行情况、对本级各部门和下级政府预算的执行情况和决算，进行审计监督。

另外，在预算执行中还应充分发挥新闻媒体和社会公众的监督力量，不断推进我国预算工作的民主化进程。

第二节　政府预算收入执行

政府预算收入执行是指按照年度预算确定的收入任务，在预算执行中组织实现，是预算执行的首要任务，包括预算收入的组织征收和管理、收纳入库、划分报解和退库等各项业务工作。只有及时完成收入任务，才能保证预算支出的资金供应，从而顺利完成整个预算执行的任务。按照新的政府收入分类划分，政府预算收入包括税收收入、社会保险基金收入、非税收入、贷款转贷回收本金收入、债务收入和转移收入等六类。

政府预算收入执行的基本任务，就是要通过各收入征收机关的分工合作，处理好税收与经济的关系，按照政策把应收的各项预算收入及时、正确、足额征收入库，并不断加强对预算收入的征收管理。

我国《预算法》规定，各级财政、税务、海关等预算收入征收部门和单位，必须依照法律、行政法规的规定，及时、足额征收应征的预算收入，不得违反法律、行政法规规定，多征、提前征收或减征、免征、缓征应征的预算收入，不得截留、占用或者挪用预算收入；各级政府不得向预算收入征收部门和单位下达收入指标；政府的全部收入应当上缴国家金库，任何部门、单位和个人不得截留、占用、挪用或者拖欠，对于法律有明确规定或者经国务院批准的特定专用资金，可以依照国务院的规定设立财政专户。各级国库必须按照国家有关规定，及时准确地办理预算收入的收纳、划分、留解。

一、政府预算收入的缴库

国家实行预算收入“国库集中收缴制度”，是指预算收入按照规定的程序，通过国库单一账户体系缴入国库的办法。

（一）政府预算收入缴库的依据

政府预算收入执行基本要求：一是组织预算收入与坚持政策法规相结合。征收机构必须应尽收，不收过头税费；缴款单位应缴尽缴，及时、足额上缴入库，不能直接作为单位收入；取得的各项收入要及时入账，不得坐支；主管部门和财政部门对单位应缴未缴资金要督促催缴。二是组织预算收入与促进生产发展相结合，充分调动各方面的积极性，为更多地组织预算收入创造条件。三是加强预算收入执行的日常管理，提高预算收入执行的质量。

按照政府预算收入执行的基本要求，无论是收入征收机关征收的收入，还是缴款单位上缴的各项预算收入，都要有一定的依据，即主要按照各种缴款计划进行。

1. 税收收入计划

目前，我国税收收入计划涉及增值税、消费税、企业所得税、个人所得税等款级科目。各

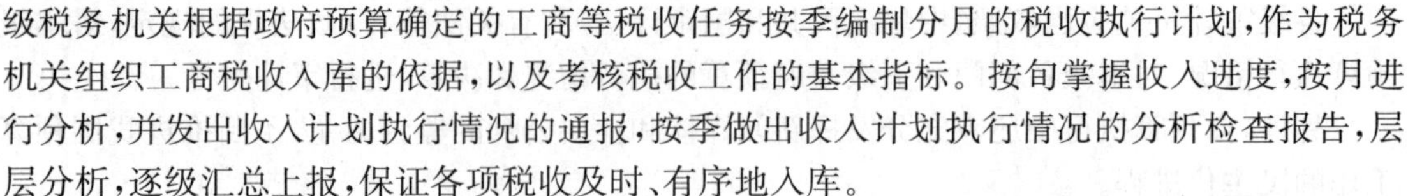

级税务机关根据政府预算确定的工商等税收任务按季编制分月的税收执行计划，作为税务机关组织工商税收入库的依据，以及考核税收工作的基本指标。按旬掌握收入进度，按月进行分析，并发出收入计划执行情况的通报，按季做出收入计划执行情况的分析检查报告，层层分析，逐级汇总上报，保证各项税收及时、有序地入库。

2. 非税收入计划

非税收入是指除税收以外，由各级政府、国家机关、事业单位、代行政府职能的社会团体及其他组织依法利用政府权力、政府信誉、国家资源、国有资产或提供特定公共服务、准公共服务取得并用于满足社会公共需要或准公共需要的财政资金，是政府财政收入的重要组成部分，是政府参与国民收入分配和再分配的一种形式。政府非税收入管理范围包括：行政事业性收费、政府性基金、国有资源有偿使用收入、国有资产有偿使用收入、国有资本经营收益、彩票公益金、罚没收入、以政府名义接受的捐赠收入、主管部门集中收入、政府财政性资金产生的利息收入等。我国政府非税收入实行计划管理，每年各执收部门和单位都要根据财政部门关于编制政府非税收入计划的要求，编制执收范围的政府非税收入计划。该计划经财政部门审核汇总后上报同级人民政府批准，作为财政预算的一部分提请同级人民代表大会审查；人民代表大会批准后，由财政部门下达各单位执行。非税收入计划为非税收入征缴的依据。

3. 企业财务收支计划

企业财务收支计划由企业根据财务会计制度和有关法律、法规及企业生产经管状况编制，企业年度收支计划中向国家缴款的部分构成了政府预算收入的内容。国有资本经营预算有关国有企业利润上缴的部分，构成了政府预算收入的一项来源。

4. 社会保险基金收入计划

社会保险是由政府举办的主要由单位和职工缴费筹资的社会保障计划，其缴费收入是政府重要的财政收入。社会保险基金收入是一种强制性的专款专用的财政收入形式，其收入要专项用于政府社会保险计划的开支。为加强社会保险基金管理，规范社会保险基金收支行为，2010年1月，《国务院关于试行社会保险基金预算意见》出台，国务院决定试行社会保险基金预算。所谓社会保险基金预算，是根据国家社会保险和预算管理法律、法规建立，反映各项社会保险基金收支的年度计划。目前，我国社会保险基金预算按险种分别编制，包括企业职工基本养老保险基金、失业保险基金、城镇职工基本医疗保险基金、工伤保险基金、生育保险基金等内容。社会保险基金收入计划构成社会保险基金收入缴库的依据。

5. 债务收入计划

债务收入是财政收入的重要来源。按照行政级次，债务收入包括中央政府债务收入和地方政府债务收入；按照收入来源，可分为国内债务收入和国外债务收入。债务是财政收入的重要来源，也是政府调节经济的重要杠杆。

（二）政府预算收入缴库方式

预算收入缴库方式是指政府将部分国民收入转化为预算资金的形式、程序、手续和过程。在确定预算收入缴库方式时，我们应遵循以下原则：便利——方便缴款单位或纳税人向国库缴款；合理——符合财政、财务管理的体制；及时——有利于政府预算收入及时入库。

适应财政国库管理制度的改革要求，我国将过去预算收入缴款的就地缴库、集中缴库和自行缴库三种方式，调整为直接缴库和集中汇缴两种方式。

(1) 直接缴库。直接缴库是由缴款单位或缴款人按有关法律、法规规定，直接将应缴收入缴入国库单一账户或预算外资金财政专户。这是我国预算收入缴库的主要方式，它既方便了缴款者，又可保证政府预算收入及时入库，简化了层层汇总缴款的烦琐手续，提高了收入入库效率。

直接缴库程序：直接缴库的税收收入，由纳税人或税务代理人提出纳税申请，经征收机关审核无误后，由纳税人通过开户银行将税款缴入国库存款账户。对非税收入，除批准实行集中汇缴的项目外，比照税收入库程序，由缴款人直接缴入国库存款账户或预算外资金财政专户。

(2) 集中汇缴。集中汇缴是由征收机关按有关法律、法规规定，将所收的应税收入汇总缴入国库单一账户或财政专户。实行这种缴库方式的收入，包括小额零散税收和非税收入中的现金缴款。即小额零星税收和经批准必须实行现场执收、执罚的非税收入和预算外收入，由征收机关在收入的当日汇总缴入国库存款账户或预算外资金财政专户。这种缴款方式既体现了预算收入缴库的灵活性，又方便了相关缴款人缴款，可减少收入流失。

非税收入集中汇缴的程序：执收单位向缴款人开具财政部门统一监(印)制的收款收据，直接向缴款人收取款项后，由执收单位按日汇总填制《非税收入一般缴款书》，每日到代理银行将所收应缴款项及时缴入国库单一账户或财政专户。

二、政府预算收入库款的划分和报解

(一) 预算收入划分和报解的含义

预算收入划分是指国库对收纳入库的预算收入，根据国家预算管理体制规定的各级预算固定收入的划分范围和中央与地方、地方上下级之间共享收入的分成比例，划分和计算中央预算收入和地方预算收入。

预算收入报解是指在收入划分的基础上，按照规定的程序和手续将各级预算收入的库款分别报解各级国库，相应增加各级财政金库存款，以保证各级财政及时取得预算收入。其中，"报"是指国库通过编报预算收入统计表，向各级财政机关报告预算收入的情况，使各级财政机关及时掌握预算收入进度和情况；"解"是指各级国库在对各级预算收入进行划分后，将库款按其所属关系逐级上解到所属财政机关在银行的存款账户。

(二) 预算收入划分和报解的要求

及时、准确地办理预算收入的划分和报解关系到政府各级财政预算资金的灵活调度和对经济社会事业发展所需资金的及时供应，也关系到预算资金信息的及时传递和反馈。预算收入划分和报解的基本要求：① 及时、准确。为了保证各级预算及时取得收入，各级国库办理库款的划分和报解工作，原则上应当于收到预算收入的当日办理，最迟不得超过次日上午办理完毕，不得积压拖延库款。个别边远的基层金库收入很少的，可适当延长期限，但报解期限最迟不得超过 5 天。但月终日收纳的预算收入，则必须当日结清报解，不能延至下月。② 库解报表按规定的方式报解。③ 严格进行对账。每当月终和年度决算时，各级国库要分别预算级次按照规定要求编制预算收入对账单，同财政部门、征收机关互相核对，上级国库和同级主管收入机关进行汇总对账，以确保预算收入及其划分报解的完整与准确。

(三) 预算收入划分和报解的程序

预算收入划分和报解是由基层国库(支库)自上而下逐级分别进行,其程序如下。

1. 分清级次

国库对于每天收纳入库的预算收入,首先分清预算级次,按照中央、省、地区、县四个级次,及时办理预算收入和库款的划分报解。

2. 编制收入日报表

国库凭预算收入缴款书审核无误后,按照预算收入科目分"款"进行统计,编制预算收入日报表,同时根据预算收入日报表中属于分成收入项目的会计数,按确定的分成比例编制分成收入日报表,作为分成收入报解的依据。

3. 办理各级预算收入的划分

按照《预算法》的规定,中央和地方实行分税制,预算收入划分为中央预算收入、地方预算收入、中央和地方预算共享收入。中央预算收入部分按统计报表的数额逐级报解中央总金库;地方预算收入部分按统计报表的数额逐级报解同级地方金库;中央和地方预算共享收入按照财政部规定的收入留成比例,分别报解中央总金库和地方各级金库,并相应增加中央财政国库存款和地方各级财政国库存款。

三、政府预算收入的退库管理

预算收入退库是指财政及征收机关根据财税体制的有关规定,在政策允许的范围内,将已经入库的预算收入退还给原缴款单位或缴款人。入库的预算收入即构成国家财政收入,一般情况下是不能退还的,如果由于特殊原因需要退库,要根据预算收入退库的权限、手续、规定的退库范围,按照规定的程序,认真审核,严肃对待。

(一) 预算收入退库的审批权限

各级预算收入退库的审批权属于本级政府财政部门。中央预算收入、中央和地方预算共享收入的退库,由财政部或者财政部授权的机构批准。地方预算收入的退库,由地方政府财政部门或者其授权的机构批准。涉及中央预算收入退库的办法,由财政部制定,地方预算收入退库的办法,由省、自治区、直辖市财政部门制定。

退库的审批管理由财政部门或财政部门委托的征收机关(税务或海关)和国库密切配合,共同负责。各级财政、征收部门和国库在退库工作中应当紧密配合,严格按国家有关文件规定办理,防止收入流失。

(二) 预算收入退库的范围

属于下列情况,可以办理预算收入退库:① 现行政策规定在一定期限内对某些企业实行先征收后退付的税款。② 企业按规定预缴税收收入,经年终汇算清缴或结算对超缴部分需要办理的退库。③ 由于调整税率,需要退还多缴预算收入办理的退库。④ 改变企业隶属关系,办理财务结算需要退库的。⑤ 由于技术性差错,错缴、多缴的预算收入。⑥ 各种税款的代扣代征手续费、征管费、业务费的退库。⑦ 其他按规定应予退库的项目。

凡不符合规定范围的预算收入退库,任何部门、单位和个人不得办理退库审批手续,各级国库不得办理退库。

（三）预算收入退库需要注意的问题

（1）预算收入的退库，应当按照预算收入的级次办理。中央预算收入的退库，从中央国库中退付；地方预算收入的退库按照级次，从地方金库中退付。中央与地方共享收入的退库，按入库比例分别从中央国库和地方金库中退库。

（2）预算收入的退库，由各级国库统一办理。国库经收处只办理预算收入的收纳，不办理预算收入的退付。

（3）各单位和个人申请退库，应向财政、征收机关填具退库申请书。退库申请书的基本内容包括：单位名称或个人姓名、主管部门、预算级次、征收机关、原缴款书日期、编号、预算科目、缴款金额、申请退库原因、申请退库金额以及审查批准机关的审批意见和核定的退库金额等。各级财政机关和征收机关，应当严格审查，不得随意填发收入退还书。

（4）各级预算收入的退库，原则上通过转账办理，不支付现金。对个别特殊情况，必须退付现金时，财政、征收机关应从严审查核实后，在收入退还书上加盖“退付现金”的明显戳记，由收款人凭此向指定的国库按规定审查退款。

（5）财政部门原则上不能自批自退已经缴库的预算收入，除国家明文规定，如各项地方财政附加可由国库按规定转账退库外，遇有特殊情况，财政部门需要作为申请单位办理退库时，须经上级财政部门审批，方能办理收入退库。

（6）办理预算收入退库，应当直接退给申请单位或者申请者个人，按照国家规定用途使用。任何部门、单位和个人不得截留、挪用退库款项。

（7）各级国库对所经办的退库事项，应当逐笔进行登记，并定期分析检查。各级国库每年应编制“预算收入退库统计报表”，同时抄送同级财政部门。

（8）各级财政部门要定期对预算收入退库情况进行监督检查，对不符合国家规定的退库予以纠正，并及时向上级部门反映。对违反规定的退库，要按照国家有关法律、法规规定，责令其追回所退库款，并给予相应的经济处罚。

（9）各级财政、税务部门和国库在退库工作中，应当紧密合作，相互配合，严格按规定办理，保证预算收入的准确、完整，防止收入流失。

第三节 政府预算支出执行

政府预算支出执行就是按照政府支出预算分配和使用财政资金的过程，也是提供财政资金，满足社会公共需要的过程。

预算支出是为实现政府的各项职能提供相应的财力保证，涉及用财之道，要求统筹兼顾，保证重点，照顾一般。因此，政府预算支出的执行情况，直接关系到政府的各项职能和社会公共需要满足的程度，也是政府预算管理的非常重要的环节。政府预算支出执行也是一项系统工程，涉及财政部门、国库部门、主管部门、预算单位、金融机构等，因此，在政府预算支出执行过程中，客观上，各个相关部门、单位需要通力合作，共同努力，才能很好地完成预算支出的任务。

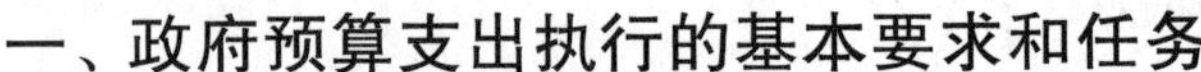

一、政府预算支出执行的基本要求和任务

(一)预算支出执行的基本要求

为了保证预算支出的正确执行,及时合理地供应和使用财政资金,以保证经济各项事业的发展,预算支出执行应坚持如下基本要求:

(1)坚持按支出预算执行。各级预算是经过各级人民代表大会审查批准的,有法律效力,是预算执行的依据。各项支出必须严格控制,不得突破支出预算,如因特殊原因确需调整的,应该按照法定程序进行支出预算调整。

(2)严格预算支出管理。预算支出管理是政府预算管理的重要内容,首先,要完善预算支出管理的制度并严格执行制度;其次,要根据不同性质的支出采用不同的管理方式,划清各类资金的界限,不得相互挤占。

(3)推进预算绩效管理,提高资金使用效益。预算绩效是指预算资金所达到的产出和结果,预算绩效管理就是一个由绩效目标管理、绩效运行跟踪监控管理、绩效评价实施管理、绩效评价结果反馈和应用管理共同组成的综合系统。预算绩效管理的推行,有利于完善公共财政体系,推进财政科学化精细化管理,强化预算支出的责任和效率,提高财政资金使用效益。

为此,我国《预算法实施条例》明确要求,各级政府、各部门、各单位应当加强对预算支出的管理,严格执行预算和财政制度,不得擅自扩大支出范围、提高开支标准,严格按照预算规定的支出用途使用资金,建立健全财务制度和会计核算体系,按照标准考核、监督,提高资金使用效益。各级国库和有关银行不得占压财政部门拨付的预算资金,各级国库必须凭本级政府财政部门签发的拨款凭证于当日办理库款拨付,并将款项及时转入用款单位的存款账户。

(二)预算支出执行的基本任务

政府预算支出执行是由预算执行的领导机关、管理机关、执行机关及相关部门单位共同完成,而由各个支出预算机关具体负责实行,它们的共同任务就是要遵照预算支出计划,采取各种有效措施,按照预算支出的原则,及时合理地供应经济社会事业发展所需要的资金,最大限度地提高资金的使用效益,保证高质量完成支出预算。其中财政部门的基本任务是:制定管理预算支出的制度和办法;根据年度支出预算和季度用款计划,合理调度、拨付预算资金;监督检查各部门、各单位管好用好预算资金,节减开支,提高效率;编报、汇总分期的预算支出执行数字,分析预算支出执行中出现的新情况、新问题。

二、政府预算拨款的原则

政府预算拨款即财政部门根据核定的预算办理预算支出的拨付,拨款给用款单位。办理政府预算拨款应该遵循如下原则。

1. 坚持按预算拨款

办理预算拨款要按核定的年度支出预算和季度分月用款计划拨款,不能办理无预算、无计划拨款,也不能办理超预算、超计划拨款。

2. 坚持按进度拨款

根据事业进度和上期用款单位的资金结存情况合理拨付资金。既要保证资金需要,又要防止资金分散积压;既要考虑本期资金需要,又要考虑上期资金的使用和结余情况,以保证国家预算资金的统一安排、灵活调度和有效使用,还要考虑国库库款情况。

3. 坚持按核定用途拨款

即按照一般公共服务、外交、国防、社会保障、农林水利事务等支出拨款的不同用途,分别拨付。各级财政部门办理预算拨款时,应根据预算规定的用途拨付,不得随意改变支出用途,以保证国民经济和社会事业发展计划正确地执行。

4. 坚持按预算级次和程序拨款

即根据用款单位的申请,按照用款单位的预算级次和审定的用款计划,按期核拨,不得越级办理预算拨款。各级主管部门,一般不能向没有支出预算关系的单位垂直拨款,同级主管部门之间也不能发生支出预算的横向拨款关系。

三、政府预算支出的支付方式

预算单位收到财政或上级部门批复的用款计划后,即可以进行资金支付。伴随着以国库单一账户体系为基础、资金缴拨以国库集中收付为主要形式的现代财政国库制度的改革,我国对预算支出的支付方式和支付程序进行了调整。国家对预算支出实行"国库集中支付制度",即是指预算支出通过国库单一账户体系,采取财政直接支付或者财政授权支付方式,将资金支付到收款人的办法。县级以上各级政府财政部门应当设立专门的财政国库支付执行机构承担国库集中支付有关具体工作。国库集中收缴制度和集中支付制度统称国库集中收付制度。

(一) 支出类型

财政支出总体上分为购买性支出和转移性支出。根据支付管理需要,具体分为:① 工资支出,即预算单位的工资性支出。② 购买支出,即预算单位除工资支出、零星支出之外购买服务、货物、工程项目等支出。③ 零星支出,即预算单位购买支出中的日常小额部分,除《政府采购品目分类表》所列品目以外的支出,或列入《政府采购品目分类表》所列品目,但未达到规定数额的支出。④ 转移支出,即拨付给预算单位或下级财政部门,未指明具体用途的支出,包括拨付企业补贴和未指明具体用途的资金、中央对地方的一般性转移支付等。

(二) 支付方式

按照不同的支付主体,对不同类型的支出,分别实行财政直接支付和财政授权支付。

1. 财政直接支付

财政直接支付是指由政府财政部门开具支付令,通过财政零余额账户支付到收款人,财政零余额账户再与国库进行资金清算的支付方式。实行财政直接支付的支出包括:

(1) 工资支出、购买支出和中央对地方的专项转移支付,支付企业大型工程项目或大型设备采购的资金等,直接支付到收款人。

(2) 转移支出(中央对地方专项转移支出除外),包括中央对地方的一般性转移支付中的税收返还、原体制补助、过渡期转移支付、结算补助等支出,对企业的补贴和未指明购买内容的某些专项支出等,支付到用款单位(包括下级财政部门和预算单位,下同)。

2. 财政授权支付

财政授权支付是指预算单位根据本级政府财政部门授权,自行开具支付令,通过预算单

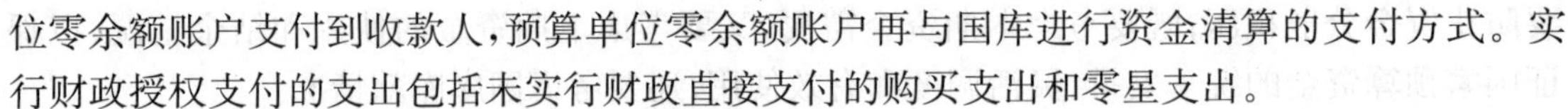

位零余额账户支付到收款人，预算单位零余额账户再与国库进行资金清算的支付方式。实行财政授权支付的支出包括未实行财政直接支付的购买支出和零星支出。

（三）支付程序

1. 财政直接支付程序

预算单位按照批复的部门预算和资金使用计划，向财政国库支付执行机构提出支付申请，财政国库支付执行机构根据批复的部门预算和资金使用计划及相关要求对支付申请审核无误后，向代理银行发出支付令，并通知中国人民银行国库部门通过代理银行进入全国银行清算系统实时清算，财政资金从国库单一账户划拨到收款人的银行账户。

财政直接支付主要通过转账方式进行，也可以采取“国库支票”支付。财政国库支付执行机构根据预算单位的要求签发支票，并将签发给收款人的支票交给预算单位，由预算单位转给收款人。收款人持支票到其开户银行入账，收款人开户银行再与代理银行进行清算。每日营业终了前由国库单一账户与代理银行进行清算。工资性支付涉及的各预算单位人员编制、工资标准、开支数额等，分别由编制部门、人事部门和财政部门核定，支付对象为预算单位和下级财政部门的支出，由财政部门按照预算执行进度将资金从国库单一账户直接拨付到预算单位或下级财政部门账户。

2. 财政授权支付程序

预算单位按照批复的部门预算和资金使用计划，向财政国库支付执行机构申请授权支付的月度用款限额，财政国库支付执行机构将批准后的限额通知代理银行和预算单位，并通知中国人民银行国库部门。预算单位在月度用款限额内，自行开具支付令，通过财政国库支付执行机构转由代理银行向收款人付款，并与国库单一账户清算。

上述财政直接支付和财政授权支付流程，以现代化银行支付系统和财政信息管理系统的国库管理操作系统为基础。

第四节 政府预算执行中的调整与分析

一、政府预算调整

在预算执行过程中，由于受经济形势的变化、政策的调整，或者一些突发性的重大事件等客观情况的影响，会导致政府的预算计划赶不上情况的变化，为了避免预算收支与客观实际情况脱节，有必要根据实际情况对预算进行动态调整，以实现预算在执行中的平衡。

（一）政府预算调整的含义

预算调整是指经全国人民代表大会批准的中央预算和经地方各级人民代表大会批准的地方各级预算，在执行中需要增加或者减少预算总支出、调减预算安排的重点支出、调入预算稳定调节基金或需要增加举借债务数额而造成的预算部分变更。根据《预算法》应当进行预算调整的情况包括：① 需要增加或者减少预算总支出的。② 需要调入预算稳定调节基金的。③ 需要调减预算安排的重点支出数额的。④ 需要增加举借债务数额的。从形式上看，政府总预算、部门预算、单位预算、国有资本经营预算、社会保险基金预算等都会涉及预算调整问题。

（二）政府预算调整的方法

政府预算调整实际就是通过调整预算收支的规模或改变收入来源和支出用途，来组织新的预算平衡的重要方法。按照预算调整的程度不同预算调整的方法可分为全面调整和局部调整。

1. 全面调整

全面调整是一种在盘子外的大调整，这种情况并不总是发生。全面调整的背景条件：遭遇特大自然灾害、战争等事件；国民经济发展出现严重危机，经济大幅波动；国家对原定国民经济和社会发展计划做重大调整等。此时，政府往往相应对预算收支的总盘子进行大调整，其特点是涉及面广、工作量大，实际上等于重新编制国家预算。

全面调整一般是在第三季度或第四季度初进行。其基本程序是：首先，由财政部提出调整预算计划，经国务院审核同意，上报全国人民代表大会常务委员会审查批准。其次，下达各地区、各部门执行。在预算调整的过程中，财政部门和主管部门，要经过上下协商，反复平衡。最后，确定政府预算收支的新规模，以适应形势变化的需求。

2. 局部调整

局部调整是对政府预算做出的局部变动。在政府预算执行中，为了适应客观情况的变化，这种重新组织预算收支平衡行为，是经常发生的。

各级财政预备费一般是财政总预算中安排的预备资金，在预算执行中，由于发生自然灾害等突发事件，必须及时增加预算支出的，应当先动用预备费。各级预算预备费的动用方案，由本级政府财政部门提出，报本级政府决定。预备费不足支出的，各级政府可以先安排支出，属于预算调整的，列入预算调整方案。

(1) 预算追加追减。在原核定预算收支总数不变的情况下，追加追减预算收入或支出数额。各部门、各单位需要追加追减收支时，均应编制追加追减预算，按照规定的程序报经主管部门或者财政部门批准后，财政机关审核并提经各级政府或转报上级政府审定通过后执行。政府财政办理追加追减预算时须经各级人大常委会批准，方可执行。

(2) 经费流用。经费流用也称科目流用，是在不突破原定预算支出总额的前提下，由于预算科目之间调入、调出和改变资金使用用途而形成的预算资金再分配，而对不同的支出科目具体支出数额进行调整。

为了充分发挥预算资金的使用效果，可按规定在一些科目之间进行必要的调整，以达到预算资金的以多补少，以余补缺。资金用途和物资的计划供应情况密切结合，经费流用的原则包括：一是调剂只能此增彼减，不能突破预算总规模和收支平衡；二是调剂要有利于提高资金使用效益，不能影响各项建设事业的完成；三是遵循流用范围，一般要求基建资金不与流动资金流用，人员经费不与公用经费流用，专款一般不与经费流用；四是通过一定的审批程序，不同科目间的预算资金需要调剂使用的，审批上必须按照国务院财政部门的规定报经批准。

(3) 预算划转。即由于行政区划或企事业行政单位隶属关系的改变，在改变财务关系的同时，相应办理预算划转，将其全部预算划归新接管地区和部门。预算的划转应报上级财政部门；预算指标的划转由财政部门和主管部门会同办理；企事业单位应缴的各项预算收入及应领的各项预算拨款和经费，一律按照预算年度划转全年预算，并将年度预算执行过程中

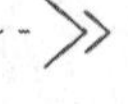

已经执行的部分——已缴入国库的收入和已经实现的支出也要一并划转，由划出和划入的双方进行结算，即划转基数包括年度预算中已执行的部分。一般来说，预算划转在中央预算和地方预算之间、地方之间及部门之间进行。预算划转要做到及时、准确，既要保证财权与事权的统一，又要保证预算任务的完成。

（三）政府预算调整的程序与权限

政府预算调整的程序与权限要通过有关法律、法规及规章确定，在我国主要由《中华人民共和国预算法》《中华人民共和国预算法实施条例》《中央本级基本支出预算管理办法》《中央本级项目支出预算管理办法》《国务院关于试行社会保险基金预算的意见》等规定。

1. 政府总预算的调整

《中华人民共和国预算法》及其实施条例规定：各级政府对于必须进行的预算调整，应当编制预算调整方案。预算调整方案应当列明调整的原因、项目、数额、措施及有关说明，经本级政府审定后，提请本级人民代表大会常务委员会审查和批准。中央预算的调整方案必须提请全国人民代表大会常务委员会审查和批准。县级以上地方各级政府预算的调整方案必须提请本级人民代表大会常务委员会审查和批准；乡、民族乡、镇政府预算的调整方案必须提请本级人民代表大会审查和批准。未经批准，不得调整预算。地方各级政府预算的调整方案经批准后，由本级政府报上一级政府备案。未经批准调整预算，各级政府不得做出任何使原批准的收支平衡的预算的总支出超过总收入或者使原批准的预算中举借债务的数额增加的决定。对违反规定做出的决定，本级人民代表大会、本级人民代表大会常务委员会或者上级政府应当责令其改变或者撤销。

2. 部门预算调整

(1) 对于中央部门预算基本支出预算的调整，《中央本级基本支出预算管理办法》规定：中央部门要严格执行批准的基本支出预算。执行中发生的非财政补助收入超收部分，原则上不再安排当年的基本支出，可报经财政部批准后，安排项目支出或结转下年使用；发生的短收，中央部门应当报经财政部批准后调减当年预算，当年的财政补助数不予调整。如遇国家出台有关政策，对预算执行影响较大，确需调整基本支出预算的，由中央部门报经财政部批准后进行调整。

定额标准的执行期限与预算年度一致；定额标准的调整在预算年度开始前进行；定额标准一经下达，在年度预算执行中不做调整，影响预算执行的有关因素，在确定下一年度定额标准时，由财政部统一考虑。

(2) 对于中央部门预算项目支出预算的调整，《中央本级项目支出预算管理办法》规定：中央部门应当按照批复的项目支出预算组织项目的实施，并责成项目单位严格执行项目计划和项目支出预算。项目支出预算一经批复，中央部门和项目单位不得自行调整。预算执行过程中，如发生项目变更、终止的，必须按照规定的程序报批，并进行预算调整。

现行《中华人民共和国预算法实施条例》规定(修订后的条例通过之后，将按新的规定执行)：政府有关部门以本级预算安排的资金拨付给下级政府有关部门的专款，必须经本级政府财政部门同意并办理预算划转手续。

3. 单位预算调整

现行《中华人民共和国预算法实施条例》规定(修订后的条例通过之后，将按新的规定执行)：各部门、各单位的预算支出，必须按照本级政府财政部门批复的预算科目和数额执行，不得挪用；确需做出调整的，必须经本级政府财政部门同意。各部门、各单位的预算支出不同预算科目间的预算资金需要调剂使用的，必须按照国务院财政部门的规定报经批准。年度预算确定后，企业、事业单位改变隶属关系，引起预算级次和关系变化的，应当在改变财务关系的同时，相应办理预算划转。

4. 国有资本经营预算调整

对于国有资本经营预算的调整，《国务院关于试行国有资本经营预算的意见》规定：国有资本经营预算资金支出，由企业在经批准的预算范围内提出申请，报经财政部门审核后，按照财政国库管理制度的有关规定，直接拨付使用单位。使用单位应当按照规定用途使用、管理预算资金，并依法接受监督。国有资本经营预算执行中如需调整，须按规定程序报批。年度预算确定后，企业改变财务隶属关系引起预算级次和关系变化的，应当同时办理预算划转。现行国有资本经营预算调整应该按照《预算法》的规定执行。

5. 社会保险基金预算调整

《国务院关于试行社会保险基金预算的意见》规定：社会保险基金预算不得随意调整。在执行中因特殊情况需要增加支出或减少收入，应当编制社会保险基金预算调整方案。社会保险基金预算调整由统筹地区社会保险经办机构提出调整方案，经人力资源社会保障部门审核汇总，财政部门审核后，由财政和人力资源社会保障部门联合报本级人民政府批准。社会保险费由税务机关征收的，社会保险费收入预算调整方案由社会保险经办机构会同税务机关提出。现行社会保险基金预算调整应按《预算法》规定执行。

二、政府预算执行检查分析

预算执行检查分析是为了及时掌握预算收支状况，改进和指导预算工作，政府各级预算执行机关或其他有关部门，通过采取多种形式和方法，对政府预算资金的筹集、分配和使用的活动情况，进行的检查和分析。政府预算执行情况的检查、分析是保证实现预算收支任务、加强预算管理，促进国民经济协调发展的一个重要环节，也是财政、国库等预算执行部门的一项基本工作。政府预算执行检查分析的形式包括定期检查分析、专题检查分析和典型调查分析。

预算执行检查分析的意义主要表现为：① 预算执行的检查和分析是对政府预算执行的重要反映。预算执行检查和分析是一个动态过程，以预算执行的全部内容和整个过程为分析对象，可以全面反映政府预算的整体情况和发展变化。② 预算执行的检查和分析是对国民经济和社会事业发展状况的重要反映。经济决定财政，财政运行状况是整个经济运行状况的综合反映。预算执行分析的各项指标在一定程度上反映国民经济各项发展指标的状况。③ 预算执行分析能够及时发现预算执行过程中存在的各种问题，并可以根据情况制定切实可行的解决问题的方法。

（一）预算执行检查分析的主要内容

预算执行政策性强，涉及面广，除了分析预算收支执行情况外，还要对影响国家预算收支发展变化的相关因素进行分析。

1. 检查分析党和国家相关经济和预算政策的贯彻执行情况

一是要分析是否贯彻了党和国家的方针政策和重大措施。二是要分析贯彻相关方针政

策对预算收支执行的影响，以便于及时调整预算，组织预算新的平衡。三是从贯彻方针政策方面检查各级预算收支情况，做到收入按政策，支出按计划；追加追减符合规定程序；各项收支管理制度切实遵守执行等。

2. 检查分析预算收支项目的完成情况

一是各项收入是否及时、足额地纳入国库。分析检查预算收入的报解是否及时，科目使用是否正确，预算级次的划分有无差错等。二是预算拨付是否合理。有无违反国家财经纪律和制度的现象，各项预算支出进度同各项生产建设以及事业行政计划的完成情况是否相适应；检查资金使用效果和定员定额情况以及存在的问题；分析检查预算资金的使用效果是否达到预期目标等。

3. 分析影响政府预算执行完成情况的原因

一定时期影响预算执行完成情况的因素很多，可从国内与国外、宏观与微观、内部与外部等多层面、多角度进行分析，包括国际经济形势、国内经济运行、国民经济重要指标的完成情况，国家宏观经济政策的变化与重大经济措施的出台，企业经营状况等。

4. 预算收支平衡和综合平衡的态势

预算、信贷、外汇和物资四者之间有着密切的联系，涉及商品可供量与社会购买力之间的平衡，以预算收支平衡为核心的综合平衡是国家预算是否顺利执行的重要标志，因而是预算检查分析的工作重点。不仅要分析检查预算收支本身的平衡，还要根据国家政治、经济等形势发展的客观需要，结合银行信贷、外汇收支组织综合平衡。

（二）政府预算执行检查分析的方法

政府预算执行分析方法是指在深入调查研究、充分掌握各种预算执行的调查资料、各种报表的基础上，对相关信息进行归纳、整理、分析，进而得到预算执行情况结论的手段工具。预算收支指标表现的经济现象之间具有一定的因果关系，预算检查分析对这些因果关系不仅从本质上认识预算资金的运动进行定性分析，还应进行定量分析。常用的分析方法包括比较法、因素分析法、逻辑推理法、动态分析法等。

1. 比较分析法

比较分析法是实际工作中一种常用的方法，主要以本期实际数与有关各期指标数进行比较分析。它包括将预算指标和实际完成指标对比；本期实际完成指标和前期实际完成指标对比；地区、部门、企业之间实际完成指标对比等。

比较分析法简单易用，使用广泛，但只能用于同质指标间数量对比，无法分析诸变化因素对预算和实际差异的影响程度，因而限制了检查分析的广度和深度。

2. 因素分析法

采用比较法确定了各种差异之后，还应分析引起差异的因素，衡量诸因素对差异的影响程度，如果某项差异是受多因素交叉作用影响的结果，则需用因素法确定因素对差异的影响程度。

因素分析法也称连环替代法，是从影响收支的诸多因素中分别测定每项因素对差异影响程度的一种方法。它通过对组成某一经济指标诸因素的顺序分析，用数值来测定由于诸因素动作对产生差异的影响程度。只要顺次地把其中一个因素视为可变，把其他因素视为不变，就会得到任何一种可能的组合结果。因素法的基本原理可概括为“依次替换，顺序分析，得出结论”。

在实际操作时，事先要严格规定诸因素排列顺序，并在不同时期均按既定排列顺序分

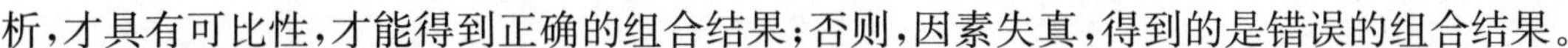

析，才具有可比性，才能得到正确的组合结果；否则，因素失真，得到的是错误的组合结果。

3. 逻辑推理法

逻辑推理法是指通过对有关财经信息资料、预算执行资料的分析研究，根据以往的经验，分析预测预算收支发展变化趋势及其规律性的方法。

4. 动态分析法

动态分析法是指分析研究预算收支在时间上的变化及其规律性的方法。

所有执行政府预算的机关都必须对本地区、本部门、本单位预算执行情况进行认真的检查分析。现行《中华人民共和国预算法实施条例》规定（新修订后的条例通过后，将按新的规定执行）：

政府财政部门应当每月向本级政府报告预算执行情况，具体报告内容和方式由本级政府规定。

省、自治区、直辖市政府财政部门应当按照下列期限和方式向财政部报告本行政区域预算执行情况：① 预算收支旬报，按照财政部规定的内容编制，于每旬终了后 3 日内报送财政部。② 预算收支月报，按照财政部规定的内容编制，于每月终了后 5 日内报送财政部。③ 每月预算收支执行情况文字说明材料，于每月终了后 10 日内报送财政部，每季预算收支执行情况的全面分析材料于季度终了后 15 日内报送财政部。④ 年报即年度决算的编报事项，依照《预算法》和本条例的有关规定执行。

各级财政、税务、海关等预算收入征收部门应当每月按照财政部门规定的期限和要求，向财政部门和上级主管部门报送有关预算收入计划执行情况，并附说明材料。

【复习思考题】

1. 简述政府预算执行的任务。
2. 试述政府预算执行的组织体系。
3. 简述政府预算收入缴库方式。
4. 简述预算收入划分和报解的基本要求。
5. 简述预算支出执行的基本要求。
6. 简述政府预算拨款的原则。
7. 试述政府预算支出的支付方式。
8. 试述政府预算调整的方法。

第五章 政府决算的编制与管理

第一节 政府决算概述

一、政府决算的组成

政府决算是年度政府预算收支执行情况的总结，它反映着年度政府预算收支的最终结果，也是国家经济活动在财政上的集中反映。因此，政府决算编制工作是财政、财务部门的一项重要任务，各地区、各部门、各单位要重视决算工作，年度终了，都要按照国家的规定，正确、完整、及时地编制政府决算。

与政府预算一样，政府决算也同样由中央决算和地方决算组成。根据我国宪法和政府预算管理体制的具体规定，有一级政权，要建立一级预算，凡是编制预算的地区、部门、单位都要编制决算。

在我国，中央决算由中央主管部门的行政事业单位决算、国有企业财务决算、基本建设财务决算、国库年报和税收年报等汇总组成，由财政部审核汇总编成。行政事业单位决算由各执行单位预算的国家机关、团体、工交商、农林水利、科教文卫等单位编制。国有企业财务决算和基本建设财务决算，由国企和基建单位编制。

地方决算由各省（自治区、直辖市）总决算汇总而成，具体可分为省（自治区、直辖市）决算、市（市、州）决算、县（市、区、旗）决算、乡（镇）四级决算。四级总决算汇总组成省（自治区、直辖市）总决算。地方各级总决算由同级各主管部门汇总所属的行政、事业单位决算、企业财务决算、基建财务决算和所属下级总决算以及国库年报、税收年报等组成，地方财政决算由地方财政部门审核汇总编制，按规定程序审批后上报汇总，最后由财政部审核汇总后形成地方决算草案，汇入政府财政决算。

总之，凡是参与预算执行，经办预算资金收纳和拨款业务的机构，如国家金库、税务部门、企业利润监缴机关、政策性银行等，都要编制年报或决算。决算草案由各级政府、各部门、各单位，在每一预算年度终了后按照政府规定的时间编制。

二、政府决算的意义

政府决算是关系国计民生全局的大事，不仅具有政治意义，而且还具有重大的经济意

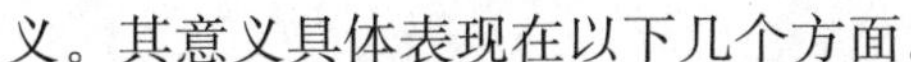

义。其意义具体表现在以下几个方面。

（一）政府决算是国家经济社会活动在财政上的集中反映

政府决算是国家经济社会活动在财政上的集中反映，体现着1年来政府活动的范围和施政活动的方方面面，反映了国家社会经济活动的情况。通过政府决算的编制可以掌握年度政府预算的实际执行情况，全面、系统地了解政府施政政策和政策导向的贯彻执行情况，全面了解预算年度内财政资金的实际流量、流向和结构。

（二）政府决算反映着政府预算执行的最终结果

政府决算反映着政府预算实际执行的结果。其中，政府决算收入反映了年度预算收入的规模、来源和构成，体现政府资金集中的程度和资金积累的水平；政府决算支出反映年度预算支出的方向和用途，体现了国家经济社会发展的规模、产业结构调整的重点以及公共福利水平的提高程度，体现着公共财政的发展方向。

（三）通过政府决算的编制，可以系统地整理和积累财政预算统计资料

政府预算统计资料是制定未来宏观经济政策，从事经济管理的财政研究的重要文献，而政府决算恰恰是整理与积累财政统计资料的重要途径。以编制政府决算的方式，系统整理预算执行的最终实际数据，全面分析预算管理和预算资金使用效果的正反两方面的经验教训，对于提升后续年度的政府预算管理水平、更加科学地制定宏观财政经济政策，具有重要的参考价值。

（四）政府决算是实现预算监督管理的重要手段

财政年度结束后，对政府预算进行监督的重要工具就是决算。长期以来，我国政府预算法治监督弱化的表现之一，就是忽视了决算管理和政府会计计量体系的作用。在市场经济国家，决算的流程体现了对执行预算法案而发生的账目，由行政机关编制决算报告，经司法审查后，提交立法机关审议，由此最终确认政府公共收支的合法性。因此，决算是实现政府预算法制化监督的重要手段。同时，通过政府决算的编制、审核与分析过程可以从收支两方面对政府预算资金管理进行考核和监督，从而为政府预算管理流程绩效水平的不断提升创造条件。

第二节/政府决算编制的原则与方法

一、政府决算编制的原则

政府决算编制的原则是指各级政府、各部门、各单位编制决算时应遵循的指导思想与准则。新《预算法》第75条明确规定："编制决算草案，必须符合法律、行政法规，做到收支真实、数额准确、内容完整、报送及时。"政府决算的编制一般应遵循以下原则。

（一）合法性原则

这是决算编制的法制化要求，体现政府决算编制的每一环节都要符合严格的法定程序

和规定。

（二）准确性原则

政府决算是政府预算执行的总结，是国民经济活动在财政上的重要反映。只有集中反映1年来预算执行的客观结果，才能真正做到向人民如实报账，并对1年来国民经济和社会发展、预算执行和管理做出正确的评价与总结，为指导今后的财经工作提供可靠的资料依据。因此，决算的编制工作要坚持实事求是，如实反映情况。各级决算报表、年报中的数字都必须是真实可靠的，不准弄虚作假，各级决算都要坚持自上而下、逐级汇总的原则，不能以领代报、以估代编，只有坚持决算的准确性原则，才能保证决算的质量，充分发挥其经济作用。

（三）完整性原则

政府预算要求政府收支都要在预算中得到充分、完整的反映，决算作为预算执行结果的会计报告，也要求完整休现政府的实际收支结果。因此，必须严格按照国家和上级决算编制的要求和布置的决算表格等，全面落实，认真填报，不能自行取舍、遗漏或任意减并。在决算编制中，还应写出有情况、有分析、有总结的决算说明书。

（四）及时性原则

决算编制对于下年度的预算编制具有重要的参考价值，因此对其有很强的时间要求，要按规定时间编报和上报决算，以保证上级单位、部门和各级财政部门及时汇总和使用，并在规定时间由人大常委会或人民代表大会审查和批准，否则就难以发挥决算应有的作用，也就失去了决算编制的意义。各地区、各部门、各单位都必须把决算工作作为预算管理的一个重要环节来完成。

二、政府决算编制的准备工作

（一）财政部拟定和下达政府决算的编报办法

为了提高政府决算的质量，保证国家决算数字口径的统一，每个预算年度终了前（一般在第四季度），财政部都要在总结上年决算编制工作经验的基础上，根据当年预算执行情况、财政经济政策、财政预算和企业财务管理体制、财政预算管理制度以及当年预算执行中存在的问题，提出本年度编制政府决算草案的基本要求和具体办法，以通知的形式向中央各主管部门和省（自治区、直辖市）下达，并逐级补充，作为编制年度决算的指导性文件。政府决算的编报办法一般包括以下内容：

（1）根据年度政府预算执行的特点和提高预算管理工作水平的要求，提出逐步抓紧做好年前增收节支和平衡预算工作。

（2）认真做好年终清理工作，核实当年各项收支数字。根据收支清理的具体要求，财政、税务和国家金库密切配合，做好对账工作。各级政府预算收入以当年12月31日缴入基层国库的预算收入列报，政府预算支出以12月31日各级财政拨款数列报。

（3）加强编报决算草案的组织领导，提出决算编审重点和原则。每年决算草案编审办法提出的重点和原则各有侧重，但主要包括中央和地方之间的收入分成、上解、补助以及借垫款项等的结算办法，地方预算年终结余处理，允许结转下年继续使用的支出项目，以及其他需要明确规定的具体问题等，对此，在决算编审办法中要提出当年编审的重点和原则，并就相关具体问题提出处理意见或建议。

(4) 对决算草案编审工作的组织领导要求。为了保证决算草案的及时、完整和正确编制，应通过有效的领导体系来组织落实，并要求认真组织专业审查和群众审查。

(5) 决算草案报送的期限和份数。各省(自治区、直辖市)总决算草案，一般要求在年度终了后3个月内，以一式五份报送财政部。中央主管部门的汇总单位决算在年度终了后3个月内以一式两份报送财政部。中央主管部门所属单位决算，各省(自治区、直辖市)本级的单位决算以及所属市(州)、县(市)总决算的报送期限和份数，在保证及时汇总上报的原则下，可自行规定。

(二) 进行年终收支清理工作

为了正确反映预算年度预算执行的结果，保证决算数字的准确和完整，便于及时编制决算草案，各级财政部门和行政事业单位、企业单位、基本建设单位，在年度终了时要对全年的预算收支、会计账目、财产物资及其有关财务活动等，进行一次全面的核对、结算和清查，这项工作即为年终清理。年终收支清理工作是编制决算的前期准备工作，是编好决算草案的重要前提条件，年终收支清理工作主要包括以下几个方面内容。

1. 核对年度预算收支数字

预算数字是考核决算和办理收支结算的依据，也是进行财政、财务决算的基础数字。核对的内容主要有：各级财政总预算、部门和单位预算本身的全年预算收支数字；各级总预算之间、各级政府总预算与部门和单位预算之间、单位预算的上下级间全年预算收支数字；年度终了前，各级预算执行单位之间的预算追加追减、科目流用、预备费动用、预算划转等调整。为便于年终收支清理工作的顺利进行，每年的12月份不再办理预算的追加追减和预算划转手续，本年经费限额的下达，也截至12月25日。

2. 清理本年预算应收应支款项

预算收支清理是为了核实收支，做到预算收入应收尽收，预算支出应拨尽拨。在年终前应对年度内各项应缴库的预算收入进行认真清理，及时足额地缴入国库；应由当年弥补的计入亏损，要按政策要求审查核实后及时办理退库手续；应在本年度列支的支出也要在年终前办理完毕。

3. 结清预算拨借款

各级财政部门之间、财政部门和主管部门之间、主管部门和下属单位之间的拨借款项，都应当在12月31日之前结算清楚。各级财政部门之间的预算补助款和预算上解款，应按政府预算管理体制的有关规定和最后确定的收入留解比例，结合借垫款项进行结算，多退少补。

4. 清理来往款项

在预算执行中，各级财政部门、企业、基建、行政、事业等单位暂存暂付、应收应付等往来款项，要在年终前进行清理结算，一切往来账款在编制决算时原则上应无挂账。

5. 清理财产物资

所有预算执行单位，在年终前应对固定资产和库存材料等所有财产物资进行清理盘点，做到账目相符；对库存现金也要进行清查核算，做到账款相符；对财产物资的各种账目也要进行认真核对，做到账账相符。

6. 进行决算收支数字的对账工作

对于决算收入，各级财政部门、国家金库、企业利润监缴机关，必须会同预算缴款单位进行年终对账，经核对相符后填制对账单办理签证后，分别按系统上报，对于决算支出，各级财政部门要会同主管部门、用款单位和开户银行，将决算支出数字共同核对一致，按规定程序逐级进行年终对账签证后，按规定的程序逐级上报。

（三）制定和颁发决算表格

财政部在下达决算草案编审办法的同时，还要制定和颁发各省（自治区、直辖市）财政决算统一表格、中央各部门决算表格及其他有关决算表格。县级以上地方政府财政部门根据财政部的部署，在部署编制本级政府各部门和下级政府决算草案编审办法的同时，也要结合本地区、本部门的具体情况，制定和颁发本级政府各部门决算、下级政府决算及其他有关决算的报表格式。

决算表格是政府决算数字的载体，它把决算数字及有关资料和核算根据等科学地安排在一定的表格中，可以总括而清晰地反映政府决算的全貌。决算表格是编制决算的重要工具，主要反映当年政府决算收支数字。它是在上年度决算的基础上，根据本年度预算管理体制及其他制度变化情况，本着有利于总结全年预算收支执行情况，符合预算管理的要求制定的。通常，政府决算表格每年要修订一次。

制定决算表格应遵循的原则：一是应有利于总结全年预算执行情况以及兼顾本年度决算和下年度预算设计的要求；二是应有利于保持主要决算表格形式的相对稳定，一般要在上年决算表格基础上进行修订，尽量保持决算表格的项目、内容和格式的统一，保证政府决算的连续性和统一汇编；三是保证政府决算的统一汇编；四是决算表格既要满足需要，又要简便易行。

决算表格按预算财务系统可划分为财政总决算表格、行政事业单位决算表格、企业财务决算表格和基本建设财务决算表格。决算表格按使用范围划分为两种：一是各级财政部门使用的总决算表格；二是各级主管部门和所属预算单位使用的部门、单位决算表格。

决算表格按照反映的主要内容包括决算收支表、资产负债表以及反映全年预算收支执行结果和预算资金活动结果的会计数字表等。其具体分为四类。

1. 决算收支表和资金活动情况表

这类表主要指用来反映预算收支实际执行结果和年终预算资金活动结果的会计报表，是根据财政总预算或单位预算会计账簿编制，包括全部政府性资金的收支总表和明细表。如一般公共预算收支、政府基金收支、国有资本经营收支的总表、明细表、变动情况表等。支出明细表分别设置功能分类表和经济分类表，适当突出功能分类表格。

2. 政府资产和债务情况表

这类表主要指用来反映各级总预算和单位预算的财务收支情况和执行结果的报表，按相应预算会计制度要求编制，包括一般预算收支的资产负债表和政府性债务表等，作为财政总决算的补充表，以完整反映政府的资产和负债情况。

3. 基本数字表

这类表主要指用来分别反映各项行政事业单位的机构、人员、开支标准等定员定额执行情况和事业成果的财务统计报表，由各预算单位根据财务统计和业务统计资料整理编制。此外，基本数字表还应包括用于反映政府基金等收支范围人员情况表，作为一般预算收支人员情况表的补充表，从而使基本数字更加全面。

4. 其他附表类

这类报表主要是指上述各类决算表格和决算说明书的补充资料，表的多少和内容根据当年决算分析的需要而定。其内容根据每年预算执行情况，由财政部制定相应的附属表格。这类表格按其内容基本上可以分为两种：一是属于决算各表的明细资料；二是报告一些与预算收支有关的资料。

三、政府决算的编制程序与方法

预算年度终了，政府决算的准备工作结束后，就进入政府决算草案的编制阶段。新《预算法》第 75 条明确规定："决算草案应当与预算相对应，按预算数、调整预算数、决算数分别列出。一般公共预算支出应当按其功能分类编列到项，按其经济性质分类编列到款。"

在决算编制过程中，按照《预算法》的规定，不同的政府、部门、单位承担不同的职责，而单位与部门决算是政府决算编制的基础。各部门对所属各单位的决算草案，审核并汇总编制本部门的决算草案；国务院财政部门编制中央决算草案；县级以上地方各级政府财政部门编制本级决算草案。

政府决算的编制从执行预算的基层单位开始，在搞好年终清理工作的基础上，根据决算编报办法的规定和决算表格内容，自下而上进行编制、审核和汇总。

（一）政府决算的编制程序

政府决算的编制程序就是指政府决算编制的具体步骤。

《预算法》规定，决算草案由各级政府、各部门、各预算单位在每一预算年度终了后按照国务院规定的时间编制。决算草案是指各级政府、各部门、各单位编制的未经法定程序审查和批准的预算收支年度执行结果。编制决算草案的具体事项，由国务院财政部门部署。政府决算草案编制程序是从执行预算的基层单位开始，自下而上层层编制、审核和汇总，由各级财政部门汇编成本级政府决算草案。财政部在收到中央主管部门报送的汇总单位决算和各省（自治区、直辖市）报送的总决算草案后，首先，进行全面的审核和检查；其次，根据中央各主管部门报送的汇总单位决算，汇编为中央总决算草案；再次，根据各省（自治区、直辖市）报送的总决算，汇总为地方总决算草案；最后，根据中央总决算和地方总决算汇编成国家决算草案。

（二）政府决算的编制方法

1. 单位决算的编制方法

单位决算草案是执行单位预算的行政、事业单位编制的决算，是构成各级政府总决算的基础。编制好单位决算是保证政府决算质量的关键。因此，年度终了后，各基层预算单位都应当在搞好年终清理、结清账目的基础上，正确、完整、及时地编制单位决算草案，填报单位决算报表数字。

单位决算报表数字是单位决算的重要内容，主要有以下三类：

(1) 预算数字。预算数字是考核预算执行情况和事业计划完成情况的依据，是按年终清理核对后的年度预算数填列的。

(2) 会计数字。会计数字反映全年预算执行结果的决算数，它是根据年终结账后的会计账簿中有关科目的年终余额或全年累计数填列的。

(3) 基本数字。基本数字反映行政事业单位的机构、人员状况以及事业发展计划的完成情况，用于考核事业规模和预算资金的使用效果。它是根据相关财务统计和业务统计资料的数字填列的。

单位决算草案编成后，还应编写单位决算说明书。说明书是年度预算执行和预算工作的文字总结。说明书包括以下内容：① 单位预算执行的主要情况，以及支出超支或结余，收入超收或短收的原因。② 业务计划完成情况及原因分析。③ 各项事业发展的成果和费用开支水平分析。④ 预算管理、财务管理等方面采取的主要措施、取得的经验、存在的问题及今后改进的意见。

2. 财政总决算的编制方法

财政总决算是各级政府总预算的执行结果，由各级财政部门在收到同级主管部门报送的汇总单位决算后，连同总决算会计账簿的有关数字进行汇总编制。其中，地方各级总决算的汇编从乡(镇)级开始，自下而上逐级汇编，最后汇编为省(自治区、直辖市)总决算；中央总决算由财政部根据中央各主管部门汇总的所属行政、事业单位决算、企业财务决算、基本建设财务决算以及国库年报、税收年报等汇编而成；最后由财政部将中央总决算和地方总决算汇编成国家总决算草案。

各级财政总决算报表的数字也分为三部分：

(1) 预算数字。预算数字是考核各级总决算执行情况的依据。预算数字分为"年初预算数"和"最后预算数"。其中，"年初预算数"根据上级财政机关年初下达预算书填列；"最后预算数"根据执行中经调整后的数字填列，即在年初预算数的基础上，加上中央专项调整数(如企业上下划转等)、上年结转使用数、本年动用地方上年对财政结余数、动用本级预备费、预算科目之间进行调剂等项数字。

(2) 决算数字。决算数字反映各级总预算执行结果，分为决算收入和决算支出两部分。决算收支数，根据总预算会计预算收、支明细账的全年累计数填列。总会计预算支出明细账的全年累计数应该与主管部门汇总的单位决算报表数字、基本建设决算的全年基建支出数字一致。

(3) 基本数字。基本数字反映全国或地方各地区行政事业单位的机构、人员状况和事业计划完成情况及效果的数字。它根据所属各地方、各主管部门决算的基本数字各表汇总填列。

各级财政部门编制完决算草案后，必须编写决算说明书。地方总决算说明书即年度总预算执行和预算管理的书面报告，主要内容为：

(1) 收入情况的分析说明。这是对预算收入执行情况的总结，它通过结合年度预算安排及国民经济和社会发展计划指标完成的情况，分析收入超收或短收的原因：分析成本费用水平、资金积累水平、资金运用和改善经营管理的情况；分析税收政策的执行情况和税源的变化情况。

(2) 支出情况的分析说明。这是对预算支出执行情况的总结，它通过结合年度预算安排与各项事业计划、基本建设计划、定员定额等，分析各项主要支出的结余或超支的主要原因，分析成本费用水平，资金运用和改善管理等情况，说明决算支出数字的编制基础涉及主要经济效果和存在的主要问题。

(3) 结余情况的分析说明。分析全年总预算的结余情况、原因、决算收支平衡情况和存在的问题。

(4) 预算执行中的调整情况的分析说明。说明总预算在执行过程中的预备费动用，上年结余动用情况、预算的追加追减、预算划转和科目运用等对预算变动的影响情况。

(5) 总结预算年度对各项财政方针政策、管理体制、规章制度贯彻执行的情况与问题，总结预算管理的经验、教训并提出加强预算管理与预算监督的意见及措施。

(6) 其他情况的分析说明。分析其他情况，如物价和工资调整、经济体制和财政体制改革等因素对预算收支的影响。

(7) 决算编制的经验总结。总结决算编制过程中的主要经验和存在的问题，以进一步提高决算编制水平和提高预算决策水平。

第三节 政府决算的审查批准

政府决算草案汇编完成后，即进入法定程序进行审查和批准，它是政府预算管理工作的重要环节，也是政府决算编制质量的重要保证。

一、政府决算的审查分析

政府决算的审查是和决算汇编工作交叉进行的，审查的目的是要在各个环节加强决算的审查工作，做到逐级审查、层层负责、明确国家决算的标准、及时完整、全面，以便进一步加强预算管理工作。决算审查对于贯彻执行党和国家的方针政策、分析研究预算收支情况等意义重大。

(一) 政府决算审查的层次及其机构

为了维护国家法律，保证政府决算数字准确无误，必须在各个环节上加强政府决算审查工作，做到逐级审查，层层负责。政府决算的审查层次和机构自下而上进行：一是上级对下级决算草案进行的审查，包括上级单位对下级单位决算草案的审查；二是财政部门对统计部门决算草案的审查；三是政府审计部门对政府决算草案的审计；四是各级立法机关对同级政府总决算草案的审查。

在上级对下级、财政对部门的决算草案审查中，决算草案审查工作和决算草案汇编工作交叉进行。

(二) 政府决算审查的形式和方法

决算审查的方法一般可分为就地审查、书面审查和派人到上级机关汇报审查三种。其中，书面审查是审查的主要方法，就地审查和派人到上级机关汇报审查两种方法通常作为书面审查的补充，有时也交叉使用。

决算的审查形式有单位自查、联审互查和上级重点审查三种。单位自查是指预算单位组织力量对本单位的决算进行审查，一般是单位财会部门自审与职工群众进行审查有机结合，从而对决算进行广泛的审查，通过审查可以总结经验与教训，并提出相应的改进措施。

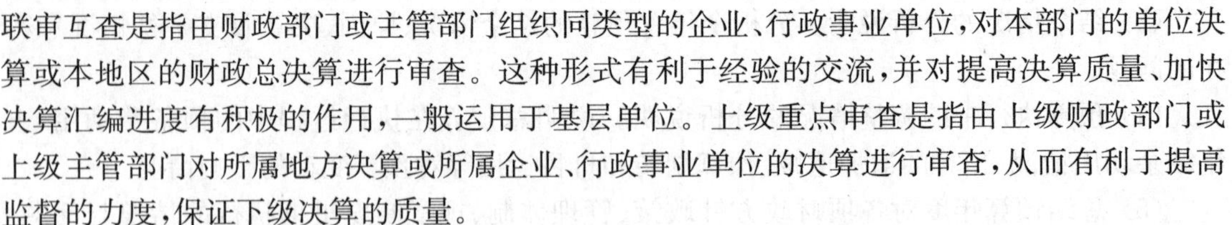

联审互查是指由财政部门或主管部门组织同类型的企业、行政事业单位，对本部门的单位决算或本地区的财政总决算进行审查。这种形式有利于经验的交流，并对提高决算质量、加快决算汇编进度有积极的作用，一般运用于基层单位。上级重点审查是指由上级财政部门或上级主管部门对所属地方决算或所属企业、行政事业单位的决算进行审查，从而有利于提高监督的力度，保证下级决算的质量。

（三）政府决算审查的内容

对政府决算主要从以下几个方面进行审查。

1. 政策性审查

政策性审查是对贯彻执行国家各项方针政策、财政制度、财经纪律等方面进行审查分析。政策性审查的具体内容主要有以下几个方面：

(1) 收入审查。收入审查着重审查以下内容：审查决算所列的预算数是否与上级核定数一致；审查上年结余数和上年决算的年终结余是否一致；属于本年的预算收入是否按政策、按预算管理体制和缴款办法及时、足额地缴入各级国库，并编入本年的决算；审查各级总预算之间的分享比例计算、上解下补是否到位；审查预算内收入和预算外收入资金的界限是否划分清楚；审查收入退库项目是否符合国家的规定；审查决算收入数是否与 12 月份预算会计报表所列全年累计收入数一致等。

(2) 支出审查。支出审查着重审查以下内容：审查决算中的预算支出数是否与上级核定的预算支出数相一致；审查年度支出的时间界限是否符合规定；根据决算数和预算数的对比差距，审查结余和超支的主要原因，审查支出科目总预备运用、上年结余动用是否符合规定，审查有无挤占挪用资金情况；地方预算调整数与上级核定的预算数之间的差额是否与调入资金和上年结余一致；审查决算支出数与 12 月份预算外支出是否划分清楚，有无挤占预算内资金；审查决算支出是否编列齐全，有无该报未报的情况，已报决算支出是否逐级汇总，有无以估代编情况等。

(3) 结余审查。结余审查着重审查以下内容：单位决算年终的预算拨款结余除另有规定者外，是否已如数缴回财政总预算，有无将结余列入决算报销转作单位的其他存款情况：总决算结余中按规定结转下年继续使用的资金是否符合规定；结转项目是否超过规定的范围；总决算的金库存款开户情况，审查有无违纪、私设“小金库”现象等。

(4) 资金运用审查。资金运用审查着重审查以下内容：审查单位决算“银行支取未报数”是否正常合理，库存备用金是否符合规定额度；库存材料有无积压或损失；付款是否清理完毕以及未结清的原因；固定资产是否记账，审核各级财政总预算之间、总预算与单位预算之间的投借款项，是否结算清楚，借垫款项未结清的原因；审核暂存、暂付等其他各项往来款项是否符合规定，有无应清未清或应作本年决算收入、支出的款项，防止截留预算收入等。

2. 技术性审查

技术性审查主要是对决算报表的数字关系方面进行审查，技术性审查的具体内容主要有以下几个方面：

(1) 数字关系审查。数字关系审查的具体内容主要有以下几个方面：审查决算报表之间的有关数字是否一致：审查上下年度有关的数字是否一致；审查上下级财政总决算之间财政总决算与部门、单位决算之间的有关上解、补助和拨借款数字是否一致；审查其他决算与财政总决算的有关数字是否一致；审查各业务部门的统计年报与财政总决算的有关数字是否一致。

(2) 决算完整性和及时性审查。决算完整性和及时性审查的具体内容主要有：审查规定的各种决算报表是否填报齐全，有无缺报、漏报情况；已报的决算各表的栏次、科目、事项填列是否正确完整；各类数字填列的计算口径是否符合规定；决算说明书的编写是否符合条例要求；决算是否经过法定程序审核签章；决算报送时间是否超过规定期限等。

政策性审查和技术性审查是互相补充、相辅相成的，各有其侧重点，政策性的问题有时就是从技术性审查的数字关系中发现的。对于决算审查中发现的问题，要严格按照政府决算制度和有关财经纪律、制度规定进行及时处理。属于政策性问题，如少报收入，多列支出的，原则上应当收缴或剔出；属于技术性的差错，应当查明更正；属于应当补充的问题，应当限期补报。总之，通过决算审查，要保证政府决算草案的及时、准确和完整。

3. 预算管理审查

预算管理审查主要审查预算管理体制规定的收支划分，上下级财政部门之间的留解比例执行是否正确，以及当年财政决算收支水平。

按照《预算法》的规定，在政府决算审查中，人大常委会、人民代表大会有关专门委员会履行不同的职能，其中初步审查由有关专门委员会承担：① 国务院财政部门应当在全国人民代表大会常务委员会举行会议审查和批准中央决算草案的 30 日前，将上一年度中央决算草案提交全国人民代表大会财政经济委员会进行初步审查。② 省、自治区、直辖市政府财政部门应当在本级人民代表大会常务委员会举行会议审查和批准本级决算草案的 30 日前，将上一年度本级决算草案提交本级人民代表大会有关专门委员会进行初步审查。③ 设区的市、自治州政府财政部门应当在本级人民代表大会常务委员会举行会议审查和批准本级决算草案的 30 日前，将上一年度本级决算草案提交本级人民代表大会有关专门委员会进行初步审查，或者送交本级人民代表大会常务委员会有关工作机构征求意见。

初审完成后，全国人民代表大会财政经济委员会和省、自治区、直辖市、设区的市、自治州人民代表大会有关专门委员会，要向本级人民代表大会常务委员会提出关于本级决算草案的审查结果报告。

初审完成后，县级以上各级人民代表大会常务委员会和乡、民族乡、镇人民代表大会还要对本级决算草案进行审查，按照《预算法》的规定，重点审查下列内容：① 预算收入情况。② 支出政策实施情况和重点支出、重大投资项目资金的使用及绩效情况。③ 结转资金的使用情况。④ 资金结余情况。⑤ 本级预算调整及执行情况。⑥ 财政转移支付安排执行情况。⑦ 经批准举借债务的规模、结构、使用、偿还等情况。⑧ 本级预算周转金规模和使用情况。⑨ 本级预备费使用情况。⑩ 超收收入安排情况，预算稳定调节基金的规模和使用情况；本级人民代表大会批准的预算决议落实情况；其他与决算有关的重要情况。

二、政府决算的审核批准

在决算的审查和批准中，按照《预算法》的规定，财政部门、各级政府、人大常委会、人民代表大会分别履行不同的职责：① 各部门对所属各单位的决算草案，应当审核并汇总编制本部门的决算草案，在规定的期限内报本级政府财政部门审核。各级政府财政部门对本级各部门决算草案审核后发现有不符合法律、行政法规规定的，有权予以纠正。② 国务院财政部门编制中央决算草案，经国务院审计部门审计后，报国务院审定，由国务院提请全国人

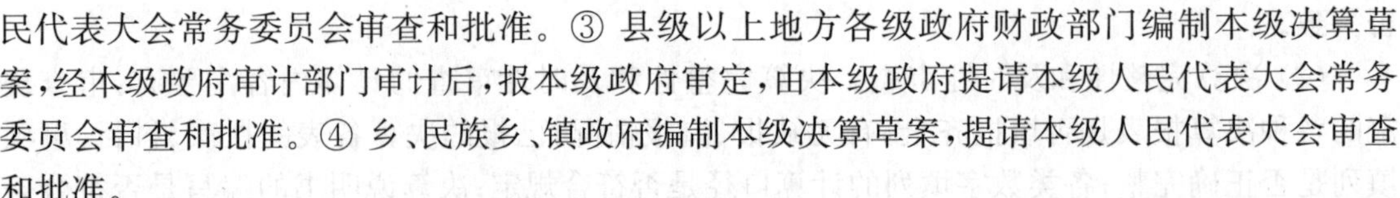

民代表大会常务委员会审查和批准。③ 县级以上地方各级政府财政部门编制本级决算草案，经本级政府审计部门审计后，报本级政府审定，由本级政府提请本级人民代表大会常务委员会审查和批准。④ 乡、民族乡、镇政府编制本级决算草案，提请本级人民代表大会审查和批准。

各级决算经批准后，财政部门应当在20日内向本级各部门批复决算。各部门应当在接到本级政府财政部门批复的本部门决算后15日内向所属单位批复决算。

地方各级政府应当将经批准的决算及下一级政府上报备案的决算汇总，报上级政府备案。县级以上各级政府应当将下一级政府报送备案的决算汇总后，报本级人民代表大会常务委员会备案。

国务院和县级以上地方各级政府对下一级政府依照《预算法》规定报送备案的决算，认为有同法律、行政法规相抵触或者有其他不适当之处，需要撤销批准该项决算的决议的，应当提请本级人民代表大会常务委员会审议决定；经审议决定撤销的，该下级人民代表大会常务委员会应当责成本级政府依照本法规定重新编制决算草案，提请本级人民代表大会常务委员会审查和批准。

【复习思考题】

1. 简述政府决算编制的意义。
2. 说明我国政府决算的组成。
3. 简要分析政府决算编制的程序与方法。
4. 分析说明政府决算审查的方法、形式和内容。

第二篇　政府预算会计

知识要点

理解政府会计的概念及组成体系，掌握政府会计核算的基本原理；理解财政总预算会计的概念及特点，熟悉其会计科目及核算内容，掌握其核算过程；理解政府单位会计的概念和特点，熟悉政府单位财务会计科目和预算会计科目的设置及运用，掌握政府单位财务会计和预算会计的核算过程。

本篇结构图

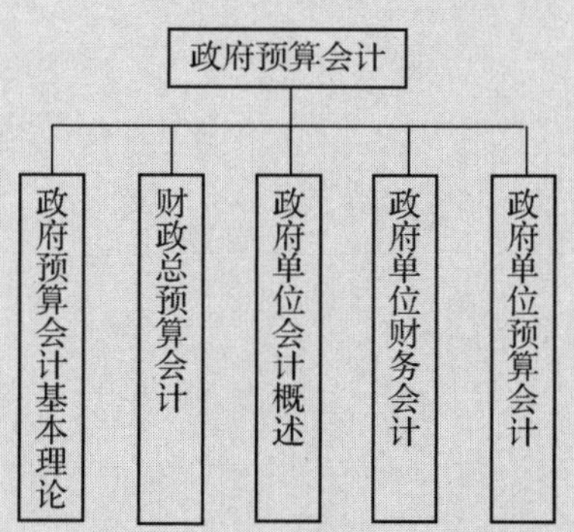

第六章 政府预算会计基本理论

第一节 政府预算会计概述

一、政府预算会计的概念

自20世纪30年代以来，随着企业利益相关群体的不断多样化，以提供财务信息为主要工作内容的财务会计与其他会计学科逐渐分离开来，并成为会计学科中的主要内容。就一般意义而言，财务会计是借助专门的程序和方法，以货币为主要计量单位，对相关会计主体的交易或事项进行全面、连续、系统的核算和监督。从其工作结果而言，主要是提供相关的决策支持信息；从其工作状态而言，则根据自身生成的信息，辅以其他的经济信息，参与各会计主体内部的运行管理。

对于会计主体而言，随着经济进步与社会管理的需要，传统面向企业的视角又产生了新的改变，既有以营利为目的的企业组织，又有服务社会、管理社会的政府机构和非营利组织。这些会计主体因其行使社会职能的差异，使其在自身资金管理与运行中也存在着根本性差异，并在提供财务会计信息时出现各自不同的要求。因而虽然这些会计主体都是利用财务会计进行信息加工生产与报告，都属于财务会计体系，但其与企业财务会计有着显著区别，与之形成了相并列的财务会计子学科，这就是预算会计。财政部也将其列为我国两大类会计体系之一。

1. 政府预算会计的含义

政府预算会计是指各级政府、使用预算拨款的各级行政单位和各类事业单位，用于核算和监督各项财政性资金活动、单位预算资金的运动过程和结果，以及有关经营收支情况的专门会计。它是以国家预算为基础，以货币为主要计量单位，运用专门的会计方法，提供相关决策信息的信息系统，并对国家预算收支执行情况进行连续、系统、完整地核算和监督的经济管理活动。

2. 政府预算会计的三层含义

第一，政府预算会计的主体是各级政府及各类行政事业单位。财政总预算会计的主体是各级政府；行政事业单位会计的主体则是指会计为之服务的行政单位和事业单位。

第二，政府预算会计的对象，是财政性资金运动、单位预算资金运动以及有关经营收支的过程和结果。

第三，从学科构成上讲，政府预算会计是以《会计学原理》为基础的一门专业会计，同其

他会计一样都是以货币为主要计量单位，提供以财务(预算)报告为载体的会计信息，并依据财务会计的固有职能参与会计主体的相关管理活动。

二、政府预算会计的特点

作为集中、分配、领取和运用预算资金的单位，政府及各预算单位一般不计算或不以盈亏为主，与企业会计在核算对象、任务和具体要求上形成显著差异，也因此形成了自己的特点，这些内容主要体现在如下几点。

(一) 具有统一性和广泛性

由于政府及各预算单位会计核算和监督的对象是国家预算资金，所以作为具体管理和组织预算资金的各级各类行政事业单位，在会计指标体系、会计科目和会计报表设置等内容上，要同国家预算收支项目保持一致，必须遵循国家预算管理制度的规定，形成与预算执行为中心的统一领导、分级管理的会计核算体系，具有明显的统一性。而从政府预算会计的具体实施单位看，各级各类的行政事业单位和财政单位并非孤立存在，而是与社会各方面的物质生产部门和非物质生产部门有着广泛的联系，政府预算会计核算的预算收支进度，也同时反映着国民经济各部门的发展情况，使得政府预算会计具有广泛性特征。

(二) 具有社会性和非营利性

作为政府预算会计的主体，各级各类行政事业单位并不以营利为目的，而是主要提供社会公共产品和公共服务，为各项社会事业的发展、国防和行政管理等服务，更为关注社会效益，所以政府预算会计核算中涉及的大量预算资金采用无偿转移支付的形式，不要求直接回报。除自收自支型单位外，部分事业单位按照市场经济的原则虽然允许有部分经营业务，但通常并不构成主要内容，不能足额补偿其支出。

(三) 确认基础呈现复合性

与企业会计为满足正确核算盈亏的需要而采用权责发生制不同，政府预算会计核算采用以收付实现制和权责发生制并存的方式，以满足各类行政事业单位既要确保对财政资金收、支、领、拨的核算和监督，又能反映资产、负债、运行成本等财务管理所需信息，提升政府会计信息相关性和真实性。

(四) 会计核算内容及方法自成一体

由于不需要核算利润事项，所以从会计要素设定开始，政府预算会计的核算方法在同样的借贷记账法下，与企业会计有很大区别。政府单位财务会计的要素包括资产、负债、净资产、收入和费用五个；政府单位预算会计的要素包括预算收入、预算支出及预算结余三个要素；在名称、数量及内涵方面都与企业有所不同。

三、政府预算会计体系构成

(一) 财政总预算会计

财政总预算会计是各级财政部门反映、核算和监督国家预算执行，以及各项财政性资金活动的专业会计。财政总预算会计的主要职责是通过基本的会计核算，反映预算执行，实现会计监督，参与预算管理，合理调度预算资金。按照《预算法》的规定，“国家实行一级政府一级预算”，所以财政总预算会计的组成体系由国家预算组成体系决定。

目前我国国家预算的组成与政权结构、行政区划相关联，从中央到地方设立中央、省（自治区、直辖市）、市（设区的市、自治州）、县（自治县、不设区的市、市辖区）、乡（民族乡、镇）五级预算。其中省级及以下的各级预算习惯上称为地方预算。

与国家预算体系相对应，我国的财政总预算会计体系也分五级，包括财政部设立中央财政总预算会计，省（自治区、直辖市）财政厅（局）设立省级财政总预算会计，市（自治州）财政局设立市级财政总预算会计，县（自治县、不设区的市）财政局设立县级财政总预算会计，乡（镇）财政所设立乡级财政总预算会计。省级及以下的各级财政总预算会计亦称为地方财政总预算会计。

（二）单位预算会计

1. 行政单位会计

国家行政单位是进行国家行政管理、组织经济文化建设、维护社会公共秩序的机关单位，一般包括各级国家权力机关、行政机关、司法机关、检察机关及其派出机构，以及接受国家预算拨款的党派和人民团体等。行政单位会计即国家行政机关及其派出机构，以及接受国家预算拨款的人民团体，核算和监督本单位预算收支执行情况的专业会计。

行政单位的会计组织形式，按照国家建制和经费领报关系划分为行政主管单位会计、二级行政单位会计和基层行政单位会计。

2. 事业单位会计

事业单位是指不具有社会生产职能和国家管理职能，直接或间接地为上层建筑、生产建设和人民生活服务的单位，包括工、商、交通、农业、文化、教育、科学、卫生、社会福利、救济事业及其他事业单位。事业单位会计即对中国境内的所有独立核算的事业单位、社会团体的预算执行情况及相关经营活动进行核算和监督的专业会计。

事业单位的会计组织形式，根据国家建制、经费领拨关系或财务隶属关系，划分为事业主管单位会计、二级单位会计和基层单位会计。

（三）参与预算执行会计

1. 国库会计

国家金库是各级财政的总出纳机关，中国人民银行和各国有商业银行办理国家金库业务，核算预算收入的收纳、划分报解和库款支拨，形成了国库会计。国库会计所提供的会计资料是各级总预算会计预算收支的基本会计资料来源。

2. 收入征解会计

国家税务机关、海关等负责国家工商税收、关税以及国家指定负责征收的其他预算收入，并根据工作需要设立预算收入征解会计，对预算收入的征收、减免、缴库等进行会计核算。

（四）政府预算会计各组成部分的关系

前述各类会计共同组成了政府预算会计有机整体，形成了国家预算执行的会计整体架构，为贯彻执行国家预算起着重要作用。而就一级政府预算而言，财政总预算会计作为核算、反映和监督本级政府总预算执行的专业会计，因其掌握本级财政预算收支的全面情况和结果，处于主导地位；行政单位会计、事业单位会计以及参与预算执行的国库会计、收入征解会计，向财政总预算会计报送会计报表，在财政总预算会计的业务指导下开展工作。

第二节 政府预算会计的基本核算方法

一、政府预算会计的对象

会计对象是会计核算的基本内容，政府预算会计是核算和监督中央与地方预算以及行政事业单位收支预算执行情况及结果的会计，行政、事业单位为完成国家赋予的任务，需要调动和耗用一定数量的资金，但其资金来源主要是国家财政拨款。行政、事业单位在正常业务活动过程中，所消耗的人力、物力和财力的货币表现，即为行政费用和业务费用。一般来说，行政、事业单位没有或只有很少一部分业务收入，其费用开支主要靠国家财政预算拨款。因此，行政、事业单位的经济活动，一方面按预算从国家财政取得拨入资金，另一方面又按预算以货币资金支付各项费用。其资金运动的形式是：资金拨入—资金付出。由此可见，行政、事业单位会计对象的内容就是预算资金及其收支。基于政府预算会计体系的不同主体情况差异，会计对象各有不同。

（一）财政总预算会计对象

财政机关是各级人民政府的一个职能部门，其主要职责是为保证政府实现其职能的需要，将国民经济中新创造的一部分国民收入以税收、国有企业利润上缴及其他收入形式集中起来，按照国民经济和社会发展计划及政府的各项方针政策的要求，通过政府预算进行再分配，用于满足事业单位完成事业计划、行政单位执行行政任务以及各项投资的需要。因而，财政总预算会计的核算对象是财政总预算资金的集中、分配及其执行情况。

各级政府财政部门负责具体执行各级总预算：一方面，按照核定的预算，从国民经济各部门取得总预算收入，包括一般预算收入和基金预算收入；另一方面，又按照核定的预算，将集中起来的预算资金再分配出去，用于各项支出，形成总预算支出。总预算收入和总预算支出的差额，形成预算收支结余。

同时，在预算执行的过程中，由一级财政部门掌管的货币资金和债权形成一级财政的资产；由发行公债、与上下级财政、与预算单位之间的应付款项形成一级财政的负债；各项结余和基金形成一级财政的净资产。因此财政总预算会计的对象，在实务中表现为各级政府总预算执行过程的预算收入、预算支出和预算结余，以及在资金运动过程中所形成的资产、负债和净资产。

（二）行政单位会计的对象

各级权力机关、行政机关、审判机关和检察机关，以及党派、政协机关等行政单位，其业务活动的目标是行使政府职能，完成行政任务。作为国家政权机构，其活动经费应由预算拨款弥补，而且实行政企分开，行政单位要与所属经济实体脱钩，不允许单位利用自身经济资源从事经营活动。因此，财政拨付的预算资金是行政单位的最主要的资金来源，行政单位的会计对象以预算拨款为主，全面核算和监督行政单位的经济业务活动。

行政单位为履行其职能：一方面，从财政部门和上级单位领取行政经费并在依法行政的过程中收取预算收入；另一方面，按照国家的有关规定和开支标准，安排人员经费、公用经费等各项经费支出；收支相抵形成行政单位的结余。同时，在行政单位资金运动过程中，由行政单位掌管的各项财产和债权形成行政单位的资产；各项应缴和应付款项形成行政单位的负债；各项基金和结余形成行政单位的净资产。因此，行政单位会计的核算对象，在实务中表现为各级行政单位在预算执行过程中的经费收支、其他收入，以及在行政单位资金运动过程中所形成的资产、负债和净资产。

（三）事业单位会计的对象

国有事业单位的主要任务是完成国家规定的各项事业计划。其经费来源，除国家拨补的预算资金外，还有单位自行组织的各项收入。特别是在市场经济体制下，事业单位在完成事业任务向社会提供事业服务的同时，通过市场交换取得的事业收入将在事业单位的收入中占有越来越高的比重。因此，事业单位的会计对象，不仅仅是预算资金的领拨、使用情况，而且还扩展为事业单位实际发生的各项经济业务，对事业单位预算执行过程及其结果进行核算和监督。

事业单位为执行事业任务，保证业务活动的资金需要，一方面，要向财政部门或上级主管单位按照核定的预算领取经费，还要在国家规定的范围内组织创收，取得财政补助收入、事业收入和经营收入等各项收入；另一方面，事业单位要按照国家的有关规定和开支标准，安排人员经费、公用经费以及各项专业业务和经营业务的各项开支，收支相抵形成事业单位的各类结转结余资金。同时，在事业单位资金运动过程中，由事业单位掌管的财产物资、债权和其他权利形成事业单位的资产；由事业单位承担的借入、预售及应付款项、应缴款项等形成事业单位的负债；各类基金和结转结余形成事业单位的净资产。因此，事业单位会计的对象在实务中表现为各类事业单位在单位预算执行过程中的各项收入、支出和结余，以及在事业单位资金运动中所形成的资产、负债和净资产。

二、政府预算会计的要素

会计要素是对会计对象的基本分类，是会计核算内容的具体化，并组成了会计报表的基本要件，也是账户的高度归并和概括。设置会计要素的意义体现在如下两方面：第一，因为会计科目是对会计要素的进一步细化，所以确定会计要素有助于设置会计科目；第二，因为会计要素之间的相互关系就是会计报表的平衡关系，所以明确会计要素及其相互关系有助于构造会计报表结构和格式。

（一）政府财务会计要素包括资产、负债、净资产、收入与费用

1. 资产的定义

依照《政府会计准则——基本准则》，资产是指政府会计主体过去的经济业务或事项形成的，由其控制的，预期能产生服务潜力或者带来经济利益流入的经济资源。按其流动性，将资产划分为流动资产和非流动资产。

政府会计主体的资产通常具备如下主要特征：① 资产是一种经济资源。② 资产应当能够用货币可靠地计量。③ 资产必须由会计主体占有或者使用。

2. 负债的定义

依照《政府会计准则——基本准则》，负债是政府会计主体承担的能以货币计量，需要以

资产或劳务偿付的债务。在实务中，根据债务清偿的时间差异，将其划分为流动负债和非流动负债。

政府会计主体的负债通常具备如下特征：① 负债是现时承担的，需在未来确切的时期内偿付的经济责任。② 负债的清偿应面向确切的债权人，并将导致经济利益流出会计主体。③ 负债能够以货币可靠地计量和预计。

3. 净资产的定义

依照《政府会计准则——基本准则》，净资产是政府会计主体的资产减去其负债后的差额，通常包括各种结转结余、基金等。

政府会计主体的净资产通常具备如下特征：① 由于政府及非营利组织会计主体不存在现实的所有者，所以此差额不能如企业一样称为所有者权益。② 此差额虽然包括收支相抵后的差额，但不存在分配问题。③ 某些净资产，如专用基金等，按照相关规定在后续处理方面具有限定性。

4. 收入的定义

依照《政府会计准则——基本准则》，收入是指政府会计主体为实现其职能开展业务活动，依法取得的非偿还性资金。

政府会计主体的收入通常具备如下特征：① 具有非偿还性。② 取得收入的目的不是为了盈利，而是补偿支出。③ 根据相关规定和资金提供者的意愿，收入有限定性和非限定性之分。

5. 费用的定义

依照《政府会计准则——基本准则》，费用是指报告期内导致政府会计主体净资产减少的、含有服务潜力或者经济利益的经济资源的流出。

政府会计主体的费用通常具有如下特征：① 费用反映了政府会计主体为实现社会管理职能而发生的资金耗费。② 根据相关规定和资金提供者的意愿，费用的发生有限定性和非限定性之分。

（二）政府预算会计要素包括预算收入、预算支出及预算结余

1. 预算收入的定义及其确认条件

依照《政府会计准则——基本准则》，预算收入是指政府会计主体在预算年度内依法取得的并纳入预算管理的现金流入。预算收入一般在实际收到时予以确认。

2. 预算支出的定义及其确认条件

依照《政府会计准则——基本准则》，预算支出是指政府会计主体在预算年度内依法发生的并纳入预算管理的现金支出。预算支出一般在实际支付时予以确认。

3. 预算结余的定义及其确认条件

依照《政府会计准则——基本准则》，预算结余是指政府会计主体在预算年度内预算收入扣除预算支出后的资金余额，以及历年滚存的资金余额。预算结余的确认主要依赖于预算收入与预算支出的确认。

三、政府预算会计的会计等式

会计等式即会计平衡公式，是对各会计要素的内在经济关系利用数学公式所做的概括

表达，是反映各会计要素数量关系的等式。

1. 政府预算会计的财务会计等式

等式一：资产＝负债＋净资产

此等式表明政府会计主体的资产来源于负债和净资产两个方面，即负债和净资产是政府会计主体的资金来源，并以各种资产的形式存在于预算主体中。该等式是财政总预算会计、政府单位财务会计编制资产负债表的平衡公式。

等式二：收入－费用＝ 盈余

此等式表明政府会计中收入与费用存在对应关系，其差额形成政府会计盈余。不同于企业利润的社会财富增量内涵，此盈余是“剩余”的概念，且不是独立的会计要素。该等式是政府单位财务会计编制收入费用表的依据。

等式三：资产＋费用＝负债＋净资产＋收入

此等式是等式一、等式二的综合，表明了五个要素整体的等量关系。由于政府会计中收入和费用 1 年结转一次，待年末结转完毕，此综合等式再次还原为等式一，并开始下一个会计周期的循环。

2. 政府预算会计的预算资金会计等式

预算收入－预算支出＝ 预算结余

此等式表明政府会计中预算收入与预算支出存在对应关系，其差额形成政府预算结余。该等式是财政总预算会计编制收入支出表、政府单位预算会计编制预算收入支出表的依据。

四、政府预算会计的基本前提

（一）会计主体

政府预算会计主体是指拥有经济资源，并实行独立核算的预算组织和单位。本前提的意义在于使会计主体完全独立于执行会计业务的工作人员及其他单位和个人，从而将会计核算和监督的视角定位于某一特定的空间范围，而不是该范围以外的、与政府会计主体有业务关联的其他主体的业务，便于会计人员正确、客观地核算和监督各预算单位的资金运动。

（二）持续运行

持续运行是假定在可预期的未来时间内，会计主体的各项业务活动将持续正常地进行下去，暂时不会停止。正是有了此前提，会计对主体经济事项的处理才能进行合理的时间预期，主体的资产运用、债权清收、债务偿付等才能按现行的会计程序与方法进行延续性处理。无论政府及非营利组织会计，还是企业会计，会计核算所采取的会计程序和一系列的会计处理方法，都是建立在持续运行（经营）的前提基础之上。如果此前提不成立，则现行众多公认的会计处理方法，如折旧等将失去存在的基础，各会计主体也就不能按正常的会计原则、正常的会计处理方法进行会计核算。

（三）会计分期

基于持续运行的前提，政府预算会计为分期结算账务和编制会计报表，需要将主体连续不断的业务行为人为地划分为若干等量的时间段，各时间段的起讫日期采用公历日期。由于国家预算是按年度编制，所以政府预算会计选择的时间长度与之相适应，也选择年、季和月，并分别按年、季、月反映预算收支的执行情况。

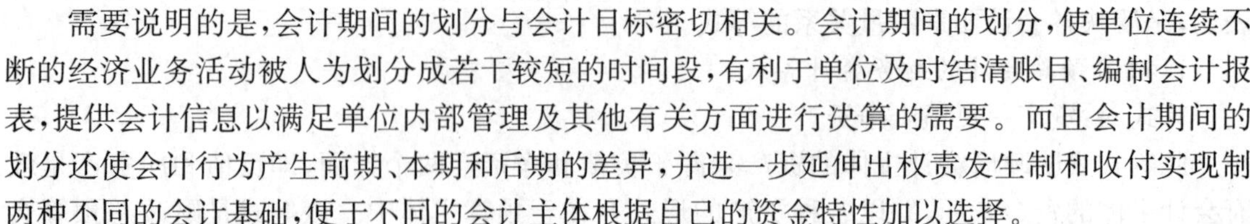

需要说明的是，会计期间的划分与会计目标密切相关。会计期间的划分，使单位连续不断的经济业务活动被人为划分成若干较短的时间段，有利于单位及时结清账目、编制会计报表，提供会计信息以满足单位内部管理及其他有关方面进行决算的需要。而且会计期间的划分还使会计行为产生前期、本期和后期的差异，并进一步延伸出权责发生制和收付实现制两种不同的会计基础，便于不同的会计主体根据自己的资金特性加以选择。

（四）货币计量

货币计量是会计的基本特征，所以无论政府预算会计还是企业会计，都需要以货币计量为前提，以便综合核算和监督单位的包括预算收支执行情况在内的经济活动。通常这一前提包括如下两个重要内容，即记账本位币的选择和币值稳定假设，以保证会计记录在便于工作的同时，保持相对稳定，而无须频繁调整。

五、政府预算会计的一般原则

（一）客观性

客观性也称真实性，是指政府预算会计核算应当以实际发生的经济业务为依据，客观、真实地记录、反映预算单位各项收支情况及其结果。客观性也是保证会计信息质量的首要原则。基于客观性原则，会计人员不能弄虚作假，不能按照个别人的旨意编造会计数据，每一项经济业务必须取得或填制合法的书面凭证，做到明白可靠、内容真实、数据准确、手续完备，如实反映预算执行情况、财务收支状况和事业成果，保证会计信息的真实性。

（二）相关性

相关性是指政府与非营利组织会计提供的会计信息应当符合国家宏观经济管理的要求，适应预算管理和有关方面了解预算单位财务状况及收支情况的需要，并有利于事业单位加强内部经营管理。此外，会计核算所提供的经济信息应当有助于信息使用者做出经济决策，会计提供的信息要同经济决策相关联。

（三）可比性

可比性是指政府预算会计的会计核算应当按照规定的会计处理方法进行。同类单位会计指标应当口径一致，以便相互比较，借以判断预算资金的使用效益，正确考核总预算和单位预算的执行情况及其结果，满足信息使用者和国家宏观管理的需要。

要达成可比性原则，就需要会计方法前后一致，不得随意、经常变更，应保持相对稳定，使要比较的会计信息具有相同的处理基础，避免因不同会计核算程序和方法可能带来的虚假行为。

（四）及时性

及时性是指政府预算会计的会计记录应按时登记，并在规定的期限内及时编制会计报告，不得随意超前和拖延。如果会计信息使用者需要会计信息时，而政府预算会计不能及时提供，则其后的会计信息对使用者来说价值往往大打折扣，甚至变成废纸，从而严重影响会计信息使用者进行决策和管理。因此，财务人员应及时依据原始凭证编制记账凭证，据以登记账簿，并按规定时间编报财务报告，以提高会计信息的及时性。

（五）清晰性

清晰性是指政府预算会计的会计记录和提供的财务报告应当清晰明了，便于使用者理解。如果财务人员提供的会计信息含糊不清、模棱两可，将会降低会计信息的质量，消减会计信息的可信性和有用性。清晰性要求财务人员从凭证、账簿到报告，从注释、签章到审核，各个环节和步骤都要规范精准，在不影响合法性的前提下尽量做到通俗易懂。

（六）全面性

全面性是指政府会计报表应全面反映经济业务活动情况及结果。《基本准则》规定，政府会计主体应将发生的各项经济业务或者事项纳入会计核算，确保会计信息能全面反映政府会计主体预算执行情况及财务运行情况、现金流情况等。全面性要求会计报表所反映的内容完整、全面。

（七）实质重于形式

实质重于形式是指政府会计核算和会计信息要真实反映政府会计主体各项经济业务或者事项的实际情况，要按照各项经济业务或者事项的经济实质进行会计核算，而不应当仅仅以其法律形式作为会计核算的依据。

六、政府预算会计的核算方法体系

（一）会计科目

会计科目是在要素的基础上，对会计对象按经济内容或用途所做的进一步分类，是对会计要素的细化和具体分解。会计科目是设置账户的依据，也是逐级汇总和监督国家预算资金活动情况和执行结果的统一项目标准。为有效发挥会计科目的作用，在设置会计科目时除应遵循统一、全面和简明实用等常规原则外，还应与政府收支分类科目衔接一致，以有效反映预算计划、预算执行和收支平衡的情况。

政府预算会计的会计科目，是在政府会计制度所确定的会计要素框架内，按照预算管理及会计核算的要求，对财政资金集中和分配活动以及行政、事业单位的资金活动所做的具体分类。财政部在政府会计制度中，分别规定了财政总预算会计、行政单位会计和事业单位会计的整体要求。国务院有关部门和各省、自治区、直辖市财政部门可以根据本部门、本地区的实际情况做必要的补充规定。基层单位应按照上级规定执行，不得改变会计科目的名称、编号、核算内容和对应关系。

在政府会计科目的分类中，通常有如下三个常见的标准：① 按经济内容，将会计科目分为资产、负债、净资产、收入和费用五类。② 按核算层次和详略差异分为总账科目和明细账科目。③ 按政府会计主体分为财政总预算会计科目、行政单位会计科目和事业单位会计科目。

（二）记账方法

记账方法是基于一定的规则，通过运用记账符号完成编制会计分录、记录经济业务工作的一种特定工作方法。记账方法按其记录是否完整分为单式记账法和复式记账法，现代会计通常都采用复式记账法作为会计记账方法。

所谓复式记账法，即对主体发生的每笔经济业务，都以相同的金额在两个或两个以上的

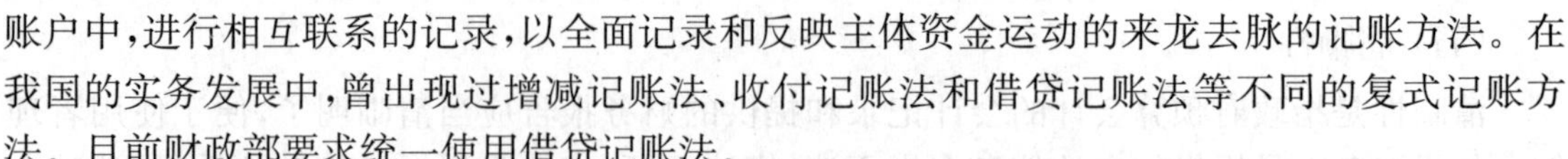

账户中，进行相互联系的记录，以全面记录和反映主体资金运动的来龙去脉的记账方法。在我国的实务发展中，曾出现过增减记账法、收付记账法和借贷记账法等不同的复式记账方法。目前财政部要求统一使用借贷记账法。

借贷记账法是以“借”“贷”两字作为特定记账符号的一种复式记账法，其记账规则为“有借必有贷，借贷必相等”。在借贷记账法下，会计账户在借贷两方分别反映资金的增减情况，而具体的增减方向取决于账户的特性。具体如表 6-1 所示。

表 6-1　政府会计各类账户的借贷规则

账户类别	借方	贷方	余额方向
资产类注	增加	减少	借方
负债类	减少	增加	贷方
净资产类	减少	增加	贷方
收入类	减少	增加	在贷方或无余额
费用类	增加	减少	在借方或无余额

注：累计折旧、累计摊销等是相应资产的备抵账户，其借贷规则与资产相反。

（三）会计凭证

会计凭证是记录经济业务、明确经济责任的书面证明，是登记账簿的依据。作为会计核算和监督的基础性工具，通常按照填制的程序和用途将其分为原始凭证和记账凭证两种。

1. 原始凭证

原始凭证是经济业务发生时取得的书面证明，是会计事项的唯一合法凭证，是填制记账凭证和登记账簿的依据。

因不同的业务需要，在实务中存在大量格式和内容各异的原始凭证，但通常都应具备如下事项：① 凭证的名称。② 凭证的填制日期和编号。③ 凭证的填制单位。④ 经办人员签章。⑤ 经济业务的内容、数量、规格、单价和金额等。⑥ 凭证接受单位。

对于外来原始凭证，由提供单位经办人员按要求填制。对于自制原始凭证，经济业务完成时由经办人员填制。原始凭证填制时应当遵循如下要求：① 记录真实。② 手续齐全。③ 内容完整。④ 书写规范。⑤ 填制及时。

2. 记账凭证

记账凭证是由会计人员根据归类整理并审核后的原始凭证填制，并作为登记账簿依据的凭证。记账凭证是编制会计分录、登记账簿的依据。

在实务中，会计人员通常根据工作需要设置通用记账凭证或收款凭证、付款凭证、转账凭证等专用记账凭证。虽然不同格式的记账凭证在应用上有差异，但通常都应具备如下事项：① 凭证名称。② 填制日期。③ 凭证编号。④ 会计科目、借贷方向和金额。⑤ 事项摘要。⑥ 所附原始单据张数。⑦ 相关人员签章。

政府会计填制和保管记账凭证应遵循如下要求：① 根据审核无误的原始凭证编制。② 通常应当附有必要的原始凭证。③ 编制凭证时内容填写应当清晰工整。④ 按照经济事项发生的日期序时处理。⑤ 按月按凭证序号整理并装订成册，形成规范的会计档案。

（四）会计账簿

会计账簿是由具有一定格式、相互联系的账页组成，以供会计人员在会计凭证的基础上，全面、连续、系统地记录和反映各项收支业务的簿籍。设置规范、完整的账簿体系，可以系统、全面地归纳积累会计核算资料，并为定期编制财务会计报告、提供综合会计信息奠定基础。

政府会计账簿体系分类与惯常的会计工作要求没有区别，也是按照用途分为分类账簿、序时账簿和备查账簿，按外在物理结构分为订本账、活页账和卡片账等。其中分类账簿根据信息的详略差异又分为总分类账和明细分类账。实行会计电算化的单位，用计算机打印的会计账簿应当连续编号，经审查无误后装订成册，并由会计人员和会计机构负责人及会计主管人员签章。

启用会计账簿时，应当在账簿封面上写明单位名称和账簿名称，在账簿扉页上填写启用日期、账簿页数、记账人员和会计机构负责人、会计主管人员姓名等事项，并加盖名章和单位公章。记账人员或者会计机构负责人、会计主管人员调动工作时，应当注明交接日期、接续人员以及监交人员姓名，并由交接双方人员签章。启用订本式账簿时，应当从第一页至最后一页按顺序编定页数，不得跳页、缺号。使用活页式账页，应当按账户顺序编号，并需定期装订成册，并在装订后按实际顺序编定页码。

账簿记录中可能发生各种错误，在实务中就需要根据差错的形式分情况去更正。通常账务记录差错有因文字或数字计算错误造成的书写性差错，以及因记账凭证填制错误造成的凭证性差错。书写性差错应当采用划线更正法予以更正，即在错误的文字或数字中间划贯穿的红线，然后在上方书写正确内容。凭证性差错则不能直接更正账簿，需要通过编制调整凭证的方式加以修正，其中属于科目运用差错的，要先编制红字凭证将原错误冲正，再编制正确记账凭证予以正确登记；属于少记、漏记的错误，则编制蓝字凭证加以补充登记；属于多记、重复记录的错误，则编制红字凭证加以冲减。

（五）会计报表

政府会计报表是用统一货币计量单位，以政府会计的核算资料为依据，按照规定的项目和编制方法，定期综合反映一定时期财政性资金活动和预算执行情况及其结果的书面报告。所以，政府会计报表的作用在于向使用者提供与报告主体财务状况、预算执行情况等有关的会计信息，反映报告主体受托责任的履行情况，以及为下年度政府总预算和单位提供可靠数据。

按照现行政府会计制度的要求，通常各级各类行政事业单位财务会计应当编制资产负债表、收入支出表、财政拨款收入支出表、预算执行情况表等。预算报表的分类通常按时间周期划分为月报、季报和年报等，按编报的层次分为本级报表和汇总报表。要说明的是，因不同政府会计主体的会计工作反映和监督的重点有差异，所以在报表内容构成方面存在一定差异，具体差异详见各相关章节。

为充分发挥政府会计报表的作用，在编制时应当遵循如下原则：① 真实性，即报表的数字必须真实可靠，必须是根据核对无误的账簿记录和所属单位的报表编制、汇总。② 完整性，即报表的种类、格式和内容等，是根据全面了解、检查、分析预算执行情况的信息需要而制定，主体应当按照制度规定编报会计报表，做到内容完整全面无漏报。③ 及时性，即各级财政总预算会计及行政、事业单位会计既要及时完成账务登记和结账，也要及时编制报表，并在规定的时间内上报，为充分发挥报表作为提供条件。

第三节 中国政府会计制度的建立与发展

一、中国预算会计制度的建立

据史料考证，我国的预算会计历史悠久，在郭道扬教授的《会计史(第一卷)》中，对始于公元前 11 世纪我国周代的"官厅会计"有着详尽的分析和研究。中华人民共和国成立初期，财政部于1950年 10 月召开第一次全国预算会计和金库制度会议，讨论并通过了《暂行总预算会计制度草案》《暂行单位预算会计制度》《各级人民政府暂行单位预算会计制度》，标志着中国预算会计的诞生，并形成了由财政部直接制定会计制度的管理模式。

20 世纪 80 年代，随着改革开放及市场经济的不断确立与完善，原计划经济条件下、基于统收统支模式建立的预算会计制度与时代需求逐渐脱节，财政部分别于1983年和1988年两次修改预算会计制度；1994年 2 月，财政部成立预算会计改革常务工作组；1996年 2 月，财政部印发《预算会计核算制度改革要点》，规定了预算会计改革的指导思想、改革目标、会计体系、核算方法和改革步骤等重要内容。

自1997年起，财政部先后颁布了《财政总预算会计制度》《行政单位会计制度》《事业单位会计准则(试行)》《事业单位会计制度》等一系列制度，对预算会计进行了根本性改革，形成了现行我国政府公共部门执行的预算会计制度体系的初始架构。

进入 21 世纪后，随着我国经济体制改革的深入，预算会计的外在环境发生了深刻变化，公共财政收入管理体制随着分税制、工商税制等改革的不断推进，转向财政支出领域。自2000年开始，为增强财政支出管理，政府采购、部门预算、国库集中收付制度等改革不断推行。与此相适应，财政部积极推进预算会计改革的探索，逐渐调整当时的预算会计制度和规范，发布了包括《政府采购资金财政支付拨付管理暂行办法》《财政国库管理制度改革试点会计核算暂行办法》等在内的各项制度和规定。

各项会计制度几经完善，但仍存在诸多不足，如范围狭窄、信息质量特征不充分等，无法从根本上满足实际工作的需要，需要从根本上对其进行调整和改革。2006年，在第十届全国人民代表大会第四次会议批准公布实施的《国民经济和社会发展第十一个五年规划纲要》中，提出要"推进政府会计改革"，这也是首次在新中国的官方正式文件中以"政府会计"取代"预算会计"。其后，财政部颁布了一系列针对主要行政事业单位的会计制度和准则等，形成了当前各项制度和准则并行的局面。

二、中国政府会计制度的发展

我国现行政府会计规范体系由以下内容构成。

1. 会计法律

我国规范政府及非营利组织会计的法律主要有《中华人民共和国会计法》(以下简称《会

计法》)和《中华人民共和国预算法》(以下简称《预算法》)。《会计法》是规范会计活动行为的基本法律,是其他会计法规的“母法”,任何会计规范都必须以《会计法》为基本准绳;《预算法》是规范政府及非营利组织会计主体单位财务活动行为的基本法律,各级政府、各类行政、事业单位都必须按照《预算法》的规定组织财务收支活动,并接受立法机构的监督。

2. 会计行政法规

会计行政法规由国务院制定发布,或国务院有关部门拟订经国务院批准发布,调整经济生活中某些方面会计关系的规范,主要包括《中华人民共和国总会计师条例》和《中华人民共和国预算法实施细则》等。

3. 会计规章

国务院财政部门根据《会计法》制定的关于会计核算、会计监督、会计机构和会计人员以及会计工作管理的制度,包括会计部门规章和会计规范性文件。从政府会计角度看,主要包括《政府会计准则——基本准则》、各项具体准则及其应用指南、《财政总预算会计制度》《政府单位会计制度》等。

政府会计规范之间的关系可见图 6-1。

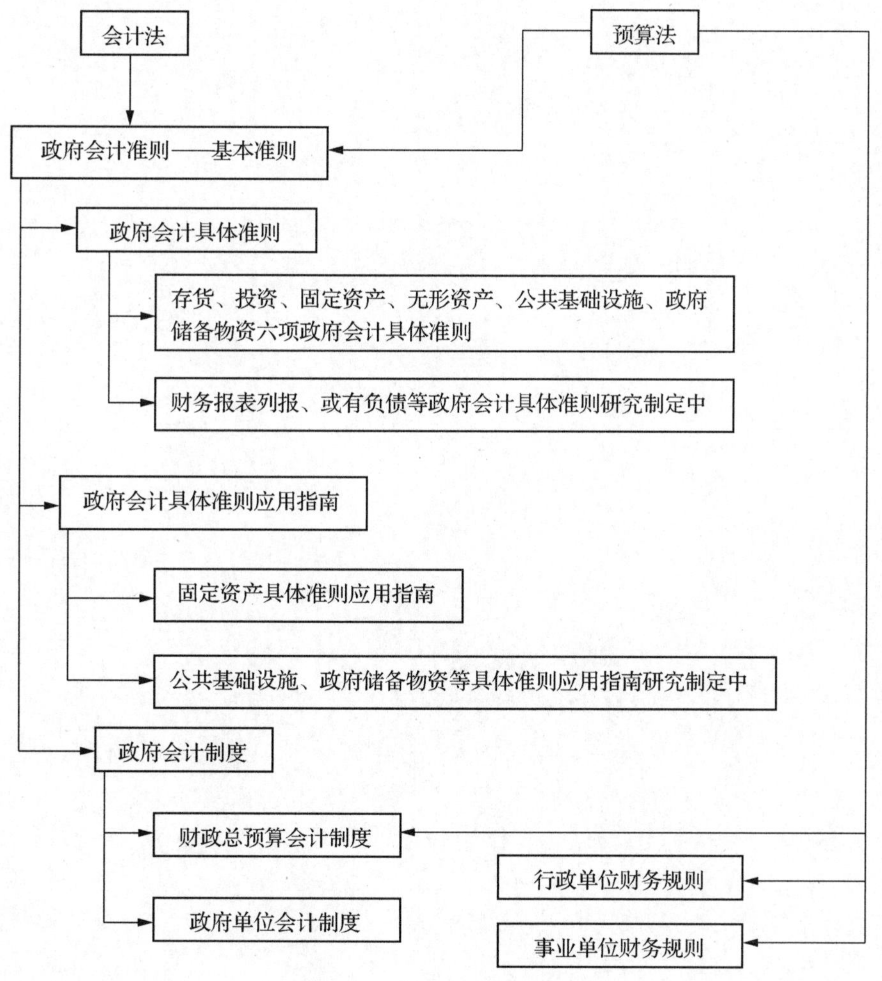

图 6-1　政府会计规范图

【复习思考题】

1. 什么是政府会计？政府会计的特征包括哪些方面？
2. 我国政府会计体系由哪些内容组成？
3. 我国政府会计规范体系如何？
4. 政府会计可选择的确认基础有哪些？

第七章 财政总预算会计

第一节 财政总预算会计概述

一、财政总预算会计的概念

财政总预算会计简称总预算会计，是各级政府财政部门核算和监督政府预算和财政周转金等各项财政性资金活动的专业会计。

（一）财政总预算会计主体

财政总预算会计主体为各级政府财政资金，其政府等级的划分跟我国行政区域的划分对等，划分为中央、省（自治区、直辖市）、市（州）、县和乡（镇）五级，一级政府设一级预算，管理一级财政资金。

（二）总预算会计的核算内容

总预算会计的核算内容是各级政府财政资金的集中、分配和执行结果。其具体包括以下方面：

(1) 核算预算收入。预算收入是国家为了实现其职能，通过国家预算所集中的资金，是国家进行经济建设、社会管理、维护国防安全、发展各项文化事业的财政保证。各级预算收入的收纳、划分和报解，通过国家金库办理。各级政府财政会计对本级预算收入的收纳、划分和报解进行全面核算和监督，对于预算收入的退库要严格把关，加强核算与监督，以保证国家预算的执行。

(2) 核算预算支出。预算支出是指列入各级财政预算，用预算收入安排的支出。各级政府预算支出是维护本级预算所辖用款单位各项活动正常开展的财力保证。各级总预算会计必须严格履行拨款、支出的各项手续，认真核算拨款、支出的列报支出情况。

(3) 核算预算资金的调拨。预算资金调拨是中央财政与地方财政、地方上下级财政等不同级次调拨资金、平衡各级预算收支、落实预算体制的一种手段，包括预算上解与返还、预算补助、调入资金等形式。各级政府财政会计要全面核算预算资金的调拨情况，协调各级财政的预算资金，平衡预算收支。

(4) 核算专用基金。专用基金是各级政府财政机关管理的具有专门用途的资金。总预算会计要按时核算财政机关按规定设置或取得的专用基金，正确反映专用基金的收入、支出和结余。

(5) 核算货币资金和往来款项。货币资金是一级财政掌管或控制的以货币形态存在的资产,主要包括财政性存款、有价证券等。财政机关的往来款项是指在各级政府预算执行过程中发生的结算资金,包括在途资金、暂存暂付款项、上下级往来款项等。各级总预算会计应当加强对货币资金及往来款项的核算与监督,以保证财政资金的安全、完整。

(6) 核算预算外资金。预算外资金是按照国家有关规定征收、集中的不纳入预算的财政性资金。随着部门预算及国库集中收付制度的推行,政府财政会计要负责核算各项预算外资金。

(7) 年终清理结算。各级总预算会计,在会计年度结束之前,要全面进行年终清理结算,具体包括核对年度预算收支数字,清理本年预算应收应支,清理往来款项,组织征收机关和国库进行年度对账,清理核对当年拨款支出,进行年终财政结算等。

注意:财政部门自身的行政经费开支,属于行政单位会计管理的范围,财政总预算会计不能兼办自身的行政经费单位会计核算业务。

二、财政总预算会计的组成体系

财政总预算会计分为中央财政会计和地方财政会计。中央财政总预算会计核算和监督中央总预算的执行情况,由财政部办理。地方财政总预算会计核算和监督地方总预算的执行情况,由各级地方财政部门办理。地方财政总预算会计再按省、市、县、乡等财政部门设置各级财政会计,分别核算和监督地方总预算的执行情况。

三、财政总预算会计的特点

政府财政会计以政府财政性资金的预算收支活动为对象,以提供一级政府宏观经济管理信息为目标,既不同于以营利为目的的企业会计,也与政府和非营利组织会计体系中的行政单位会计、公立非营利组织会计存在一定的差异。政府财政会计的主要特点如下。

(一) 必须以政府预算执行和管理为中心,会计核算与预算管理密切相连

政府财政会计为国家预算执行服务,对财政性资金进行核算与监督,为合理调度预算资金提供会计信息,并为宏观经济管理提供信息;政府财政会计所提供的信息,不仅要符合基本的会计规范的要求,还要符合我国《预算法》的要求,以满足人民代表大会、上级财政部门及本级政府对预算管理和财政决策方面的需要。

(二) 核算基础一般采用收付实现制,不进行成本核算

会计核算基础的选择是为会计目标服务的。财政总预算会计以当期收支为核算重点,提供财政预算管理信息,要求采用收付实现制核算基础,但国库集中支付年终预算结余资金采用权责发生制。

政府财政会计核算各级政府预算收支情况,不进行成本核算和计算损益,但随着财政改革的不断深化,应对预算执行情况进行绩效评价。

(三) 不直接办理现金收付业务,不直接使用资金

各级政府财政收支业务的办理,需要借助各级行政事业单位来完成,总预算会计不直接

涉及现金收付,也不涉及实物资产、无形资产的业务核算。

四、财政总预算会计的任务

总预算会计在我国财政管理体系中起着重要作用,担负着重要的任务。它既是国家预算管理的重要组成部分,又是进行预算管理的一项基础工作。没有总预算会计这一手段,国家预算管理将无法进行。

因此,财政总预算会计是国家预算筹资和预算分配资金的基础,是对各级财政预、决算进行分析检查的前提,是进行预算执行和监督的重要保证。

《财政总预算会计制度》第四条规定,总预算会计的主要职责是进行会计核算,反映预算执行,实行会计监督,参与预算管理,合理调度资金。其基本任务如下:

(1) 处理总预算会计的日常核算事务。办理财政各项收支、资金调拨及往来款项的会计核算工作;及时组织年度政府决算、行政事业单位决算的编审和汇总工作,进行上下级财政之间的年终结算工作。

(2) 调度财政资金。根据财政收支的特点,妥善解决财政资金库存和用款单位需求的矛盾,在保证按计划及时供应资金的基础上,合理调度资金,提高资金使用效益。

(3) 实行会计监督,参与预算管理。通过会计核算和反映,提出预算执行情况分析,并对总预算、部门预算和单位预算的执行实施会计监督。协调参与预算执行的国库会计、收入征解会计等之间的业务关系,共同做好预算执行的核算和监督工作。

(4) 组织和指导本行政区域预算会计工作。省、自治区、直辖市(含计划单列城市)总预算会计在与《财政总预算会计制度》不相违背的前提下,负责制定或审定本行政区域预算会计有关具体核算办法的补充规定;组织预算会计人员的培训活动;组织检查辅导本单位会计和下级总预算会计工作,不断提高政策、业务水平。

(5) 做好预算会计的事务管理工作。负责预算会计的基础工作管理,组织预算会计人员专业技术资格考试,评定及核发《会计证》工作。

五、财政总预算会计的会计科目及核算范围

会计科目是各级总预算会计设置账户、确定核算内容的依据。总预算会计是核算预算资金的集中、分配和执行结果的,所以不设置“固定资产”“库存材料”“现金”等科目。各级财政总预算会计必须按照财政部《财政总预算会计制度》的规定设置和使用会计科目。不需用的会计科目可以不用,但不得擅自更改科目名称。明细科目的设置除会计制度已有规定者外,各级总预算会计可以根据需要,自行设置。

为了便于编制会计凭证、登记账簿、查阅账目和实行会计电算化,会计制度统一规定了会计科目编码。各级总预算会计不得随意变更或打乱科目编码。总预算会计在填制会计凭证、登记账簿时,应填列会计科目的名称或者同时填列名称和编码,不得只填编码,不填名称。

有关财政周转金的会计核算,可由各级财政的预算部门或专门管理机构按会计制度规定的科目办理。

根据改革后的制度安排,调整后的财政总预算会计科目及核算范围如表 7－1 所示。

表 7-1　　　　财政总预算会计科目

类别	科目名称	编号	核算内容
一 资产类	国库存款	1001	核算各级总预算会计在国库的预算资金（含一般预算和基金预算）存款
	国库现金管理存款	1003	核算政府财政实行国库现金管理业务存放在商业银行的款项
	其他财政存款	1004	核算各级总预算会计未列入"国库存款"账户反映的各项财政性存款
	财政零余额账户存款	1005	核算财政国库支付机构在银行办理的财政直接支付业务
	有价证券	1006	核算各级政府按国家统一规定用各项财政结余购买有价证券的库存款
	在途款	1007	核算决算清理期和库款报解整理期内发生的上下年度收入支出业务及需要通过本账户过度处理的资金数
	预拨经费	1011	核算财政部门预拨给行政事业单位尚未列为预算支出的经费
	借出款项	1021	核算政府财政按照对外借款管理相关规定借给预算单位临时急需的、按期收回的款项
	应收股利	1022	核算政府因持有股权投资应当收取的现金股利或利润
	与下级往来	1031	核算本级财政与下级财政的往来待结算款项
	其他应收款	1036	核算政府财政临时发生的其他应收、暂付、垫付款项。项目单位拖欠外国政府和国际金融组织贷款本息和相关费用导致相关政府财政履行担保责任代偿的贷款本息费，也通过该账户核算
	应收地方政府债券转贷款	1041	核算本级政府财政转贷给下级政府财政的地方政府债券资金的本金及利息
	应收主权外债转贷款	1045	核算本级政府财政转贷给下级政府财政的外国政府和国际金融组织贷款等主权外债资金的本金及利息
	股权投资	1071	核算政府持有的各类股权投资。包括国际金融组织股权投资、投资基金股权投资和企业股权投资等
	待发国债	1081	核算为弥补中央财政预算收支差额，中央财政预计发行国债与实际发行国债之间的差额
二 负债类	应付短期政府债券	2001	核算政府财政部门以政府名义发行的期限不超过1年（含1年）的国债和地方政府债券的应付本金和利息
	应付国库集中支付结余	2011	核算政府财政采用权责发生制列支、预算单位尚未使用的国库集中支付结余资金
	与上级往来	2012	核算本级政府财政与上级财政的往来待结算款项
	其他应付款	2015	核算政府财政临时发生的暂收、应付和收到的不明性质款项以及税务机关代征入库的社会保险费、项目单位使用并承担还款责任的外国政府和国际金融组织贷款
	应付代管资金	2017	核算政府财政代为管理的、使用权属于被代管主体的资金
	应付长期政府债券	2021	核算政府财政部门以政府名义发行的期限超过1年的国债和地方政府债券的应付本金和利息

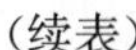

（续表）

类别	科目名称	编号	核算内容
二 负债类	借入款项	2022	核算政府财政部门以政府名义向外国政府和国际金融组织等借入的款项，以及经国务院批准的其他方式借入的款项
	应付地方政府债券转贷款	2026	核算本级政府财政向上级政府财政借入的地方政府债券转贷款的本金及利息
	应付主权外债转贷款	2027	核算本级政府财政从上级政府财政借入的主权外债转贷款的本金及利息
	其他负债	2045	核算政府财政因有关政策明确要求其承担支出责任的事项而形成的应付未付款项
	已结报支出	2091	核算财政国库支付执行机构已清算的国库集中支付支出数额
三 净资产类	一般公共预算结转结余	3001	核算各级财政纳入一般公共预算管理的收支相抵形成的结转结余
	政府性基金预算结转结余	3002	核算各级财政纳入政府性基金预算管理的收支相抵形成的结转结余
	国有资本经营预算结转结余	3003	核算各级财政纳入国有资本经营预算管理的收支相抵形成的结转结余
	财政专户管理资金结余	3005	核算未纳入预算并实行财政专户管理资金收支相抵形成的结余
	专用基金结余	3007	核算总预算会计管理的专用基金收支的相抵形成的结余
	预算稳定调节基金	3031	核算政府财政设置的用于弥补以后年度预算资金
	预算周转金	3033	核算各级财政设置的用于平衡季节性预算收支差额而周转使用的资金
	资产基金	3081	核算政府财政持有的应收地方政府债券转贷款、应收主权外债转贷款、股权投资和应收股利等资产（与其相关的资金收支纳入预算管理）在净资产中占用的金额
	待偿债净资产	3082	核算政府财政因发生应付政府债券、借入款项、应付地方政府债券转贷款、应付主权外债转贷款、其他负债等（与其相关的资金收支纳入预算管理）相应需在净资产中冲减的金额
四 收入类	一般公共预算本级收入	4001	核算政府财政筹集的纳入本级一般公共预算管理的税收收入和非税收入
	政府性基金预算本级收入	4002	核算政府财政筹集的纳入本级政府性基金预算管理的非税收入
	国有资本经营预算本级收入	4003	核算政府财政筹集的纳入本级国有资本经营预算管理的非税收入
	财政专户管理资金收入	4005	核算未纳入预算并实行财政专户管理资金收入
	专用基金收入	4007	核算财政部门按规定设置或取得的专用基金收入
	补助收入	4011	核算上级财政部门拨来的补助款
	上解收入	4012	核算下级财政上缴的预算上解款

（续表）

类别	科目名称	编号	核算内容
四 收入类	地区间援助收入	4013	核算受援助方政府财政收到援助方政府财政转来的可统筹使用的各类援助、捐赠等资金收入
	调入资金	4021	核算各级财政部门因平衡一般预算收入从预算外资金结余以及其他渠道调入的资金
	动用预算稳定调节基金	4031	核算为弥补财政短收年份预算执行收支缺口而调用的预算稳定调节基金
	债务收入	4041	核算省级财政部门作为债务主体，发行地方政府债券收到的发行收入等
	债务转贷收入	4042	核算省级以下财政部门(不含省级)收到的来自上级财政部门转贷的债务收入
五 支出类	一般公共预算本级支出	5001	核算政府财政管理的由本级政府使用的列入一般公共预算的支出
	政府性基金预算本级支出	5002	核算政府财政管理的由本级政府使用的列入政府性基金预算的支出
	国有资本经营预算本级支出	5003	核算政府财政管理的由本级政府使用的列入国有资本经营预算的支出
	财政专户管理资金支出	5005	核算用未纳入预算并实行财政专户管理资金安排的支出
	专用基金支出	5007	核算各级财政部门用专用基金收入安排的支出
	补助支出	5011	核算本级财政对下级财政的补助支出
	上解支出	5012	核算解缴上级财政的款项
	地区间援助支出	5013	核算援助方政府财政安排用于受援方政府财政统筹使用的各类援助、捐赠等资金支出
	调出资金	5021	核算各级财政部门从基金预算的地方财政税费附加收入结余中调出，用于平衡一般预算收支的资金
	安排预算稳定调节基金	5031	核算从财政超收收入中安排的预算稳定调节基金
	债务还本支出	5041	核算各级财政部门发生的债务还本支出
	债务转贷支出	5042	核算地方各级财政部门对下级财政部门转贷的债务支出

从表 7-1 可以看出，根据财政总预算会计有关制度的规定，现行的财政总预算会计科目分为资产、负债、净资产、收入、支出五大类，共计 59 个一级会计科目。其中，资产类科目 15 个、负债类科目 11 个、净资产类科目 9 个、收入类科目 12 个、支出类科目 12 个。

需要说明的是：

(1) “财政零余额账户存款”科目和“已结报支出”科目适用于财政国库支付执行机构会计。鉴于实务中一些地方财政部门将财政总预算会计和财政国库支付执行机构会计进行了合并，可以不单独设置这两个科目，因而，本章财政资产和负债的核算实务将不涉及这两个科目核算的内容。

(2) 按照《财政收支分类科目》的规定，财政收入和支出还包括社会保险基金收入和社会保险基金支出。由于社会保险基金由社会保险经办机构管理，有关社会保险基金的会计核算执行《社会保险基金会计制度》(1999年10月1日实施)，独立于财政总预算会计之外，因此，财政总预算会计将不涉及社会保险基金的会计核算。

(3) 财政总预算会计科目的使用要求。各级财政总预算会计科目的使用，必须遵循以下要求：① 应按有关制度规定设置和使用会计科目。不需要的可以不用，不得擅自更改科目名称。② 明细科目的设置，除制度已有规定者外，各级财政总预算会计可以根据需要自行设置。③ 必须使用规定的会计科目编码。不得随意变更或打乱科目编码。④ 财政总预算会计在填制会计凭证、登记账簿时，应填列会计科目的名称或者同时填列名称和编码，不得只填编码，不填名称。

第二节 财政资产的核算

财政资产是一级财政掌管或控制的能以货币计量的经济资源，包括财政性存款、有价证券、暂付及应收款项、预拨款项、应收转贷款和股权投资等。财政资产是各级财政部门代表政府掌管的财政资金，由于各级政府预算收入的收纳、划分和报解以及预算资金的支付均由国库来办理，各级财政部门不直接使用财政资金，所以财政资产中没有库存现金、银行存款、存货、固定资产等财产物资。

一、财政性存款

(一) 财政性存款的内容

财政性存款简称财政存款，是财政部门代表国家各级政府所掌管的财政资金。财政收入经过各级国库收纳、划分、报解和上下级财政之间的调拨，形成各级财政部门的财政性存款。

财政性存款包括国库存款和其他财政存款。国库存款是各级财政总预算会计在国库的预算资金存款，包括一般预算存款、基金预算存款和国有资本经营预算存款；其他财政存款是各级财政总预算会计未列入国库存款的各项财政性存款，包括未设国库的乡(镇)财政在专业银行的预算资金存款、部分由财政部指定存入专业银行的专用基金存款以及未纳入预算并实行财政专户管理的资金存款等。

(二) 财政性存款的管理原则

财政性存款的支配权属于同级财政部门，由总预算会计根据批准的预算，具体支配存款，并负责管理，调度和统一收付。总预算会计在管理财政性存款中，应当遵循以下原则：

(1) 集中管理，统一调度。各种应由财政部门掌管的资金，都应纳入总预算会计的存款账户。调度资金，应根据事业进度和资金使用情况，保证满足计划内各项正常支出的需求，并要充分发挥资金效益，把资金用活用好。

(2) 严格控制存款开户。财政部门的预算资金除财政部有明确规定外，一律由总预算会计统一在国库或指定的银行开立存款账户。不得在国家规定之外将预算资金或其他财政性资金任意转存其他金融机构。

(3) 根据年度预算或季度分月用款计划拨付资金。不得办理超预算、无用款计划的拨款。

(4) 转账结算。总预算会计的各种会计凭证不得用来提取现金，只能通过银行转账进行结算。

(5) 在存款金额内支付，不得透支。各单位在使用资金时，只能在本单位存款金额内使用，不能透支使用。

(三) 财政性存款的核算

1. 账户设置

为了核算和监督财政性存款的增减变化及其结存情况，各级财政总预算会计应设置"国库存款""其他财政存款""国库现金管理存款""财政零余额账户存款"等账户。

(1) "国库存款"账户：该账户用来核算各级总预算会计存入国库的预算资金存款的增减变动及其结存情况的。该账户借方登记各级财政国库存款的增加数；贷方登记各级财政国库存款的减少数；余额在借方，反映各级财政国库存款的结存数，其年终余额结转下年。该账户可按"一般预算存款""基金预算存款"及"国有资本经营预算存款"设置明细账。

(2) "其他财政存款" 账户：该账户用来核算各级总预算会计未列入"国库存款" 账户的各项财政性存款增减变动及结存情况的。该账户借方登记其他财政性存款的增加数；贷方登记其他财政性存款的减少数；余额在借方，反映各级财政其他财政存款的实际结存数。该账户可按资金性质和开户行分设明细账。

(3) "国库现金管理存款"账户：该账户用来核算政府财政实行国库现金管理业务存放在商业银行的款项。该账户期末借方余额反映政府财政实行国库现金管理业务持有的存款。

(4) "财政零余额账户存款"账户：该账户用来财政国库支付执行机构在代理银行办理财政直接支付的业务资金，财政国库支付执行机构未单设的地区不使用该账户。该账户当日资金结算后一般应无余额。

2. 账务处理

1) 国库存款的账务处理

财政总预算会计收到各项预算收入时，根据国库报来的预算收入日报表，借记"国库存款"账户，贷记"一般公共预算本级收入""政府性基金预算本级收入""国有资本经营预算本级收入"等账户；收到上级预算补助时，根据国库转来的有关结算凭证，借记"国库存款"账户，贷记"补助收入"账户；收到下级财政上解款时，根据国库转来的有关结算凭证，借记"国库存款"账户，贷记"上解收入"账户；办理库款支付时，根据支付凭证回单，借记"一般公共预算本级支出""政府性基金预算本级支出""国有资本经营预算本级支出"等账户，贷记"国库存款"账户。

有外币收支业务的总预算会计应按外币的种类设置外币存款明细账。发生外币收支业务时，应根据中国人民银行公布的人民币外汇汇率折合为人民币记账，并登记外国货币金额和折合率。年度终了，应将外币账户余额按照期末中国人民银行公布的人民币外汇汇率折合为人民币，作为外币账户期末人民币余额。调整后的各种外币账户人民币余额与原账面余额的差额，作为汇兑损益列入有关支出账户。该账户可分一般预算存款和基金预算存款进行明细核算。

2）其他财政存款的账务处理

财政总预算会计应根据经办行报来的日报表或银行收款通知，借记“其他财政存款”账户，贷记“一般公共预算本级收入”“政府性基金预算本级收入”“国有资本经营预算本级收入”“专用基金收入”“财政专户管理资金收入”等账户；支付其他财政存款时，应根据支付凭证回单，借记“一般公共预算本级支出”“政府性基金预算本级支出”“国有资本经营预算本级支出”“专用基金支出”“财政专户管理资金支出”等账户，贷记“其他财政存款”账户。

政府性基金预算本级收入的来源渠道很多，运用方向也各异，一般来说，均在国库开设账户存储。但由于个别基金的性质特殊，为了方便管理需要转到专业银行存储，这种做法简称为转存。如原按国库报来的“基金预算收入日报表”，借记“国库存款”账户，贷记“基金预算收入”账户；按财政部明文规定应转存某专业银行时，借记“其他财政存款”账户，贷记“国库存款”账户；转存后开支该项基金时，借记“政府性基金预算本级支出”账户，贷记“其他财政存款”账户。为了便于分类管理，“其他财政存款”总账账户下应按交存地点和资金性质分设明细账。

3）国库现金管理存款的账务处理

政府财政按照国库现金管理有关规定，将库存转存商业银行时，按照存入商业银行的金额，借记“国库现金管理存款”账户，贷记“国库存款”账户；国库现金管理存款收回国库时，按照实际收回的金额，借记“国库存款”账户，按照原存入商业银行的存款本金金额，贷记“国库现金管理存款”账户，按照两者的差额，贷记“一般公共预算本级收入”账户。

4）财政零余额账户存款的账务处理

财政零余额账户是由财政部门在商业银行开设，用于财政直接支付于国库单一账户支出清算的账户，由财政国库支付执行机构负责管理。

单独设置国库支付机构的政府财政部门应设置财政国库支付执行机构会计。财政国库支付执行机构会计是财政总预算会计的延伸，其会计核算按《财政总预算会计制度》执行。为了核算财政国库支付执行机构在代理银行办理财政直接支付的业务以及政府财政国库支付执行机构已清算的国库集中支付支出数额，财政总预算会计需要设置“财政零余额账户存款”“已结报支出”两个会计账户。

财政国库支付执行机构为预算单位直接支付款项时，借记有关预算支出账户，贷记“财政零余额账户存款”账户。财政国库支付执行机构每日将按部门分类、款、项汇总的预算支出结算清单等结算单与中国人民银行国库划款凭证核对无误后，送总会计结算资金，按照结算的金额，借记“财政零余额账户存款”账户，贷记“已结报支出”账户。

3. 例题

【例 7-1】 某市财政局收到国库报来本市级“预算收入日报表”及“缴款书”等原始凭证，列示当日市级预算收入为 1 500 000 元、政府性基金收入 100 000 元、国有资本经营预算收入 500 000 元。该市财政总预算会计的账务处理如下：

借:国库存款——一般预算存款　　1 500 000
　　——基金预算存款　　100 000
　　——国有资本经营预算存款　　500 000
　贷:一般公共预算本级收入　　1 500 000
　　政府性基金预算本级收入　　100 000
　　国有资本经营预算本级收入　　500 000

【例 7-2】 某市财政局总预算会计办理预算直接支出给某单位经费 1 200 000 元;支付用城市公用事业附加收入安排支出 200 000 元;用国有资本经营预算收入安排支出 100 000元。该市财政总预算会计的账务处理如下:

借:一般公共预算本级支出——某单位　　1 200 000
　政府性基金预算本级支出——附加收入　　200 000
　国有资本经营预算支出　　100 000
　贷:国库存款——一般预算存款　　1 200 000
　　——基金预算存款　　200 000
　　——国有资本经营预算存款　　100 000

【例 7-3】 中央财政按照国库现金管理有关规定,将库存 1 000 000 元转存商业银行。中央财政总预算会计的账务处理如下:

借:国库现金管理存款　　1 000 000
　贷:国库存款　　1 000 000

【例 7-4】 中央财政将到期的国库现金管理存款收回国库,本金为 500 000 元,利息 20 000元。中央财政总预算会计的账务处理如下:

借:国库存款　　520 000
　贷:国库现金管理存款　　500 000
　　一般公共预算本级收入　　20 000

【例 7-5】 某市财政局收到上级财政部门拨来的抗震救灾基金 1 000 000 元,根据有关结算凭证填制记账凭单。该市财政总预算会计的账务处理如下:

借:其他财政存款——抗震救灾基金　　1 000 000
　贷:专用基金收入　　1 000 000

【例 7-6】 某市财政局拨付一笔专用基金给某单位用于某一专门项目资金 400 000 元。该市财政总预算会计的账务处理如下:

借:专用基金支出　　400 000
　贷:其他财政存款　　400 000

【例 7-7】 未设国库的某乡财政支付镇政府职工工资 30 000 元、天河小学校舍维修款 40 000 元。该乡财政总预算会计的账务处理如下:

借:一般公共预算本级支出　　30 000
　政府性基金预算本级支出　　40 000
　贷:其他财政存款——一般预算存款　　30 000
　　——基金预算存款　　40 000

【例 7-8】 中央财政国库支付中心通过财政部零余额账户为交通运输部支付办公设备

购置费 1 000 000 元，民航机场建设费 3 000 000 元。中央财政国库支付执行机构会计的账务处理如下：

借：一般公共预算本级支出　　1 000 000
　　政府性基金预算本级支出　　3 000 000
　贷：财政零余额账户存款　　4 000 000

汇总清算后，中央财政国库支付中心将预算支出结算清单等结算单与中国人民银行国库划款凭证核对无误后，送财政总会计结算资金，中央财政国库支付执行机构会计的账务处理如下：

借：财政零余额账户存款　　4 000 000
　贷：已结报支出　　4 000 000

二、有价证券

有价证券是由国家指定的证券发行部门依照法定程序发行的，并约定在一定期限内还本付息的信用凭证。财政总预算会计核算的有价证券是指中央财政以信用方式发行的国家公债。

（一）有价证券的管理要求

各级财政总预算会计管理有价证券需遵循以下要求：

(1) 各级财政只能用各项财政结余资金(包括一般预算结余和基金预算结余)购买国家指定的有价证券。

(2) 支付购买有价证券的资金不能列作支出。

(3) 当期取得有价证券的兑付利息及转让有价证券取得的收入与账面成本的差额，计入当期收入，根据购买有价证券的资金来源确认对应的收入。

(4) 有价证券应按取得时实际支付的价款记账，购入有价证券(含债券收款单)要视同货币一样妥善保管。

（二）有价证券的核算

为了核算和监督各级财政部门有价证券的购买、兑换及结存情况，应设置"有价证券"账户。该账户借方登记各级政府按国家统一规定用各项财政结余购买的有价证券款；贷方登记到期兑换的有价证券款；余额在借方，反映尚未兑换的有价证券款，即有价证券的实际库存数。该账户应按有价证券种类和资金性质设置明细账进行明细核算。

各级财政购入有价证券时，借记"有价证券"账户，贷记"国库存款""其他财政存款"账户；到期兑付有价证券时，其兑付本息，借记"国库存款""其他财政存款"账户，其兑付本金，贷记"有价证券"账户，其利息，贷记"一般公共预算本级收入""政府性基金预算本级收入"等账户。

【例 7-9】 某市财政局根据市政府指令用预算结余购买国家指定的国库券 3 000 000 元，用基金预算结余购入国库券 2 000 000 元。该市财政总预算会计的账务处理如下：

借：有价证券——一般预算结余购入　　3 000 000
　　　　　　——基金预算结余购入　　2 000 000
　贷：国库存款——一般预算存款　　3 000 000
　　　　　　——基金预算存款　　2 000 000

【例 7-10】 上述国库券 1 年后到期，收回本息 5 500 000 元(利率为 10%)。该市财政总预算会计的账务处理如下：

借：国库存款——一般预算存款　　3 300 000
　　　　　——基金预算存款　　2 200 000
　贷：有价证券——一般预算结余购入　　3 000 000
　　　　　　——基金预算结余购入　　2 000 000
　　　一般公共预算本级收入　　300 000
　　　政府性基金预算本级收入　　200 000

三、在途款

在途款是一种在途未达款项，是决算清理期和库款报解整理期内发生的上、下年度收入、支出业务及需要过渡处理的待结算资金。

（一）在途款的内涵

为清理和核实1年的财政收支，保证属于当年的财政收支能全部反映到当年的财政决算中，根据规定，年度终了后，国库应设置10天的库款报解整理期。在库款报解整理期和决算清理期内，财政总预算会计收到的属于上年度的收入应当计入上年度账，上年度已拨付的不属于上年度的支出应当予以收回；而此期间，国库并不办理入库和出库手续，这部分待结算的财政资金就构成了在途款。

（二）在途款的核算

为核算在途款业务，各级财政总预算会计应设置"在途款" 账户。该账户用来核算决算清理期间和库款报解整理期内发生的上下年度收入、支出业务及需要通过该账户过渡处理的资金数。该账户借方登记国库经收处或各级国库已经在年前收纳，以及在清理期缴纳应属于本年收入款，但尚未转到支库或尚未报解到上级国库的各项收入款；贷方登记收到的在途款，余额在借方，反映仍未到达的在途款。

决算清理期内收到属于上年度收入时，借记"在途款" 账户，贷记"一般公共预算本级收入""补助收入""上解收入"等收入账户；收回属于上年度拨款或支出时，借记"在途款" 账户，贷记"预拨经费"或"一般公共预算本级支出" 账户，冲转在途款时，借记"国库存款" 账户，贷记"在途款" 账户。

【例7-11】 某市财政在决算清理期间收到国库报来的预算收入日报表，列示上年度的一般公共预算本级收入60 000元、政府性基金预算本级收入40 000元、国有资本经营预算本级收入80 000元。该市财政总预算会计的账务处理如下：

·在上年度账上：

借：在途款　　180 000
　贷：一般公共预算本级收入　　60 000
　　　政府性基金预算本级收入　　40 000
　　　国有资本经营预算本级收入　　80 000

·在新年度账上：

借：国库存款　　180 000
　贷：在途款　　180 000

【例7-12】 某市财政在决算整理期内收回上年度已列支的一般预算支出60 000元。

该市财政总预算会计的账务处理如下：

· 在上年度账上：

借：在途款 60 000

　　贷：一般公共预算本级支出 60 000

· 在新年度账上：

借：国库存款 60 000

　　贷：在途款 60 000

【例 7-13】 某市财政在决算整理期内收到属于上年度的所属县级财政上解收入 50 000 元。该市财政总预算会计的账务处理如下：

· 在上年度账上：

借：在途款 50 000

　　贷：上解收入 50 000

· 在新年度账上：

借：国库存款 50 000

　　贷：在途款 50 000

四、暂付、待收款的核算

暂付款、待收款项属于预算往来结算中形成的债权，包括预算执行过程中上下级财政结算形成的债权，以及财政部门对预算单位借垫款等所形成的债权。

在预算执行过程中，预算收支常常出现不平衡。当预算支出大于预算收入时，按规定可以先动用预算周转金。此时，如果预算收支仍不平衡，下级财政部门就可以向上级财政部门申请短期资金的拆借，这就形成了上下级债权债务关系。为了核算各级财政之间债权的发生及结算情况，需设置“借出款项”“与下级往来”“应收股利”“其他应收款”等账户。

（一）借出款项

借出款项是指政府财政按照对外借款管理相关规定借给预算单位临时急需，并需按期收回的款项。

1. 借出款项的管理

1）严控财政借出款项

根据国家有关规定，各级财政部门要严格按照批准的年度预算和用款计划拨款，对于年度预算执行中确需新增的支出项目，应按规定通过动用预备费或调整当年预算解决，不得对外借款。

各级政府财政部门不得将国库存款和财政专户资金借给任何部门、单位、企业或者个人，但经本级政府批准临时应对重大突发事件确需出借的临时急需款项，应严格限定借款对象、用途和期限。

2）财政借款对象

借出款项是财政无偿拆借的资金，应限于纳入本级预算管理的一级预算单位（本级政府所属部门和直属事业单位，不含企业），不得对非预算单位及未纳入年度预算的项目借款和垫付财政资金，且应仅限于临时性资金周转或者为应对社会影响较大的突发事件的临时急

需垫款。

3）借款期限不得超过1年

各级政府应对将财政对外借款情况向本级人民代表大会常务委员会报告。政府所属部门、直属事业单位应当按时归还借款；超期未还的，应当责令改正。

2. 借出款项的核算

为了核算政府财政按照对外借款管理相关规定无偿拆借给预算单位临时急需并需按期收回的款项，财政总预算会计应设置“借出款项”账户。该账户应当按照借款单位等进行明细核算。该账户期末借方余额反映政府财政借给预算单位尚未收回的款项。

政府财政将款项借出时，按照实际支付的金额，借记“借出款项”账户，贷记“国库存款”等账户；收回借款时，按照实际收到的金额，借记“国库存款”等账户，贷记“借出款项”账户。

【例7-14】 经批准，某省教育厅因遇重大突发事件临时急需款项向省财政借款800 000元，省财政通知国库拨款。该省财政总预算会计的账务处理如下：

借：借出款项——教育厅　　800 000

　贷：国库存款　　800 000

【例7-15】 承[例7-14]，该省财政收回借给该省教育厅的800 000元。该省财政总预算会计的账务处理如下：

借：国库存款　　800 000

　贷：借出款项——教育厅　　800 000

（二）应收股利

应收股利是指政府因持有股权投资应当收回的现金股利或利润。

为了核算政府因持有股权投资应当收回的现金股利或利润，财政总预算会计应设置“应收股利”账户。该账户应当按照被投资主体进行明细核算。该账户期末借方余额反映政府尚未收回的现金股利或利润。

政府财政持有股权投资期间被投资主体宣告发放现金股利或利润的，按应上缴政府财政的部分，借记“应收股利”账户，贷记“资产基金——应收股利”账户；按照相同的金额，借记“资产基金——股权投资”账户，贷记“股权投资（损益调整）”账户。实际收到现金股利或利润时，借记“国库存款”等账户，贷记有关收入账户；按照相同的金额，借记“资产基金——应收股利”账户，贷记“应收股利”账户。

【例7-16】 2019年3月20日，某上市公司发布2018年利润分配实施公告，公布2018年分配现金股利1 000 000元，现金股利发放日为4月10日。中央财政在该公司持有股份比例30%。中央财政总预算会计的账务处理如下：

· 3月20日宣告发放时：

借：应收股利　　300 000

　贷：资产基金——应收股利　　300 000

同时：借：资产基金——股权投资　　300 000

　　　贷：股权投资——损益调整　　300 000

· 4月10日实际收到现金股利时：

借：国库存款　　300 000

　贷：国有资本经营预算本级收入　　300 000

借:资产基金——应收股利　　300 000

　　贷:应收股利　　300 000

(三) 与下级往来

与下级往来是指本级财政与下级财政在预算执行过程中由于借给下级财政预算调度款、体制结算等事项而形成的待结算资金,形成本级财政的债权。

为了核算与下级财政的往来待结算款项,县级(含县级)以上各级财政总预算会计应设置"与下级往来"账户,核算上下级财政之间,由于财政资金周转调度的需要,以及补助、上解结算等事项而形成应补未补、应解未上解的款项。该账户的借方登记各级财政借给下级财政单位借款数和体制结算中应由下级财政上交的收入数;贷方登记收回下级财政单位偿还的或转作补助支出或体制结算中应补助下级财政的金额数;如果余额在借方,反映下级财政应归还本级财政的款项;如果余额在贷方,反映本级财政欠下级财政的款项。该账户应及时清理结算,应转作补助支出的部分,应在当年结清;其他年终未能结清的余额,结转下年。该账户属往来双重性质会计账户,如有贷方余额,应以负数编制在资产负债表中。该账户应按资金性质和下级财政部门名称设置明细账。

财政总预算会计借给下级财政款时,借记"与下级往来"账户,贷记"国库存款"账户;计算出体制结算中应由下级财政上交的收入数时,借记"与下级往来"账户,贷记"上解收入"账户;借款收回、转作补助支出或计算出体制结算中应补助给下级财政资金数时,借记"国库存款""补助支出"等账户,贷记"与下级往来"账户。

【例 7-17】 某市财政局同意其下属财政单位申请借款 200 000 元。该市财政总预算会计的账务处理如下:

借:与下级往来——下属财政单位　　200 000

　　贷:国库存款　　200 000

【例 7-18】 承[例 7-17],该市财政局同意将上述借款的 80%转作对下属财政单位的补助款,20%归还给本局。该市财政总预算会计的账务处理如下:

借:国库存款　　40 000

　　补助支出　　160 000

　　贷:与下级往来——下属财政单位　　200 000

【例 7-19】 按体制结算要求,应由下级财政上缴的收入款 250 000 元未收到。财政总预算会计的账务处理如下:

借:与下级往来　　250 000

　　贷:上解收入　　250 000

各级财政机关与预算单位之间的往来款项,年终应进行清理,及时结算清楚。属于应当列为当年收入或当年支出的,应及时结算转账,列入当年决算。年终除预拨下年度经费外,原则上应无余额。各级财政机关对下级财政之间的往来借垫款,属于预算补助范围以内的,应直接用"补助支出" 账户核算拨款,不得长期用往来账户挂账。

(四) 其他应收款

其他应收款是政府财政临时发生的其他应收、暂付及垫付款项。

为了核算政府财政临时发生的其他应收、暂付及垫付款项,财政总预算会计应设置"其他应收款”账户。项目归属单位拖欠外国政府和国际金融组织贷款本息和相关费用导致相关政府履行担保责任，代偿的贷款本息费，也通过该账户核算。该账户应当按照资金性质、债务单位等进行明细核算。该账户应及时清理结算，年终，该账户原则上应无余额。

政府财政发生其他应收款项时，借记“其他应收款”账户，贷记“国库存款”“其他财政存款”等账户；收回或转作预算支出时，借记“国库存款”“其他财政存款”或有关支出账户，贷记“其他应收款”账户。

政府财政对使用外国政府和国际金融组织贷款资金的项目归属单位履行担保责任，代偿贷款本息费时，借记“其他应收款”账户，贷记“国库存款”“其他财政存款”等账户。政府财政行使追索权，收回项目贷款本息费时，借记“国库存款”“其他财政存款”等账户，贷记“其他应收款”账户；政府财政最终未收回项目归属单位贷款本息费，经核准列支时，借记“一般公共预算本级支出”等账户，贷记“其他应收款”账户。

【例 7-20】 某市级事业单位拟采购一批办公设备，所需要资金 800 000 元。根据政府采购合同，款项由一般公共预算资金和单位自筹资金共担，其中财政部门承担 500 000 元，单位自筹资金 300 000 元。该项采购采用财政全额直接拨付方式支付政府采购资金。该市财政总预算会计的账务处理如下：

· 该市财政总预算会计根据政府采购合同等文件的规定，将预算资金 500 000 元划入政府采购资金专户时：

借：其他应收款——政府采购款　　500 000
　贷：国库存款　　500 000

同时：

借：其他财政存款　　500 000
　贷：其他应付款——政府采购款　　500 000

· 该使用单位根据政府采购合同等文件的规定，将单位自筹资金 300 000 元划入政府采购资金专户时：

借：其他财政存款　　300 000
　贷：其他应付款——政府采购配套资金——某事业单位　　300 000

· 财政总预算会计根据政府采购合同等有关文件，将政府采购款 800 000 元划入供应商账户时：

借：其他应付款——政府采购款　　500 000
　　　　　　——政府采购配套资金——某事业单位　　300 000
　贷：其他财政存款　　800 000

· 财政总预算会计将安排的政府采购预算资金 500 000 元列报支出时：

借：一般公共预算本级支出　　500 000
　贷：其他应收款——政府采购款　　500 000

【例 7-21】 中央财政对使用国际金融组织贷款资金的项目单位履行担保责任，发生代偿贷款本息费 320 000 元，其中：本金 300 000 元，利息 20 000 元。中央财政总预算会计的账务处理如下：

借：其他应收款　　320 000
　贷：其他财政存款　　300 000
　　　国库存款　　20 000

假设中央财政行使追索权，收回项目单位贷款本息费 320 000 元，则中央财政总预算会计的账务处理如下：

借：其他财政存款　　300 000

　　国库存款　　20 000

　　贷：其他应收款　　320 000

如果中央财政最终未收回项目单位贷款本息费，经核准列入一般公共预算支出，则中央财政总预算会计的账务处理如下：

借：一般公共预算本级支出　　320 000

　　贷：其他应收款　　320 000

五、预拨经费

（一）预拨款项的内涵

预拨经费是按规定预拨给用款单位的待结算资金，一般指政府财政在年度预算执行中预拨应在以后各月列支以及会计年度终了前预拨的下年度预算资金。经费采用预拨的方式情形有两种：一是预拨给预算单位在以后各期列支的款项；该部分预拨经费应在年终前转列支出或清理收回。二是预拨给用款单位的下年度经费。财政总预算会计向预算单位预拨经费时，一般预算支出尚未形成，预拨经费属于本级财政所拥有的债权。

（二）预拨经费的核算

为了加强各级财政预拨款项的核算，应设置“预拨经费”账户，用来核算财政部门预拨给用款单位，尚未列为预算支出的经费。该账户借方登记财政部门预拨给用款单位的经费；贷方登记各主管会计单位汇总的“银行支出款”转列支出和缴回的拨款数；余额在借方，反映尚未转列支出的预拨经费数。该账户按拨款单位设置明细账户。

各级财政部门拨出款项时，借记“预拨经费”账户，贷记“国库存款”账户；转列支出及收到用款单位交回数时，借记“一般公共预算本级支出”“国库存款”等账户，贷记“预拨经费”账户。

【例 7-22】 某市财政局拨付给市教委教育经费 1 000 000 元。根据预算拨款凭证回单，该市财政总预算会计的账务处理如下：

借：预拨经费——市教委　　1 000 000

　　贷：国库存款——一般预算存款　　1 000 000

月末，根据用款单位报来的汇总本月银行支出数共计 950 000 元。根据银行支出数汇总表，该市财政总预算会计的账务处理如下：

借：一般公共预算本级支出　　950 000

　　贷：预拨经费　　950 000

六、应收转贷款

应收转贷款是指政府财政将借入的资金转贷给下级政府财政的款项，包括应收地方政府债券转贷款、应收主权外债转贷款等。

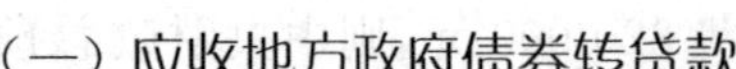

（一）应收地方政府债券转贷款

应收地方政府债券转贷款是地方政府财政将地方政府债券转贷给下级政府财政形成的转贷款。

1. 账户设置

为了核算本级政府财政转贷给下级政府财政的地方政府债券资金的本金及利息，省级以下（含省级）财政总预算会计应设置"应收地方政府债券转贷款"账户。该账户下应当设置"应收地方政府一般债券转贷款""应收地方政府专项债券转贷款"明细账户，并分别设置"应收本金""应收利息"两个三级明细账户，按照转贷对象进行明细核算。该账户期末借方余额反映政府财政应收未收的地方政府债券转贷款本金和利息。

2. 账务处理

（1）本级政府财政向下级政府财政转贷地方政府债券资金时，按照转贷的金额，借记"债务转贷支出"账户，贷记"国库存款"账户；根据债务管理部门转来的相关资料，按照到期应收回的转贷本金金额，借记"应收地方政府债券转贷款"账户，贷记"资产基金——应收地方政府债券转贷款"账户。

（2）期末确认地方政府债券转贷款的应收利息时，根据债务管理部门计算出的转贷款应收未收利息金额，借记"应收地方政府债券转贷款"账户，贷记"资产基金——应收地方政府债券转贷款"账户。

（3）收回下级政府财政偿还的转贷款本息时，按照收回的金额，借记"国库存款"等账户，贷记"其他应收款"或"其他应付款"账户；根据债务管理部门转来的相关资料，按照收回的转贷款本金及已确认的应收利息金额，借记"资产基金——应收地方政府债券转贷款"账户，贷记"应收地方政府债券转贷款"账户。

（4）扣缴下级政府财政的转贷款本息时，按照扣缴的金额，借记"与下级往来"账户，贷记"其他应付款"或"其他应收款"账户；根据债务管理部门转来的相关资料，按照扣缴的转贷款本金及已确认的应收利息金额，借记"资产基金——应收地方政府债券转贷款"账户，贷记"应收地方政府债券转贷款"账户。

【例 7-23】 某省财政向所属市财政转贷 5 年期、票面利率为 2%的地方政府一般债券 12 000 000元。该债券分年付息、到期一次还本。该省财政总预算会计的账务处理如下：

· 发生地方政府一般债券转贷时：

借：债务转贷支出　　12 000 000

　贷：国库存款　　12 000 000

借：应收地方政府债券转贷款——应收地方政府一般债券转贷款——应收本金　　12 000 000

　贷：资产基金——应收地方政府债券转贷款　　12 000 000

· 月末确认应收利息时：

年应收利息＝12 000 000×2%＝240 000（元）

月末应收利息＝240 000÷12＝20 000（元）

借：应收地方政府债券转贷款——应收地方政府一般债券转贷款——应收利息　　20 000

　贷：资产基金——应收地方政府债券转贷款　　20 000

· 每年收回利息时：

借：国库存款　240 000
　贷：其他应付款　240 000
借：资产基金——应收地方政府债券转贷款　240 000
　贷：应收地方政府债券转贷款——应收地方政府一般债券转贷款——应收利息　240 000

· 转贷债券到期，收回本金 12 000 000 元、到期当年利息 240 000 元时：

借：国库存款　12 240 000
　贷：其他应付款　12 240 000
借：资产基金——应收地方政府债券转贷款　12 240 000
　贷：应收地方政府债券转贷款——应收地方政府一般债券转贷款——应收利息　240 000
　　　——应收本金　12 000 000

· 如果市财政在债券到期时未能按时偿还本息，包括本金 12 000 000 元和到期当年利息 240 000 元，省财政予以扣缴时：

借：与下级往来　12 240 000
　贷：其他应付款　12 240 000
借：资产基金——应收地方政府债券转贷款　12 240 000
　贷：应收地方政府债券转贷款
　　　——应收地方政府一般债券转贷款——应收利息　240 000
　　　——应收本金　12 000 000

（二）应收主权外债转贷款

应收主权外债转贷款是本级政府财政将外国政府和国际金融组织贷款转贷给下级政府财政而形成的转贷款。

1. 账户设置

为了核算本级政府财政转贷给下级政府财政的外国政府和国际金融组织贷款等主权外债资金的本金及利息，财政总预算会计应设置"应收主权外债转贷款"账户。该账户下应当设置"应收本金"和"应收利息"两个明细账户，并按照转贷对象进行明细核算。该账户期末借方余额反映政府财政应收未收的主权外债转贷款本金和利息。

2. 账务处理

(1) 本级政府财政向下级政府财政转贷主权外债资金，且主权外债最终还款责任由下级政府财政承担的，相关账务处理如下：① 本级政府财政支付转贷资金时，根据转贷资金支付相关资料，借记"债务转贷支出"账户，贷记"其他财政存款"账户；根据债务管理部门转来的相关资料，按照实际持有的债券金额，借记"应收主权外债转贷款"账户，贷记"资产基金——应收主权外债转贷款"账户。② 外方将贷款资金直接支付给用款单位或供应商时，本级政府财政根据转贷资金支付相关资料，借记"债务转贷支出"账户，贷记"债务收入"或"债务转贷收入"账户；根据债务管理部门转来的相关资料，按照实际持有的债券金额，借记"应收主权外债转贷款"账户，贷记"资产基金——应收主权外债转贷款"账户，同时，借记"待偿债净资产"账户，贷记"借入款项"或"应收主权外债转贷款"账户。

(2) 期末确认主权外债转贷款的应收利息时,根据债务管理部门计算出转贷款的本期应收未收利息金额,借记"应收主权外债转贷款"账户,贷记"资产基金——应收主权外债转贷款"账户。

(3) 收回转贷给下级政府财政主权外债的本息时,按照收回的金额,借记"其他财政存款"账户,贷记"其他应收款"或"其他应付款"账户;根据债务管理部门转来的相关资料,按照实际收回的转贷款本金及已确认的应收利息金额,借记"资产基金——应收主权外债转贷款"账户,贷记"应收主权外债转贷款"账户。

(4) 扣缴下级政府财政的转贷款本息时,按照扣缴的金额,借记"与下级往来"账户,贷记"其他应付款"或"其他应收款"账户;根据债务管理部门转来的相关资料,按照扣缴的转贷款本金及已确认的应收利息金额,借记"资产基金——应收主权外债转贷款"账户,贷记"应收主权外债转贷款"账户。

【例 7-24】 某省财政向所属市财政支付外国政府借款转贷资金 6 000 000 元,该贷款期限为 10 年,利率为 2%,到期一次还本付息。该转贷款由市财政承担还款责任、市某局单位使用。该省财政总预算会计的账务处理如下:

· 发生转贷时:

借:债务转贷支出　　6 000 000

　贷:其他财政存款　　6 000 000

借:应收主权外债转贷款——应收本金 ——某市　　6 000 000

　贷:资产基金——应收主权外债转贷款　　6 000 000

· 如果外方将贷款资金直接支付给了市某局单位时:

借:债务转贷支出　　6 000 000

　贷:债务收入　　6 000 000

借:应收主权外债转贷款　　6 000 000

　贷:资产基金——应收主权外债转贷款　　6 000 000

同时,

借:待偿债净资产——借入款项　　6 000 000

　贷:借入款项　　6 000 000

· 月末确认利息时:

年应收利息=6 000 000×2%=120 000(元)

月末应收利息=120 000÷12=10 000(元)

借:应收主权外债转贷款——应收本金 ——某市　　10 000

　贷:资产基金——应收主权外债转贷款　　10 000

· 转贷款到期时:

借:其他财政存款　　7 200 000

　贷:其他应付款　　7 200 000

借:资产基金——应收主权外债转贷款　　7 200 000

　贷:应收主权外债转贷款——应收本金　　6 000 000

　　　　　　　　　　——应收利息　　1 200 000

· 如果某市财政在转贷款到期时未能按时偿还本息,包括本金 6 000 000 元和利息

1 200 000 元，省财政予以扣缴时：

借：与下级往来　　7 200 000
　　贷：其他应付款　　7 200 000
借：资产基金——应收主权外债转贷款　　7 200 000
　　贷：应收主权外债转贷款——应收本金　　6 000 000
　　　　　　　　　　　　——应收利息　　1 200 000

七、股权投资

股权投资是指政府持有的各类股权投资资产，包括国际金融组织股权投资、投资基金股权投资、国有企业股权投资等。股权投资一般采用权益法进行核算。

（一）账户设置

为了核算政府持有的各类股权投资，财政总预算会计应设置“股权投资”账户。该账户应当按照“国际金融组织股权投资”“投资基金股权投资”“企业股权投资”设置明细账户，再根据管理需要，按照被投资主体进行明细核算。对每一被投资主体还可按“投资成本”“收益转增投资”“损益调整”“其他权益变动”进行明细核算。该账户期末借方余额反映政府持有的各种股权投资金额。

（二）账务处理

1. 国际金融组织股权投资

国际金融组织股权投资是政府财政代表国家以会员国身份认缴国际金融组织股本所形成的股权投资。

政府财政代表政府认缴国际金融组织股本时，按照实际支付的金额，借记“一般公共预算本级支出”账户，贷记“国库存款”账户；根据股权投资确认相关资料，按照确定的股权投资成本，借记“股权投资”账户，贷记“资产基金——股权投资”账户。从国际金融组织撤出股本时，按照收回的金额，借记“国库存款”账户，贷记“一般公共预算本级支出”账户；根据股权投资清算相关资料，按照实际撤出的股本，借记“资产基金——股权投资”账户，贷记“股权投资”账户。

【例 7-25】 中央财政代表国家认缴某国际金融组织股本 30 000 000 元。中央财政总预算会计的账务处理如下：

借：一般公共预算本级支出　　30 000 000
　　贷：国库存款　　30 000 000
借：股权投资——国际金融组织股权投资　　30 000 000
　　贷：资产基金——股权投资　　30 000 000

2. 投资基金股权投资

投资基金股权投资是指政府财政代表政府入股投资基金所形成的股权投资。根据《政府投资基金暂行管理办法》（财预〔2015〕210 号）的规定，政府投资基金是指由各级政府通过预算安排，以单独出资或与社会资本共同出资设立，采用股权投资等市场化方式引导社会各类资本投资经济社会发展的重点领域和薄弱环节，支持相关产业和领域发展的资金。其中，政府出资是指财政部门通过一般公共预算、政府性基金预算、国有资本经营预算等安排的资

金。各级财政部门一般应在以下领域设立投资基金:① 支持创新创业。② 支持中小企业发展。③ 支持产业转型升级和发展。④ 支持基础设施和公共服务领域。设立政府投资基金。可采用公司制、有限合伙制和契约制等不同组织形式。

1) 进行投资基金股权投资

政府财政对投资基金进行股权投资时,按照实际支付的金额,借记"一般公共预算本级支出"等账户,贷记"国库存款"等账户;根据股权投资确认相关资料,按照实际支付的金额,借记"股权投资(投资成本)"账户,按照确定的在被投资基金中占有的权益金额与实际支付金额的差额,借记或贷记"股权投资(其他权益变动)"账户,按确定的在被投资基金中占有的权益金额,贷记"资产基金——股权投资"账户。

2) 投资基金损益调整

(1) 年末,根据政府财政在被投资基金当期净利润或净亏损中占有的份额,借记或贷记"股权投资(损益调整)"账户,贷记或借记"资产基金——股权投资"账户。

(2) 政府财政将归属财政的收益留作基金滚动使用时,借记"股权投资(收益转增投资)"账户,贷记"股权投资(损益调整)"账户。

(3) 被投资基金宣告发放现金股利或利润时,按照应上缴政府财政的部分,借记"应收股利"账户,贷记"资产基金——应收股利"账户;同时,按照相同的金额,借记"资产基金——股权投资"账户,贷记"股权投资(损益调整)"账户。

(4) 被投资基金发生除净损益以外的其他权益变动时,按照政府财政持股比例计算应享有的部分,借记或贷记"股权投资(其他权益变动)"账户,贷记或借记"资产基金——股权投资"账户。

3) 投资基金收回

投资基金存续期满、清算或政府财政从投资基金退出需收回出资时,政府财政按照实际收回的资金,借记"国库存款"等账户,按照收回的原实际出资部分,贷记"一般公共预算本级支出"等账户,按照超出原实际出资的部分,贷记"一般公共预算本级收入"等账户;根据股权投资清算相关资料,按照因收回股权投资而减少在被投资基金中占有的权益金额,借记"资产基金——股权投资"账户,贷记"股权投资"账户。

【例 7-26】 某省财政使用一般公共预算资金与社会资本结合创立中小企业发展投资基金,出资 600 000 元,在投资基金中占有的权益金额为 400 000 元,占 3%。该省财政总预算会计的账务处理如下:

· 向中小企业投资基金拨付资金时:

借:一般公共预算本级支出	600 000	
贷:国库存款		600 000
借:股权投资——投资基金股权投资——投资成本	600 000	
贷:资产基金——股权投资		400 000
股权投资——其他权益变动		200 000

· 假设投资基金当年实现净利润 1 000 000 元,年末进行投资基金损益调整时:

借:股权投资——损益调整	30 000	
贷:资产基金——股权投资		30 000

· 将 20 000 元收益留作资金滚动使用时:

借:股权投资——收益转增投资　　30 000
　贷:股权投资——损益调整　　30 000

· 投资基金宣告发放现金股利,拟分配当年净利润的 30%时:

借:应收股利　　9 000
　贷:资产基金——应收股利　　9 000
借:资产基金——股权投资　　9 000
　贷:股权投资——损益调整　　9 000

· 假设投资基金存续期满,省财政实际收回资金 620 000 元时:

借:国库存款　　620 000
　贷:一般公共预算本级支出　　600 000
　　一般公共预算本级收入　　200 000
借:资产基金——股权投资　　400 000
　贷:股权投资　　400 000

3. 企业股权投资

企业股权投资是政府财政代表政府入股国有企业所形成的股权投资。企业股权投资的账务处理,根据管理条件和管理需要,参照投资基金股权投资的账务处理。

八、待发国债

待发国债是指弥补中央财政预算收支差额,中央财政预计发行国债与实际发行国债之间的差额。为了核算这部分资金,财政总预算会计应设置"待发国债"账户。该账户期末借方余额反映中央财政尚未使用的国债发行额度。

年度终了,实际发行国债收入用于债务还本支出后,小于为弥补中央财政预算收支差额中央预计发行国债时,按两者的差额,借记"待发国债"账户,贷记相关账户;实际发行国债收入用于债务还本支出后,大于为弥补中央财政预算收支差额中央财政预计发行国债时,按两者的差额,借记相关账户,贷记"待发国债"账户。

第三节/财政负债的核算

财政负债是一级财政所承担的能以货币计量、需以资产偿付的债务;包括应付国库集中支付结余、暂收及应付款项、应付政府债券、借入款项、应付转贷款、其他负债及应付代管资金等。

一、应付短期政府债券

应付政府债券是指政府财政采用发行政府债券方式筹集资金而形成的负债,包括应付短期政府债券和应付长期政府债券。

应付短期政府债券是政府财政部门以政府名义发行的期限不超过 1 年(含 1 年)的国债和地方政府债券。

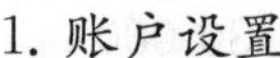

1. 账户设置

为了核算政府财政部门以政府名义发行的期限不超过1年(含1年)的国债和地方政府债券的应付本金和利息,财政总预算会计应设置“应付短期政府债券”账户。该账户应当设置“应付国债”“应付地方政府一般债券”“应付地方政府专项债券”等明细账户,再分别设置“应付本金”“应付利息”明细核算政府债券的应付本金和利息。债务管理部门应当设置相应的辅助账,详细记录每期政府债券金额、种类、期限、发行日、到期日、票面利率、偿还本金及付息情况等。该账户期末贷方余额反映政府财政尚未偿还的短期政府债券本金和利息。

2. 账务处理

1) 收到发行收入

政府财政实际收到短期政府债券发行收入时,按照实际收到的金额,借记“国库存款”账户,按照短期政府债券实际发行额,贷记“债务收入”账户,按照发行收入和发行额的差额,借记或贷记有关支出账户;根据债券发行确认文件等相关债券管理资料,按照到期应付的短期政府债券本金金额,借记“待偿债净资产——应付短期政府债券”账户,贷记“应付短期政府债券”账户。

2) 期末确认应付利息

期末确认短期政府债券的应付利息时,根据债务管理部计算出的本期应付未付利息金额,借记“待偿债净资产——应付短期政府债券”账户,贷记“应付短期政府债券”账户。

3) 实际还本付息

实际支付本级政府财政承担的短期政府债券利息时,借记“一般公共预算本级支出”或“政府性基金预算本级支出”账户,贷记“国库存款”等账户;实际支付利息金额中属于已确认的应付利息部分,还应根据债券兑付确认文件等相关债券管理资料,借记“应付短期政府债券”账户,贷记“待偿债净资产——应付短期政府债券”账户。实际偿还本级政府财政承担的短期政府债券本金时,借记“债务还本支出”账户,贷记“国库存款”等账户;根据债券兑付确认文件等相关债券管理资料,借记“应付短期政府债券”账户,贷记“待偿债净资产——应付短期政府债券”账户。

4) 发行短期地方政府债券置换存量债务

省级财政部门采用定向承销方式发行短期地方政府债券置换存量债务时,根据债权债务确认相关资料,按照置换本级政府存量债务的额度,借记“债务还本支出”账户,贷记“债务收入”账户;根据债务管理部门转来的相关资料,按照置换本级政府存量债务的额度,借记“待偿债净资产——应付短期政府债券”账户,贷记“应付短期政府债券”账户。

【例7-27】 中央财政发行1年期国债12 000 000元,实际收到发行金额12 000 000元,票面利率2%,到期一次还本付息。中央财政总预算会计的账务处理如下:

· 收到发行收入时:

	借方	贷方
借:国库存款	12 000 000	
贷:债务收入		12 000 000
借:待偿债净资产——应付短期政府债券	12 000 000	
贷:应付短期政府债券——应付国债——应付本金		12 000 000

· 每月末确认应付利息时:

应付年利息=12 000 000×2%=240 000(元)

每月末应付利息=240 000÷12=20 000(元)

借:待偿债净资产——应付短期政府债券 20 000

贷:应付短期政府债券——应付国债——应付利息 20 000

· 国债到期还本付息时(实际支付的利息金额 240 000 元中含最后 1 个月已确认的应付利息 20 000 元):

借:待偿债净资产——应付短期政府债券 20 000

贷:应付短期政府债券——应付国债——应付利息 20 000

借:债务还本支出 12 000 000

一般公共预算本级支出 240 000

贷:国库存款 12 240 000

借:应付短期政府债券——应付国债——应付本金 12 000 000

——应付利息 240 000

贷:待偿债净资产——应付短期政府债券 12 240 000

【例 7-28】 省财政经省政府批准,采用定向承销方式发行 1 年期地方政府专项置换债券,实际收到发行金额 100 000 000 元置换本级政府存量债务 100 000 000 元。该省财政总预算会计的账务处理如下:

借:债务还本支出 100 000 000

贷:债务收入 100 000 000

借:待偿债净资产——应付短期政府债券 100 000 000

贷:应付短期政府债券——应付地方政府专项债券——应付本金 100 000 000

二、应付国库集中支付结余

应付国库集中支付结余是指国库集中支付中,按照财政部门批复的部门预算,当年未支而需结转下一年度支付的款项采用权责发生制列支后形成的债务。

为了核算政府财政采用权责发生制列支,预算单位尚未使用的国库集中支付结余资金,财政总预算会计应设置"应付国库集中支付结余"账户。该账户应当根据管理需要按照《政府收支分类科目》等进行相应明细核算。该账户期末贷方余额反映政府财政尚未支付的国库集中支付结余。

年末,对当年形成的国库集中支付结余采用权责发生制列支时,借记有关支出账户,贷记"应付国库集中支付结余"账户;以后年度实际支付国库集中支付结余资金时,分以下情况处理:① 按原结转预算账户支出的,借记"应付国库集中支付结余"账户,贷记"国库存款"账户。② 调整支出预算账户的,应当按原结转预算账户作冲销处理,借记"应付国库集中支付结余"账户,贷记有关支出账户;同时,按实际支出预算账户作列支账务处理,借记有关支出账户,贷记"国库存款"账户。

【例 7-29】 年末,中央财政经对账确认中央预算单位尚未使用的国库集中支付结余资金1 000 000元,其中一般公共预算资金 500 000 元,政府性基金预算资金 500 000 元。中央财政总预算会计的账务处理如下:

借:一般公共预算本级支出 500 000

政府性基金预算本级支出 500 000

贷:应付国库集中支付结余 1 000 000

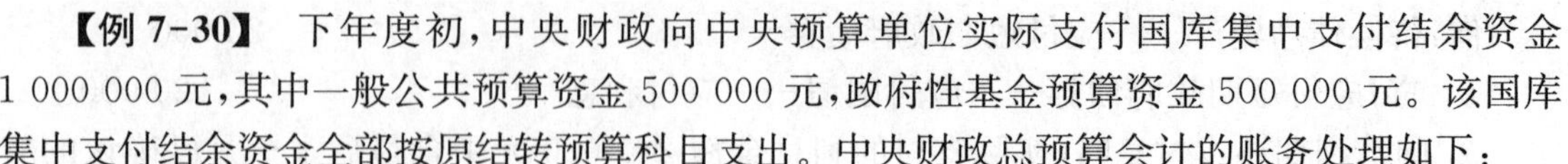

【例 7-30】 下年度初，中央财政向中央预算单位实际支付国库集中支付结余资金1 000 000元，其中一般公共预算资金500 000元，政府性基金预算资金500 000元。该国库集中支付结余资金全部按原结转预算科目支出。中央财政总预算会计的账务处理如下：

借：应付国库集中支付结余　1 000 000

　贷：国库存款——一般预算存款　500 000

　　　　　　——基金预算存款　500 000

三、暂收及应付款项

暂收及应付款项是在预算执行期间，上下级财政或财政与其他部门结算中形成的债务，包括结算中发生的其他应付款、与上级往来款等。

（一）其他应付款的会计核算

其他应付款是财政部门与预算单位之间（行政事业单位）发生的应付、暂收和收到性质不明的款项，是财政与预算单位之间的债务关系。

为了核算临时发生的应付、暂收和收到不明性质的款项，应设置"其他应付款"账户。该账户贷方登记各级财政单位与预算单位之间发生的临时应付、暂收和收到不明性质的款项；借方登记退还给预算单位的或已转入某项收入的暂收、应付款；余额在贷方，反映尚未退还和结转的应付、暂存款。税务机关代征入库的社会保险费、项目单位使用并承担还款责任的外国政府和国际金融组织贷款，也通过该账户核算。该账户应按债权人设置明细账户。其他应付款必须及时清理，不能长期挂账。

【例 7-31】 某市财政局收到某行政单位送来性质不明的暂收款80 000元。该市财政总预算会计的账务处理如下：

借：国库存款　80 000

　贷：其他应付款　80 000

【例 7-32】 承[例 7-31]，经查明，上述性质不明的80 000元中有55 000元为该单位合法的罚款收入，另外25 000元为不合法罚款，退回原单位。该市财政总预算会计的账务处理如下：

借：其他应付款　80 000

　贷：一般公共预算本级收入——罚没收入　55 000

　　　国库存款　25 000

【例 7-33】 某市税务局将代征的社会保险费1 000 000元缴入国库。该市财政总预算会计的账务处理如下：

借：国库存款　1 000 000

　贷：其他应付款——社会保险费代征入库　1 000 000

【例 7-34】 承[例 7-33]，市国库将税务局代征的社会保险费缴存社保基金财政专户。该市财政总预算会计的账务处理如下：

借：其他应付款——社会保险费代征入库　1 000 000

　贷：国库存款　1 000 000

【例 7-35】 中央财政收到某项目单位承担还款责任的国际金融组织的贷款资金

8 000 000元。中央财政总预算会计的账务处理如下：

· 收到国际金融组织的贷款资金时：

借：其他财政存款　　8 000 000

　贷：其他应付款——某项目单位　　8 000 000

· 付给某项目单位时：

借：其他应付款——某项目单位　　8 000 000

　贷：其他财政存款　　8 000 000

· 收到某项目单位偿还贷款资金时：

借：其他财政存款　　8 000 000

　贷：其他应付款——国际金融组织　　8 000 000

· 偿还给国际金融组织时：

借：其他应付款——国际金融组织　　8 000 000

　贷：其他财政存款　　8 000 000

（二）与上级往来款的会计核算

与上级往来款是指本级财政与上级财政在预算执行过程中由于向上级财政借款或财政体制结算等事项而形成的待结算款项，形成本级财政与其上级财政之间的债务关系。

为了核算与上级财政的往来待结算款项，省级（含省级）以下的财政总预算会计应设置“与上级往来”账户。该账户贷方登记各级财政部门从上级财政部门借入的款项或体制结算中发生的应上缴上级财政的款项；借方登记偿还数或转作上级财政补助收入数或体制结算中应由上级补助的款项；期末余额在贷方，反映本级财政欠上级财政的款项；若期末余额在借方，则反映上级财政欠本级财政的款项。该账户应及时清理结算，年终未能结清的余额，结转下年。该账户是往来双重性质的账户，如发生借方余额，在编制资产负债表时，应以负数反映。有基金预算往来的地区，可按往来资金性质设明细账。

【例 7-36】 某市财政局向省财政厅申请一笔借款 1 000 000 元获得批准。该市财政总预算会计的账务处理如下：

借：国库存款　　1 000 000

　贷：与上级往来　　1 000 000

【例 7-37】 承［例 7-36］，将借款中的 500 000 元归还给省财政厅；经省财政厅同意，500 000 元转作本市预算补助款。该市财政总预算会计的账务处理如下：

借：与上级往来　　1 000 000

　贷：国库存款　　500 000

　　补助收入　　500 000

四、应付代管资金

财政代管资金是政府财政通过开设财政代管资金专户，将预算单位自有资金实行统一管理集中支付的资金。应付代管资金是指政府财政代为管理的，使用权属于被代管主体的资金。

为了核算政府财政代为管理的、使用权属于被代管主体的资金，财政总预算会计应设置“应付代管资金”账户。该账户应当根据管理需要进行相关明细核算。该账户期末贷方余额反映政府财政尚未支付的代管资金。

政府财政收到代管资金时，借记“其他财政存款”等账户，贷记“应付代管资金”账户；支付代管资金时，借记“应付代管资金”账户，贷记“其他财政存款”等账户。代管资金产生的利息收入按照相关规定仍属于代管资金的，借记“其他财政存款”等账户，贷记“应付代管资金”账户。

【例 7-38】 某县财政对县教育局的自有资金通过设立财政代管资金专户实行统一管理集中支付。收到县教育局缴入财政代管资金专户资金 500 000 元。该县财政总预算会计的账务处理如下：

借：其他财政存款	500 000	
贷：应付代管资金		500 000

五、已结报支出

为了核算政府财政国库支付执行机构已清算的国库集中支付支出数额，财政总预算会计应设置“已结报支出”账户（财政国库支付执行机构未单设的地区，不设置该账户）。

每日汇总清算后，财政国库支付执行机构会计根据有关划款凭证回执联和按部门分类、款、项汇总的预算支出结算清单，对于财政直接支付，借记“财政零余额账户存款”账户，贷记“已结报支出”账户；对于财政授权支付，先借记“一般公共预算本级支出”账户，“政府性基金预算本级支出”“国有资本经营预算本级支出”等账户，贷记“财政零余额账户存款”账户，汇总清算后再借记“财政零余额账户存款”账户，贷记“已结报支出”账户。相关举例参见[例 7-8]。

年终财政国库支付执行机构按照累计结清的支出金额，与有关方面核对一致后转账时，借记“已结报支出”账户，贷记“一般公共预算本级支出”“政府性基金预算本级支出”“国有资本经营预算本级支出”等账户。

【例 7-39】 年终，某市国库支付中心累计出已经结清的一般公共预算本级支出 1 000 000 元、政府性基金预算本级支出 2 000 000 元、国有资本经营预算本级支出 3 000 000 元，与有关方面核对一致后转账。该市财政国库支付执行机构会计的账务处理如下：

借：已结报支出	6 000 000	
贷：一般公共预算本级支出		1 000 000
政府性基金预算本级支出		2 000 000
国有资本经营预算本级支出		3 000 000

六、应付长期政府债券

应付长期政府债券是政府财政部门以政府名义发行的期限超过 1 年（含 1 年）的国债和地方政府债券。

（一）账户设置

为了核算政府财政部门以政府名义发行的期限超过 1 年（含 1 年）的国债和地方政府债券的应付本金和利息，财政总预算会计应设置“应付长期政府债券”账户。该账户下应设置“应付国债”“应付地方政府一般债券”“应付地方政府专项债券”等明细账户，再分别设置“应付本金”“应付利息”明细账户，分别核算政府债券的应付本金和利息。债务管理部门应当设置相应的辅助账，详细记录每期政府债券金额、种类、期限、发行日、到期日、票面利率、偿还本金及付息情况等。该账户期末贷方余额反映政府财政尚未偿还的长期政府债券本金和利息。

（二）账务处理

1. 收到发行收入

政府财政实际收到长期政府债券发行收入时，按照实际收到的金额，借记“国库存款”账户，按照长期政府债券实际发行额，贷记“债务收入”账户，按照发行收入和发行额的差额，借记或贷记有关支出账户；根据债券发行确认文件等相关债券管理资料，按照到期应付的长期政府债券本金金额，借记“待偿债净资产——应付长期政府债券”账户，贷记“应付长期政府债券”账户。

2. 确认期末应付利息

期末确认长期政府债券的应付利息时，根据债务管理部门计算出的本期应付未付利息金额，借记“待偿债净资产——应付长期政府债券”账户，贷记“应付长期政府债券”账户。

3. 实际支付本息

实际支付本级政府财政承担的长期政府债券利息时，借记“一般公共预算本级支出”或“政府性基金预算本级支出”账户，贷记“国库存款”等账户；实际支付利息金额中属于已确认的应付利息部分，还应根据债券兑付确认文件等相关债券管理资料，借记“应付长期政府债券”账户，贷记“待偿债净资产——应付长期政府债券”账户。实际偿还本级政府财政承担的长期政府债券本金时，借记“债务还本支出”账户，贷记“国库存款”等账户；根据债券兑付确认文件等相关债券管理资料，借记“应付长期政府债券”账户，贷记“待偿债净资产——应付长期政府债券”账户。

4. 偿还下级政府财政承担的地方政府债券本息

本级政府财政偿还下级政府财政承担的地方政府债券本息时，借记“其他应付款”或“其他应收款”账户，贷记“国库存款”账户；根据债券兑付确认文件等相关债券管理资料，按照实际偿还的长期政府债券本金及已确认的应付利息金额，借记“应付长期政府债券”账户，贷记“待偿债净资产——应付长期政府债券”账户。

5. 发行长期地方政府债券置换存量债务

省级财政部门采用定向承销方式发行长期地方政府债券置换存量债务时，根据债权债务确认相关资料，按照置换本级政府存量债务的额度，借记“债务还本支出”账户，按照置换下级政府存量债务的额度，借记“债务转贷支出”账户；按照置换存量债务的总额度，贷记“债务收入”账户；根据债务管理部门转来的相关资料，按照置换存量债务的总额度，借记“待偿债净资产——应付长期政府债券”账户，贷记“应付长期政府债券”账户。同时，按照置换下级政府存量债务额度，借记“应收地方政府债券转贷款”账户，贷记“资产基金——应收地方政府债券转贷款”账户。

【例 7-40】 中央财政发行 5 年期国债 800 000 000 元，实际收到发行金额 800 000 000 元，票面利率 3%，分年付息，到期一次还本。中央财政总预算会计的账务处理如下：

· 收到发行收入时：

借：国库存款　　800 000 000

　　贷：债务收入　　800 000 000

借：待偿债净资产——应付长期政府债券　　800 000 000

　　贷：应付长期政府债券——应付国债——应付本金　　800 000 000

· 每月末确认应付利息时：

应付年利息＝800 000 000×3%＝24 000 000(元)

每月末应付利息＝24 000 000÷12＝2 000 000(元)

借:待偿债净资产——应付长期政府债券　　2 000 000

　贷:应付长期政府债券——应付国债——应付本金　　2 000 000

· 每年实际支付利息时：

借:一般公共预算本级支出　　24 000 000

　贷:国库存款　　24 000 000

借:应付长期政府债券——应付国债——应付利息　　24 000 000

　贷:待偿债净资产——应付长期政府债券　　24 000 000

· 国债到期还本付息时(实际支付的当年利息 24 000 000 元中含最后 1 个月的已确认的应付利息 2 000 000 元)：

借:待偿债净资产——应付长期政府债券　　2 000 000

　贷:应付长期政府债券——应付国债——应付利息　　2 000 000

借:债务还本支出　　800 000 000

　一般公共预算本级支出　　24 000 000

　贷:国库存款　　824 000 000

借:应付长期政府债券——应付国债——应付本金　　800 000 000

　　　　　　　　　　　　——应付利息　　24 000 000

　贷:待偿债净资产——应付长期政府债券　　824 000 000

【例 7-41】 某直辖市通过财政经市政府批准,采用定向承销方式发行 10 年期地方政府专项置换债券,实际收到发行金额 1 000 000 元。其中,置换本级政府存量债务的额度 800 000 元、置换下级政府存量债务的额度 200 000 元。该直辖市财政总预算会计的账务处理如下：

借:债务还本支出　　800 000

　债务转贷支出　　200 000

　贷:债务收入　　1 000 000

借:待偿债净资产——应付长期政府债券　　1 000 000

　贷:应付长期政府债券——应付地方政府专项债券——应付本金　　1 000 000

借:应收地方政府债券转贷款　　200 000

　贷:资产基金——应收地方政府债券转贷款　　200 000

七、借入款项

借入款项是指政府财政部门以政府名义向外国政府、国际金融组织等借入的款项,以及通过经国务院批准的其他方式借款形成的负债,包括借入主权外债和其他借入款项。

(一) 账户设置

为了核算政府财政部门以政府名义向外国政府和国际金融组织等借入的款项,以及经国务院批准的其他方式借入的款项,财政总预算会计应设置“借入款项”账户。该账户下应当设置"应付本金""应付利息"明细账户,并按照债权人进行明细核算。债务管理部门应当设置相应的辅助账,详细记录每笔借入款项的期限、借入日期、偿还及付息情况等。该账户期末贷方余额反映本级政府财政尚未偿还的借入款项本金和利息。

(二) 账务处理

1. 借入主权外债

借入主权外债是政府财政部门以政府名义向外国政府、国际金融组织等借入的款项。

1) 借入时的账务处理

本级政府财政部门借入主权外债应根据下列情况分别处理:

(1) 本级政府财政收到借入的主权外债资金时,借记"其他财政存款"账户,贷记"债务收入"账户;根据债务管理部门转来的相关资料,按照实际承担的债务金额,借记"待偿债净资产——借入款项"账户,贷记"借入款项"账户。

(2) 本级政府财政借入主权外债且由外方将贷款资金直接支付给用款单位或供应商时。应根据以下情况分别处理:

第一,本级政府财政承担还款责任,贷款资金由本级政府财政同级部门(单位)使用的,本级政府财政部门根据贷款资金支付相关资料,借记"一般公共预算本级支出"等账户,贷记"债务收入"账户;根据债务管理部门转来的相关资料,按照实际承担的债务,借记"待偿债净资产——借入款项"账户,贷记"借入款项"账户。

第二,本级政府财政承担还款责任,贷款资金由下级政府财政同级部门(单位)使用的,本级政府财政部门根据贷款资金支付相关资料及预算指标文件,借记"补助支出"账户,贷记"债务收入"账户;根据债务管理部门转来的相关资料,按照实际承担的债务金额,借记"待偿债净资产——借入款项"账户,贷记"借入款项"账户。

第三,下级政府财政承担还款责任,贷款资金由下级政府财政同级部门(单位)使用的,本级政府财政部门根据贷款资金支付相关资料,借记"债务转贷支出"账户,贷记"债务收入"账户;根据债务管理部门转来的相关资料,按照实际承担的债务金额,借记"待偿债净资产——借入款项"账户,贷记"借入款项"账户;同时,借记"应收主权外债转贷款"账户,贷记"资产基金——应收主权外债转贷款"账户。

2) 期末确认应付利息的账务处理

期末确认借入主权外债的应付利息时,根据债务管理部门计算出的本期应付未付利息金额,借记"待偿债净资产——借入款项"账户,贷记"借入款项"账户。

3) 偿还本息的账务处理

偿还本级政府财政承担的借入主权外债本金时,借记"债务还本支出"账户,贷记"国库存款""其他财政存款"等账户;根据债务管理部门转来的相关资料,按照实际偿还的本金金额,借记"借入款项"账户,贷记"待偿债净资产——借入款项"账户;偿还本级政府财政承担的借入主权外债利息时,借记"一般公共预算本级支出"等账户,贷记"国库存款""其他财政存款"等账户;实际偿还利息金额中属于已确认的应付利息部分,还应根据债务管理部门转来的相关资料,借记"借入款项"账户,贷记"待偿债净资产——借入款项"账户;偿还下级政府财政承担的借入主权外债的本息时,借记"其他应付款"或"其他应收款"账户,贷记"国库存款""其他财政存款"等账户;根据债务管理部门转来的相关资料,按照实际偿还的本金及已确认的应付利息金额,借记"借入款项"账户,贷记"待偿债净资产——借入款项"账户。

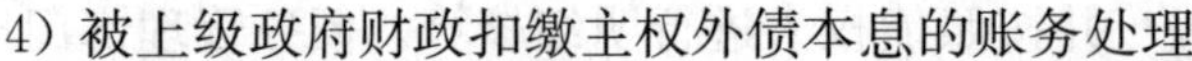

4）被上级政府财政扣缴主权外债本息的账务处理

被上级政府财政扣缴借入主权外债的本息时，借记“其他应收款”账户，贷记“与上级往来”账户；根据债务管理部门转来的相关资料，按照实际扣缴的本金及已确认的应付利息金额，借记“借入款项”账户，贷记“待偿债净资产——借入款项”账户；列报支出时，对应由本级政府财政承担的还本支出，借记“债务还本支出”账户，贷记“其他应收款”账户；对应由本级政府财政承担的利息支出，借记“一般公共预算本级支出”等账户，贷记“其他应收款”账户。

5）债权人豁免主权外债本息的账务处理

债权人豁免本级政府财政承担偿还责任的借入主权外债本息时，根据债务管理部门转来的相关资料，按照被豁免的本金及已确认的应付利息金额，借记“借入款项”账户，贷记“待偿债净资产——借入款项”账户；债权人豁免下级政府财政承担偿还责任的借入主权外债本息时，根据债务管理部门转来的相关资料，按照被豁免的本金及已确认的应付利息金额，借记“借入款项”账户，贷记“待偿债净资产——借入款项”账户，同时，借记“资产基金——应收主权外债转贷款”账户，贷记“应收主权外债转贷款”账户。

【例7-42】 某省财政通过财政部向外国政府借入款项20 000 000元，贷款期限为5年，利率为2.4%，到期一次还本付息。该省财政总预算会计的账务处理如下：

■ 收到外国政府借款时：

借：其他财政存款 20 000 000
　贷：债务收入 20 000 000
借：待偿债净资产——借入款项 20 000 000
　贷：借入款项——应付本金——外国政府 20 000 000

■ 如果外方将贷款直接支付给用款单位时，应根据以下情况分别处理：

·如果省财政承担还款责任，贷款资金由省级单位使用：

借：一般公共预算本级支出 20 000 000
　贷：债务收入 20 000 000
借：待偿债净资产——借入款项 20 000 000
　贷：借入款项——应付本金——外国政府 20 000 000

·如果省财政承担还款责任，贷款资金由所属市级单位使用：

借：补助支出 20 000 000
　贷：债务收入 20 000 000
借：待偿债净资产——借入款项 20 000 000
　贷：借入款项——应付本金——外国政府 20 000 000

·如果市财政承担还款责任，贷款资金由市级单位使用：

借：债务转贷支出 20 000 000
　贷：债务收入 20 000 000
借：待偿债净资产——借入款项 20 000 000
　贷：借入款项——应付本金——外国政府 20 000 000
借：应收主权外债转贷款 20 000 000
　贷：资产基金——应收主权外债转贷款 20 000 000

■ 每月末确认借入款项应付利息时：

年应付利息＝20 000 000×2.4%＝480 000(元)

月末应付利息＝480 000÷12＝40 000(元)

借：待偿债净资产——借入款项 40 000
　贷：借入款项——应付利息——外国政府 40 000

■ 外国政府贷款到期，偿还本金 20 000 000 元，支付利息 480 000 元，其中含当月应确认的利息 40 000 元，应根据以下情况分别处理：

· 如果省财政承担还款责任，贷款资金由省级单位使用：

借：待偿债净资产——借入款项 40 000
　贷：借入款项——应付利息——外国政府 40 000

借：一般公共预算本级支出 480 000
　债务还本支出 20 000 000
　贷：国库存款 20 480 000

借：借入款项——应付本金——外国政府 20 000 000
　——应付利息——外国政府 480 000
　贷：待偿债净资产——借入款项 20 480 000

· 如果市财政已经将应偿还本息缴入省财政，省财政偿还市财政承担的本息：

借：其他应付款 20 480 000
　贷：其他财政存款 20 480 000

借：借入款项——应付本金——外国政府 20 000 000
　——应付利息——外国政府 480 000
　贷：待偿债净资产——借入款项 20 480 000

■ 如果外方豁免借款利息时，应根据以下情况分别处理：

· 如果省级财政承担还款责任：

借：借入款项——应付本金——国际货币基金组织 20 000 000
　——应付利息——国际货币基金组织 480 000
　贷：待偿债净资产——借入款项 20 480 000

· 如果市财政承担还款责任：

借：借入款项——应付本金——外国政府 20 000 000
　——应付利息——外国政府 480 000
　贷：待偿债净资产——借入款项 20 480 000

借：资产基金——应收主权外债转贷款 20 480 000
　贷：应收主权外债转贷款 20 480 000

2. 其他借入款项

其他借入款项是政府财政通过经国务院批准的其他方式借款形成的负债。其他借入款项账务处理参照“借入款项”账户使用说明中借入主权外债业务的账务处理。

八、应付转贷款

应付转贷款是指地方政府财政向上级政府财政借入转贷资金而形成的负债，包括应付

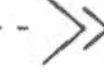

地方政府债券转贷款和应付主权外债转贷款等。

（一）应付地方政府债券转贷款

应付地方政府债券转贷款是指地方政府财政从上级政府财政借入的地方政府债券转贷资金。

1. 账户设置

为了核算地方政府财政从上级政府财政借入的地方政府债券转贷款的本金和利息，财政总预算会计应设置“应付地方政府债券转贷款”账户。该账户下应当设置“应付地方政府一般债券转贷款”和“应付地方政府专项债券转贷款”明细账户，并分别按“应付本金”和“应付利息”进行明细核算。该账户期末贷方余额反映本级政府财政尚未偿还的地方政府债券转贷款的本金和利息。

2. 账务处理

1）收到转贷款的账务处理

政府财政收到上级政府财政转贷的地方政府债券资金时，借记“国库存款”账户，贷记“债务转贷收入”账户；根据债务管理部门转来的相关资料：按照到期应偿还的转贷款本金金额，借记“待偿债净资产——应付地方政府债券转贷款”账户，贷记“应付地方政府债券转贷款”账户。

2）期末确认应付利息的账务处理

期末确认地方政府债券转贷款的应付利息时，根据债务部门计算出的本期应付未付利息金额，借记“待偿债净资产——应付地方政府债券转贷款”账户，贷记“应付地方政府债券转贷款”账户。

3）偿还本息的账务处理

偿还本级政府财政承担的地方政府债券转贷款本金时，借记“债务还本支出”账户，贷记“国库存款”等账户；根据债务管理部门转来的相关资料，按照实际偿还的本金金额，借记“应付地方政府债券转贷款”账户，贷记“待偿债净资产——应付地方政府债券转贷款”账户。偿还本级政府财政承担的地方政府债券转贷款的利息时，借记“一般公共预算本级支出”或“政府性基金预算本级支出”账户，贷记“国库存款”等账户；实际支付利息金额中属于已确认的应付利息部分，还应根据债务管理部门转来的相关资料，借记“应付地方政府债券转贷款”账户，贷记“待偿债净资产——应付地方政府债券转贷款”账户。偿还下级政府财政承担的地方政府债券转贷款的本息时，借记“其他应付款”或“其他应收款”账户，贷记“国库存款”等账户；根据债务管理部门转来的相关资料，按照实际偿还的本金及已确认的应付利息金额，借记“应付地方政府债券转贷款”账户，贷记“待偿债净资产——应付地方政府债券转贷款”账户。

4）被上级政府财政扣缴本息的账务处理

被上级政府财政扣缴地方政府债券转贷款本息时，借记“其他应收款”账户，贷记“与上级往来”账户；根据债务管理部门转来的相关资料，按照实际扣缴的本金及已确认的应付利息金额，借记“应付地方政府债券转贷款”账户，贷记“待偿债净资产——应付地方政府债券转贷款”账户。列报支出时，对本级政府财政承担的还本支出，借记“债务还本支出”账户，贷记“其他应收款”账户；对本级政府财政承担的利息支出，借记“一般公共预算本级支出”或“政府性基金预算本级支出”账户，贷记“其他应收款”账户。

5）发行地方政府债券置换存量债务的账务处理

采用定向承销方式发行地方政府债券置换存量债务时，省级以下（不含省级）财政部门根据上级财政部门提供的债权债务确认相关资料，按照置换本级政府存量债务的额度，借记“债务还本支出”账户，按照置换下级政府存量债务的额度，借记“债务转贷支出”账户，按照置换存量债务的总额度，贷记“债务转贷收入”账户；根据债务管理部门转来的相关资料，按照置换存量债务的总额度，借记“待偿债净资产——应付地方政府债券转贷款”账户，贷记“应付地方政府债券转贷款”账户。同时，按照置换下级政府存量债务额度，借记“应收地方政府债券转贷款”账户，贷记“资产基金——应收地方政府债券转贷款”账户。

【例 7-43】 某市财政收到省财政转贷的 5 年期地方政府一般债券 12 000 000 元，票面利率 2%，债券分年付息，到期一次还本。该市财政总预算会计的账务处理如下：

■ 收到转贷的地方政府一般债券资金时：

借：国库存款　　12 000 000

　　贷：债务转贷收入　　12 000 000

借：待偿债净资产——应付地方政府债券转贷款　　12 000 000

　　贷：应付地方政府债权转贷款——应付地方政府一般债券转贷款——应付本金　　12 000 000

■ 每月末确认应付利息时：

年应付利息＝12 000 000×2%＝240 000（元）

月末应付利息＝240 000÷12＝20 000（元）

借：待偿债净资产——应付地方政府债券转贷款　　20 000

　　贷：应付地方政府债券转贷款——应付地方政府一般债券转贷款——应付利息　　20 000

■ 每年支付利息时：

借：一般公共预算本级支出　　240 000

　　贷：国库存款　　240 000

■ 地方政府一般债券转贷款到期时［支付本金 12 000 000 元、当年利息 240 000 元（含最后 1 个月的已确认的应付利息 20 000 元）］：

借：待偿债净资产——应付地方政府债券转贷款　　20 000

　　贷：应付地方政府债券转贷款——应付地方政府一般债券转贷款——应付利息　　20 000

借：债务还本支出　　12 000 000

　　一般公共预算本级支出　　240 000

　　贷：国库存款　　12 240 000

借：应付地方政府债券转贷款——应付地方政府一般债券转贷款——应付本金　　12 000 000

　　　　　　　　　　　　　　　　　　　　　　——应付利息　　240 000

　　贷：待偿债净资产——应付地方政府债券转贷款　　12 240 000

■ 假设市财政偿还县级财政承担的地方债券转贷款本息时（其中，本金1 000 000元，利息 20 000 元）：

借:其他应付款　　1 020 000

　贷:国库存款　　1 020 000

借:应付地方政府债券转贷款——应付地方政府一般债券转贷款——应付本金　　1 000 000

　　——应付利息　　20 000

　贷:待偿债净资产——应付地方政府债券转贷款　　1 020 000

■ 假设市财政在债券到期时未按时支付本息,被省级财政扣缴地方政府债券转贷款本息12 240 000元时,分以下情况进行账务处理:

·扣缴时:

借:其他应收款　　12 240 000

　贷:与上级往来　　12 240 000

借:应付地方政府债券转贷款——应付地方政府一般债券转贷款——应付本金　　12 000 000

　　——应付利息　　240 000

　贷:待偿债净资产——应付地方政府债券转贷款　　12 240 000

·市级财政将扣缴的地方政府债券转贷款本息列报支出时:

借:债务还本支出　　12 000 000

　一般公共预算本级支出　　240 000

　贷:其他应收款　　12 240 000

(二) 应付主权外债转贷款

应付主权外债转贷款是指本级政府财政从上级政府财政借入的主权外债转贷资金。

1. 账户设置

为了核算本级政府财政从上级政府财政借入的主权外债转贷款的本金和利息,财政总预算会计应设置"应付主权外债转贷款"账户。该账户应当设置"应付本金"和"应付利息"两个明细账户。该账户期末贷方余额反映本级政府财政尚未偿还的主权外债转贷款本金及利息。

2. 账务处理

1) 本级政府财政收到转贷款的账务处理

收到上级政府财政转贷的主权外债资金时,借记"其他财政存款"账户,贷记"债务转贷收入"账户;根据债务管理部门转来的相关资料,按照实际承担的债务金额,借记"待偿债净资产——应付主权外债转贷款"账户,贷记"应付主权外债转贷款"账户。

2) 本级政府财政借入,但外方将贷款资金直接支付给用款单位或供应商的账务处理

从上级政府财政借入主权外债转贷款,且由外方将贷款资金直接支付给用款单位或供应商时,应根据以下情况分别处理:

(1) 本级政府财政承担还款责任,贷款资金由本级政府财政同级部门(单位)使用的,本级政府财政根据贷款资金支付相关资料,借记"一般公共预算本级支出"等账户,贷记"债务转贷收入"账户;根据债务管理部门转来的相关资料,按照实际承担的债务金额,借记"待偿债净资产——应付主权外债转贷款"账户,贷记"应付主权外债转贷款"账户。

(2) 本级政府财政承担还款责任,贷款资金由下级政府财政同级部门(单位)使用的,本

级政府财政部门根据贷款资金支付相关资料及预算指标文件，借记“补助支出”账户，贷记“债务转贷收入”账户；根据债务管理部门转来的相关资料，按照实际承担的债务金额，借记“待偿债净资产——应付主权外债转贷款”账户，贷记“应付主权外债转贷款”账户。

(3) 下级政府财政承担还款责任，贷款资金由下级政府财政同级部门(单位)使用的，本级政府财政部门根据贷款资金支付相关资料，借记“债务转贷支出”账户，贷记“债务转贷收入”账户；根据债务管理部门转来的相关资料，按照实际承担的债务金额.借记“待偿债净资产——应付主权外债转贷款”账户，贷记“应付主权外债转贷款”账户；同时，借记“应收主权外债转贷款”账户，贷记“资产基金——应收主权外债转贷款”账户。

3) 期末确认应付利息的账务处理

期末确认主权外债转贷款的应付利息时，按照债务管理部门计算出的本期应付未付利息金额，借记“待偿债净资产——应付主权外债转贷款”账户，贷记“应付主权外债转贷款”账户。

4) 偿还本息的账务处理

偿还本利息时，应根据以下情况分别处理：

(1) 偿还本级政府财政承担的借入主权外债转贷款的本金时，借记“债务还本支出”账户，贷记“其他财政存款”等账户；根据债务管理部门转来的相关资料，按照实际偿还的本金金额，借记“应付主权外债转贷款”账户，贷记“待偿债净资产——应付主权外债转贷款”账户。偿还本级政府财政承担的借入主权外债转贷款的利息时，借记“一般公共预算本级支出”等账户，贷记“其他财政存款”等账户；实际偿还利息金额中属于已确认的应付利息部分，还应根据债务管理部门转来的相关资料，借记“应付主权外债转贷款”账户，贷记“待偿债净资产——应付主权外债转贷款”账户。

(2) 偿还下级政府财政承担的借入主权外债转贷款的本息时，借记“其他应付款”或“其他应收款”账户，贷记“其他财政存款”等账户；根据债务管理部门转来的相关资料，按照实际偿还的本金及已确认的应付利息金额，借记“应付主权外债转贷款”账户，贷记“待偿债净资产——应付主权外债转贷款”账户。

(3) 被上级政府财政扣缴借入主权外债转贷款的本息时，借记“其他应收款”账户，贷记“与上级往来”账户；根据债务管理部门转来的相关资料，按照被扣缴的本金及已确认的应付利息金额，借记“应付主权外债转贷款”账户，贷记“待偿债净资产——应付主权外债转贷款”账户。列报支出时，对本级政府财政承担的还本支出，借记“债务还本支出”账户，贷记“其他应收款”账户；对本级政府财政承担的利息支出，借记“一般公共预算本级支出”等账户，贷记“其他应收款”账户。

5) 豁免本息的账务处理

上级政府财政豁免主权外债转贷款本息时，根据以下情况分别处理：

(1) 豁免本级政府财政承担还款责任的主权外债转贷款本息时，根据债务管理部门转来的相关资料，按照豁免转贷款的本金及已确认的应付利息金额，借记“应付主权外债转贷款”账户，贷记“待偿债净资产——应付主权外债转贷款”账户。

(2) 豁免下级政府财政承担还款责任的主权外债转贷款本息时，根据债务管理部门转来的相关资料，按照豁免转贷款的本金及已确认的应付利息金额，借记“应付主权外债转贷款”账户，贷记“待偿债净资产——应付主权外债转贷款”账户；同时，借记“资产基金——应

收主权外债转贷款”账户，贷记“应收主权外债转贷款”账户。

【例7-44】 某市财政收到省财政转贷的外国政府贷款12 000 000元，贷款期限为5年，利率为2%，到期一次还本付息。该市财政总预算会计的账务处理如下：

■ 收到转贷的外国政府贷款时：

借：其他财政存款　　12 000 000

　贷：债务转贷收入　　12 000 000

借：待偿债净资产——应付主权外债转贷款　　12 000 000

　贷：应付主权外债转贷款——应付本金——外国政府转贷款　　12 000 000

■ 如果外方将转贷款直接支付给市局时，应根据以下情况分别处理：

· 如果市财政承担还款责任，贷款资金由市局使用：

借：一般公共预算本级支出　　12 000 000

　贷：债务转贷收入　　12 000 000

借：待偿债净资产——应付主权外债转贷款　　12 000 000

　贷：应付主权外债转贷款——应付本金——外国政府转贷款　　12 000 000

· 如果市财政承担还款责任，贷款资金由所属县局使用：

借：补助支出　　12 000 000

　贷：债务转贷收入　　12 000 000

借：待偿债净资产——应付主权外债转贷款　　12 000 000

　贷：应付主权外债转贷款——应付本金——外国政府转贷款　　12 000 000

· 如果由所属县财政承担还款责任，贷款资金由县局使用：

借：债务转贷支出　　12 000 000

　贷：债务转贷收入　　12 000 000

借：待偿债净资产——应付主权外债转贷款　　12 000 000

　贷：应付主权外债转贷款——应付本金——外国政府转贷款　　12 000 000

借：应收主权外债转贷款　　12 000 000

　贷：资产基金——应收主权外债转贷款　　12 000 000

■ 每月末确认外国政府转贷款应付利息时：

年应付利息＝12 000 000×2%＝240 000(元)

月末应付利息＝240 000÷12＝20 000(元)

借：待偿债净资产——应付主权外债转贷款　　20 000

　贷：应付主权外债转贷款——应付利息——外国政府转贷款　　20 000

■ 外国政府转贷款到期时[市财政偿还本金12 000 000元、利息240 000元(含当月应确认的利息20 000元)]：

借：待偿债净资产——应付主权外债转贷款　　20 000

　贷：应付主权外债转贷款——应付利息——外国政府转贷款　　20 000

借：债务还本支出　　12 000 000

　　一般公共预算本级支出　　240 000

　贷：其他财政存款　　12 240 000

借:应付主权外债转贷款——应付本金——外国政府转贷款 12 000 000

——应付利息——外国政府转贷款 240 000

贷:待偿债净资产——应付主权外债转贷款 12 240 000

■ 如果市财政偿还县财政承担借入的外国政府转贷款本息时:

借:其他应付款 12 240 000

贷:其他财政存款 12 240 000

借:应付主权外债转贷款——应付本金——外国政府转贷款 12 000 000

——应付利息——外国政府转贷款 240 000

贷:待偿债净资产——应付主权外债转贷款 12 240 000

■ 假设市财政未按时支付外国政府转贷款本息,被省财政扣缴偿还本息。该市财政总预算会计根据以下情况进行账务处理如下:

· 扣缴时:

借:其他应收款 12 240 000

贷:与上级往来 12 240 000

借:应付主权外债转贷款——应付本金——外国政府转贷款 12 000 000

——应付利息——外国政府转贷款 240 000

贷:待偿债净资产——应付主权外债转贷款 12 240 000

· 省级财政将扣缴的外国政府转贷款本息列报支出时:

借:债务还本支出 12 000 000

一般公共预算本级支出 240 000

贷:其他应收款 12 240 000

■ 假设市财政借入的外国政府转贷款本息被省财政豁免,该市财政总预算会计根据以下情况进行的账务处理如下:

· 豁免市财政承担偿还责任的外国政府转贷款本息时:

借:应付主权外债转贷款——应付本金——外国政府转贷款 12 000 000

——应付利息——外国政府转贷款 240 000

贷:待偿债净资产——应付主权外债转贷款 12 240 000

· 豁免县财政承担还款责任的外国政府转贷款本息时:

借:应付主权外债转贷款——应付本金——外国政府转贷款 12 000 000

——应付利息——外国政府转贷款 240 000

贷:待偿债净资产——应付主权外债转贷款 12 240 000

借:资产基金——应付主权外债转贷款 12 240 000

贷:应收主权外债转贷款 12 240 000

九、其他负债

其他负债是指政府财政因有关政策明确要求其承担支出责任的事项而形成的应付未付款项。为了核算政府财政因有关政策明确要求其承担支出责任的事项而形成的应付未付款项,财政总预算会计应设置“其他负债”账户。该账户应当按照债权单位和项目等进行明细核算。该账户贷方余额反映政府财政承担的尚未支付的其他负债余额。

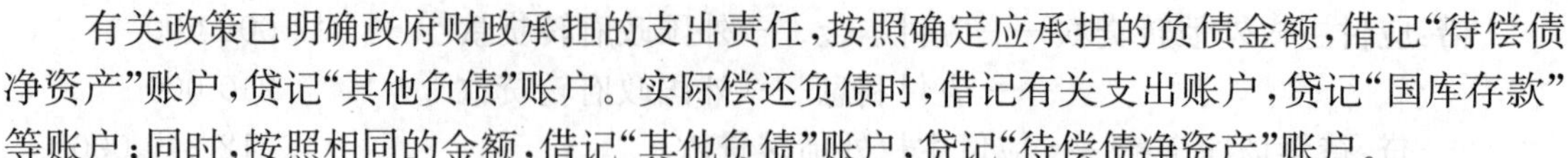

有关政策已明确政府财政承担的支出责任，按照确定应承担的负债金额，借记“待偿债净资产”账户，贷记“其他负债”账户。实际偿还负债时，借记有关支出账户，贷记“国库存款”等账户；同时，按照相同的金额，借记“其他负债”账户，贷记“待偿债净资产”账户。

第四节 财政收入的核算

财政收入是国家为实现其职能，根据法令和法规所取得的非偿还性资金，是一级财政的资金来源。财政收入包括一般公共预算本级收入、政府性基金预算本级收入、国有资本经营预算本级收入、专用基金收入、债务收入（债务转贷收入）、资金调拨收入（补助收入、上解收入、调入资金）、调入预算稳定调节基金和财政专户管理资金收入等。

预算收入是通过一定的形式和程序，有计划组织的由国家支配，纳入预算管理的资金。预算资金的项目划分和内容归集均按照各年度《政府收支分类科目》办理；而各级政府预算资金的收纳、划分和报解，应通过各级财政同级国家金库，按照《中华人民共和国国家金库条例》《中华人民共和国国家金库条例实施细则》的规定办理。预算收入一般以上年度缴入基层国库（支金库）的数额为准。已建乡（镇）国库的地区，乡（镇）财政的本级收入以乡（镇）国库收到数为准。县（含县本级）以上各级财政的各项预算收入（含固定收入与共享收入）仍以缴入基层国库数额为准。未建乡（镇）国库的地区，乡（镇）财政的本级收入以乡（镇）总预算会计收到县级财政返回数额为准。

基层国库在年度库款报解整理期内收到经收处报来的正常收入，记入上年度账。整理期结束后，收到上年度收入一律记入新年度账。

一、财政预算本级收入的核算

各级财政总预算会计对预算收入进行核算时，应根据同级国家金库报来的预算收入日报表、分成收入计算日报表及其所附的缴款书等原始凭证办理，财政总预算会计不得直接收纳任何预算收入，也不得自行调整国库报来的数字。财政总预算会计收到上述原始凭证后，要认真审核，检查预算账户、级次、年度、月份等内容是否正确、完整，附件是否齐全。经审核无误后，据以填制记账凭证，登记总账和明细账。

1. 账户设置

（1）“一般公共预算本级收入”账户：为了核算和监督各级财政部门组织的纳入预算的各项收入的执行情况，应设置“一般公共预算本级收入”账户。该账户贷方登记从国库报来的各项预算收入数，以红字登记亏损补贴和退库数；借方于年终将“一般公共预算本级收入”贷方余额全数转入“一般公共预算结转结余”账户；期末结转后，该账户无余额。该账户应按国家预算收入分类科目中属于一般公共预算本级收入的类、款、项、目级科目分设相应的明细账。

（2）“政府性基金预算本级收入”账户：为了核算和监督各级财政部门管理的政府性基金预算收入情况，应设置“政府性基金预算本级收入”账户。该账户贷方登记平时取得的基金预算收入；借方登记年终转入“政府性基金预算结转结余”账户的数额；平时的余额在贷方，反映财政当年基金预算收入累计数，年终结转后，该账户无余额。"政府性基金预算本级收入"账户应按《2016年政府收支分类科目》按类、款、项、目四级设置明细账。

政府性基金预算本级收入是按规定收取、转入或通过当年财政安排，由财政管理，并具有指定用途的政府性基金。各级财政部门在核算基金预算收入时，应以缴入国库数或总预算会计实际收到数额为准。

(3)"国有资本经营预算本级收入"账户：为了核算和监督各级财政部门管理的国有资本经营预算收入情况，应设置"国有资本经营预算本级收入"账户。该账户贷方登记平时取得的国有资本经营预算收入；借方登记年终转入"国有资本经营预算结转结余"账户的数额；平时的余额在贷方，反映财政当年国有资本经营预算本级收入累计数，年终结转后，该账户无余额。

国有资本经营预算是国家以所有者的身份依法取得国有资本收益，并对所得收益进行分配而发生的各项收支预算，是政府预算的重要组成部分。根据2007年9月国务院发布的《关于试行国有资本经营预算的意见》的规定，国有资本经营预算收入是指各级政府及其部门、机构履行出资人职责的企业上缴的国有资本收益，主要包括：① 国有独资企业按规定上缴国家的利润。② 国有控股、参股企业国有股权（股份）获得的股利、股息。③ 国有产权（含国有股份）转让收入。④ 国有独资企业清算收入（扣除清算费用）以及国有控股、参股企业国有股权（股份）分享的公司清算收入（扣除清算费用）。⑤ 其他收入。

财政总预算会计核算的国有资本经营预算收入，按照《2016年政府收支分类科目》的规定，国有资本经营预算收入只设非税收入1类和国有资本经营收入1款，项级科目按其内容包括5项：利润收入，股利，股息收入，产权转让收入，清算收入，其他收入。

2. 账务处理

1)"一般公共预算本级收入"账户的账务处理

各级财政部门根据国库报来的"预算收入日报"所列当日预算收入数，借记"国库存款"账户，贷记"一般公共预算本级收入"账户；当日收入数为负数时，以红字借记"国库存款"账户，贷记"一般公共预算本级收入"账户（采用计算机记账的，用负数表示）。年终结账时，将"一般公共预算本级收入"账户贷方余额全数转入"一般公共预算结转结余"账户，借记"一般公共预算本级收入"账户，贷记"一般公共预算结转结余"账户。

未设国库的乡（镇）总预算会计根据征收机关（如税务所）报来的预算收入日报表登记预算收入辅助账，等收到县财政返回收入时，再做收入的账务处理。

各级总预算会计应加强各项收入的管理，严格会计核算手续。对于各项收入的处理必须以审核无误的国库入库凭证、预算收入日报和其他合法的凭证为依据，若发现错误，应在发现错误的月份按《中华人民共和国国家金库条例实施细则》及其他规定，及时通知有关单位共同更正。

对于已入库的预算收入和其他财政收入的退库，要严格把关，强化监督。凡不属于国家规定的退库项目，一律不得冲退预算收入。属于国家规定的退库事项，按财政部规定的退库手续办理审批。

【例 7-45】 某市财政收到国库报来的预算收入日报表，其上列示预算收入 800 000 元。该市财政总预算会计的账务处理如下：

借：国库存款——一般预算存款　　800 000

　贷：一般公共预算本级收入　　800 000

【例 7-46】 市财政为弥补煤建公司政策性亏损 550 000 元，根据国库报来的预算收入日报表及所附收入退还书付款通知联，编制会计分录。该市财政总预算会计的账务处理如下：

借：国库存款　550 000

　贷：一般公共预算本级收入——亏损补贴　550 000

【例 7-47】 市财政收到国库报来"预算收入分成收入日报表"，列示当日国有企业增值税收入 1 000 000 元，中央财政分成收入 750 000 元。省分库已将预算收入解缴到中央总库。该市财政总预算会计的账务处理如下：

借：国库存款——一般预算存款　1 000 000

　贷：一般公共预算本级收入——税收收入——增值税——国内增值税——国有企业增值税　1 000 000

借：上解支出　750 000

　贷：国库存款　750 000

【例 7-48】 年终，市财政将"一般公共预算本级收入"账户贷方余额 7 000 000 元转入"一般公共预算结转结余"账户。该市财政总预算会计的账务处理如下：

借：一般公共预算本级收入　7 000 000

　贷：一般公共预算结转结余　7 000 000

2）"政府性基金预算本级收入"账户的账务处理

各级财政按规定取得基金预算收入时，借记"国库存款"账户，贷记"政府性基金预算本级收入"账户。对于财政部明文规定在指定银行存储的基金，应按规定办理转存手续。政府性基金预算本级收入在银行的存款利息收入，作为政府性基金预算本级收入处理。年终转账时，将"政府性基金预算本级收入"账户贷方余额全数转入"政府性基金预算结转结余"账户，借记"政府性基金预算本级收入"账户，贷记"政府性基金预算结转结余"账户。

【例 7-49】 某市财政局按规定收取、转入或通过当年财政安排，由财政管理并指定有专门用途的政府性基金 400 000 元。该市财政总预算会计的账务处理如下：

借：国库存款　400 000

　贷：政府性基金预算本级收入　400 000

【例 7-50】 年终，市财政将"政府性基金预算本级收入"账户贷方累计余额 1 000 000 元转入"政府性基金预算结转结余"账户。该市财政总预算会计的账务处理如下：

借：政府性基金预算本级收入　1 000 000

　贷：政府性基金预算结转结余　1 000 000

3）"国有资本经营预算本级收入"账户的账务处理

国有资本经营预算收入发生后，各级财政总预算会计以国库报来的预算收入日报表及所附的缴款书等作为原始凭证，以实际缴入数，借记"国库存款"账户，贷记"国有资本经营预算本级收入"账户。年终转账时，将"国有资本经营预算本级收入"账户贷方余额全数转入"国有资本经营预算结转结余"账户，借记"国有资本经营预算本级收入"账户，贷记"国有资本经营预算结转结余"账户。

【例 7-51】 某市财政收到国库报来的"预算收入日报表"中所列示的当日国有资本经

营预算收入为10 000 000元,其中电信企业利润收入3 000 000元、国有控股公司股息收入2 000 000元、国有独资企业产权转让收入5 000 000元。该省财政总预算会计的账务处理如下:

借:国库存款　　10 000 000

　贷:国有资本经营预算本级收入——非税收入——国有资本经营收入——利润收入——电信　　3 000 000

　　——股利、股息收入——控股　　2 000 000

　　——产权转让收入——国有独资　　5 000 000

【例7-52】 年终,某市财政将"国有资本经营预算收入"账户贷方余额10 000 000元转入"国有资本经营预算结余"账户。该市财政总预算会计的账务处理如下:

借:国有资本经营预算本级收入　　10 000 000

　贷:国有资本经营预算结转结余　　10 000 000

二、专用基金收入

(一) 专用基金收入的内容

专用基金收入是指财政部门按规定设置或者取得的具有专门用途的各项专用基金,如粮食风险基金等。专用基金收入主要有两个来源渠道:一是财政部门根据有关政策通过预算列支设置的,属于本级财政预算资金的使用;二是上级财政部门拨入的,以财政总预算会计实际收到的数额为准。

(二) 专用基金收入的核算

为了核算各级财政部门按规定设置或取得的专用基金收入,应设置"专用基金收入"账户。该账户贷方登记各级财政按规定设置或取得的专用基金收入;借方登记年终转入"专用基金结余"账户的数额;该账户平时的余额在贷方,反映财政部门当年专用基金收入累计数,年终转账后,无余额。

财政部门从上级财政部门或通过本级预算支出安排取得专用基金收入时,借记"其他财政存款"账户,贷记"专用基金收入"账户;退回专用基金时,作相反的会计分录,借记"专用基金收入"账户,贷记"其他财政存款"账户。年终转账时,将该账户余额全部转入"专用基金结余"账户,借记"专用基金收入"账户,贷记"专用基金结余"账户。

【例7-53】 某市财政从上级财政部门取得专用基金收入800 000元。该市财政总预算会计的账务处理如下:

借:其他财政存款　　800 000

　贷:专用基金收入　　800 000

【例7-54】 某市财政从本级预算支出安排取得专用基金收入700 000元。该市财政总预算会计的账务处理如下:

借:其他财政存款　　700 000

　贷:专用基金收入　　700 000

借:一般公共预算本级支出　　700 000

　贷:国库存款　　700 000

【例 7-55】 年终，某市财政将本年专用基金收入累计数 200 000 元转入“专用基金结余”账户。该市财政总预算会计的账务处理如下：

借：专用基金收入　　200 000

　贷：专用基金结余　　200 000

三、债务收入及债务转贷收入

按照《财政部代理发行地方政府债券财政总预算会计核算办法》规定，地方财政总预算会计应设置“债务收入”“债务转贷收入”两个收入类账户，以核算代理发行的地方政府债券收入。

（一）债务收入的核算

债务收入是指政府财政根据法律、法规等规定，通过发行债券，向国外政府和国际金融组织借款等方式筹集的纳入预算管理的资金收入。债务收入应当按实际发行额或借入的金额入账。

为了核算政府财政按照国家法律，国务院规定以发行债券等方式取得的，以及向外国政府、国际金融组织等机构借款取得的纳入预算管理的债务收入，财政总预算会计应设置“债务收入”账户。该账户应该按照《政府收支分类科目》中“债务收入”科目的规定进行明细核算。该账户平时贷方余额反映债务收入的累计数。

1. 政府债券发行

省级以上政府财政收到政府债券发行收入时，按照实际收到的金额，借记“国库存款”账户，按照政府债券实际发行额，借记该账户，按照发行收入和发行额的差额，借记或贷记有关支出账户；根据债务管理部门转来的债券发行确认文件等相关材料，按照到期应付的政府债券本金金额，借记“待偿还净资产——应付短期政府债券/应付长期政府债券”账户，贷记“应付短期政府债券”“应付长期政府债券”等账户。

【例 7-56】 中央财政贴现发行 1 年期国库券，发行面值金额为 1 000 000 元，发行价格为 900 000 元。国库收到款项 900 000 元。中央财政总预算会计的账务处理如下：

借：国库存款　　900 000

　　一般公共预算本级支出　　100 000

　贷：债务收入——中央政府债务收入——中央政府国内债务收入　　1 000 000

同时：

借：待偿债净资产——应付短期政府债券　　1 000 000

　贷：应付短期政府债券　　1 000 000

【例 7-57】 某直辖市财政发行 10 年期市政府一般债券，发行面值金额为 8 000 000 元，票面利率为3.24%。国库收到款项 8 000 000 元。该直辖市财政总预算会计的账务处理如下：

借：国库存款　　8 000 000

　贷：债务收入——地方政府债务收入——一般债务收入　　8 000 000

同时：

借：待偿债净资产——应付长期政府债券　　8 000 000

　贷：应付长期政府债券　　8 000 000

2. 借入主权外债

政府财政部门以政府名义向外国政府、国际金融组织等机构借入主权外债时，由于外方可能将贷款直接支付给借款的政府财政部门或者用款单位或供应商，由此带来了不同的账务处理。

(1) 外方将贷款直接支付给借款的财政部门。政府财政向外国政府、国际金融组织等机构借款时，按照借入的金额，借记“国库存款”“其他财政存款”等账户，贷记该账户；根据债务管理部门转来的相关资料，按照实际承担的债务金额，借记“待偿债净资产——借入款项”账户，贷记“借入款项”账户。

【例 7-58】 中央财政向国际金融组织借入款项 9 000 000 元。中央财政总预算会计的账务处理如下：

借：其他财政存款　9 000 000

　贷：债务收入——中央政府债务收入——国外债务收入——借款收入　9 000 000

同时：

借：待偿债净资产——借入款项　9 000 000

　贷：借入款项　9 000 000

(2) 外方将贷款资金直接支付给用款单位或供应商。本级政府财政借入主权外债，且由外方将贷款资金直接支付给用款单位或供应商时，应根据以下情况分别处理：

其一，本级政府财政承担还款责任，贷款资金由本级政府财政同级部门(单位)使用的，本级政府财政根据贷款资金支付相关资料，借记“一般公共预算本级支出”账户，贷记该账户；根据债务管理部门转来的相关资料，按照实际承担的债务金额，借记“待偿债净资产——借入款项”账户，贷记“借入款项”账户。

其二，本级政府财政承担还款责任，贷款资金由下级政府财政同级部门(单位)使用的，本级政府财政根据贷款资金支付相关资料及预算指标相关文件，借记“补助支出”账户，贷记该账户；根据债务管理部门转来的相关资料，按照实际承担的债务金额，借记“待偿债净资产——借入款项”账户，贷记“借入款项”账户。

其三，下级政府财政承担还款责任，贷款资金由本级政府财政同级部门(单位)使用的，本级政府财政根据贷款资金支付相关资料及预算指标相关文件，借记“债务转贷支出”账户，贷记该账户；根据债务管理部门转来的相关资料，按照实际承担的债务金额，借记“待偿债净资产——借入款项”账户，贷记“借入款项”账户；同时，借记“应收主权外债转贷款”账户，贷记“资产基金——应收主权外债转贷款”账户。

【例 7-59】 某省直接通过财政部借入外国政府贷款 1 000 000 000 元，外方将贷款直接支付给用款单位。该省财政总预算会计的账务处理如下：

• 如果省财政承担还款责任，贷款资金由省级农业厅使用：

借：一般公共预算本级支出　100 000 000

　贷：债务收入——地方政府债务收入——一般债务收入——地方政府向外国政府借款收入　100 000 000

同时：

借：待偿债净资产——借入款项　100 000 000

　贷：借入款项　100 000 000

· 如果省财政承担还款责任，贷款资金由市级财政所属农业局使用：

借：补助支出　　100 000 000

贷：债务收入——地方政府债务收入——一般债务收入——地方政府向外国政府借款收入　　100 000 000

同时：

借：待偿债净资产——借入款项　　100 000 000

贷：借入款项　　100 000 000

· 如果由市财政局承担还款责任，贷款资金由市农业局使用：

借：债务转贷支出　　100 000 000

贷：债务收入——地方政府债务收入——一般债务收入——地方政府向外国政府借款收入　　100 000 000

同时：

借：待偿债净资产——借入款项　　100 000 000

贷：借入款项　　100 000 000

借：应收主权外债转贷款　　100 000 000

贷：资产基金——应收主权外债转贷款　　100 000 000

3. 年终转账

年终转账时，该账户下"专项债务收入"明细账户的贷方余额应按照对应的政府性基金种类分别转入"政府性基金预算结转结余"相应明细账户，借记该账户（专项债务收入明细账户），贷记"政府性基金预算结转结余"账户；该账户下其他明细账户的贷方余额全数转入"一般公共预算结转结余"账户，借记该账户（其他明细账户），贷记"一般公共预算结转结余"账户。结转后，该账户无余额。

【例 7-60】 年终，某省财政"债务收入"账户贷方余额为 2 000 000 000 元，有关明细账户贷方余额为："一般债务收入"1 800 000 000 元、"专项债务收入"200 000 000 元。年终结账时，该省财政总预算会计的账务处理如下：

借：债务收入　　2 000 000 000

贷：一般公共预算结转结余　　1 800 000 000

政府性基金预算结转结余　　200 000 000

（二）债务转贷收入

债务转贷收入是指本级政府财政收到上级政府财政转贷的债务收入。债务转贷收入应当按照实际收到的转贷金额入账。

为了核算省级以下（不含省级）政府财政收到的上级政府财政转贷的债务收入，省级以下（不含省级）财政总预算会计应设置"债务转贷收入"账户。该账户下应当设置"地方政府一般债务转贷收入""地方政府专项债务转贷收入"明细账户。该账户平时贷方余额反映转贷债务收入的累计数。

1. 地方政府债券转贷收入

省级以下（不含省级）政府财政收到地方政府债券转入收入时，按照实际收到的金额，借记"国库存款"账户，贷记本账户；根据债务管理部门转来的相关资料，按照到期应偿还的转贷款本金金额，借记"待偿债净资产——应付地方政府债权转贷款"账户，贷记"应付地方政府债券转贷款”账户。

【例 7-61】 某市财政收到省财政转贷的彩票公益金资金收入 2 600 000 元。该市财政总预算会计的账务处理如下：

借：国库存款　　2 600 000

　贷：债务转贷收入——地方政府专项债务转贷收入——彩票公益金债务转贷收入　　2 600 000

同时：

借：待偿债净资产——应付地方政府债券转贷款　　2 600 000

　贷：应付地方政府债券转贷款　　2 600 000

2. 主权外债转贷收入

省级以下(不含省级)政府财政收到主权外债转贷收入的具体账务处理如下：

本级财政收到主权外债转贷资金时，借记“其他财政存款”账户，贷记该账户；根据债务管理部门转来的相关资料，按照实际承担的债务金额，借记“待偿债净资产——应付主权外债转贷款”账户，贷记“应付主权外债转贷款”账户。

从上级政府财政借入主权外债转贷款，且由外方将贷款资金直接支付给用款单位或供应商时，应根据以下情况分别处理：

(1) 本级政府财政承担还款责任，贷款资金由本级政府财政同级部门(单位)使用的，本级政府财政根据贷款资金支付相关资料，借记“一般公共预算本级支出”账户，贷记该账户；根据债务管理部门转来的相关资料，按照实际承担的债务金额，借记“待偿债净资产——应付主权外债转贷款”账户，贷记“应付主权外债转贷款”账户。

(2) 本级政府财政承担还款责任，贷款资金由本级政府财政同级部门(单位)使用的，本级政府财政根据贷款资金支付相关资料及预算文件，借记“补助支出”账户，贷记该账户；根据债务管理部门转来的相关资料，按照实际承担的债务金额，借记“待偿债净资产——应付主权外债转贷款”账户，贷记“应付主权外债转贷款”账户。

(3) 下级政府财政承担还款责任，贷款资金由本级政府财政同级部门(单位)使用的，本级政府财政根据贷款资金支付相关资料，借记“债务转贷支出”账户，贷记该账户；根据债务管理部门转来的相关资料，按照实际承担的债务金额，借记“待偿债净资产——应付主权外债转贷款”账户，贷记“应付主权外债转贷款”账户；同时，借记“应收主权外债转贷款”账户，贷记“资产资金——应收主权外债转贷款”账户。下级政府财政根据贷款资金支付相关资料，借记“一般公共预算本级支出”账户，贷记本账户；根据债务管理部门转来的相关资料，按照实际承担的债务金额，借记“待偿债净资产——应付主权外债转贷款”账户，贷记“应付主权外债转贷款”账户。

【例 7-62】 市财政收到省财政转贷的外国政府借款收入 3 000 000 元。该市财政总预算会计的账务处理如下：

借：其他财政存款　　3 000 000

　贷：债务转贷收入——地方政府一般债务转贷收入——地方政府向外国政府借款转贷收入　　3 000 000

同时：

借：待偿债净资产——应付主权外债转贷款　3 000 000

　贷：应付主权外债转贷款　3 000 000

【例 7-63】 承[例 7-62]，假设市财政的外国政府借款转贷款由外方将贷款直接支付给用款单位。该市财政总预算会计的账务处理如下：

· 如果市财政承担还款责任，贷款资金由某市局单位使用：

借：一般公共预算本级支出　3 000 000

　贷：债务转贷收入——地方政府一般债务转贷收入——地方政府向外国政府借款转贷收入　3 000 000

同时：

借：待偿债净资产——应付主权外债转贷款　3 000 000

　贷：应付主权外债转贷款　3 00 000

· 如果市财政承担还款责任，贷款资金由所属某县级单位使用：

借：补助支出　3 000 000

　贷：债务转贷收入——地方政府一般债务转贷收入——地方政府向外国政府借款转贷收入　3 000 000

同时：

借：待偿债净资产——应付主权外债转贷款　3 000 000

　贷：应付主权外债转贷款　3 000 000

· 如果由县级财政承担还款责任，贷款资金由该县某局使用：

借：债务转贷支出　3 000 000

　贷：债务转贷收入——地方政府一般债务转贷收入——地方政府向外国政府借款转贷收入　3 000 000

同时：

借：待偿债净资产——应付主权外债转贷款　3 000 000

　贷：应付主权外债转贷款　3 000 000

借：应付主权外债转贷款　3 000 000

　贷：资产基金——应收主权外债转贷款　3 000 000

3. 年终转账

年终转账时，该账户的“地方政府一般债务转贷收入”明细账户的贷方余额全数转入“一般公共预算结转结余”，借记该账户，贷记“一般公共预算结转结余”账户。该账户的“地方政府专项债务转贷收入”明细账户的贷方余额按照对应的政府性基金种类分别转入“政府性基金预算结转结余”相应明细账户，借记该账户，贷记“政府性基金预算结转结余”账户。结转后，该账户无余额。

【例 7-64】 年终，某市财政“债务转贷收入”账户贷方余额为 8 000 000 元，有关明细账户贷方余额为：“地方政府一般债务转贷收入”5 000 000 元、“地方政府专项债务转贷收入”3 000 000元。年终转账时，该市财政总预算会计的账务处理如下：

借：债务转贷收入　8 000 000

　贷：一般公共预算结转结余　5 000 000

　　政府性基金预算结转结余　3 000 000

四、资金调拨收入

（一）资金调拨收入的内容

资金调拨收入是根据财政体制规定，在地方与中央、地方与地方各级财政之间进行资金调拨所形成的收入以及本级财政各项资金之间的调拨所形成的收入，包括上级补助收入、下级上解收入和调入资金等。

1. 上级补助收入

上级补助收入是指上级财政部门按财政体制规定或专项资金需要补助给本级财政的款项。它包括以下内容：

（1）税收返还收入。

（2）按财政体制规定由上级财政补助的款项。

（3）上级财政对本级财政的专项补助和临时性补助。

2. 下级上解收入

下级上解收入是指按财政体制规定由下级财政上缴给本级财政的款项。它包括：

（1）按体制规定由国库在下级预算收入中直接划解给本级财政的款项。

（2）按体制结算后由下级财政补缴给本级财政的款项和各种专项上解款项。

3. 调入资金

调入资金是指本级财政为平衡一般预算收支，从其他预算调入资金；或者为了平衡基金预算收支而从其他预算调入资金，补充政府性基金预算收入来源。调入资金包括一般预算调入资金和基金预算调入资金，其目的是为了平衡本级预算收支。调入资金需按国家规定，并经过有关部门批准。

4. 调入预算稳定调节基金

调入预算稳定调节基金是为弥补财政短收年份预算执行收支缺口而调用的预算稳定调节基金；其资金来源依赖各级财政历年积累的预算结余资金。

（二）资金调拨收入的核算

为了核算和监督各级财政调拨收入的执行情况，需设置"补助收入""上解收入""调入资金""地区间援助收入""安排预算稳定调节基金"等账户。

1. "补助收入"账户

该账户用来核算上级财政部门拨来的补助款。该账户的贷方记录收到上级拨入的补助款或从"与上级往来"债务转入的补助款；借方记录退还上级补助和年终转入"一般公共预算结转结余"账户的数额；该账户平时的余额在贷方，反映上级补助收入累计数，年终转账后，无余额。上级财政的"补助支出"数额应等于下级财政的"补助收入"数额。有基金预算补助收入的地区，应将基金预算补助通过明细账户核算，年终结转时，应将其全数转入"政府性基金预算结转结余"账户。

收到上级拨入的补助款时，借记"国库存款"账户，贷记"补助收入"账户；从"与上级往来"将债务转为补助款时，借记"与上级往来"账户，贷记"补助收入"账户；退还上级补助款时，借记"补助收入"账户；贷记"国库存款"账户；年终结账时，借记"补助收入"账户，贷记"一般公共预算结转结余""政府性基金预算结转结余"账户。

2."上解收入"账户

该账户用来核算下级财政上缴的预算上解款。该账户的贷方登记下级财政按规定上解的预算数;借方登记退回给下级的上解款;平时余额在贷方,反映下级上解收入累计数,年终转账后,无余额。本级财政的"上解收入"数应等于所属下级财政的"上解支出"数。该账户按上解地区设明细账。

财政部门收到下级上缴预算款时,借记"国库存款"账户,贷记"上解收入"账户;退回下级上缴款时做相反的会计分录。年终转账时,借记"上解收入"账户,贷记"预算结余""基金预算结余"账户。

3."调入资金"账户

该账户用来核算各级财政部门因平衡一般预算(基金预算)收支从其他预算调入的资金。该账户贷方记录调入数,调入资金时,借记"调出资金"账户,贷记"调入资金"账户;同时,借记"国库存款"账户,贷记"其他财政存款"等账户;年终将其贷方余额转入"预算结余""基金预算结余"账户。

4."地区间援助收入"账户

该账户用来核算受援方政府财政收到援助方政府财政转来的可统筹使用的各类援助、捐赠等资金收入。该账户应当按照援助地区及管理需要进行相应的明细核算。该账户平时贷方余额反映地区间援助收入的累计数。政府财政收到援助方政府财政转来的资金时,借记"国库存款"账户,贷记该账户。年终转账时,该账户贷方余额全数转入"一般公共预算结转结余"账户时,借记该账户,贷记"一般公共预算结转结余"账户。年终结转后,该账户无余额。

5."动用预算稳定调节基金"账户

该账户用来核算弥补财政短收年份预算执行收支缺口而调用的预算稳定调节基金。年度终了,财政部门为弥补财政短收年份预算执行收支缺口,调用预算稳定调节基金时,借记"预算稳定调节基金"账户,贷记"动用预算稳定调节基金"账户;年终结账时,将该账户贷方余额全数转入"一般公共预算结转结余"账户,借记"动用预算稳定调节基金"账户,贷记"一般公共预算结转结余"账户,结转后该账户无余额。

【例 7-65】 某市财政收到上级财政部门拨来的预算补助收入款 800 000 元,专项补助或临时补助款 400 000 元。该市财政总预算会计的账务处理如下:

借:国库存款　　1 200 000
　贷:补助收入——一般公共预算补助收入　　800 000
　　　　　　——政府性基金预算补助收入　　400 000

【例 7-66】 某市财政收到上级财政部门通知,将原所欠往来款 500 000 元转为预算补助。该市财政总预算会计的账务处理如下:

借:与上级往来　　500 000
　贷:补助收入——一般公共预算补助收入　　500 000

【例 7-67】 某市财政收到下级财政部门上缴的预算上缴款收入 600 000 元。该市财政总预算会计的账务处理如下:

借:国库存款　　600 000
　贷:上解收入——一般公共预算上解收入　　600 000

【例 7-68】 某市财政收到下级财政单位上缴财政预算款收入 400 000 元，抵前欠下级财政单位的往来款。该市财政总预算会计的账务处理如下：

借：与下级往来　　400 000

　贷：上解收入——一般公共预算上解收入　　400 000

【例 7-69】 某县财政为平衡一般公共预算，从政府性基金预算调入资金 300 000 元，国有资本经营预算调入资金 300 000 元。该县财政总预算会计的账务处理如下：

借：调出资金——政府性基金预算调出资金　　300 000

　　　　——国有资本经营预算调出资金　　300 000

　贷：调入资金——一般公共预算调入资金　　600 000

【例 7-70】 某自治区政府财政收到省政府财政转来可统筹使用的捐助资金 500 000 元。该自治区财政总预算会计的账务处理如下：

借：国库存款　　500 000

　贷：地区间援助收入——省财政　　500 000

【例 7-71】 某市财政年终将"补助收入"账户贷方累计余额 3 000 000 元，"上解收入"账户贷方累计余额 1 600 000 元，"调入资金"账户贷方累计余额 1 500 000元，"地区间援助收入"账户贷方累计余额 500 000 元，转入"一般公共预算结转结余"账户。该市财政总预算会计的账务处理如下：

借：补助收入——一般公共预算补助收入　　3 000 000

　上解收入——一般公共预算上解收入　　1 600 000

　调入资金——一般公共预算调入收入　　1 500 000

　地区间援助收入——省财政　　500 000

　贷：一般公共预算结转结余　　6 600 000

【例 7-72】 某市财政年度终了，为弥补财政短收年份预算执行收支缺口，调用预算稳定调节基金 500 000 元。该市财政总预算会计的账务处理如下：

借：预算稳定调节基金　　500 000

　贷：动用预算稳定调节基金　　500 000

【例 7-73】 年终结账，某市财政动用"预算稳定调节基金"账户贷方余额 500 000 元。年终结账转账时，该市财政总预算会计的账务处理如下：

借：调入预算稳定调节基金　　500 000

　贷：一般公共预算结转结余　　500 000

五、财政专户管理资金收入

（一）财政专户管理资金收入的内容

财政专户管理资金收入是指根据国家财政制度规定，各级财政机关按一定比例征收的未纳入预算管理，应缴入财政专户并实行专项管理的财政资金。它包括地方公用事业附加、农业税附加、渔业税和渔业建设附加等地区性专项附加以及集中的预算外企业、地方事业单位及其他单位的收入。

(1) 各项附加收入是指由地方财政部门随同其他有关税、费征集时，作为财政预算外资

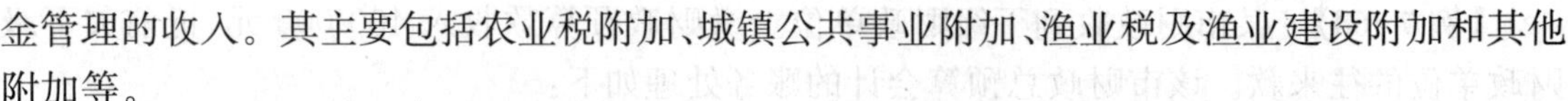

金管理的收入。其主要包括农业税附加、城镇公共事业附加、渔业税及渔业建设附加和其他附加等。

(2) 集中的企业收入是指由地方财政部门集中的不纳入国家预算的企业收入。其主要包括预算企业上缴的收入、以港养港收入、集中企业其他资金。

(3) 集中的事业收入是指由地方财政集中的不纳入预算的事业收入。其主要包括公房租赁收入、集中的其他事业收入。

(4) 其他收入是除上述项目以外,地方财政按规定收取的其他各项预算外收入。

(二) 财政专户管理资金收入的核算

为了核算和监督各级财政未纳入预算并实行财政专户管理的财政收入的执行情况,应设置"财政专户管理资金收入"账户。该账户贷方登记各级财政部门按规定,组织的属于地方预算外资金范围的各项收入;借方登记年终将累计预算外收入转入"财政专户管理资金结余"账户的数额;结转后,该账户无余额。

财政专户管理资金收入以缴入财政专户实际数额进行计量。财政总预算会计收到财政专户管理的资金收入时,借记"其他财政存款"账户,贷记"财政专户管理资金收入"账户;年终结账转账时,借记"财政专户管理资金收入"账户,贷记"财政专户管理资金结余"账户。

【例 7-74】 某市财政收到教育局缴入财政专户的教育收费 300 000 元。该市财政总预算会计的账务处理如下:

借:其他财政存款　　300 000

　　贷:财政专户管理资金收入——教育费　　300 000

【例 7-75】 年终,某市财政将财政专户管理资金收入累计余额 300 000 元转入"财政专户管理资金结余"账户。该市财政总预算会计的账务处理如下:

借:财政专户管理资金收入　　300 000

　　贷:财政专户管理资金结余　　300 000

第五节 财政支出

财政支出是一级政府为实现其职能,对财政资金的再分配。主要包括一般公共预算本级支出、政府性基金预算本级支出、国有资本经营预算本级支出、专用基金支出、债务还本支出、资金调拨支出(补助支出、上解支出、调出资金、国有资本经营预算调出资金)、安排预算稳定调节基金和财政专户管理资金支出等。财政支出的核算一般采用收付实现制,但实行国库集中支付制度的,年终结余资金形成的财政支出则采用权责发生制。

一、财政预算本级支出的核算

1. 一般公共预算本级支出

为了核算和监督各级财政总预算会计办理的应由预算资金支付的支出情况,应设置"一般公共预算本级支出”账户。该账户借方登记各级财政总预算会计办理的应由预算资金支付的各项支出，包括财政总预算会计办理的直接支出，通过预拨行政事业单位经费转列的支出，以及建设银行报来的基建支出数；贷方登记冲回数及年终将其借方累计余额转入“一般公共预算结转结余”账户的数额；结转后，该账户无余额。该账户应该按《政府收支分类科目》中的“支出功能分类科目”下应列入一般预算支出的类、款、项科目分设相应明细账。

财政总预算会计办理一般预算支出时，借记“一般公共预算本级支出”账户，贷记“国库存款”等账户；将预拨预算单位的经费转列支出时，借记“一般公共预算本级支出”账户，贷记“预拨经费”账户；支出收回或冲销转账时，借记“国库存款”等相关账户，贷记“一般公共预算本级支出”账户。年终结账转账时，借记“一般公共预算结转结余”账户，贷记“一般公共预算本级支出”账户。

【例 7-76】 某市财政支付市人大办公费 600 000 元。该市财政总预算会计的账务处理如下：

借：一般公共预算本级支出——一般公共服务支出——人大事务——行政运行 600 000

　贷：国库存款 600 000

【例 7-77】 某市财政将预拨给市教育局的义务教育费 1 000 000 元列报一般预算支出，其中小学教育 600 000 元，初中教育费 400 000 元。该市财政总预算会计的账务处理如下：

借：一般公共预算本级支出——教育支出——普通教育——小学教育 600 000

　　　　　　　　　　　　　　　　　　　　　　　——初中教育 400 000

　贷：预拨经费 1 000 000

【例 7-78】 年终，某市财政将“一般公共预算本级支出”账户借方余额 8 000 000 元全数转入“一般公共预算结转结余”账户。该市财政总预算会计的账务处理如下：

借：一般公共预算结转结余 8 000 000

　贷：一般公共预算本级支出 8 000 000

2. 政府性基金预算本级支出

1）政府性基金预算本级支出的内容及分类

政府性基金预算本级支出是财政预算部门用政府性基金预算本级收入安排的各项支出。与一般公共预算本级支出相比，政府性基金预算本级支出具有专款专用的特征。政府性基金预算本级支出纳入政府预算管理，属于政府预算内支出。按《政府收支分类科目》规定，基金预算支出分为类、款、项三级。根据《2016年政府收支分类科目》规定，基金预算支出分设 15 类，具体划分为：科学技术支出（设 1 款）；文化体育与传媒支出（分设 1 款）；社会保障和就业支出（分设 2 款）；节能环保支出（分设 2 款）；城乡社区支出（分设 8 款）；农林水支出（分设 6 款）；交通运输支出（分设 7 款）；资源勘探电力信息等支出（分设 5 款）；商业服务业等支出（设 1 款）；金融支出（设 1 款）；其他支出（分设 4 款）；转移性支出（分设 4 款）；债务还本支出（设 1 款）；债务付息支出（设 1 款）；债务发行费用支出（设 1 款）。

政府性基金预算本级支出的会计业务处理，比照一般公共预算本级支出的有关规定办理。财政总预算会计在管理和核算政府性基金预算本级支出时还应遵循先收后支，分项核

算的要求。

2）政府性基金预算本级支出的管理原则

政府性基金具有非常强的专用性，收入按标准，支出按规定，专款专用。为此，财政总预算会计在管理和核算基金预算支出时，应遵循以下基本要求：

（1）先收后支，自求平衡。即财政总预算会计在办理基金预算支出时，必须认真审查是否有足够的基金预算收入，即"各项目的历年滚存结余＋本年已实现收入－本年已支拨数"要大于或等于申请拨款数；否则，即使符合计划，也不得拨付。

（2）专款专用，分项核算。即相应的基金预算收入应当用于相应的基金预算支出，各项基金预算收入与基金预算支出之间不能相互调剂。

3）政府性基金预算本级支出的核算

为了核算各级财政部门用基金预算收入安排的支出，应设置"政府性基金预算本级支出"账户。该账户的借方记录发生的基金预算支出；贷方记录收回支出或冲销转账数；平时余额在借方，反映当年基金支出累计数，年终转入"政府性基金预算结转结余"账户，结转后，无余额。该账户根据"政府性基金预算本级支出"账户（不含基金预算调拨支出数）设置明细账。

发生基金预算支出时，借记"政府性基金预算本级支出"账户，贷记"国库存款""其他财政存款"等有关账户；支出收回或冲销转账时，作相反的会计分录。年终将"政府性基金预算本级支出"账户余额全数转账时，借记"政府性基金预算结转结余"账户，贷记"政府性基金预算本级支出"账户。

【例 7-79】 某市财政用基金预算收入安排支出 800 000 元。该市财政总预算会计的账务处理如下：

借：政府性基金预算本级支出　　800 000

　贷：国库存款　　800 000

【例 7-80】 某市财政年终将用基金预算收入安排的基金预算支出累计 1 000 000 元转账。该市财政总预算会计的账务处理如下：

借：政府性基金预算结转结余　　1 000 000

　贷：政府性基金预算本级支出　　1 000 000

3. 国有资本经营预算本级支出

1）国有资本经营预算本级支出的内容及分类

根据《关于试行国有资本经营预算的意见》的规定，国有资本经营预算本级支出是各级财政部门用国有资本经营预算本级收入安排的支出。国有资本经营预算本级支出主要包括：一是根据产业发展规划、国有经济布局和结构调整、国有企业发展要求，以及国家战略、安全等需要，安排的资本性支出；二是用于弥补国有企业改革成本等方面的费用性支出；三是依据国家宏观经济政策以及不同时期又有企业改革和发展的任务，统筹安排确定的其他支出。

按《政府收支分类科目》规定，国有资本经营预算支出的层次划分及类别内容，基本跟一般预算支出及基金预算支出一样，科目层次划分也是分为类、款、项三级。根据《2016年政府收支分类科目》规定，国有资本经营预算支出分设三类，具体划分为：社会保障和就业支出、国有资本经营预算支出和转移性支出。

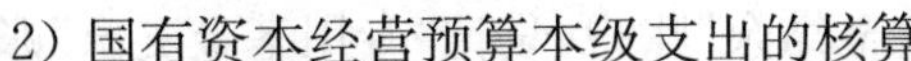

2）国有资本经营预算本级支出的核算

为了核算各级财政部门用国有资本经营预算收入安排的支出，应设置"国有资本经营预算本级支出"账户。该账户的借方记录发生的国有资本经营预算支出；贷方记录收回支出或冲销转账数；平时余额在借方，反映当年国有资本经营支出累计数，年终转入"国有资本经营预算结转结余"账户，结转后，无余额。该账户根据"国有资本经营预算本级支出"账户（不含国有资本经营预算调拨支出数）设置明细账。

发生国有资本经营预算支出时，借记"国有资本经营预算本级支出"账户，贷记"国库存款"账户；支出收回或冲销转账时，作相反的会计分录。年终将"国有资本经营预算本级支出"账户余额全数转账时，借记"国有资本经营预算结转结余"账户，贷记"国有资本经营预算本级支出"账户。

【例 7-81】 某市财政根据批准的国有资本经营预算拨付国有资本经营预算资金 600 000 元。其中教育支出 200 000 元、交通运输支出 400 000 元。该市财政总预算会计的账务处理如下：

借：国有资本经营预算本级支出——教育支出　　200 000

　　　　　　　　　　　　　　——交通运输支出　　400 000

　贷：国库存款　　600 000

【例 7-82】 某市财政年终将用国有资本经营预算收入安排的国有资本经营预算支出累计 600 000 元转账。该市财政总预算会计的账务处理如下：

借：国有资本经营预算结转结余　　600 000

　贷：国有资本经营预算本级支出　　600 000

二、专用基金支出

（一）专用基金支出的内容及特点

专用基金支出是各级财政用专用基金收入安排的支出，包括粮食风险基金支出、粮食政策性挂账利息费用补贴支出、国家储备粮油补贴支出。作为具有特定用途的资金，专用基金在管理和核算上必须遵循先收后支、量入为出、专款专用的原则。专用基金支出实行计划管理，按照规定的用途和使用范围办理支出。各项基金未经上级主管部门批准不得挪作他用。年终结余可结转下年继续使用。

专用基金支出相对于基金预算支出具有如下的特点：

(1) 专门性。专用基金支出属于专门资金，实行专款专用，年度结余只能用于下 1 年的该项支出，而不能用于平衡预算；而且，专用基金适用于政府某一具体的专门行为，并委托下级政府执行。

(2) 委托性。专用基金的资金来源主要是政府的一般预算资金，也可以是基金预算资金，只有实行年终结余单独结转下年方式管理的那些资金才属于专用基金。

（二）专用基金支出的核算

为了核算各级财政部门用专用基金收入安排的支出，应设置"专用基金支出"账户。该账户借方登记发生的专用基金支出数；贷方登记支出收回数；余额在借方，反映专用基金支出累计数，于年终从其贷方全数转入"专用基金结余"账户，转账后，该账户无余额。

发生专用基金支出时，借记"专用基金支出"账户，贷记"其他财政存款"账户；收回支出

时，作相反的会计分录。年终结账时，借记“专用基金结余”账户，贷记“专用基金支出”账户。

【例 7-83】 某市财政用专用基金收入安排一项支出 600 000 元。该市财政总预算会计的账务处理如下：

借：专用基金支出　　600 000

　贷：其他财政存款　　600 000

【例 7-84】 某市财政年终将专用基金支出累计数 2 500 000 元转账。该市财政总预算会计的账务处理如下：

借：专用基金结余　　2 500 000

　贷：专用基金支出　　2 500 000

三、债务还本支出和债务转贷支出

（一）债务还市支出

债务还本支出是指政府财政偿还本级政府承担的债务本金支出。

为了核算政府财政偿还本级政府财政承担的纳入预算管理的债务本金支出，财政总预算会计应设置“债务还本支出”账户。该账户应当根据《政府收支分类科目》中“债务还本支出”有关规定设置明细账户。该账户平时借方余额反映债务还本支出的累计数。

1. 偿还本级政府财政承担的债务本金

政府财政偿还本级政府财政承担的政府债券、主权外债等纳入预算管理的债务本金时，借记该账户，贷记“国库存款”“其他财政存款”等账户；根据债务管理部门转来相关资料，按照实际偿还的本金金额，借记“应付短期政府债券”“应付长期政府债券”“借入款项”“应付地方政府债券转贷款”“应付主权外债转贷款”等账户，贷记“待偿债净资产”账户。

2. 偿还本级政府财政承担的存量债务本金

偿还截至2014年 12 月 31 日本级政府财政承担的存量债务本金时，借记该账户，贷记“国库存款”“其他财政存款”等账户。

3. 年终转账

年终转账时，该账户下“专项债务还本支出”明细账户的借方余额应按照对应的政府性基金种类分别转入“政府性基金预算结转余额”相应明细账户，借记“政府性基金预算结转余额”账户，贷记该账户（专项债务还本支出）。该账户下其他明细账户的借方余额全数转入“一般公共预算结转余额”账户，借记“一般公共预算结转余额”账户，贷记该账户（其他明细账户）。结转后，该账户无余额。

【例 7-85】 某省财政偿还到期的 3 年期地方政府一般债券本金 5 000 000 元。该省财政总预算会计的账务处理如下：

借：债务还本支出——地方政府一般债务还本支出　　5 000 000

　贷：国库存款　　5 000 000

同时：

借：应付长期政府债券　　5 000 000

　贷：待偿债净资产　　5 000 000

【例 7-86】 年终，某省财政“债务还本支出”账户的借方余额 8 000 000 元，有关明细账户借方余额为:"一般债务还本支出"5 000 000元、"专项债务还本支出"3 000 000元。年终转账时,该省财政总预算会计的账务处理如下:

借:一般公共预算结转结余　　5 000 000
　　政府性基金预算结转结余　　3 000 000
　　贷:债务还本支出　　8 000 000

（二）债务转贷支出

债务转贷支出是指本级政府财政向下级政府财务转贷的债务支出。

为了核算本级政府财政向下级政府财政转贷的债务支出,财政总预算会计应设置"债务转贷支出"账户。该账户下应当设置"地方政府一般债务转贷支出""地方政府专项债务转贷支出"明细账户,同时还应当按照转贷地区进行明细核算。该账户平时借方余额反映债务转贷支出的累计数。

1. 转贷地方政府债券

本级政府财政向下级政府财政转贷地方政府债券资金时,借记该账户,贷记"国库存款"账户;根据账务管理部门转来的相关资料,按照到期应收回的转贷款本金金额,借记"应收地方政府债券转贷款"账户,贷记"资产基金——应收地方政府债券转贷款"账户。

【例7-87】　某省财政向所属市级财政转贷地方政府专项债券资金500 000元。该省财政总预算会计的账务处理如下:

借:债务转贷支出——地方政府专项债务转贷支出　　500 000
　　贷:国库存款　　500 000

同时:

借:应收地方政府债券转贷款　　500 000
　　贷:资产基金——应收地方政府债券转贷款　　500 000

2. 转贷主权外债资金

本级政府财政向下级政府财政转贷主权外债资金,且主权外债最终还款责任由下级政府财政承担的,相关账务处理如下:

(1) 本级政府财政支付转贷资金时,借记"债务转贷支出"账户,贷记"其他财政存款"账户;根据债务管理部门转来的相关资料,按照实际持有的债权金额,借记"应收主权外债转贷款"账户,贷记"资产基金——应收主权外债转贷款"账户。

(2) 外方将贷款资金直接支付给用款单位或供应商时,本级政府财政根据转贷资金支付相关资料,借记该账户,贷记"债务收入""债务转贷收入"账户;根据债务管理部门转来的相关资料,按照实际持有的债券金额,借记"应收主权外债转贷款"账户,贷记"资产基金——应收主权外债转贷款"账户;同时,借记"待偿债净资产"账户,贷记"借入款项""应付主权外债转贷款"等账户。

【例7-88】　某省财政向所属市级财政转贷外国政府借款6 000 000元,该贷款由市级财政承担偿还责任、该市某局使用。该省财政总预算会计的账务处理如下:

- 将贷款资金支付给市财政部门时:

借:债务转贷支出——地方一般债务转贷支出——地方政府向外国政府借款转贷支出　　6 000 000
　　贷:其他财政存款　　6 000 000

同时：

借：应收主权外债转贷款　6 000 000

　贷：资产基金——应收主权外债转贷款　6 000 000

· 贷款方将款项直接支付给市某局时：

借：债务转贷支出——地方一般债务转贷支出——地方政府向外国政府借款转贷支出　6 000 000

　贷：债务收入　6 000 000

同时：

借：应收主权外债转贷款　6 000 000

　贷：资产基金——应收主权外债转贷款　6 000 000

借：待偿债净资产——应付主权外债转贷款　6 000 000

　贷：借入款项　6 000 000

3. 年终转账

年终转账时，该账户下“地方政府一般债务转贷支出”明细账户的借方余额全数转入“一般公共预算结转结余”账户，借记“一般公共预算结转结余”账户，贷记“债务转贷支出(地方政府一般债务转贷支出)”账户。在该账户下“地方政府专项债务转贷支出”明细账户的借方余额全数转入“政府性基金预算结转结余”账户，借记“政府性基金预算结转结余”账户，贷记“债务转贷支出(地方政府专项债务转贷支出)”账户。结转后，该账户无余额。

【例 7-89】 年终，某省财政“债务转贷支出”账户借方余额为 1 500 000 元，有关明细账户贷方余额为：“地方政府一般债务转贷支出”1 000 000 元，“地方政府专项债务转贷支出”500 000 元。年终结账时，该省财政总预算会计的账务处理如下：

借：一般公共预算结转结余　1 000 000

　政府性基金预算结转结余　500 000

　贷：债务转贷支出　1 500 000

四、调拨资金支出

调拨资金支出是指在各级政府财政之间进行资金调拨以及在本级政府财政不同类型资金之间调剂所形成的支出，包括补助支出、上解支出、调出资金、地区间援助支出等。调拨资金支出应当按照财政体制的规定或实际发生的金额入账。

1. 补助支出

补助支出是指本级政府财政按财政体制规定或因专项需要补助给下级政府财政的款项，主要包括税收支出、体制补助支出和专项补助支出等。

为了核算本级政府财政按财政体制规定或因专项需要补助给下级政府财政的款项，财政总预算会计应设置“补助支出”账户。该账户下应当按照不同资金性质设置“一般公共预算补助支出”“政府性基金预算补助支出”等明细账户，同时还应当按照补助地区进行明细核算。该账户平时借方余额反映补助支出的累计数。本级财政的“补助支出”和所属下级财政的“补助收入”的数额相等。

政府财政发生补助支出或从“与下级往来”账户转入时，借记该账户，贷记“国库存款”“其他财政存款”“与下级往来”等账户。专项转移支付资金实行特设专户管理的，本级政府财政应当根据本级政府财政下达的预算文件确认补助支出，借记该账户，贷记“国库存款”“与下级往来”等账户。

有主权外债业务的财政部门，贷款资金由下级政府财政同级部门（单位）使用，且贷款最终还款责任由本级政府财政承担的，本级政府财政部门支付贷款资金时，借记该账户，贷记“其他财政存款”账户；外方将贷款资金直接支付给用款单位或供应商时，借记该账户，贷记“债务收入”“债务转贷收入”等账户；根据债务管理部门转来的相关外债转贷管理资料，按照实际支付的金额，借记“待偿债净资产”账户，贷记“借入款项”“应付主权外债转贷款”等账户。

年终与下级政府财政结算时，按照尚未拨付的补助资金，借记该账户，贷记“与下级往来”账户。退还或核减补助支出时，借记“国库存款”“与下级往来”等账户，贷记该账户。

年终结账时，该账户借方余额应根据不同资金性质分别转入对应的结转结余账户，借记“一般公共预算结转结余”“政府性基金预算结转结余”等账户，贷记该账户。年终结转后，该账户无余额。

【例 7-90】 某省财政拨付所属下级财政补助款 400 000 元，其中体制补助 300 000 元，政府性基金补助 100 000 元。该省财政总预算会计的账务处理如下：

借：补助支出——一般公共预算补助支出　　300 000
　　　　　　——政府性基金预算补助支出　　100 000
　贷：国库存款　　400 000

【例 7-91】 中央财政拨付省财政实行特设专户管理的一般公共服务的专项转移支付资金 200 000 元。中央财政总预算会计的账务处理如下：

· 年度中拨付时：

借：与下级往来　　200 000
　贷：国库存款　　200 000

· 年终根据本级政府财政下达的预算文件确认补助支出时：

借：补助支出——一般公共预算补助支出　　200 000
　贷：与下级往来　　200 000

【例 7-92】 某省财政将通过财政部借入的国际金融组织的贷款资金 1 000 000 元支付给所属某市局单位使用。如果该贷款资金最终还款责任由省级财政承担，该省财政总预算会计的账务处理如下：

借：补助支出——一般公共预算补助支出　　1 000 000
　贷：其他财政存款　　1 000 000

【例 7-93】 承[例 7-92]，若该国际金融组织将贷款直接支付给某市局单位，该省财政总预算会计的账务处理如下：

借：补助支出——一般公共预算补助支出　　1 000 000
　贷：债务收入　　1 000 000

同时：

借：待偿债净资产——借入款项　　1 000 000
　贷：借入款项　　1 000 000

【例 7-94】 年终，某省财政“补助支出”账户的借方余额 1 800 000 元，有关明细账户借方余额为：“一般公共预算补助支出”1 200 000 元、“政府性基金预算补助支出”600 000 元，年终结账时，该省财政总预算会计的账务处理如下：

借：一般公共预算结转结余　　1 200 000

　政府性基金预算结转结余　　600 000

　贷：补助支出　　1 800 000

2. 上解支出

上解支出是指按照财政体制规定由本级政府财政上缴给上级政府财政的款项，主要包括体制上解支出和专项上解支出。本级财政的"上解支出"和上级财政的"上解收入"的数额相等。

为了核算本级政府财政按照财政体制规定上缴给上级政府财政的款项，财政总预算会计应设置"上解支出"账户。该账户下应当按照不同资金性质设置"一般公共预算上解支出""政府性基金预算上解支出"等明细账户。该账户平时借方余额反映上解支出的累计数。

政府财政发生上解支出时，借记该账户，贷记"国库存款""与上级往来"等账户；年终与上级政府财政结算时，按照尚未支付的上解金额，借记该账户，贷记"与上级往来"账户；退还或核减上解支出时，借记"国库存款""与上级往来"等账户，贷记该账户；年终转账时，该账户借方余额应根据不同资金性质分别转入对应的结转结余账户，借记"一般公共预算结转结余""政府性基金预算结转结余"等账户，贷记该账户。年终结转后，该账户无余额。

【例 7-95】 某省财政按体制规定上解中央财政增值税收入 1 000 000 元、彩票公益金收入 500 000 元。该省财政总预算会计的账务处理如下：

借：上解支出——一般公共预算上解支出　　1 000 000

　　　　　——政府性基金预算上解支出　　500 000

　贷：国库存款　　1 500 000

【例 7-96】 某省财政年终与中央政府财政结算，根据预算文件，确认尚未支付的体制上解金额为 300 000 元。该省财政总预算会计的账务处理如下：

借：上解支出——一般公共预算上解支出　　300 000

　贷：与上级往来　　300 000

【例 7-97】 年终，某省财政"上解支出"账户的借方余额 800 000 元，有关明细账户借方余额为："一般公共预算上解支出"600 000 元，"政府性基金预算上解支出"200 000 元。年终转账时，该省财政总预算会计的账务处理如下：

借：一般公共预算结转结余　　600 000

　政府性基金预算结转结余　　200 000

　贷：上解支出　　800 000

3. 调出资金

调出资金是指政府财政为平衡预算收支、在不同性质资金间进行调拨的资金。调出资金包括一般公共预算调出资金、政府性基金预算调出资金和国有资本经营预算调出资金。

为了核算政府财政为平衡预算收支、从某类资金向其他类型预算调出的资金，财政总预算会计应设置"调出资金"账户。该账户下应当设置"一般公共预算调出资金""政府性基金预算调出资金""国有资本经营预算调出资金"等明细账户。该账户平时借方余额反映调出资金的累计数。

政府财政从一般公共预算调出资金时,按照调出的金额,借记该账户(一般公共预算调出资金),贷记"调入资金"相关明细账户。从政府性基金预算调出资金时,按照调出的金额,借记该账户(政府性基金预算调出资金),贷记"调入资金"相关明细账户。从国有资本经营预算调出资金时,按照调出的金额,借记该账户(国有资本经营预算调出资金),贷记"调入资金"相关明细账户。

年终转账时,该账户借方余额分别转入相应的结转结余账户,借记"一般公共预算结转结余""政府性基金预算结转结余""国有资本经营预算结转结余"等账户,贷记该账户。年终结转后,该账户无余额。

【例 7-98】 某省财政为了平衡政府性基金预算,从一般公共预算调出资金 500 000 元,从国有资本经营预算调出资金 700 000 元。该省财政总预算会计的账务处理如下:

借:调出资金——一般公共预算调出资金　　500 000

　　　　　——国有资本经营预算调出资金　　700 000

　贷:调入资金——政府性基金预算调入资金　　1 200 000

【例 7-99】 年终,某省财政"调出资金"账户的借方余额 1 000 000 元,有关明细账户借方余额为:"一般公共预算调出资金"500 000 元、"国有资本经营预算调出资金"500 000 元。年终转账时,该省财政总预算会计的账务处理如下:

借:一般公共预算结转结余　　500 000

　国有资本经营预算结转结余　　500 000

　贷:调出资金　　1 000 000

4. 地区间援助支出

地区间援助支出是指援助方政府财政安排用于受援方政府财政统筹使用的各类援助、捐赠等资金支出。

为了核算援助方政府财政安排用于受援方政府财政统筹使用的各类援助、捐赠等资金支出,财政总预算会计应设置"地区间援助支出"账户。该账户应当按照受援地区及管理需要进行相应明细核算。该账户平时借方余额反映地区间援助支出的累计数。

政府财政发生地区间援助支出时,借记该账户,贷记"国库存款"账户。年终转账时,该账户借方余额全数转入"一般公共预算结转结余"账户,借记"一般公共预算结转结余"账户,贷记该账户。年终结转后,该账户无余额。

【例 7-100】 某省政府财政向某自治区政府财政支付可统筹使用的捐助资金 500 000 元。该省财政总预算会计的账务处理如下:

借:地区间援助支出——自治区　　500 000

　贷:国库存款　　500 000

【例 7-101】 年终,某省财政"地区间援助支出"账户的借方余额 800 000 元。年终结账时,该省财政总预算会计的账务处理如下:

借:一般公共预算结转结余　　800 000

　贷:地区间援助支出　　800 000

5. 安排预算稳定调节资金

为了核算政府财政按照有关规定安排的预算稳定调节基金,财政总预算会计应设置"安排预算稳定调节资金"账户。该账户平时借方余额反映安排预算稳定调节基金的累计数。

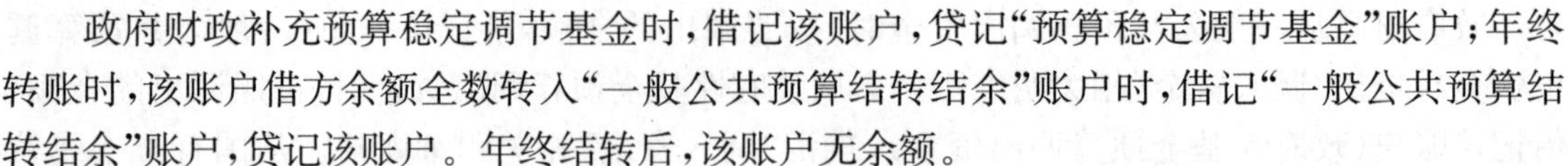

政府财政补充预算稳定调节基金时，借记该账户，贷记“预算稳定调节基金”账户；年终转账时，该账户借方余额全数转入“一般公共预算结转结余”账户时，借记“一般公共预算结转结余”账户，贷记该账户。年终结转后，该账户无余额。

【例 7-102】 某省财政从财政超收收入中安排预算稳定基金调节 400 000 元。该省财政总预算会计的账务处理如下：

借：安排预算稳定调节基金　　400 000

　　贷：预算稳定调节基金　　400 000

【例 7-103】 年终，某省财政“安排预算稳定调节基金”账户的借方余额 400 000 元。年终转账时，该省财政总预算会计的账务处理如下：

借：一般公共预算结转结余　　400 000

　　贷：安排预算稳定调节基金　　400 000

五、财政专户管理资金支出

财政专户管理资金支出是用未纳入预算并实行财政专户管理的资金安排的支出。

为了核算用未纳入预算并实行财政专户管理的资金安排的这部分支出，财政总预算会计应设置“财政专户管理资金支出”账户，该账户平时借方余额反映财政专户管理资金支出本期累计数。

财政专户管理资金支出按实际支出数计量，根据《政府收支分类科目》中支出功能分类科目设置相应明细账。财政总预算会计发生财政专户管理资金支出时，借记“财政专户管理资金支出”账户，贷记“其他财政存款”账户；年终结账转账时，将该账户借方余额全数转入“财政专户管理资金结余”账户，借记“财政专户管理资金结余”账户，贷记“财政专户管理资金支出”账户，结转后该账户无余额。

【例 7-104】 某市财政支付用未纳入预算并实行财政专户管理的资金安排的支出 300 000 元。该市财政总预算会计的账务处理如下：

借：财政专户管理资金支出　　300 000

　　贷：其他财政存款　　300 000

【例 7-105】 年度终了，市财政“财政专户管理资金支出”账户借方余额为 300 000 元。该市财政总预算会计转账的账务处理如下：

借：财政专户管理资金结余　　300 000

　　贷：财政专户管理资金支出　　300 000

第六节　财政净资产的核算

净资产是一级政府所掌管的资产净值，即资产总额减去负债总额的剩余部分。财政总预算会计的净资产包括各项结余、预算周转金、预算稳定调节基金、资产基金和待偿债净资产等。

一、财政结转结余资金核算

结转结余是指财政年度收入与支出相抵后的余额。财政各项结转结余包括一般公共预算结转结余、政府性基金预算结转结余、国有资本经营预算结转结余、专用基金结余和财政专户管理资金结余。各项结余必须分别核算,不得混淆。

各项结余应每年结算一次。年终将各项收入与相应的支出冲销后,即成为该项资金的本年结转结余。本年结转结余加上年年末滚存结余为本年年末滚存结余。

按照我国《预算法》规定,各级政府上 1 年预算的结转资金,应当在下 1 年用于结转项目的支出;连续 2 年未用完的结转资金,应当作为结余资金管理。其中,连续 2 年未用完的结转资金是指预算安排的项目支出在下 1 年度终了时仍未用完的资金。一般公共预算连续 2 年未用完的结转资金,应当作为结余资金补充预算稳定调节基金;政府性基金预算、国有资本经营预算连续 2 年未用完的结转资金,应当作为结余资金,可以调入一般公共预算。

(一)账户设置

为了核算和监督各级财政结余资金的增减变动及结存情况,需按各项财政收支分别设置"一般公共预算结转结余""政府性基金预算结转结余""国有资本经营预算结转结余""专用基金结余""财政专户管理资金结余"等账户。

1."一般公共预算结转结余"账户

该账户是用来核算各级财政预算收支的年终执行结果的。该账户贷方登记年终从"一般公共预算本级收入""补助收入——一般预算补助""上解收入""调入资金"等账户转入的预算收入的数额;借方登记从"一般公共预算本级支出""补助支出——一般预算补助""上解支出"等账户转入的预算支出的数额;余额在贷方,反映本年的预算结转结余资金(含有价证券)。

2."政府性基金预算结转结余"账户

该账户用来核算各级财政管理的政府性基金收支的年终执行结果。该账户贷方记录年终从"政府性基金预算本级收入""补助收入——基金预算补助"账户转入的基金预算收入额;借方记录年终从"政府性基金预算本级支出""补助支出——基金预算补助""调出资金"账户转入的基金预算支出数;余额在贷方,反映本年政府性基金预算滚存结转结余数,转入下年度。

3."国有资本经营预算结转结余"账户

该账户用来核算国有资本经营预算收支的年终执行结果。该账户年终贷方余额,反映本年国有资本经营预算滚存的结转结余,转入下 1 年度。

4."专用基金结余"账户

该账户用来核算总预算会计管理的专用基金收支的年终执行结果。该账户贷方记录年终从"专用基金收入"账户转入的数额;借方记录年终从"专用基金支出"账户转入的数额;余额在贷方,反映本年专用基金的滚存结余,转入下年度。

5."财政专户管理资金结余"账户

该账户用来核算未纳入预算并实行财政专户管理的资金收支相抵后的差额。该账户年终贷方余额反映未纳入预算并实行财政专户管理的资金收支相抵后的滚存结余,转入下 1 年度。

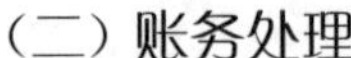

（二）账务处理

1.“一般公共预算结转结余”账户的账务处理

年终，财政总预算会计将一般预算收入类账户的贷方余额转入该账户时，借记“一般公共预算本级收入”“补助收入——一般预算补助”“上解收入——一般预算上解款”“调入资金——一般预算调入款”“债务收入”“债务转贷收入”“动用预算稳定调节基金”等账户，贷记“一般公共预算结转结余”账户；年终，财政总预算会计将一般公共预算本级支出类账户的借方余额转入该账户时，借记“一般公共预算结转结余”账户，贷记“一般公共预算本级支出”“补助支出——一般预算补助”“上解支出——一般预算上解款”“调出资金——一般预算调出款”“债务还本支出”“债务转贷支出”“安排预算稳定调节基金”“地区间援助支出”等账户；根据本年预算结余增设(提取)周转金时，借记“一般公共预算结转结余”账户，贷记“预算周转金”账户。

2.“政府性基金预算结转结余”账户的账务处理

年终，财政总预算会计将基金预算收入类账户的贷方余额转入本账户时，借记“政府性基金预算本级收入”“补助收入——基金预算补助”“上解收入——基金预算上解款”“调入资金——基金预算调入款”账户，贷记“政府性基金预算结转结余”账户；年终，财政总预算会计将基金预算支出类账户的借方余额转入该账户时，借记“政府性基金预算结转结余”账户，贷记“政府性基金预算本级支出”“补助支出——基金预算补助”“上解支出——基金预算上解款”“调出资金——基金预算调出款”等账户。

3.“国有资本经营预算结转结余”账户的账务处理

年终，财政总预算会计将“国有资本经营预算本级收入”账户的贷方余额转入该账户时，借记“国有资本经营预算本级收入”账户，贷记“国有资本经营预算结转结余”账户；年终，财政总预算会计将“国有资本经营预算本级支出”账户的借方余额转入该账户时，借记“国有资本经营预算结转结余”账户，贷记“国有资本经营预算本级支出”账户。

4.“专用基金结余”账户的账务处理

年终，财政总预算会计将“专用基金收入”账户的贷方余额转入该账户时，借记“专用基金收入”账户，贷记“专用基金结余”账户；年终，财政总预算会计将“专用基金支出”账户的借方余额转入该账户时，借记“专用基金结余”账户，贷记“专用基金支出”账户。

5.“财政专户管理资金结余”账户的账务处理

年终，财政总预算会计将“财政专户管理资金收入”账户的贷方余额转入该账户时，借记“财政专户管理资金收入”账户，贷记“财政专户管理资金结余”账户；年终，财政总预算会计将“财政专户管理资金支出”账户的借方余额转入该账户时，借记“财政专户管理资金结余”账户，贷记“财政专户管理资金支出”账户。

【例 7-106】 某市财政总预算会计 2018 年度年终结账前有关财政收入和财政支出账户余额如表 7-2 所示。

表 7-2　　年终结账前有关财政收入和财政支出账户余额　　单位：元

财政收入账户	贷方余额	财政支出账户	借方余额账户
一般公共预算本级收入	50 000 000	一般公共预算本级支出	45 000 000

（续表）

财政收入账户	贷方余额	财政支出账户	借方余额账户
政府性基金预算本级收入	5 000 000	政府性基金预算本级支出	4 000 000
国有资本经营预算本级收入	5 000 000	国有资本经营预算本级支出	3 000 000
专用基金收入	2 000 000	专用基金支出	1 800 000
财政专户管理资金收入	2 000 000	财政专户管理资金支出	1 500 000
补助收入——一般预算补助	2 000 000	补助支出——一般预算补助	1 600 000
补助收入——基金预算补助	1 500 000	补助支出——基金预算补助	1 200 000
上解收入——一般预算上解款	1 000 000	上解支出—— 一般预算上解款	800 000
上解收入——基金预算上解款	700 000	上解支出—— 基金预算上解款	600 000
调入资金——一般预算	800 000	调出资金——基金预算	800 000
		地区间援助支出	500 000
合 计	70 000 000	合 计	60 800 000

该市财政总预算会计年终转账时，其账务处理如下：

· 结转预算收入时：

借：一般公共预算本级收入　　50 000 000
　补助收入——一般预算补助　　2 000 000
　上解收入　　1 000 000
　调入资金　　800 000
　贷：一般公共预算结转结余　　53 800 000

· 结转预算支出时：

借：一般公共预算结转结余　　47 900 000
　贷：一般公共预算本级支出　　45 000 000
　　补助支出——一般预算补助　　1 600 000
　　上解支出　　800 000
　　地区间援助支出　　500 000

· 结转政府性基金预算本级收入时：

借：政府性基金预算本级收入　　5 000 000
　补助收入——基金预算补助　　1 500 000
　贷：政府性基金预算结转结余　　6 500 000

· 结转政府性基金预算本级支出时：

借：政府性基金预算结转结余　　6 000 000
　贷：政府性基金预算本级支出　　4 000 000
　　补助支出——基金预算补助　　1 200 000
　　调出资金　　800 000

· 结转国有资本经营预算本级收支时：

借:国有资本经营预算本级收入　　5 000 000
　　贷:国有资本经营预算本级支出　　3 000 000
　　　　国有资本经营预算结转结余　　2 000 000

· 结转专用基金收支时:

借:专用基金收入　　2 000 000
　　贷:专用基金支出　　1 800 000
　　　　专用基金结余　　200 000

· 结转财政专户管理资金收支时:

借:财政专户管理资金收入　　2 000 000
　　贷:财政专户管理资金支出　　1 500 000
　　　　财政专户管理资金结余　　500 000

二、预算周转金的管理和核算

(一) 预算周转金的管理

预算周转金是为调剂预算年度内季节性收支差额,保证及时用款而设置的周转资金。依照《预算法实施条例》,经本级政府批准,各级政府财政部门可以设置预算周转金,额度不得超过本级一般公共预算支出总额的1%。年度终了,各级政府财政部门应当将预算周转金全部收回,作为结余资金调入预算稳定调节基金。

预算周转金一般从年度预算结余中提取;预算周转金只供平衡预算收支的临时周转使用,不能用于财政开支;预算周转金存入国库存款之中,不得另立存款账户;动用预算周转金时,直接减少国库存款,不得减少预算周转金。

(二) 预算周转金的核算

为了核算各级财政设置用于平衡季节性预算收支差额周转使用的资金,需设置"预算周转金"账户。设置和补充预算周转金时,借记"一般公共预算结转结余"账户,贷记"预算周转金"账户。

【例 7-107】 某市财政局按规定提取用于平衡季节性预算收支差额周转使用的预算周转金 1 000 000 元。该市财政总预算会计的账务处理如下:

借:一般公共预算结转结余　　1 000 000
　　贷:预算周转金　　1 000 000

【例 7-108】 某市财政年度终了,将预算周转金 250 000 元调入预算稳定调节基金。该市财政总预算会计的账务处理如下:

借:预算周转金　　250 000
　　贷:预算稳定调节基金　　250 000

三、预算稳定调节基金的核算

(一) 预算稳定调节基金的内涵

预算稳定调节基金是指一级政府设立的,从规定的范围筹集的,用于调节本级预算平稳运行的预算储备资金。预算稳定调节基金的规模根据当年财力情况确定，主要来源于本级年度预算超收收入、本级当年一般预算净结余等；预算稳定调节基金主要用于弥补重大减收因素造成的资金缺口，应对不可预见的重大突发公共事件等，原则上不能用于年度中间出现的一般性预算支出，资金使用后仍有结余的，转入下年继续使用。

（二）预算稳定调节基金的核算

为了核算预算稳定调节基金的增减变动，各级财政总预算会计需设置“预算稳定调节基金”账户。年度终了，财政总预算会计从财政超收收入中安排预算稳定调节基金时，借记“安排预算稳定调节基金”账户，贷记“预算稳定调节基金”账户；为弥补财政短收年份预算执行收支缺口而调用预算稳定调节基金时，借记“预算稳定调节基金”账户，贷记“动用预算稳定调节基金”账户。

【例 7-109】 年度终了，某市财政从财政超收收入中安排预算稳定调节基金 450 000 元。该市财政总预算会计的账务处理如下：

借：安排预算稳定调节基金　　450 000
　　贷：预算稳定调节基金　　450 000

【例 7-110】 年度终了，某市财政为弥补财政短收年份预算执行收支缺口而调用预算稳定调节基金 350 000 元。该市财政总预算会计的账务处理如下：

借：预算稳定调节基金　　350 000
　　贷：动用预算稳定调节基金　　350 000

四、资产基金

资产基金是指政府财政持有的债权和股权投资等资产（与其相关的资金收支纳入预算管理）在净资产中占用的资金。

为了核算政府财政持有的应收地方政府债券转贷款、应收主权外债转贷款、股权投资和应收股利等资产（与其相关的资金收支纳入预算管理）在净资产中占用的资金，财政总预算会计应设置“资产基金”账户。该账户应当按应收地方政府债券转贷款、应收主权外债转贷款、股权投资和应收股利设置明细账户。该账户期末的贷方余额反映政府财政持有的相关债权和股权投资等资产（与其相关的资金收支纳入预算管理）在净资产中占用资金的累计数。

资产基金的账务处理和举例参照“应收地方政府债券转贷款”“应收主权外债转贷款”“股权投资”“应收股利”等账户的核算。

五、待偿债净资产

待偿债净资产是指政府财政承担应付短期政府债券、应付长期政府债券、借入款项、应付地方政府债券转贷款、应付主权外债转贷款、其他负债等负债（与其相关的资金收支纳入预算管理）而相应需在净资产中冲减的金额。

为了核算政府财政因发生应付政府债券、借入款项、应付地方政府债券转贷款、应付主权外债转贷款、其他负债等负债（与其相关的资金收支纳入预算管理）相应需在净资产中冲减的金额，财政总预算会计应设置“待偿债净资产”账户。该账户下应当设置“应付短期政府

债券”“应付长期政府债券”“借入款项”“应付地方政府债券转贷款”“应付主权外债转贷款”“其他负债”等明细账户进行明细核算。该账户期末借方余额反映政府财政承担应付政府债券、借入款项、应付地方政府债券转贷款、应付主权外债转贷款和其他负债等负债(与其相关的资金收支纳入预算管理)而相应需冲减净资产的金额。

待偿债净资产的账务处理和举例参见“应付短期政府债券”“应付长期政府债券”“借入款项”“应付地方政府债券转贷款”“应付主权外债转贷款”“其他负债”等账户的核算。

第七节 财政总预算会计报表

财政总预算会计报表是各级财政部门根据日常的核算资料定期编制的反映各级财政预算收支执行情况及其结果的书面报告,是各级政府和上级财政部门了解情况、掌握政策、评价预算执行工作的重要依据,也是编制下年度预算的基础。

一、财政总预算会计报表概述

(一) 财政总预算会计报表构成

财政总预算会计报表是由地方各级财政机关逐级编制上报的、反映预算收支完成情况的报告文件,主要包括年报、旬报、月报和月份执行情况分析书面说明等。通过这些报告,我们可以掌握各级财政总预算的收支执行和完成情况,从而了解国民经济和社会经济发展情况以及各项事业指标执行进度与完成情况。

由各级国库编报的预算收支项目填报,按旬、按月逐级汇总上报,它反映了不同预算级次的预算收支情况。由事业、行政单位向同级财政机关报送的单位预算会计报表,按月编报,由主管部门汇总后报同级财政机关汇编月份预算收支报表,它反映了各事业、行政单位的支出情况及事业发展进度。由国有企业填报的各种报表,经各级财政机关分别汇总,逐级上报。由参与预算执行的各职能部门填报的各种报表,包括工商税收报表、海关税收缴库月报表、农业税征收旬报表、基本建设支出月报。

财政总预算会计是预算执行的一项重要的核算工作。通过会计记录和会计报表,可以及时反映预算收支执行情况及存在的问题。

国家金库是国家预算收支的收纳、保管和支拨机关。国家金库的各种报表也可以及时、全面、正确地反映预算收支的执行情况和存在的问题。预算会计和国库工作,可以为预算执行进行检查以及制定规章制度和方针政策提供可靠的信息资料。

(二) 财政总预算会计报表种类及编制要求

1. 财政总预算会计报表的种类

(1) 财政总预算会计报表按编制的时间分有:旬报、月报、季报和年报。

(2) 财政总预算会计报表按经济内容划分有:资产负债表、预算执行情况表。

(3) 财政总预算会计报表按编制单位划分为:本级财政总预算会计报表和汇总财政总预算会计报表。

2. 财政总预算会计报表的编制要求

财政总预算会计报表中有关数字的编制基础是：预算收入部分以缴入基层国库的数字为准；预算支出部分，行政事业费以基层单位的银行支出数为准；建设银行经办的基本建设支出，以建设银行的银行支出数为准；财政部门经费的直接支出，以财政拨款数为准。

财政总预算会计报表的编制要符合数字真实、内容完整、报送及时的基本要求。

（1）数字真实。财政总预算会计报表的数字是反映国家预算实际执行情况的数字。各级财政总预算会计人员应根据核对无误的账户记录编制和汇总会计报表，切实做到账表相符，有根有据，不能有任何虚假和伪造数字的现象。

（2）内容完整。各级财政总预算会计必须按照统一规定应编报的报表和各报表规定填写的内容、项目、数字计算方法和编制口径填报，以保证全国财政总预算会计报表的统一汇总和分析。年报还要有预算收支执行情况及结果的文字说明。汇总报表的单位，要把所属单位的报表汇集齐全，防止漏报。报表中不便于用数字说明的部分，要用文字说明附于表后。

（3）报送及时。各级财政总预算会计应加强日常会计核算工作，督促有关单位及时记账、结账，在规定期限内报出数字，以便及时编报，迅速汇总。

（三）决算报表编审的组织工作

财政总预算会计的年报，即各级政府决算报表，反映着年度预算收支的最终结果。各级总预算会计在财政部门主要领导人的领导下，参与或具体负责组织下列决策草案编审工作：

（1）参与组织制订决算草案编审办法。根据上级财政部门的统一要求和本行政区域预算管理的需要，提出年终收支清理，数字编列口径，决算审查和组织领导等具体要求，并对财政结算、结余处理等具体问题规定处理办法。

（2）参与制发或根据上级财政部门的要求结合本行政区域的具体情况转（制）发本行政区域财政总决算统一表格和本级单位决算统一表格。协同财务部门设计基本数字表及其他附表。

（3）办理全年各项收支、预拨款项、往来款项等会计对账、结账工作。

（4）对下级财政部门和同级单位预算主管部门布置决算草案编审工作，并督促检查和及时汇总报送决算。

（5）审查、汇总所属财政决算草案收支各表，并负责全部决算草案的审查汇总工作。

（6）编写决算说明书。向上级财政部门汇报决算编审工作情况，进行上下级财政之间的财政体制结算以及财政总决算的文件，归档工作。

（四）财政总预算会计报表的编制程序

财政总预算会计报表要从基层开始逐级层层汇总编报，不得估列。事业单位、行政单位的收支汇总表是财政总预算会计报表的一个重要组成部分，必须从基层单位编报，由主管部门逐级汇总后，报同级财政部门，并由财政总预算会计进行汇总。参与国家预算执行的国库、建设银行的报表是财政总预算会计记账和报表的重要组成部分，必须由这些机构逐级汇总报同级财政部门，汇入财政总预算会计报表。

各级财政部门应将汇总编制的本级决算草案及时报本级政府审定。各级财政部门应按照上级财政部门规定的时限和份数，将经本级人民政府审定的本行政区域决算草案逐级及时报送备案。计划单列城市的会计报表和年度财政决算在报省级财政部门的同时，直接报送财政部。

（五）年报编制前的准备工作

财政总预算会计在编制前必须做好三项重要的准备工作，即年终清理和对账、年终体制结算和年终结账。

1. 年终清理和对账

年终清理是各级财政部门和预算执行单位在年终前，对全年各项预算资金的收支及有关财务活动进行全面清查、结算和核对的活动。其目的在于划清年度收支，核实收支数字，结清往来款项，以便如实反映全年预算执行结果，分析全年预算执行情况，总结预算管理的经验，检查财经纪律遵守情况。

年终清理和对账是编制年报的一项重要准备工作。各级财政总预算会计在会计年度结束前，应当全面进行年度清理和对账。年终清理和对账的主要事项如下：

（1）核对年度预算数。预算数字是考核决算和办理收支结算的依据，也是进行会计结算的依据。年终前，各级财政总预算会计应配合预算管理部门把本级财政总预算与上、下级财政总预算和本级各单位预算之间的全年预算核对清楚。追加追减、上划下划数字，必须在年度终了前核对完毕。为了便于年终清理，本年预算的追加追减和企事业单位的上划下划，一般截至 11 月底为止。各项预算拨款，一般截至 12 月 25 日为止。

（2）清理木年预算收支。凡属本年的一般预算收入，都要认真清理，年终前必须如数缴入国库。督促国库在年终库款报解整理期内，迅速报齐当年的预算收入。应在本年预算支领列报的款项，非特殊原因，应在年终前办理完毕。清理基金预算收支和专用基金收支。凡属应列入本年的收入，应及时催收，并缴入国库或指定的银行账户。

（3）组织征收机关和国库进行年度对账。年度终了后，按照国库制度的规定，支库应设置 10 天的库款报解整理期（设置决算清理期的年度，库款报解整理期相应顺延）。各经收处在 12 月 31 日前所收款项均应在"库款报解整理期"内报送支库，列入当年决算。同时，各级国库要按年度决算对账办法编制收入对账单，分送同级财政部门、征收机关核对签章，以保证财政收入数字一致。

（4）与代理银行对账。年度终了，应将代理银行提供的"财政零余额账户"当月分类、款、项的支出数和预算单位的财政直接支付数进行核对；与代理银行核对各项预算单位"财政授权支付额度""财政授权支付额度支用数""财政授权支付额度结余数"，核对各预算单位"零余额账户"分类、款、项的相关数据，确保额度与支出数的一致。

（5）清理核对当年拨款支出。财政总预算会计对本级各单位的拨款支出应与单位的拨款收入核对清楚。属于应收回的拨款，应及时收回，并按收回数相应冲减预算支出。属于预拨下年度的经费，不得列入当年预算支出。对于国库集中支付年终预算结余，与预算会计核对无误后年终计入当年支出，单位会计也在年终计入当年拨款收入。

（6）清理往来款项。各级财政的暂收、暂付等各种往来款项，要在年度终了前认真清理结算，做到人欠收回、欠人归还。应转作各项收入或各项支出的款项，要及时转入本年有关收支账。

（7）对年终预算清理期内发生的会计事项，应当划清会计年度。属于清理上年度的会计事项，记入上年度账内；属于新年度的会计事项，记入新账。要防止错记漏记。

2. 年终体制结算

年终体制结算又称年终财政结算，是指各级财政在年终清理的基础上，结清上下级财政总预算之间的预算调拨收支和往来款项。年终财政结算是在年终清理和对账工作结束后又一项编制年报的重要准备工作。

各级财政部门在财政管理体制执行过程中，由于企事业单位隶属管理的变化以及国家一些财政经济政策的执行，将使中央和地方及地方各级财政收支变化或转移，从而影响中央、地方及地方各级的应得财力。这种情况在财政管理体制确定后一般不调整原体制确定的上解或补助数额，而是采取年终单独结算处理的办法。中央财政和地方财政结算中，属于正常上解、补助和预算执行中一般上划、下划、追加、追减的事项，仍按现行财政管理体制的有关规定办理；属于国家统一政策，需要中央财政与地方财政单独结算的事项，财政部将另行下发具体结算办法。

各级财政应按照财政管理体制的规定，计算出全年应补助、应上解和应返还的数额，与年度预算执行过程中已补助、已上解和已返还数额进行比较，结合借垫款项，计算出全年最后应补或应退数额，填制年终财政决算结清单，按规定程序经批准后作为年终财政结算凭证，据以入账。各级财政应根据上级财政核定的税收返还收入、原体制补助或上解、转向补助或上解等数额，通过"与上级往来""与下级往来"账户办理转账，以结清上下级财政全年的预算资金账。

【例 7-111】 根据"年终财政决算结算单"，省财政本年度应上解中央财政款 40 000 000 元，而中央总库实收该省财政上解款 35 000 000 元；中央财政应补助该省财政款 1 000 000 元，而中央已拨付该省补助款 800 000 元。该省财政总预算会计的账务处理如下：

中央财政欠该省财政补助款＝1 000 000－800 000＝200 000(元)

该省财政欠中央财政上解款＝40 000 000－35 000 000＝5 000 000(元)

该省财政应补上解中央财政款＝5 000 000－200 000＝4 800 000(元)

· 根据"年终财政决算结算单"将中央财政欠拨补助资金和本级财政欠上解资金记账时：

借：与上级往来　　200 000

　　贷：补助收入　　200 000

借：上解支出　　5 000 000

　　贷：与上级往来　　5 000 000

"与上级往来"账户的贷方余额 4 800 000 元即为该省财政应补上解中央财政款。

· 中央财政总预算会计根据年终财政决算结算表通过"与下级往来"账户与该省级财政办理结算时：

借：补助支出　　200 000

　　贷：与下级往来　　200 000

借：与下级往来　　5 000 000

　　贷：上解收入　　5 000 000

"与下级往来"账户的借方余额 4 800 000 元即为所属某省财政应补缴的上解款。

3. 年终结账

财政总预算会计经过年终清理和结算后，把各项结算收支记入旧账后，即可办理年终结账。年终结账一般包括年终转账、结清旧账和记入新账三个环节，依次做账。

1) 年终转账

在年终清理和结算的基础上，账目核对无误后，计算出各账户 12 月份合计数和全年累

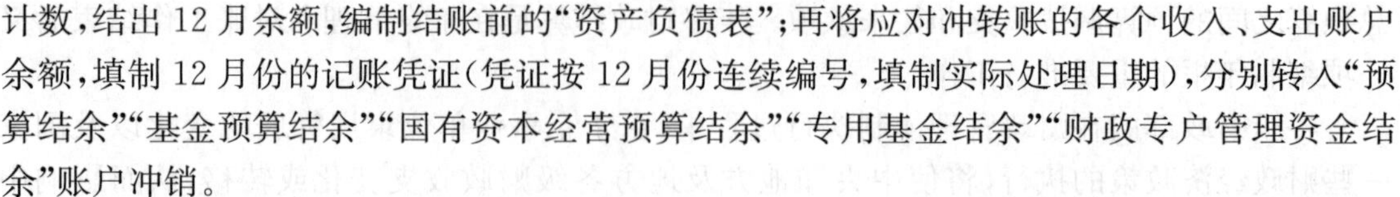

计数，结出12月余额，编制结账前的“资产负债表”；再将应对冲转账的各个收入、支出账户余额，填制12月份的记账凭证（凭证按12月份连续编号，填制实际处理日期），分别转入“预算结余”“基金预算结余”“国有资本经营预算结余”“专用基金结余”“财政专户管理资金结余”账户冲销。

2）结清旧账

将各个收入和支出账户的借方、贷方结出全年总计数，然后在下面划双红线，表示该账户全部结清。对年终有余额的账户，在“摘要”栏内注明“结转下年”字样，表示转入新账。

3）记入新账

根据本年度各个总账账户和明细账户年终转账后的余额编制年终决算“资产负债表”和有关明细表（不编记账凭证），将表列各账户的余额直接记入新年度有关总账和明细账各账户预留空行的余额栏内，并在“摘要”栏注明“上年结转”字样，以区别新年度发生数。

二、会计报表的编制

各级财政总预算会计应根据上级财政部门的具体要求和本行政区域预算管理的需要办理会计报表的编报。

（一）资产负债表

1. 资产负债表的内容和结构

资产负债表是反映政府财政在某一特定日期财务状况的报表，是财政总预算会计的主要会计报表之一，属于静态报表。

资产负债表可以提供政府财政以下情况：在某一特定日期的全部资产、负债和净资产的情况；某一特定日期资产的总额及其结构，表明政府财政拥有或控制的资源及其分布情况；某一特定日期负债总额及其结构，表明政府财政未来需要用多少资产清偿债务以及清偿时间；某一特定日期净资产的总额及其结构，表明政府财政拥有各项基金及结转结余情况。财政总预算会计的资产负债表按照编制时间分为月报和年报。

资产负债表应当按照资产、负债和净资产分类、分项列示，按照“资产＝负债＋净资产”的平衡公式设置，分为左右两方，左方列示资产各项目，反映资产的分布及存在形态；右方列示负债和净资产各项目，反映负债和净资产的内容及构成情况。资产负债表左右两方总计数相等。资产负债表的基本格式如表7－3所示。

2. 资产负债表的填列方法

资产负债表有两栏数据：“年初余额”和“期末余额”。其中，“年初余额”栏内各项数字，应当根据上年年末资产负债表“期末余额”栏内数字填列。如果本年度资产负债表规定的各个项目的名称和内容同上年度不相一致，应对上年年末资产负债表各项目的名称和数字按照本年度的规定进行调整，填入本表“年初余额”栏内。“期末余额”栏内各项目数字，一般根据资产、负债和净资产类科目的期末余额填列。

资产负债表中“期末余额”栏各项目的内容和具体填列方法如下。

1）资产类项目

（1）“国库存款”项目，反映政府财政期末存放在国库单一账户的款项金额。本项目应当根据“国库存款”科目的期末余额填列。

(2)“国库现金管理存款”项目,反映政府财政期末实行国库现金管理业务持有的存款金额。本项目应当根据“国库现金管理存款”科目的期末余额填列。

(3)“其他财政存款”项目,反映政府财政期末持有的其他财政存款金额。本项目应当根据“其他财政存款”科目的期末余额填列。

(4)“有价证券”项目,反映政府财政期末持有的有价证券金额。本项目应当根据“有价证券”科目的期末余额填列。

(5)“在途款”项目,反映政府财政期末持有的在途款金额。本项目应当根据“在途款”科目的期末余额填列。

(6)“预拨经费”项目,反映政府财政期末尚未转列支出或尚待收回的预拨经费金额。本项目应当根据“预拨经费”科目的期末余额填列。

(7)“借出款项”项目,反映政府财政期末借给预算单位尚未收回的款项金额。本项目应当根据“借出款项”科目的期末余额填列。

(8)“应收股利”项目,反映政府期末尚未收回的现金股利或利润金额。本项目应当根据“应收股利”科目的期末余额填列。

(9)“应收利息”项目,反映政府财政期末尚未收回应收利息金额。本项目应当根据“应收地方政府债券转贷款”科目和“应收主权外债转贷款”科目下“应收利息”明细科目的期末余额合计数填列。

(10)“与下级往来”项目,正数反映下级政府财政欠本级政府财政的款项金额;负数反映本级政府财政欠下级政府财政的款项金额。本项目应当根据“与下级往来”科目的期末余额填列,期末余额如为借方则以正数填列,如为贷方则以“-”号填列。

(11)“其他应收款”项目,反映政府财政期末尚未收回的其他应收款的金额。本项目应当根据“其他应收款”科目的期末余额填列。

(12)“应收地方政府债券转贷款”项目,反映政府财政期末尚未收回的地方政府债券转贷款的本金金额。本项目应当根据“应收地方政府债券转贷款”科目下“应收本金”明细科目的期末余额填列。

(13)“应收主权外债转贷款”项目,反映政府财政期末尚未收回的主权外债转贷款的本金金额。本项目应当根据“应收主权外债转贷款”科目下的“应收本金”明细科目的期末余额填列。

(14)“股权投资”项目,反映政府期末持有的股权投资的金额。本项目应当根据“股权投资”科目的期末余额填列。

(15)“待发国债”项目,反映中央政府财政期末尚未使用的国债发行额度。本项目应当根据“待发国债”科目的期末余额填列。

2) 负债类项目

(1)“应付短期政府债券”项目,反映政府财政期末尚未偿还的发行期限不超过1年(含1年)的政府债券的本金金额。本项目应当根据“应付短期政府债券”科目下的“应付本金”明细科目的期末余额填列。

(2)“应付利息”项目,反映政府财政期末尚未支付的应付利息金额。本项目应当根据“应付短期政府债券”“借入款项”“应付地方政府债券转贷款”“应付主权外债转贷款”科目下的“应付利息”明细科目期末余额,以及属于分期付息到期还本的“应付长期政府债券”的“应

付利息”明细科目期末余额计算填列。

(3)“应付国库集中支付结余”项目,反映政府财政期末尚未支付的国库集中支付结余金额。本项目应当根据“应付国库集中支付结余”科目的期末余额填列。

(4)“与上级往来”项目,正数反映本级政府财政期末欠上级政府财政的款项金额;负数反映上级政府财政欠本级政府财政的款项金额。本项目应当根据“与上级往来”科目的期末余额填列;如为借方余额,则以“-”号填列。

(5)“其他应付款”项目,反映政府财政期末尚未支付的其他应付款的金额。本项目应当根据“其他应付款”科目的期末余额填列。

(6)“应付代管资金”项目,反映政府财政期末尚未支付的代管资金金额。本项目应当根据“应付代管资金”科目的期末余额填列。

(7)“一年内到期的非流动负债”项目,反映政府财政期末承担的1年以内(含1年)到偿还期的非流动负债。本项目应当根据“应付长期政府债券”“借入款项”“应付地方政府债券转贷款”“应付主权外债转贷款”“其他负债”等科目的期末余额及债务管理部门提供的资料分析填列。

(8)“应付长期政府债券”项目,反映政府财政期末承担的偿还期限超过1年的长期政府债券的本金金额及到期一次还本付息的长期政府债券的应付利息金额。本项目应当根据“应付长期政府债券”科目的期末余额分析填列。

(9)“借入款项”项目,反映政府财政期末承担的偿还期限超过1年的借入款项的本金金额。本项目应当根据“借入款项”科目下“应付本金”明细科目的期末余额分析填列。

(10)“应付地方政府债券转贷款”项目,反映政府财政期末承担的偿还期限超过1年的地方政府债券转贷款的本金金额。本项目应当根据“应付地方政府债券转贷款”科目下“应付本金”明细科目的期末余额分析填列。

(11)“应付主权外债转贷款”项目,反映政府财政期末承担的偿还期限超过1年的主权外债转贷款的本金金额。本项目应当根据“应付主权外债转贷款”科目下“应付本金”明细科目的期末余额分析填列。

(12)“其他负债”项目,反映政府财政期末承担的偿还期限超过1年的其他负债金额。木项目应当根据“其他负债”科目的期末余额分析填列。

3)净资产类项目

(1)“一般公共预算结转结余”项目,反映政府财政期末滚存的一般公共预算结转金额。本项目应当根据“一般公共预算结转结余”科目的期末余额填列。

(2)“政府性基金预算结转结余”项目,反映政府财政期末滚存的政府性基金预算结转结余金额。本项目应当根据“政府性基金预算结转结余”科目的期末余额填列。

(3)“国有资本经营预算结转结余”项目,反映政府财政期末滚存的国有资本经营预算结转结余金额。本项目应当根据“国有资本经营预算结转结余”科目的期末余额填列。

(4)“财政专户管理资金结余”项目,反映政府财政期末滚存的财政专户管理资金结余金额。本项目应当根据“财政专户管理资金结余”科目的期末余额填列。

(5)“专用基金结余”项目,反映政府财政期末滚存的专用基金结余金额。本项目应当根据“专用基金结余”科目的期末余额填列。

(6)“预算稳定调节基金”项目,反映政府财政期末预算稳定调节基金的余额。本项目应当根据“预算稳定调节基金”科目的期末余额填列。

(7) “预算周转金”项目，反映政府财政期末预算周转金的余额。本项目应当根据“预算周转金”科目的期末余额填列。

(8) “资产基金”项目，反映政府财政期末持有的应收地方政府债券转贷款、应收主权外债转贷款、股权投资和应收股利等资产在净资产中占用的金额。本项目应当根据“资产基金”科目的期末余额填列。

(9) “待偿债净资产”项目，反映政府财政期末因承担应付短期政府债券、应付长期政府债券、借入款项、应付地方政府债券转贷款、应付主权外债转贷款、其他负债等负债相应需在净资产中冲减的金额。本项目应当根据“待偿债净资产”科目的期末借方余额以“－”号填列。

【例 7-112】 假设某市财政总预算会计 2018 年 12 月 31 日的资产负债表(年初余额略)和 2019 年 12 月 31 日的资产、负债和净资产会计科目余额分别参见表 7－3 和表 7－4。

表 7-3　　**资产负债表**　　会财政 01 表

编制单位：×市财政局　　2018 年 12 月 31 日　　单位：万元

资产类	借方余额	负债和净资产类	贷方余额
国库存款	15 800 000	应付国库集中支付结余	3 560 000
国库现金管理存款	1 030 000	与上级往来	7 620 000
其他财政存款	5 130 000	其他应付款	1 620 000
在途款	1 950 000	应付地方政府债券转贷款	6 210 000
预拨经费	2 460 000	其中：应付本金	6 000 000
借出款项	90 000	应付利息	210 000
应收股利	600 000	应付主权外债转贷款	4 080 000
与下级往来	820 000	其中：应付本金	4 000 000
其他应收款	850 000	应付利息	80 000
应收地方政府债券转贷款	5 150 000	一般公共预算结转结余	8 600 000
其中：应收本金	5 000 000	政府性基金预算结转结余	4 300 000
应收利息	150 000	国有资本经营预算结转结余	1 160 000
应收主权外债转贷款	3 045 000	财政专户管理资金结余	630 000
其中：应收本金	3 000 000	专用基金结余	420 000
应收利息	45 000	预算稳定调节基金	100 000
股权投资	1 070 000	预算周转金	120 000
		资产基金	9 865 000
		待偿债净资产	－10 290 000
合　计	37 995 000	合　计	37 995 000

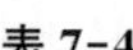

表 7-4　　　　**资产负债表**

编制单位:×市财政局　　　　2019 年 12 月 31 日　　　　单位:万元

资产	年初余额	期末余额	负债和净资产	年初余额	期末余额
流动资产:			流动负债:		
国库存款	11 430 000	15 800 000	应付短期政府债券		
国库现金管理存款	630 000	1 030 000	应付利息	260 000	290 000
其他财政存款	4 820 000	5 130 000	应付国库集中支付结余	2 980 000	3 560 000
有价证券			与上级往来	5 220 000	7 620 000
在途款	1 830 000	1 950 000	其他应付款	910 000	1 620 000
预拨经费	960 000	2 460 000	应付代管资金		
借出款项		90 000	一年内到期的非流动负债		
应收股利	540 000	600 000	流动负债合计	9 370 000	1 309 000
应收利息	240 000	195 000	非流动负债:		
与下级往来	750 000	820 000	应付长期政府债券		
其他应收款	990 000	850 000	借入款项		
流动资产合计	22 190 000	28 925 000	应付地方政府债券转贷款	6 000 000	6 000 000
非流动资产:			应付主权外债转贷款	4 000 000	4 000 000
应收地方政府债券转贷款	5 000 000	5 000 000	其他负债		
应收主权外债转贷款	3 000 000	3 000 000	非流动负债合计	10 000 000	10 000 000
股权投资	1 070 000	1 070 000	负债合计	19 370 000	23 090 000
待发国债			净资产:		
非流动资产合计			一般公共预算结转结余	6 500 000	8 600 000
	9 070 000	9 070 000	政府性基金预算结转结余	3 500 000	4 300 000
			国有资本经营预算结转结余	1 250 000	1 160 000
			财政专户管理资金结余	520 000	630 000
			专用基金结余	350 000	420 000
			预算稳定调节基金	80 000	100 000
			预算周转金	100 000	120 000
			资产基金	9 850 000	9 865 000

（续表）

资产	年初余额	期末余额	负债和净资产	年初余额	期末余额
			减：待偿债净资产	－10 260 000	－10 290 000
			净资产合计	11 890 000	14 905 000
资产总计	31 260 000	37 995 000	负债和净资产总计	31 260 000	37 995 000

根据上述资料编制的该市财政局2019年12月31日的资产负债表如表7－5所示。

表7-5 **资产负债表** 会财政01表

编制单位：×市财政局 2019年12月31日 单位：万元

资产	年初余额	期末余额	负债和净资产	年初余额	期末余额
流动资产：			流动负债：		
国库存款	11 430 000	15 800 000	应付短期政府债券		
国库现金管理存款	630 000	1 030 000	应付利息	260 000	290 000
其他财政存款	4 820 000	5 130 000	应付国库集中支付结余	2 980 000	3 560 000
有价证券			与上级往来	5 220 000	7 620 000
在途款	1 830 000	1 950 000	其他应付款	910 000	1 620 000
预拨经费	960 000	2 460 000	应付代管资金		
借出款项		90 000	一年内到期的非流动负债		
应收股利	540 000	600 000	流动负债合计	9 370 000	1 309 000
应收利息	240 000	195 000	非流动负债：		
与下级往来	750 000	820 000	应付长期政府债券		
其他应收款	990 000	850 000	借入款项		
流动资产合计	22 190 000	28 925 000	应付地方政府债券转贷款	6 000 000	6 000 000
非流动资产：			应付主权外债转贷款	4 000 000	4 000 000
应收地方政府债券转贷款	5 000 000	5 000 000	其他负债		
应收主权外债转贷款	3 000 000	3 000 000	非流动负债合计	10 000 000	10 000 000
股权投资	1 070 000	1 070 000	负债合计	19 370 000	23 090 000
待发国债			净资产：		
非流动资产合计			一般公共预算结转结余	6 500 000	8 600 000
	9 070 000	9 070 000	政府性基金预算结转结余	3 500 000	4 300 000
			国有资本经营预算结转结余	1 250 000	1 160 000

（续表）

资产	年初余额	期末余额	负债和净资产	年初余额	期末余额
			财政专户管理资金结余	520 000	630 000
			专用基金结余	350 000	420 000
			预算稳定调节基金	80 000	100 000
			预算周转金	100 000	120 000
			资产基金	9 850 000	9 865 000
			减:待偿债净资产	—10 260 000	—10 290 000
			净资产合计	11 890 000	14 905 000
资产总计	31 260 000	37 995 000	负债和净资产总计	31 260 000	37 995 000

（二）收入支出表

1. 收入支出表的内容和结构

收入支出表是反映政府财政在某一会计期间各类财政资金收支结余情况的报表，是财政总预算会计的主要会计报表之一，属于动态报表。通过收入支出表，可以提供政府财政在某一会计期间内各项收入、支出和结转结余情况。财政总预算会计的收入支出表按编制的时间分为月报和年报。

收入支出表根据资金性质按照收入、支出、结转结余的构成分类、分项列示。收入支出表的基本格式如表 7－6 所示。

2. 收入支出表的填列方法

收入支出表中的各项目都有两栏数据，即“本月数”和“本年累计数”。其中，“本月数”栏反映各项目的本月实际发生数，在编制年度收入支出表时，应将本栏改为“上年数”栏，反映上年度各项目的实际发生数；如果本年度收入支出表规定的各个项目的名称和内容同上年度不一致，应按照本年度的规定对上年度收入支出表各项目的名称和数字进行调整，填入本年度收入支出表的“上年数”栏。本表“本年累计数”栏反映各项目自年初起至报告期末止的累计实际发生数，在编制年度收入支出表时，应当将本栏改为“本年数”。

3. 收入支出表“本月数”栏各项目的内容和填列方法

1）“年初结转结余”项目

该项目反映政府财政本年年初各类资金结转结余金额。其中，一般公共预算的“年初结转结余”应当根据“一般公共预算结转结余”科目的年初余额填列；政府性基金预算的“年初结转结余”应当根据“政府性基金预算结转结余”科目的年初余额填列；国有资本经营预算的“年初结转结余”应当根据“国有资本经营预算结转结余”科目的年初余额填列；财政专户管理资金的“年初结转结余”应当根据“财政专户管理资金结余”科目的年初余额填列；专用基金的“年初结转结余”应当根据“专用基金结余”科目的年初余额填列。

2）“收入合计”项目

该项目反映政府财政本期取得的各类资金的收入合计金额。其中，一般公共预算的“收入合计”应当根据属于一般公共预算的“本级收入”“补助收入”“上解收入”“地区间援助收入”“债务收入”“债务转贷收入”“动用预算稳定调节基金”“调入资金”各项目金额的合计填列；政府性基金预算的“收入合计”应当根据属于政府性基金预算的“本级收入”“补助收入”“上解收入”“债务收入”“债务转贷收入”“调入资金”各项目金额的合计填列；国有资本经营预算的“收入合计”应当根据属于国有资本经营预算的“本级收入”项目的金额填列；财政专户管理资金的“收入合计”应当根据属于财政专户管理资金的“本级收入”项目的金额填列；专用基金的“收入合计”应当根据属于专用基金的“本级收入”项目的金额填列。

3）“本级收入”项目

该项目反映政府财政本期取得的各类资金的本级收入金额。其中一般公共预算的“本级收入”应当根据“一般公共预算本级收入”科目的本期发生额填列；政府性基金预算的“本级收入”应当根据“政府性基金预算本级收入”科目的本期发生额填列；国有资本经营预算的“本级收入”应当根据“国有资本经营预算本级收入”科目的本期发生额填列；财政专户管理资金的“本级收入”应当根据“财政专户管理资金收入”科目的本期发生额填列；专用基金的“本级收入”应当根据“专用基金收入”科目的本期发生额填列。

4）“补助收入”项目

该项目反映政府财政本期取得的各类资金的补助收入金额。其中，一般公共预算的“补助收入”应当根据“补助收入”科目下的“一般公共预算补助收入”明细科目的本期发生额填列；政府性基金预算的“补助收入”应当根据“补助收入”科目下的“政府性基金预算补助收入”明细科目的本期发生额填列。

5）“上解收入”项目

该项目反映政府财政本期取得的各类资金的上解收入金额。其中，一般公共预算的“上解收入”应当根据“上解收入”科目下的“一般公共预算上解收入”明细科目的本期发生额填列；政府性基金预算的“上解收入”应当根据“上解收入”科目下的“政府性基金预算上解收入”明细科目的本期发生额填列。

6）“地区间援助收入”项目

该项目反映政府财政本期取得的地区间援助收入金额。本项目应当根据“地区间援助收入”科目的本期发生额填列。

7）“债务收入”项目

该项目反映政府财政本期取得的债务收入金额。其中，一般公共预算的“债务收入”应当根据“债务收入”科目下除“专项债务收入”以外的其他明细科目的本期发生额填列；政府性基金预算的“债务收入”应当根据“债务收入”科目下的“专项债务收入”明细科目的本期发生额填列。

8）“债务转贷收入”项目

该项目反映政府财政本期取得的债务转贷收入金额。其中，一般公共预算的“债务转贷收入”应当根据“债务转贷收入”科目下“地方政府一般债务转贷收入”明细科目的本期发生额填列；政府性基金预算的“债务转贷收入”应当根据“债务转贷收入”科目下的“地方政府专项债务转贷收入”明细科目的本期发生额填列。

9）“动用预算稳定调节基金”项目

该项目反映政府财政本期调用的预算稳定调节基金金额。本项目应当根据“动用预算稳定调节基金”科目的本期发生额填列。

10）“调入资金”项目

该项目反映政府财政本期取得的调入资金金额。其中，一般公共预算的“调入资金”应当根据“调入资金”科目下“一般公共预算调入资金”明细科目的本期发生额填列；政府性基金预算的“调入资金”应当根据“调入资金”科目下“政府性基金预算调入资金”明细科目的本期发生额填列。

11）“支出合计”项目

该项目反映政府财政本期发生的各类资金支出合计金额。其中，一般公共预算的“支出合计”应当根据属于一般公共预算的“本级支出”“补助支出”“上解支出”“地区间援助支出”“债务还本支出”“债务转贷支出”“安排预算稳定调节基金”“调出资金”各项目金额的合计填列；政府性基金预算的“支出合计”应当根据属于政府性基金预算的“本级支出”“补助支出”“上解支出”“债务还本支出”“债务转贷支出”“调出资金”各项目金额的合计填列；国有资本经营预算的“支出合计”应当根据属于国有资本经营预算的“本级支出”“调出资金”项目金额的合计填列；财政专户管理资金的“支出合计”应当根据属于财政专户管理资金的“本级支出”项日的金额填列：专用基金的“支出合计”应当根据属于专用基金的“本级支出”项目的金额填列。

12）“补助支出”项目

该项目反映政府财政本期发生的各类资金的补助支出金额。其中一般公共预算的“补助支出”应当根据“补助支出”科目下的“一般公共预算补助支出”明细科目的本期发生额填列；政府性基金预算的“补助支出”应当根据“补助支出”科目下的“政府性基金预算补助支出”明细科目的本期发生额填列。

13）“上解支出”项目

该项目反映政府财政本期发生的各类资金的上解支出金额。其中，一般公共预算的“上解支出”应当根据“上解支出”科目下的“一般公共预算上解支出”明细科目的本期发生额填列；政府性基金预算的“上解支出”应当根据“上解支出”科目下的“政府性基金预算上解支出”明细科目的本期发生额填列。

14）“地区间援助支出”项目

该项目反映政府财政本期发生的地区间援助支出金额。该项目应当根据“地区间援助支出”科目的本期发生额填列。

15）“债务还本支出”项目

该项目反映政府财政本期发生的债务还本支出金额。其中，一般公共预算的“债务还本支出”应当根据“债务还本支出”科目下的“专项债务还本支出”明细科目以外的其他明细科目的本期发生额填列；政府性基金预算的“债务还本支出”应当根据“债务还本支出”科目下的“专项债务还本支出”明细科目的本期发生额填列。

16）“债务转贷支出”项目

该项目反映政府财政本期发生的债务转贷支出金额。其中，一般公共预算的“债务转贷支出”应当根据“债务转贷支出”科目下“地方政府一般债务转贷支出”明细科目的本期发生额填列；政府性基金预算的“债务转贷支出”应当根据“债务转贷支出”科目下的“地方政府专项债务转贷支出”明细科目的本期发生额填列。

17）“安排预算稳定调节基金”项目

该项目反映政府财政本期安排的预算稳定调节基金金额。本项目根据“安排预算稳定

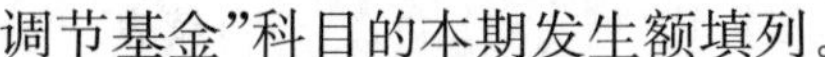

调节基金”科目的本期发生额填列。

18）“调出资金”项目

该项目反映政府财政本期发生的各类资金的调出资金金额。其中，一般公共预算的“调出资金”应当根据“调出资金”科目下“一般公共预算调出资金”明细科目的本期发生额填列；政府性基金预算的“调出资金”应当根据“调出资金”科目下“政府性基金预算调出资金”明细科目的本期发生额填列；国有资本经营预算的“调出资金”应当根据“调出资金”科目下“国有资本经营预算调出资金”明细科目的本期发生额填列。

19）“增设预算周转金”项目

该项目反映政府财政本期设置和补充预算周转金的金额。本项目应当根据“预算周转金”科目的本期贷方发生额填列。

20）“年末结转结余”项目

该项目反映政府财政本年年末的各类资金的结转结余金额。其中一般公共预算的“年末结转结余”应当根据“一般公共预算结转结余”科目的年末余额填列；政府性基金预算的“年末结转结余”应当根据“政府性基金预算结转结余”科目的年末余额填列；国有资本经营预算的“年末结转结余”应当根据“国有资本经营预算结转结余”科目的年末余额填列；财政专户管理资金的“年末结转结余”“应当根据财政专户管理资金结余”科目的年末余额填列；专用基金的“年末结转结余”应当根据“专用基金结余”科目的年末余额填列。

【例 7-113】 假设某省财政 2018 年一般公共预算结转结余5 000万元、政府性基金预算结转结余3 000万元、国有资本经营预算结转结余 300 000 万元、财政专户管理资金结余 20 万元、专用基金结余 15 万元(收入和支出项目数略)。2019 年年末转账前有关收入类和支出类会计科目的发生额如表 7-6 所示。

表 7-6　　收入类和支出类会计科目发生额

编单位:×省财政厅　　2019 年　　单位:万元

收入类	贷方余额	支出类	借方余额
一般公共预算本级收入	25 500 000	一般公共预算本级支出	26 870 000
政府性基金预算本级收入	3 100 000	政府性基金预算本级支出	2 920 000
国有资本经营预算本级收入	2 300 000	国有资本经营预算本级支出	2 160 000
财政专户管理资金收入	700	财政专户管理资金支出	650
专用基金收入	800	专用基金支出	780
补助收入——一般公共预算补助收入	520 000	补助支出——一般公共预算补助支出	530 000
补助收入——政府性基金预算补助收入	150 000	补助支出——政府性基金预算补助支出	145 000
上解收入——一般公共预算上解收入	1 200 000	上解支出——一般公共预算上解支出	180 000
上解收入——政府性基金预算上解收入	520 000	上解支出——政府性基金预算上解支出	30 000
债务收入——本债务收入	1 200 000	债务还本支出——一般债务还本支出	150 000

（续表）

收入类	贷方余额	支出类	借方余额
债务收入——专项债务收入	720 000	债务还本支出——专项债务还本支出	15 000
地区间援助收入	2 000	债务转贷支出——一般债务转贷支出	860 000
动用预算调节基金	80 000	债务转贷支出——专项债务转贷支出	540 000
调入资金——一般公共预算调入资金	50 000	安排预算稳定调节基金	25 000
		调出资金——政府性基金预算调出资金	20 000
		调出资金——国有资本经营预算调出资金	30 000
合计	35 343 500	合计	34 406 430

根据上述资料编制该省财政厅2019年度收入支出表，如表7-7所示。

表7-7　　收入支出表　　会财政02表

编单位：×省财政厅　　2019年度　　单位：万元

项目	一般公共预算		政府性基金预算		国有资本经营预算		财政专户管理资金		专用基金	
	上年数	本年数	上年数	本年数	上年数	本年数	上年数	本年数	上年数	本年数
年初结转结余	5 000		3 000		300 000		20		15	
收入合计		28 552 000		4 490 000		2 300 000		700		800
本级收入		25 500 000		3 100 000		2 300 000		700		800
其中：来自预算安排的收入	—	—	—	—	—	—	—	—		800
补助收入		520 000		150 000	—	—	—	—	—	—
上解收入		1 200 000		520 000	—	—	—	—	—	—
地区间援助收入		2 000	—	—	—	—	—	—	—	—
债务收入		1 200 000		720 000	—	—	—	—	—	—
债务转贷收入					—	—	—	—	—	—
动用预算稳定调节基金		80 000	—	—	—	—	—	—	—	—
调入资金		50 000			—	—	—	—	—	—
支出合计		28 495 000		3 720 000		2 190 000		650		780
本级支出		26 870 000		2 920 000		2 160 000		650		780
其中：权责发生制列支					—	—	—	—	—	—

（续表）

项目	一般公共预算		政府性基金预算		国有资本经营预算		财政专户管理资金		专用基金	
	上年数	本年数	上年数	本年数	上年数	本年数	上年数	本年数	上年数	本年数
预算安排专用基金的支出			—	—	—	—	—	—	—	—
补助支出		530 000		145 000	—	—	—	—	—	—
上解支出		180 000		80 000	—	—	—	—	—	—
地区间援助支出					—	—	—	—	—	—
债务还本支出		30 000		15 000	—	—	—	—	—	—
债务转贷支出		860 000		540 000	—	—	—	—	—	—
安排预算稳定调节基金		25 000	—	—	—	—	—	—	—	—
调出资金				20 000		30 000	—	—	—	—
结余转出			—	—	—	—	—	—	—	—
其中：增设预算周转金			—	—	—	—	—	—	—	—
年末结转结余		62 000		773 000		410 000		70		35

（三）收支执行情况表

收支执行情况表是反映政府各类财政资金收支执行结果的报表，包括一般公共预算执行情况表、政府性基金预算执行情况表、国有资本经营预算执行情况表、财政专户管理资金收支情况表、专用基金收支情况表。

1. 一般公共预算执行情况表

1）内容和结构

一般公共预算执行情况表是反映政府财政在某一会计期间一般公共预算收支执行结果的报表，按照政府收支分类科目中一般公共预算收支科目列示。按照编制时间，一般公共预算执行情况表分为月报、旬报和年报。

一般公共预算执行情况表的基本格式如表 7－8 所示。

表 7-8　　一般公共预算执行情况表　　会财政 03－1 表

编制单位：　　年　月　旬　　单位：元

项　　目	本月（旬）数	本年（月）累计数
一般公共预算本级收入		
101 税收收入		
10101增值税		

（续表）

项　　目	本月(旬)数	本年(月)累计数
1010101国内增值税		
……		
一般公共预算本级支出		
201 一般公共服务支出		
20101人大事务		
2010101行政运行		

2）填列方法

一般公共预算执行情况表中的各项目都有两栏数据，即"本月（旬）数"和"本年（月）累计数"。各栏数据的具体填列方法如下：

（1）"一般公共预算本级收入"项目及所属各明细项目，应当根据"一般公共预算本级收入"科目及所属各明细科目的本期发生额填列。

（2）"一般公共预算本级支出"项目及所属各明细项目，应当根据"一般公共预算本级支出"科目及所属各明细科目的本期发生额填列。

2. 政府性基金预算执行情况表

1）内容和结构

政府性基金预算执行情况表是反映政府财政在某一会计期间政府性基金预算收支执行结果的报表，按照政府收支分类科目中政府性基金预算收支科目列示。按照编制时间，政府性基金预算执行情况表分为月报、旬报和年报。

政府性基金预算执行情况表如表 7 - 9 所示。

表 7-9　　　　**政府性基金预算执行情况表**　　　　会财政 03 - 2 表

编制单位：　　　　年　月　旬　　　　单位:元

项　　目	本月(旬)数	本年(月)累计数
政府性基金预算本级收入		
10301政府性基金收入		
1030102农网还贷资金收入		
103010201中央农网还贷资金收入		
……		
政府性基金预算本级收入		
206 科学技术支出		
20610核电站乏燃料处理处置基金支出		
2061001乏燃料运输		
……		

2）填列方法

政府性基金预算执行情况表中的各项目都有两栏数据，即“本月（旬）数”和“本年（月）累计数”。各栏数据的具体填列方法如下：

（1）“政府性基金预算本级收入”项目及所属各明细项目，应当根据“政府性基金预算本级收入”科目及所属各明细科目的本期发生额填列。

（2）“政府性基金预算本级支出”项目及所属各明细项目，应当根据“政府性基金预算本级支出”科目及所属各明细科目的本期发生额填列。

3. 国有资本经营预算执行情况

1）内容和结构

国有资本经营预算执行情况表是反映政府财政在某一会计期间国有资本经营预算收支执行结果的报表，按照政府收支分类科目中国有资本经营预算收支科目列示。按照编制时间，国有资本经营预算执行情况表分为月报、旬报和年报。

国有资本经营预算执行情况表如表 7－10 所示。

表 7-10　　**国有资本经营预算执行情况表**　　会财政 03－3 表

编制单位：　　年　　月　　单位：元

项　　目	本月（旬）数	本年（月）累计数
国有资本经营预算本级收入		
10306国有资本经营收入		
1030601利润收入		
103060103烟草企业利润收入		
……		
国有资本经营预算本级支出		
208 社会保障和就业支出		
20804补充全国社会保障基金		
2080451国有资本经营预算补充社保基金支出		

2）填列方法

国有资本经营预算执行情况表中的各项目都有两栏数据，即“本月（旬）数”和“本年（月）累计数”。各栏数据的具体填列方法如下：

（1）“国有资本经营预算本级收入”项目及所属各明细项目，应当根据“国有资本经营预算本级收入”科目及所属各明细科目的本期发生额填列。

（2）“国有资本经营预算本级支出”项目及所属各明细项目，应当根据“国有资本经营预算本级支出”科目及所属各明细科目的本期发生额填列。

4. 财政专户管理资金收支情况表

1）内容和结构

财政专户管理资金收支情况表是反映政府财政在某一会计期间纳入财政专户管理的财政专户管理资金全部收支情况的报表，按照相关政府收支分类科目列示。按照编制时间，财政专户管理资金收支情况表分为月报和年报。财政专户管理资金收支情况表的基本格式如

表 7 - 10 所示。

2）填列方法

财政专户管理资金收支情况表中的各项目都有两栏数据，即“本月数”和“本年累计数”。各栏数据的具体填列方法如下：

(1)“财政专户管理资金收入”项目及所属各明细项目，应当根据“财政专户管理资金收入”科目及所属各明细科目的本期发生额填列。

(2)“财政专户管理资金支出”项目及所属各明细项目，应当根据“财政专户管理资金支出”科目及所属各明细科目的本期发生额填列。

财政专户管理资金收支情况表如表 7-11 所示。

表 7-11 **财政专户管理资金收支情况表** 会财政 04 表

编制单位： 年 月 单位：元

项 目	本月数	本年累计数
财政专户管理资金收入		
财政专户管理资金支出		

5. 专用基金收支情况表

1）内容和结构

专用基金收支情况表是反映政府财政在某一会计期间专用基金全部收支情况的报表，按照不同类型的专用基金分别列示。按照编制时间，专用基金收支情况表分为月报和年报。

专用基金收支情况表的基本格式如表 7 - 12 所示。

表 7-12 **专用基金收支情况表** 会财政 05 表

编制单位： 年 月 单位：元

项 目	本月数	本年累计数
专用基金收入		
粮食风险基金		
……		
专用基金支出		
粮食风险基金		
……		

2）填列方法

专用基金收支情况表中的各项目都有两栏数据，即“本月数”和“本年累计数”。各栏数据的具体填列方法如下：

(1)“专用基金收入”项目及所属各明细项目，应当根据“专用基金收入”科目及所属各明细科目的本期发生额填列。

(2)“专用基金支出”项目及所属各明细项目，应当根据“专用基金支出”科目及所属各明细科目的本期发生额填列。

三、会计报表的审核、汇总与分析

(一) 财政总预算会计报表的审核

为了保证总预算会计报表数字正确，内容完整，如实反映核算执行情况，各级财政部门对于本级各主管部门和下级财政部门的会计报表，必须认真审核，以保证报表的质量。

对会计报表的审核，主要包括两方面的内容：一是政策性审核；二是技术性审核。政策性审核是从贯彻政策、执行制度等方面，对各项预算收支执行情况及其结果进行审核；技术性审核是从会计报表数字关系、数字计算的准确程度等方面，对各项预算收支执行情况及其结果进行审核。

1. 政策性审核

1）预算收入方面应着重审查的内容

(1) 属于本年的预算收入是否按照国家政策、预算管理体制和缴款办法，及时足额地缴入国库；是否有无故拖欠、截留、挪用国库收入的情况；是否将应缴的收入以暂存款过在往来账上等。

(2) 收入退库是否符合国家规定范围，对应列作预算支出或改列预算支出的款项，有无继续办理退库，仍做冲减收入办理，企业亏损退库是否控制在年度核定的计划指标以内，超计划亏损退库是否经过批准等。

(3) 年终决算收入数与 12 月份预算会计报表中全年累计数如有较大出入，要具体查明原因。属于违反财经纪律、转移资金的要及时纠正。

2）预算支出方面应着重审查的内容

(1) 列入本年决算支出是否符合规定的年度，有无本年预拨下年度经费列入本年决算支出。

(2) 决算支出是否按规定的列报口径列支。

(3) 预算支出是否编列齐全，有无漏报现象，有无在国家核定的预算和计划之外任意扩大支出，提高标准，以及其他违反财政制度的开支。

(4) 年终决算支出和 12 月份会计报表所列全年累计支出数如有较大增加，要查明原因，重点查明超支和增支中有无违反财经纪律的情况。

2. 技术性审核

1）审核内容

(1) 审核决算报表之间的有关数字是否一致。

(2) 审核上下年度有关数字是否一致。

(3) 审核上下级财政总决算之间、财政部门决算与单位决算之间有关上解、补助、暂收、暂付往来和拨款项目数字是否一致。

(4) 审核财政总决算报表的有关数字与其他有关部门的财务决算、税收年报和国库年报等有关数字是否一致。

2) 审核方法

对总预算会计报表审核的方法,主要有由上级财政部门审核和组织同级地方财政部门总预算会计人员联审互查等两种形式。由上级财政部门审核是经常采用的一种形式,而联审互查有利于加快报表编审进度和互相交流经验。

3) 处理规定

对总预算会计报表审核后,如发现有违法乱纪行为,应提出处理意见,迅速报请有关部门,属于少报收入,多列支出方面的,要予以收缴和剔除;属于漏报某些报表或项目方面的,要责令编报单位及时补报;属于计算错误、归类错误以及列项错误等技术方面的要予以更正。

(二) 财政总预算会计报表的汇总

总预算会计报表,要从基层单位开始,逐级层层汇总编报,不得估列代编。单位预算会计报表,是总预算会计报表的一个组成部分,必须从基层单位产生,由主管部门逐级汇总后,报同级财政部门汇入总预算会计报表;参与组织预算执行的国库、建设银行以及办理和监督中央级限额拨款的国家银行的预算收支执行报表等,是总预算会计记账和报账的重要组成部分,必须由这些机构汇总报同级财政部门,汇入总预算会计报表。

县及县以上财政总预算会计,除编制本级报表外,还要连同所属总预算会计报表,一并汇总为全地区的总预算会计报表。对所属总预算会计报表不做会计记录。向上级总预算会计只报送汇总报表,不报本级报表,以反映各级总预算的全面执行情况。

上级财政总预算会计在编制汇总会计报表时,应将上下级之间对应账户的数字予以冲销,以避免重复计列收支。方法是将本级报表中的"补助支出"和所属下级报表中的"上级补助收入"冲销;本级报表中的"下级上解收入"与所属下级报表中的"上解支出"冲销;本级报表中的"与下级往来"与所属下级报表中的"与上级往来"冲销。而其余各数字均将本级报表和所属下级报表中的相同账户的数字相加则可得到汇总会计报表的有关数字。

决算报表汇编完成后,地方各级财政决算报请各级人民政府审核,并提请同级人民代表大会讨论、审核和批准。国家财政决算报请国务院审核,并提交全国人民代表大会讨论、审查和批准。

(三) 财政总预算会计报表的分析

各级财政总预算会计报表,概括、集中地反映了各级财政总预算的执行情况,但它还不能直接说明预算收支完成得好坏的原因。为了总结预算管理的经验教训,肯定成绩,揭露矛盾,不断组织预算收支过程中的平衡,保证预算收支任务的圆满实现,提高预算管理工作的水平,必须做好会计报表的分析工作。

财政会计报表分析一般采用比较分析法,即将本期实际数与预算数比较,与上期实际数比较,以及以同类指标在不同地区、单位之间进行比较。本期实际数(预算执行数)与预算数进行比较,以考核预算收支执行的情况和进度;本期实际与上期实际完成数进行比较,并从中找出先进与落后的差距及其对预算收支的影响程度，进而分析原因，挖掘潜力，以不断改进预算管理工作。

比较分析法只能用于同性质指标间的数量比较。因此，在比较之前，必须注意对比指标的可比性，如对比指标采用的口径和时间是否一致，在经济特点上是否可比等等。

总预算会计分析的内容主要有：预算收支完成情况总的分析，预算收入完成情况的分析，预算支出完成情况的分析。它是根据财政收支总表、有关明细表、基本数字表、国民经济计划完成情况的资料以及历史资料和实际调查研究所取得的资料来进行的。

【例 7-114】 现以某县 2019 年总预算执行情况为例，说明怎样进行会计报表的分析。

1. 预算收支完成总情况的分析

该县全年收入预算为 30 000 000 元，实际完成 33 000 000 元，超收 3 000 000 元，即超收10%完成了收入预算任务；全年支出预算为 15 000 000 元，实际完成 14 500 000 元，即节约了3.33%，全年收入超收和支出结余共 3 500 000 元，实现了增收节支，预算收支任务完成情况是良好的。

2. 预算收入完成情况的分析

在对预算收入完成情况进行分析之前，应先根据会计报表及有关资料，编制预算收入完成情况分析表，然后再逐项进行分析。预算收入完成情况分析表的格式如表 7－13 所示。

表 7-13　　某县 2019 年预算收入完成情况分析表　　金额单位：千元

收入项目	上年完成数	本年预算数	本年完成数	本年完成数	
				为预算百分比	比上年增减百分比
一、工商税收	15 650	17 500	19 750	112.86%	+26.20%
增值税	10 090	11 400	12 650	110.96%	+25.37%
消费税	250	300	365	121.67%	+46.00%
营业税	1 600	1 750	1 950	111.43%	+21.29%
外商投资企业所得税	2 150	2 350	2 920	124.26%	+35.81%
个人所得税	435	500	600	120.00%	+37.93%
城市维护建设税	1 000	1 050	1 100	104.76%	+10.00%
其他税收	125	150	165	110.00%	+32.00%
二、农牧业税和耕地占用税	2 500	2 750	3 000	109.09%	+20.00%
三、国有企业所得税	3 750	5 850	6 100	104.27%	+62.67%
四、国有企业上缴利润	3 500	4 200	4 350	103.57%	+24.29%
五、国有企业计划亏损补贴	－600	－550	－500	90.91%	－16.67%
六、其他收入	200	250	300	120.00%	+50.00%
合　计	25 000	30 000	33 000	110.00%	+32.00%

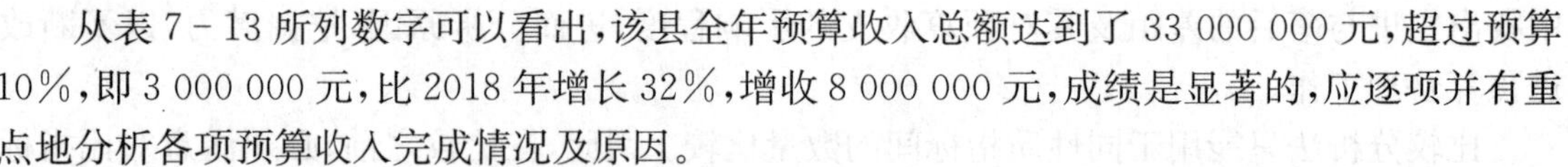

从表 7－13 所列数字可以看出，该县全年预算收入总额达到了 33 000 000 元，超过预算 10%，即 3 000 000 元，比 2018 年增长 32%，增收 8 000 000 元，成绩是显著的，应逐项并有重点地分析各项预算收入完成情况及原因。

(1) 该县全年工商税收全年预算数为 17 500 000 元，实际完成了 19 750 000 元，超过预算12.86%，即 2 250 000 元，占全部预算收入超收总额的 75%，为各类收入超收额之冠，比 2018 年增收26.2%，即 4 100 000 元，增收幅度和数额均较大，因此，应作为分析的重点。其具体情况如下：

一是增值税为 12 650 000 元，超过预算10.96%，即 1 250 000 元，比 2018 年增长 25.37%，应深入分析超收的原因，是由于农业生产增长、销售增加、售价提高所致，还是由于加强了税收征管所致。

二是消费税为 365 000 元，超过预算21.67%，即 65 000 元，比 2018 年增收 115 000 元，增长 46%，增长幅度较大，应分析增收的原因，是由于生产增长，还是由于征管工作加强。

三是营业税为 1 950 000 元，比预算超收11.43%，比 2018 年增长21.29%，应分析是由丁商品流通扩大、服务性行业发展，还是由于税收征管工作的改进，而增加了这类税收收入。

四是外商投资企业所得税为 2 920 000 元，比预算超收24.26%，比 2018 年增长35.81%，应结合外商投资的发展，对外商投资企业税收政策的落实和征管工作加强的情况，分析其超收和增长的原因。

五是个人所得税为 600 000 元，比预算超收 20%，比 2018 年增长37.93%，应结合个人所得税应纳税人的发展和对其应纳税收的征管工作情况，分析其超、增收原因及存在的问题。

六是城市维护建设税为 1 100 000 元，比预算超收4.76%，比 2018 年增长 10%，应着重分析其是否做到了应收就收，以保证城镇维护与建设的需要。

七是其他工商税为 165 000 元，比预算超收 10%，比 2018 年增长 32%，应具体分析除上述六项税收以外的其他各项工商税收增减变化情况及原因。

(2) 该县农牧业税和耕地占用税全年预算数为 2 750 000 元，实际完成 3 000 000 元，比预算超9.09%，比 2018 年增长 20%，应结合农牧业的发展和农牧业税收制度的改革及耕地占用情况，分析其增长的原因和存在的问题。

(3) 国有企业所得税全年预算数为 5 850 000 元，实际完成了 6 100 000 元，超收4.27%，比 2018 年增收62.67%，增收的幅度占据各类收入的首位。应结合税收制度的改革和企业生产增长、成本降低、所得额增加的情况，分析增长的原因。

(4) 该县国有企业上缴利润全年预算数为 4 200 000 元，实际完成了 4 350 000 元，超收 3.57%，比 2018 年增长24.29%，应结合企业生产、销售、成本及经营管理情况，分析上缴利润、资金占用、承包、租赁费和小企业转让收入比往年增减情况及原因。

(5) 该县全年预算通过收入退库弥补国有企业计划亏损补贴 550 000 元，实际退库 500 000 元，为预算的90.91%，比 2018 年减少收入退库16.67%，应结合企业生产增长、成本降低、经营改善和财政部门帮助企业扭亏增盈采取措施等情况，分析和总结减少企业亏损补贴的原因和经验。

(6) 其他收入全年预算数为 250 000 元，实际完成了 300 000 元，超收 20%，比 2018 年增长 50%，应具体分析各项其他收入增收的原因，进一步做到应收尽收。

3. 预算支出完成情况的分析

在对预算支出完成情况进行分析之前，也应当根据会计报表及有关材料，编制预算支出完成情况分析表，然后再逐项进行分析。预算支出完成情况分析表的格式如表 7－14 所示。

表 7-14　　某县 2019 年预算支出完成情况分析表　　金额单位：万元

收入项目	上年完成数	本年预算数	本年完成数	本年完成数	
				为预算百分比	比上年增减百分比
基本建设支出	1 000	900	800	88.89%	－20.00%
企业挖潜改造资金	400	500	495	99.00%	＋23.75%
简易建筑费	200	190	190	100.00%	－5.00%
科技“三项费用”	550	600	600	100.00%	＋9.09%
流动资金	250	200	200	100.00%	－20.00%
支持农村生产支出	728.5	700	650	92.86%	－10.87%
农林水利气象等部门的事业费	940	1000	925	92.50%	－1.60%
工业交通等部门的事业费	225	250	245	98.00%	＋8.89%
商业部门事业费	17.5	20	19	95.00%	＋8.57%
城市维护费	1 550	1 650	1 700	103.03%	＋9.68%
支持不发达地区支出	105	100	90	90.00%	－14.29%
文教事业费	3 937.5	4 275	4 320	101.05%	＋9.71%
科学事业费	437.5	475	480	101.05%	＋9.71%
其他部分的事业费	40	45	41	91.11%	＋2.50%
抚恤和社会福利救济费	440	500	460	92.00%	＋4.54%
行政管理费	1 125	1 100	1 100	100.00%	－2.22%
公检法支出	381.5	400	350	87.5%	－8.26%
政策性补贴支出	900	1 545	1 315	85.11%	46.11%
其他支出	522.5	550	520	94.55%	－0.48%
合　计	13 750	15 000	14 500	96.67%	＋5.45%

从表 7－14 所列数字中可以看到，该县 2019 年全年预算支出完成数为 14 500 000 元，为预算数的 96.67%，2019 年支出结余 500 000 元，但支出总额仍较 2018 年增长5.45%。如果再按计划保证了该县国民经济和社会发展计划对资金需要的前提下，提高了资金使用效益，节省了各项支出，其预算支出完成情况则是良好的，应进一步分析各项预算支出的完成情况。

(1) 该县 2019 年全年基本建设支出为 80 000 元，为预算的88.89%，比 2018 年减少 20%，应分析未完成基本建设支出预算的原因；对于已完工基本建设项目，则应分析其工程质量，造价升降和交付使用后的效益。

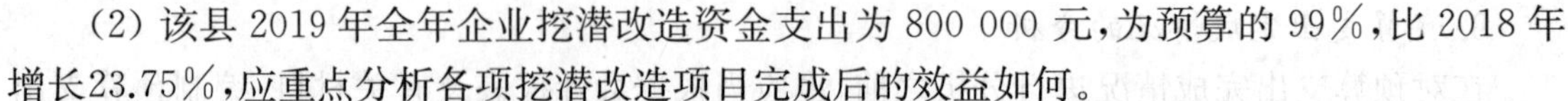

(2) 该县 2019 年全年企业挖潜改造资金支出为 800 000 元，为预算的 99%，比 2018 年增长23.75%，应重点分析各项挖潜改造项目完成后的效益如何。

(3) 该县 2019 年全年简易建筑费支出为 190 000 元，按预算完成了，比 2018 年减少5%，应分析其资金使用效果，特别是对减少仓储物资损失发挥的作用如何。

(4) 该县 2019 年全年科技"三项费用"按预算支出了 6 000 000 元，比 2018 年增长9.09%，应分析其中用于新产品试制、中间试验和重要科学研究补助费各为多少，其效益如何。

(5) 该县 2019 年全年按预算支出流动资金 200 000 元，列入县级预算的流动资金支出是指县财政拨给以自筹资金纳入预算的企业所需自有流动资金，应着重分析拨付流动资金后，对企业生产经营状况发生的影响。

(6) 该县 2019 年全年支持农村生产支出为 650 000 元，为预算的92.86%，比 2018 年减少10.87%，应分析对农田水利建设、农业科学技术推广和促进农林牧副渔业发展发挥的作用；同时，应分析这类支出未完成预算和比上年下降的具体原因。

(7) 该县 2019 年全年农林水利气象等部门的事业费支出为 925 000 元，为预算的92.5%，比 2018 年略有减少，应着重分析其资金使用效果和定员定额执行情况。

(8) 该县 2019 年全年城市维护费支出超预算30.3%，共支出 1 700 000 元，仅次于文教科学卫生支出总额，为了保证城镇各项生产建设事业的顺利进行，为了提高城镇人民生活水平和生活质量，该县在预算年度用于城镇维护和建设的支出比预算略有超出，比 2018 年增长9.68%，如确实必要应予以肯定，并着重分析其使用效果。

(9) 该县 2019 年全年文教科学卫生事业支出为 4 800 000 元，占支出总额 1/3，为各类支出之冠，应作为分析的重点。这类支出超预算1.05%，比 2018 年增长了9.71%。为了提高人民的文化科学水平和保障人民的健康，在执行预算过程中适当压缩其他支出而增加文教科学卫生支出是必要的，应当详细分析各项支出的资金使用效果和定员定额执行情况。

(10) 该县 2019 年全年抚恤和社会福利救济费支出为 460 000 元，为预算的 92%，比 2018 年增长4.54个百分点，应分析其是否做到了专款专用、重点使用、统一管理和群众监督，资金使用的经济效益和社会效益如何。

(11) 该县全年行政管理费支出为 1 100 000 元，与预算一致，比 2018 年支出减少了2.22%。如果在保证各项行政管理工作对资金需要的前提下，由于大力精简机构人员，努力节省开支，则行政管理费预算执行情况是良好的。

(12) 该县全年政策补贴支出为 1 315 000 元，为预算的85.11%，但较 2018 年增长46.11%，在各类支出中增长的幅度最大。应分析用于粮、油、棉加价款及价差补贴，民用煤销售价补贴，农业生产资料价差和工矿产品价格补贴各为多少，以及较上年增加和较少的原因。

4. 预算平衡情况的分析

对预算平衡情况的分析，包括对当年预算收支平衡情况的分析和对加上上年结余、减去结转下年支出后平衡情况的分析。

假如上述某县 2019 年度是补助收入 1 500 000 元，上解支出 16 500 000 元，那么，该县当年决算收入为 33 000 000 元，加上市补助收入 1 500 000 元，共计 34 500 000 元；当年决算支出为 14 500 000 元，加上上解支出 16 500 000 元，共计 31 000 000 元；收支相抵后，结余为 3 500 000 元，实现了当年收支平衡，并有较多的结余。如果加上 2018 年结余收入 2 000 000

元，2019年的滚存结余则为5 500 000元。在滚存结余中，有3 500 000元按规定结转下年继续使用。这样，该县2019年的净结余则为2 000 000元(5 500 000－3 500 000)，可以作为2020年的机动财力。

上述是对总预算款及报表分析的简略举例。实际情况要比上述举例复杂得多，分析的内容也比上述举例广泛得多。因此，在实践中，我们应当紧密结合当时当地的具体情况和进行预算管理的需要，对总预算会计报表进行认真的、深入的分析，以发挥总预算会计报表在预算管理中的作用。

【复习思考题】

1. 什么是财政总预算会计？其具有哪些特点？
2. 我国财政总预算会计分为哪几级？
3. 财政总预算会计科目分为几类？其共计有多少个会计科目？
4. 财政总预算会计科目的使用应符合哪些要求？
5. 什么是政府财政资产？其包含哪些内容？
6. 财政资产的确认条件是什么？
7. 财政的流动资产和非流动资产各自包括哪些内容？
8. 什么是财政存款？其管理应遵循哪些原则？
9. 财政存款的核算应设置哪些会计账户？它们分别核算什么内容？
10. 什么是在途款？
11. 借出款项与暂付及应收款项核算的内容有什么不同？
12. 什么是应收转贷款？其包括哪些内容？
13. 什么是股权投资？其包括哪些内容？
14. 什么是政府财政负债？其包含哪些内容？
15. 政府财政负债的确认条件是什么？
16. 政府财政的流动负债和非流动负债各自包括哪些内容？
17. 借入款项与暂收及应付款项核算的内容有什么不同？
18. 什么是应付转贷款？其包括哪些内容？
19. 什么是应付政府债券？其包括哪些内容？
20. 什么是应付国库集中支付结余？
21. 什么是政府财政收入？其包含哪些内容？
22. 政府财政收入的缴库方式有哪几种？各自的含义是什么？
23. 什么是财政资金调拨？其形式是什么？资金调拨收入包含哪些内容？
24. 政府财政收入在财政总预算会计中通过哪些会计科目进行核算？
25. 政府收支分类科目中的转移性收入在财政总预算会计中通过哪些会计科目进行核算？
26. 与政府债务核算有关的收入会计科目有哪些？
27. 什么是政府财政支出？其包含哪些内容？
28. 政府财政支出方式有哪些？各自的含义是什么？
29. 政府财政支出在财政总预算会计中通过哪些会计科目进行核算？

30. 什么是财政净资产？其包含哪些内容？

31. 什么是财政结转结余？其包括哪些内容？

32. 结转一般公共预算结转结余、政府性基金预算结转结余和国有资本经营预算结转结余的收支各有哪些？

33. 什么是预算周转金和预算稳定调节基金？它们各自的资金来源和用途是什么？

34. 什么是资产基金？哪些会计科目的核算与其有关？

35. 什么是待偿债净资产？哪些会计科目的核算与其有关？

36. 财政总预算会计报表包括哪几类？

37. 简述财政总预算会计年终清理的主要事项。

38. 财政总预算会计的年终结账有几个环节？

39. 财政总预算会计的资产负债表和收入支出表的含义是什么？

40. 财政总预算会计的收支执行情况表包括哪些内容？

【操作练习题】

操作练习题一

目的：练习财政存款、有价证券的核算。

资料：某市财政2019年发生如下经济业务：

1. 收到国库报来的预算收入日报表，列示本日一般公共预算本级收入为100 000元、政府性基金预算本级收入50 000元、国有资本经营预算本级收入60 000元。

2. 根据一般公共预算，向市人大拨付办公费80 000元。

3. 根据政府性基金预算，支付以地方水利建设基金收入安排的支出100 000元。

4. 收到地方政府专项债券转贷收入2 500 000元。

5. 收到主权外债转贷资金收入800 000元。

6. 向省级财政借入地方政府一般债券转贷款200 000元。

7. 收到上级财政部门拨来的粮食风险基金50 000元。

8. 根据有关规定，将粮食风险基金40 000元拨付给市粮食购销企业。

9. 购买3年期国库券50 000元。

10. 以前年度用一般公共预算结余购买的国库券到期，收到兑付本金200 000元，利息10 000元。

要求：根据上述经济业务编制相应的会计分录。

操作练习题二

目的：练习预拨经费、上下级往来款项和借出款项的核算。

资料：中央财政2019年12月发生如下经济业务：

1. 根据“二上”预算，预拨中央直属单位下年度经费180 000元。

2. 将上月预拨给农业部的事业费20 000转列本月一般公共预算本级支出。

3. 借给A省财政预算调度款100 000元。

4. 将借给B省的财政预算调度款20 000元转作对该省的补助。

5. 在年终体制结算中，所属B省财政应上解款项180 000元，并通知B省转账。

6. 在年终体制结算中，应补助所属C省财政款项90 000元，并通知C省转账。

7. 经批准借给教育部急需款200 000元。

8. 将借给教育部的急需款150 000元转作一般公共预算本级支出，其余通过国库已收回。

要求：根据上述经济业务编制相应的会计分录。

操作练习题三

目的：练习非流动资产的核算。

资料：某省财政 2019 年发生如下经济业务：

1. 向所属市级财政转贷地方政府一般债券500 000元。

2. 收到市级财政到期偿还的地方政府债券转贷款本金40 000元和利息2 250元。

3. 向市级财政转贷外国政府贷款5 000 000元。

4. 使用一般公共预算资金对文化产业基金进行股权投资，实际支付金额30 000元，在被投资基金中占有的权益金额290 000元。

5. 年末，计算出本年应收未收地方政府一般债券转贷款利息50 000元。

6. 年末，省级B国有上市公司披露年度财务报告，该公司当年实现净利润200 000元，宣告发放当年净利润的 30%的现金股利。该省政府在该公司中拥有 20%的股权。

要求：根据上述经济业务编制相应的会计分录。

操作练习题四

目的：练习财政负债的核算。

资料：某省财政 2019 年发生如下经济业务：

1. 发行 1 年期地方政府一般债券6 000 000元，实际收到发行金额600 000元；发行 1 年期地方政府专项债券30 000 000元，实际收到发行金额30 000 000元。

2. 地方政府 3 年期的一般债券到期，实际支付本金500 000元和利息150 000元，利息中含最后 1 个月的已确认的应付利息12 500元。

3. 地方政府 6 个月专项债券到期，实际支付本金10 000 000元和利息300 000元，利息中含最后 1 个月的已确认的应付利息25 000元。

4. 收到国际货币基金组织贷款200 000元。

5. 收到国家工商总局未查明性质的预算缴款50 000元。

6. 查明国家工商总局缴来的50 000元属于罚没收入。

7. 年末，经对账确认省级预算单位尚未使用的国库集中支付结余资金500 000元，其中一般公共预算200 000元，政府性基金预算300 000元。

8. 收到某直属单位的代管资金200 000元。

要求：根据上述经济业务编制相应的会计分录。

操作练习题五

目的：练习政府财政收入的核算。

资料：某省财政 2019 年发生如下经济业务：

1. 收到国库报来的预算收入日报表，所列一般公共预算本级收入5 000 000元。

2. 收到国库报来的预算收入日报表，所列政府性基金预算本级收入20 000元。

3. 收到国库报来的预算收入日报表，所列国有资本经营预算本级收入100 000元。

4. 通过一般公共预算支出安排取得粮食风险基金150 000元并转入财政专户。

5. 收到省教育厅缴入财政专户的教育收费100 000元。

6. 收到上级财政拨来的补助款150 000元，其中一般公共预算补助100 000元、政府性基金预算补助50 000元。

7. 收到下级财政上解给本级财政的款项500 000元，其中一般公共预算上解300 000元，政府性预算上解200 000元。

8. 为平衡一般公共预算，从政府性基金预算调入资金5 000元、国有资本经营预算调入资金50 000元。

9. 为弥补年度一般公共预算资金不足，调用预算稳定调节基金60 000元。

10. 收到A省政府财政转来可统筹使用的捐助资金800 000元。

11. 发行3年期地方政府一般债券，收到发行款700 000 000元。

要求：根据上述经济业务编制相应会计分录，对于涉及转移性收支科目的要求列出二级明细科目。

第八章 政府单位会计概述

第一节 政府单位会计的特点和组织系统

一、政府单位会计的概念

（一）政府单位

政府单位是指与本级政府财政部门直接或者间接发生预算拨款关系的行政单位和事业单位。

行政单位是指以社会的公共利益为目的，行使国家权力，依法管理国家事务的单位。在我国，行政单位是政府办事机构，政府职能的具体实施者，一般包括国家权力(立法)机关，即各级人民代表大会及其常务委员会；国家行政机关，即国务院和地方各级人民政府及其工作机构；审判机关和监察机关等。行政单位的人员列入国家行政编制，所需经费全部由国家财政拨款。此外，有些单位就其本身性质而言不属于行政事业单位，如政党组织、人民团体等，但因其经费来源主要为国家财政拨款，或财务收支业务与行政事业单位类似，也视同行政事业单位，实行与行政事业单位相类似的会计核算办法。由此，“行政单位”一词是指所有行政单位以及视同行政事业单位的政党组织和人民团体，其职能在于维护国家机器的正常运转，它们按预算取得和使用财政资金，使财政资金发挥其应有的社会效益。

事业单位是指国家为了社会公益目的，由国家机关举办或者其他组织利用国有资产举办的，从事教育、科研、文化、卫生、体育、新闻出版、广播电视、社会福利、救助减灾、统计调查、技术推广与实验、公用设施管理、物资仓储、监测、勘探与勘察、测绘、检验检测与鉴定、法律服务、资源管理事务、质量技术监督事务、经济监督事务、知识产权事务、公证与认证、信息与咨询、人才交流、就业服务、机关后勤服务等活动的社会服务组织。从行政隶属关系来看，事业单位一般要接受国家行政机关的领导(是相应行政单位的所属单位)，比如教育部或教育局直属的各类学校，文化部或文化局直属的图书馆、文化馆、博物馆等。

（二）政府单位会计

政府单位会计是核算和监督政府单位资金活动的专业会计，是政府会计的重要组成部分。

按照会计主体不同，政府单位会计分为行政单位会计和事业单位会计。行政单位会计

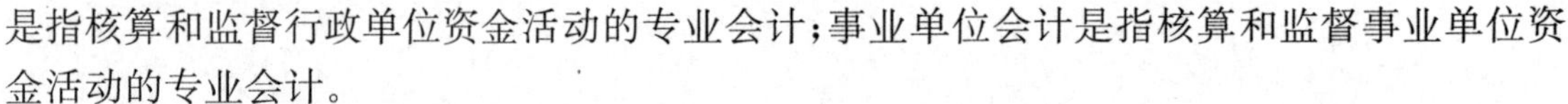

是指核算和监督行政单位资金活动的专业会计；事业单位会计是指核算和监督事业单位资金活动的专业会计。

按照核算功能不同，政府单位会计分为单位财务会计和单位预算会计。单位财务会计是指以权责发生制为基础对政府单位发生的各项经济业务或者事项进行会计核算，主要反映和监督政府单位财务状况、运行情况和现金流量等的会计；单位预算会计是指以收付实现制为基础对政府单位预算执行过程中发生的全部收入和全部支出进行会计核算，主要反映和监督预算收支执行情况的会计。

政府单位应当根据政府会计准则（包括基本准则和具体准则及应用指南）规定的原则和《政府单位会计制度》（即《政府会计制度——行政事业单位会计科目和报表》）的要求，对其发生的各项经济业务或事项进行会计核算。《政府单位会计制度》适用于各级各类行政单位和事业单位，但纳入企业财务管理体系执行企业会计准则或小企业会计准则的单位除外，该制度尚未规范的有关行业事业单位的特殊经济业务或事项的会计处理，由财政部另行规定。

二、政府单位会计的特点

与其他会计相比，政府单位会计具有以下特点。

（一）具备“双系统”和“双功能 ”

政府单位会计包括单位财务会计和单位预算会计，由此同一单位会计核算系统中具备财务会计和预算会计双重功能。通过资产、负债、净资产、收入、费用五个要素进行财务会计核算；通过预算收入、预算支出和预算结余三个要素进行预算会计核算。“双功能”实现了财务会计与预算会计适度分离并相互衔接，便于全面、清晰反映单位财务信息和预算执行会计信息。

（二）采用“双基础”和“双要素”

“双基础”是指政府单位财务会计核算以权责发生制为基础，政府单位预算会计核算以收付实现制为基础。国务院另有规定的，依照其规定执行。

政府单位会计要素包括财务会计要素和预算会计要素（即“双要素”）。单位财务会计要素包括资产、负债、净资产、收入和费用五个要素；单位预算会计要素包括预算收入、预算支出和预算结余三个要素。

（三）实行“平行记账”

所谓“平行记账”，是指政府单位对纳入部门预算管理的现金收支在进行财务会计核算的同时也进行预算会计核算；对于其他业务，仅需要进行财务会计核算。此处的现金是指现金及现金等价物，包括国库直接支付的财政拨款资金、国库授权支付的零余额账户用款额度、银行存款、库存现金及其他货币资金。在一般情况下，对于财务会计下“财政拨款收入”“零余额账户用款额度”“财政应返还额度”“库存现金”“银行存款”“其他货币资金”等账户发生增减变动时，在预算会计下应同时进行会计处理。“平行记账”是政府财务会计和预算会计功能适度分离又相互衔接核算模式的典型特征，目的在于满足政府单位会计实现“双功能”的需要。

（四）实行“双报表”

政府单位会计报表包括财务报表和预算会计报表。单位财务报表的编制主要以权责发生制为基础，以单位财务会计核算生成的数据为准；预算会计报表的编制主要以收付实现制为基础，以单位预算会计核算生成的数据为准。

此外，财务报表与预算会计报表之间存在钩稽关系。比如，通过编制“本期预算结余与本期盈余差异调节表”并在附注中进行披露，反映单位财务会计和预算会计因核算基础和核算范围不同所产生的本年盈余数（即本期收入与费用之间的差额）与本年预算结余数（本年预算收入与预算支出的差额）之间的差异，从而揭示财务会计和预算会计的内在联系。“双报表”使得行政事业单位会计信息的可理解性得以提升。

三、政府单位的会计组织系统

根据机构建制和经费领报关系，政府单位的会计组织系统可分为主管会计单位、二级会计单位和基层会计单位三级。

（1）主管会计单位，向同级财政部门领报经费，并发生预算管理关系，下面有所属会计单位。

（2）二级会计单位，向主管会计单位或上级会计单位领报经费，并发生预算管理关系，下面有所属会计单位。

（3）基层会计单位，向上级会计单位领报经费，并发生预算管理关系，下面没有所属会计单位。向同级财政部门领报经费，并发生预算管理关系，下面没有所属会计单位的，视同基层会计单位主管会计单位、二级会计单位和基层会计单位实行独立会计核算，负责组织管理本部门、本单位的全部会计工作。不具备独立核算条件的行政单位，实行单据报账制度，作为“报销单位”管理。

实行国库集中支付的政府单位，二级会计单位和基层会计单位的财政拨款不再实行由主管会计单位或上级单位层层转拨，而是通过财政直接支付和财政授权支付方式获取。尚未实行国库集中支付的政府单位，主管会计单位的财政拨款由同级财政部门直接供给，二级会计单位的财政拨款由主管会计单位转拨，基层会计单位的财政拨款由上级会计单位转拨。

第二节　政府单位会计的会计科目

政府单位会计科目包括政府单位财务会计的会计科目和政府单位预算会计的会计科目。

一、政府单位财务会计科目及其核算内容

政府单位财务会计科目共有77个，其中资产类科目35个、负债类科目16个、净资产类科目7个、收入类科目11个、支出类科目8个。在政府单位财务会计科目中，行政单位特有的会计科目有1个（参见表8-1中带“◇”的会计科目），事业单位特有的会计科目有24个（参见表8-1中带“▲”的会计科目），行政单位和事业单位共有的会计科目有52个。

政府单位财务会计的会计科目及其核算内容如表8-1所示。

表 8-1　　政府单位财务会计的会计科目及核算内容

序号	编码	科目名称	核算内容
一、资产类			
1	1001	库存现金	核算政府单位的库存现金
2	1002	银行存款	核算政府单位存入银行及其他金融机构的各种存款
3	1011	零余额账户用款额度	核算实行国库集中支付的政府单位根据财政部门批复的用款计划收到和支用的零余额账户用款额度
4	1021	其他货币资金	核算政府单位的外埠存款、银行本票存款、银行汇票存款、信用卡存款等各种其他货币资金
5▲	1101	短期投资	核算事业单位按照规定取得的,持有时间不超过1年(含1年)的投资
6	1201	财政应返还额度	核算实行国库集中支付的政府单位应收财政返还的资金额度
7▲	1211	应收票据	核算事业单位因开展经营活动销售产品、提供有偿服务等而收到的商业汇票,包括银行承兑汇票和商业承兑汇票
8	1212	应收账款	核算事业单位提供服务、销售产品等应收取的款项,以及单位因出租资产、出售物资等应收取的款项
9	1214	预付账款	核算政府单位按照购货、服务合同或协议规定预付给供应单位(或个人)的款项,以及按照合同规定向承包工程的施工企业预付的备料款和工程款
10▲	1215	应收股利	核算事业单位持有长期股权投资应当收取的现金股利或应当分得的利润
11▲	1216	应收利息	核算事业单位长期债券投资应当收取的利息
12	1218	其他应收款	核算政府单位除财政应返还额度、应收票据、应收账款、预付账款、应收股利、应收利息以外的其他各项应收及暂付款项,如职工预借的差旅费、已经偿还银行尚未报销的本单位公务卡欠款、拨付给内部有关部门的备用金、应向职工收取的各种垫付款项、支付的可以收回的订金或押金、应收的上级补助和附属单位上缴款项等
13▲	1219	坏账准备	核算事业单位对收回后不需上缴财政的应收账款和其他应收款提取的坏账准备
14	1301	在途物品	核算政府单位在开展业务活动及其他活动中为耗用或出售而储存的各种材料、物品、包装物、低值易耗品,以及达不到固定资产标准的用具、装具、动植物等的成本
15	1302	库存物品	核算政府单位自制或委托外单位加工的各种物品的实际成本,未完成的测绘、地质勘察、设计成果的实际成本,也通过该科目核算
16	1303	加工物品	核算政府单位自制或委托外单位加工的各种物品的实际成本,未完成的测绘、地质勘察、设计成果的实际成本,也通过该科目核算
17	1401	待摊费用	核算政府单位已经支付,但应当由本期和以后各期分别负担的分摊期在1年以内(含1年)的各项费用,如预付航空保险费、预付租金等
18▲	1501	长期股权投资	核算事业单位按照规定取得的,持有时间超过1年(不含1年)的股权性质的投资

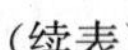

（续表）

序号	编码	科目名称	核算内容
19▲	1502	长期债券投资	核算事业单位按照规定取得的，持有时间超过1年（不含1年）的债券投资
20	1601	固定资产	核算政府单位固定资产的原值
21	1602	固定资产累计折旧	核算政府单位的固定资产累计折旧
22	1611	工程物资	核算政府单位为在建工程准备的各种物资的成本，包括工程用材料、设备等
23	1613	在建工程	核算政府单位在建的建设项目工程的实际成本
24	1701	无形资产	核算政府单位无形资产的原值
25	1702	无形资产累计摊销	核算政府单位对使用年限有限的无形资产集体的累计摊销
26	1703	研发支出	核算政府单位自行研究开发项目研究阶段和开发阶段发生的各项支出
27	1801	公共基础设施	核算政府单位控制的公共基础设施的原值
28	1802	公共基础设施累计折旧	核算政府单位计提的公共基础设施累计折旧和累计摊销
29	1811	政府储备物资	核算政府单位控制的政府储备物资的成本
30	1821	文物文化资产	核算政府单位为满足社会公共需求而控制的文物文化资产的成本
31	1831	保障性住房	核算政府单位为满足社会公共需求而控制的保障性住房的原值
32	1832	保障性住房累计折旧	核算政府单位计提的保障性住房的累计折旧
33	1891	受托代理的资产	核算政府单位接受委托方委托管理的各项资产，包括受托指定转赠的物资、受托存储保管的物资等的成本，单位管理的罚没物资也应当通过该账户核算
34	1901	长期待摊费用	核算政府单位已经支出，但应由本期和以后各期负担的分摊期限在1年以上（不含1年）的各项费用，如以经营租赁方式租入的固定资产发生的改良支出等
35	1902	待处理财产损溢	核算政府单位在资产清查过程中查明的各种资产盘盈、盘亏和报废、毁损的价值
			二、负债类
36▲	2001	短期借款	核算事业单位经批准向银行或其他金融机构等借入的期限在1年内（含1年）的各种借款
37	2101	应缴增值税	核算政府单位按照税法规定计算应缴纳的增值税
38	2102	其他应缴税费	核算政府单位按照税法等规定计算应缴纳的除增值税以外的各种税费，包括城市维护建设税、教育费附加、地方教育费附加、车船税、房产税、城镇土地使用税和企业所得税等
39	2103	应缴财政款	核算政府单位取得或应收的按照规定应当上缴财政的款项，包括应缴国库的款项和应缴财政专户的款项

（续表）

序号	编码	科目名称	核算内容
40	2201	应付职工薪酬	核算政府单位按照有关规定应付给职工(含长期聘用人员)及为职工支付的各种薪酬,包括基本工资、国家统一规定的津贴补贴、规范津贴补贴(绩效工资)、改革性补贴、社会保险费(如职工基本养老保险费、职业年金、基本医疗保险费等)、住房公积金等
41▲	2301	应付票据	核算事业单位因购买材料、物资等而开出、承兑的商业汇票,包括银行承兑汇票和商业承兑汇票
42	2302	应付账款	核算政府单位因购买物资、接受服务、开展工程建设等而应付的偿还期限在1年以内(含1年)的款项
43◇	2303	应付政府补贴款	核算负责发放政府补贴的行政单位,按照规定应当支付给政府补贴接受者的各种政府补贴款
44▲	2304	应付利息	核算事业单位按照合同约定应支付的借款利息,包括短期借款、分期付息到期还本的长期借款等应支付的利息
45▲	2305	预收账款	核算事业单位预先收取但尚未结算的款项
46	2307	其他应付款	核算政府单位除应交增值税、其他应交税费、应缴财政款、应付职工薪酬、应付票据、应付账款、应付政府补贴款、应付利息、预收账款以外,其他各项偿还期限在1年内(含1年)的应付及暂收款项,如收取的押金、存入保证金、已经报销但尚未偿还银行的本单位公务卡欠款等
47	2401	预提费用	核算政府单位预先提取的已经发生但尚未支付的费用,如预提租金费用等
48▲	2501	长期借款	核算事业单位经批准向银行或其他金融机构等借入的期限超过1年(不含1年)的各种借款本息
49	2502	长期应付款	核算政府单位发生的偿还期限超过1年(不含1年)的应付款项,如以融资租赁方式取得固定资产应付的租赁费等
50	2601	预计负债	核算政府单位对因或有事项所产生的现时义务而确认的负债,如对未决诉讼等确认的负债
51	2901	受托代理负债	核算政府单位接受委托取得受托代理资产时形成的负债
三、净资产类			
52	3001	累计盈余	核算政府单位历年实现的盈余扣除盈余分配后滚存的金额,以及因无偿调入调出资产产生的净资产变动额
53▲	3101	专用基金	核算事业单位按照规定提取或设置的具有专门用途的净资产,主要包括职工福利基金、科技成果转换基金等
54▲	3201	权益法调整	核算事业单位持有的长期股权投资采用权益法核算时,按照被投资单位除净损益和利润分配以外的所有者权益变动份额调整长期股权投资账面余额而计入净资产的金额
55	3301	本期盈余	核算政府单位本期各项收入、费用相抵后的余额
56	3302	本年盈余分配	核算政府单位本年度盈余分配的情况和结果
57	3401	无偿调拨净资产	核算政府单位无偿调入或调出非现金资产所引起的净资产变动金额

（续表）

序号	编码	科目名称	核算内容
58	3501	以前年度盈余调整	核算政府单位本年度发生的调整以前年度盈余的事项，包括本年度发生的重要前期差错，更正涉及调整以前年度盈余的事项
		四、收入类	
59	4001	财政拨款收入	核算政府单位从同级政府财政部门取得的各类财政拨款
60▲	4101	事业收入	核算事业单位开展专业业务活动及辅助活动实现的收入
61▲	4201	上级补助收入	核算事业单位从主管部门和上级单位取得的非财政拨款收入
62▲	4301	附属单位上缴收入	核算事业单位取得的附属独立核算单位按照有关规定上缴的收入
63▲	4401	经营收入	核算事业单位在专业业务活动及辅助活动之外开展非独立核算经营活动取得的收入
64	4601	非同级财政拨款收入	核算政府单位从非同级政府财政部门取得的经费拨款，包括从同级政府其他部门取得的横向转拨财政款、从上级或下级政府财政部门取得的经费拨款等
65▲	4602	投资收益	核算事业单位股权投资和债券投资所实现的收益或发生的损失
66	4603	捐赠收入	核算政府单位接受其他单位或者个人捐赠取得的收入
67	4604	利息收入	核算政府单位取得的银行存款利息收入
68	4605	租金收入	核算政府单位经批准利用国有资产出租取得并按照规定纳入本单位预算管理的租金收入
69	4609	其他收入	核算政府单位取得的除财政拨款收入、事业收入、上级补助收入、附属单位上缴收入、经营收入、非同级财政拨款收入、投资收益、捐赠收入、利息收入、租金收入以外的各项收入，包括现金盘盈收入、按照规定纳入单位预算管理的科技成果转化收入、行政单位收回已核销的其他应收款、无法偿付的应付及预收款项、置换换出资产评估增值等
		五、费用类	
70	5001	业务活动费用	核算政府单位为实现其职能目标，依法履职或开展专业业务活动及其辅助活动所发生的各项费用
71▲	5101	单位管理费用	核算事业单位本级行政及后勤管理部门开展管理活动发生的各项费用，包括单位行政及后勤管理部门发生的人员经费、公用经费、资产折旧（摊销）等费用，以及由单位统一负担的离退休人员经费、工会经费、诉讼费、中介费等
72▲	5201	经营费用	核算事业单位在专业业务活动及其辅助活动之外开展非独立核算经营活动发生的各项费用
73	5301	资产处置费用	核算政府单位经批准处置资产时发生的费用，包括转销的被处置资产价值，以及在处置过程中发生的相关费用或者处置收入小于相关费用形成的净支出。资产处置的形式按照规定包括无偿调拨、出售、出让、转让、置换、对外捐赠、报废、毁损以及货币性资产损失核销等

（续表）

序号	编码	科目名称	核算内容
74▲	5401	上缴上级费用	核算事业单位按照财政部门和主管部门的规定上缴上级单位款项发生的费用
75▲	5501	对附属单位补助费用	核算事业单位用财政拨款收入之外的收入对附属单位补助发生的费用
76▲	5601	所得税费用	核算有企业所得税缴纳义务的事业单位按规定缴纳企业所得税所形成的费用
77	5901	其他费用	核算政府单位发生的除业务活动费用、单位管理费用、经营费用、资产处置费用、上缴上级费用、附属单位补助费用、所得税费用以外的各项费用，包括利息费用、坏账损失、罚没支出、现金资产捐赠支出以及相关税费、运输费等

二、政府单位预算会计的会计科目及其核算内容

政府单位预算会计的会计科目共有26个，其中预算收入类科目9个、预算支出类科目8个、预算结余类科目9个。在政府单位预算会计科目中，行政单位特有的会计科目有1个（参见表8－2中带“◇”的会计科目），事业单位特有的会计科目有15个（参见表8－2中带“▲”的会计科目），行政单位和事业单位共有的会计科目有10个。政府单位预算会计的会计科目及其核算内容如表8－2所示。

表8-2　政府单位预算会计的会计科目及核算内容

序号	编码	科目名称	核算内容
一、预算收入类			
1	6001	财政拨款预算收入	核算政府单位从同级政府财政部门取得的各类财政款
2▲	6101	事业预算收入	核算事业单位开展专业业务活动及辅助活动取得的现金流入
3▲	6201	上级补助预算收入	核算事业单位从主管部门和上级单位取得的非财政补助现金流入
4▲	6301	附属单位上缴预算收入	核算事业单位取得的附属独立核算政府单位按照有关规定上缴的现金流入
5▲	6401	经营预算收入	核算事业单位在专业业务活动及辅助活动之外开展非独立核算经营活动取得的现金流入
6▲	6501	债务预算收入	核算事业单位按照规定从银行和其他金融机构等借入的纳入部门预算管理的、不以财政资金作为偿还来源的债务本金
7	6601	非同级财政拨款预算收入	核算政府单位从非同级政府财政部门取得的财政拨款，包括本级横向转拨财政款和非本级财政拨款
8▲	6602	投资预算收益	核算事业单位取得的按照规定纳入部门预算管理的属于投资收益性质的现金流入，包括股权投资收益，出售或收回债券投资所取得的收益和债券投资利息收入

（续表）

序号	编码	科目名称	核算内容
9	6609	其他预算收入	核算政府单位除财政拨款预算收入、事业预算收入、上级补助预算收入、附属单位上缴预算收入、经营预算收入、债务预算收入、非同级财政拨款预算收入、投资预算收益之外的纳入部门预算管理的现金流入，包括捐赠预算收入、利息预算收入、租金预算收入、现金盘盈收入等
二、预算支出类			
10◇	7101	行政支出	核算行政单位履行其职责实际发生的各项现金流出
11▲	7201	事业支出	核算事业单位开展专业业务活动及其辅助活动实际发生的各项现金流出
12▲	7301	经营支出	核算事业单位在专业业务活动及其辅助活动之外开展非独立核算经营活动实际发生的各项现金流出
13▲	7401	上缴上级支出	核算事业单位按照财政部门和主管部门的规定上缴上级单位款项发生的现金流出
14▲	7501	对附属单位补助支出	核算事业单位用财政拨款预算收入之外的收入对附属单位补助发生的现金流出
15▲	7601	投资支出	核算事业单位以货币资金对外投资发生的现金流出
16▲	7701	债务还本支出	核算事业单位偿还自身承担的纳入预算管理的从金融机构举借的债务本金的现金流出
17	7901	其他支出	核算政府单位除行政支出、事业支出、经营支出、上缴上级支出、对附属单位补助支出、投资支出、债务还本支出以外的各项现金流出，包括利息支出、对外捐赠现金支出、现金盘亏损失、接受捐赠（调入）和对外捐赠（调出）非现金资产发生的税费支出、资产置换过程中发生的相关税费支出、罚没支出等
三、预算结余类			
18	8001	资金结存	核算政府单位纳入部门预算管理的资金的流入、流出、调整和滚存等情况
19	8101	财政拨款结转	核算政府单位取得的同级财政拨款结转资金的调整、结转和滚存情况
20	8102	财政拨款结余	核算政府单位取得的同级财政拨款项目支出结余资金的调整、结转和滚存情况
21	8201	非财政拨款结转	核算政府单位除财政拨款收支、经营收支以外各非同级财政拨款专项资金的调整、结转和滚存情况
22	8202	非财政拨款结余	核算政府单位历年滚存的非限定用途的非同级财政拨款结余资金，主要为非财政拨款结余扣除结余分配后滚存的金额
23▲	8301	专用结余	核算事业单位按照规定从非财政拨款结余中提取的具有专门用途的资金的变动和滚存情况

（续表）

序号	编码	科目名称	核算内容
24	8401	经营结余	核算事业单位本年度经营活动收支相抵后余额弥补以前年度经营亏损后的余额
25	8501	其他结余	核算政府单位本年度除财政拨款收支、非同级财政专项资金收支和经营收支以外各项收支相抵后的余额
26	8701	非财政拨款结余分配	核算事业单位本年度非财政援款结余分配的情况和结果

三、政府单位会计科目的使用要求

政府单位应当按照下列规定运用会计科目：

(1) 政府单位应当按照《政府单位会计制度》的规定设置和使用会计科目。在不影响会计处理和编制报表的前提下，单位可以根据实际情况自行增设或减少某些会计科目。

(2) 政府单位应当执行《政府单位会计制度》统一规定的会计科目编号，以便于填制会计凭证、登记账簿、查阅账目，实行会计信息化管理。

(3) 政府单位在填制会计凭证、登记会计账簿时，应当填列会计科目的名称，或者同时填列会计科目的名称和编号，不得只填列会计科目编号不填列会计科目名称。

(4) 政府单位设置明细科目或进行明细核算，除应遵循《政府单位会计制度》规定外，还应当满足权责发生制政府部门财务报告和政府综合财务报告编制的其他需要。

【复习思考题】

1. 政府单位会计具有哪些特点？
2. 政府单位会计分为哪几级？
3. 政府单位财务会计科目分为几类？每类各自包括多少个科目？
4. 政府单位预算会计科目分为几类？每类各自包括多少个科目？
5. 行政单位特有的会计科目有哪些？事业单位特有的会计科目有哪些？

第九章
政府单位财务会计

第一节 政府单位资产的核算

资产是指由政府单位过去的经济业务或者事项形成的，由政府单位控制的，预期能够产生服务潜力(即为政府单位利用资产提供公共产品和服务以履行政府职能的潜在能力)或者带来经济利益流入(表现为现金及现金等价物的流入，或者现金及现金等价物流出的减少)的经济资源。

符合资产定义的经济资源，在同时满足以下条件时，确认为资产：① 与该经济资源相关的服务潜力很可能实现或者经济利益很可能流入政府单位。② 该经济资源的成本或者价值能够可靠地计量。

符合资产定义和资产确认条件的项目，应当列入资产负债表。政府单位的资产按照流动性，分为流动资产和非流动资产。

一、货币资金

货币资金是流动性最强的资产，是可以立即投入流通的交换媒介。其最主要的特点是具有普遍可接受性，可以用其购买服务和商品、支付差旅费等。政府单位的货币资金包括库存现金、银行存款、零余额账户用款额度和其他货币资金。

(一) 库存现金

1. 库存现金的确认和计量

库存现金是指政府单位存放在其财务部门的可以随时支用的现金。政府单位应当严格按照国家有关现金管理的规定收支现金，并按照《政府单位会计制度》规定核算现金的各项收支业务，以保证库存现金使用的合法性，保护库存现金的安全和完整。库存现金应当在收到时进行确认，并按照实际收到的金额计量。

2. 库存现金的核算

为了核算存放在其财务部门的可以随时支用的现金，政府单位应设置“库存现金”账户。该账户应当设置“受托代理资产”明细账户，核算单位受托代理、代管的现金。

该账户借方余额反映政府单位实际持有的库存现金。为了加强库存现金的管理，政府单位应当设置“现金日记账”，由出纳人员根据收付款凭证，按照业务发生顺序逐笔登记。现金收入业务繁多、单独设有收款部门的单位，收款部门的收款员应当将每天所收现金连同收款凭据一并交财务部门核收记账，或者将每天所收现金直接送存开户银行后，将收款凭据及向银行送存现金的凭证等一并交财务部门核收记账。每日终了，政府单位应当计算当日的现金收入合计数、现金支出合计数和结余数，并将结余数与实际库存数相核对，做到账款相符。

(1) 现金的提取和存入。政府单位从银行等金融机构、根据规定从单位零余额账户提取现金，按照实际提取的金额，借记该账户，贷记"银行存款""零余额账户用款额度"账户；将现金存入银行等金融机构或退回单位零余额账户，按照实际存入金额、实际退回的金额，借记"银行存款""零余额账户用款额度"账户，贷记该账户。

【例 9-1】 天河局从单位零余额账户提取现金10 000元，从银行基本户提取现金6 000元。该政府单位的账务处理如下：

借：库存现金　　16 000

　贷：零余额账户用款额度　　10 000

　　银行存款　　6 000

【例 9-2】 天河局将库存现金3 000元退回单位零余额账户。该政府单位的账务处理如下：

借：零余额账户用款额度　　3 000

　贷：库存现金　　3 000

(2) 现金的借出。政府单位因支付内部职工出差等原因借出现金，按照实际借出的现金金额，借记"其他应收款"账户，贷记该账户；出差人员报销差旅费时，按照实际报销的金额，借记"业务活动费用""单位管理费用"等账户，按照实际借出的现金金额，贷记"其他应收款"账户，按照其差额，借记或贷记该账户。

【例 9-3】 天河局职工李宁借现金6 000元作为差旅费。该政府单位的账务处理如下：

借：其他应收款——李宁　　6 000

　贷：库存现金　　6 000

【例 9-4】 天河局职工李宁出差回来报销差旅费，实际支出5 500元，退回现金 500 元。该政府单位的账务处理如下：

借：业务活动费用　　5 500

　库存现金　　500

　贷：其他应收款——李宁　　6 000

[例 9-4]中，如果会计主体是事业单位，其出差的职工从事的是专业活动，账务处理相同；如果从事的是行政及后勤管理活动或经营活动，实际支出的5 500元，则借记"单位管理费用"或"经营费用"账户。

(3) 现金收支。政府单位因提供服务、物品或者其他事项收到现金，按照实际收到的金额，借记该账户，贷记"事业收入""应收账款"等相关账户。因购买服务、物品或者其他事项支付现金，按照实际支付的金额，借记"业务活动费用""单位管理费用""库存物品"等相关账户，贷记该账户。涉及增值税业务的，相关账务处理参见"应交增值税"账户。以库存现金对外捐赠，按照实际捐出的金额，借记"其他费用"账户，贷记该账户。

【例 9-5】 天河局购买办公用品一批，价款为 600 元，以现金支付。该政府单位的账务处理如下：

借：业务活动费用 600

贷：库存现金 600

【例 9-6】 广东金融学院(公立高校)购买办公用品一批，价款为 800 元，以现金支付。其中用于开展专业活动 500 元、开展行政及后勤管理活动 200 元、开展经营活动 100 元。该事业单位的账务处理如下：

借：业务活动费用 500

单位管理费用 200

经营费用 100

贷：库存现金 800

【例 9-7】 假设广东金融学院(公立高校)为增值税小规模纳税人，因开展非独立核算经营活动提供有偿服务，收取现金 618 元。该事业单位的账务处理如下：

借：库存现金 618

贷：经营收入 600

应交增值税 18

(4) 受托代理的现金。政府单位收到受托代理、代管的现金，按照实际收到的金额，借记该账户(受托代理资产)，贷记“受托代理负债”账户；支付受托代理、代管的现金，按照实际支付的金额，借记“受托代理负债”账户，贷记该账户(受托代理资产)。

【例 9-8】 天河局收到职工交来的转赠地震灾区的捐款10 000元(现金)。该政府单位的账务处理如下：

借：库存现金——受托代理资产 10 000

贷：受托代理负债 10 000

【例 9-9】 承[例 9-8]，天河局将职工为地震灾区的捐款转交灾区。该政府单位的账务处理如下：

借：受托代理负债 10 000

贷：库存现金——受托代理资产 10 000

(5) 外币业务。政府单位有外币现金的，应当分别按照人民币、外币种类设置“现金日记账”进行明细核算。有关外币现金业务的账务处理参见“银行存款”账户的相关规定。

(6) 现金的盘点。政府单位每日账款核对中发现现金短缺或溢余，属于现金短缺，应当通过“待处理财产损溢”账户核算，按照实际短缺的金额，借记“待处理财产损溢”账户，贷记“库存现金”账户；属于现金溢余，按照实际溢余的金额，借记“库存现金”账户，贷记“待处理财产损溢”账户。如为现金短缺，属于应由责任人赔偿或向有关人员追回的，借记“其他应收款”账户，贷记“待处理财产损溢”账户；属于无法查明原因的，报经批准核销时，借记“资产处置费用”账户，贷记“待处理财产损溢”账户。如为现金溢余，属于应支付给有关人员或单位的，借记“待处理财产损溢”账户，贷记“其他应付款”账户；属于无法查明原因的，报经批准后，借记“待处理财产损溢”账户，贷记“其他收入”账户。

【例 9-10】 天河局月末盘点现金，发现现金溢余 300 元。该政府单位的账务处理如下：

借：库存现金 300

贷：待处理财产损溢 300

· 如果经查明，现金溢余属职工李宁的报销尾款，则：

借：待处理财产损溢　　300

　贷：其他应付款　　300

· 如果无法查明原因的，报经批准后，则：

借：待处理财产损溢　　300

　贷：其他收入　　300

【例 9-11】 广东金融学院（公立高校）年末盘点现金，发现短款80元。该事业单位的账务处理如下：

借：待处理财产损溢　　80

　贷：库存现金　　80

· 如果经查明，现金短款是由出纳人员工作失误造成的，由其赔偿，则：

借：其他应收款　　80

　贷：待处理财产损溢　　80

· 如果无法查明原因，报经批准核销时，则：

借：资产处置费用　　80

　贷：待处理财产损溢　　80

（二）银行存款

1. 银行存款的确认和计量

银行存款是政府单位存入银行或者其他金融机构的各种存款，包括活期存款和定期存款。政府单位应当严格按照国家有关支付结算办法的规定办理银行存款收支业务，并按照《政府单位会计制度》规定核算银行存款的各项收支业务，以保证银行存款的合法性，保护银行存款的安全和完整。银行存款应当在收到时予以确认，并按照实际收到的金额计量。

2. 银行存款的核算

为了核算存入银行或者其他金融机构的各种存款，政府单位应设置"银行存款"账户。该账户应当设置"受托代理资产"明细账户，核算单位受托代理、代管的银行存款。该账户借方余额反映政府单位实际存放在银行或其他金融机构的款项。

为了加强对银行存款的管理，政府单位应当按照开户银行或其他金融机构、存款种类及币种等，分别设置"银行存款日记账"，由出纳人员根据收、付款凭证，按照业务的发生顺序逐笔登记，每日终了应结出余额。"银行存款日记账"应定期与"银行对账单"核对，至少每月核对一次。月度终了，单位银行存款日记账账面余额与银行对账单余额之间如有差额，应当逐笔查明原因并进行处理，按月编制"银行存款余额调节表"，调节相符。

（1）银行存款的存入。政府单位将款项存入银行或者其他金融机构，按照实际存入的金额，借记该账户，贷记"库存现金""应收账款""事业收入""经营收入""其他收入"等相关账户（涉及增值税业务的，相关账务处理参见"应交增值税"账户）；收到银行存款利息，按照实际收到的金额，借记该账户，贷记"利息收入"账户。

【例 9-12】 天河局将现金80 000元存入银行。该政府单位的账务处理如下：

借：银行存款　　80 000

　贷：库存现金　　80 000

【例 9-13】 天河局收到银行存款利息5 000元。该政府单位的账务处理如下：

借:银行存款　　5 000
　贷:利息收入　　5 000

(2) 银行存款的支取和支出。从银行等金融机构提取现金,按照实际提取的金额,借记"库存现金"账户,贷记该账户;以银行存款支付相关费用,按照实际支付的金额,借记"业务活动费用""单位管理费用""其他费用"等相关账户,贷记该账户(涉及增值税业务的,相关账务处理参见"应交增值税"账户)。以银行存款对外捐赠,按照实际捐出的金额,借记"其他费用"账户,贷记该账户。

【例 9-14】 天河局以银行存款支付保洁员工资3 000元,通过银行转账向地震灾区捐赠100 000元。该政府单位的账务处理如下:

借:业务活动费用　　3 000
　其他费用　　100 000
　　贷:银行存款　　103 000

在[例 9-14]中,如果会计主体是事业单位,保洁员工资则借记"单位管理费用"账户。

(3) 受托代理的银行存款。政府单位收到受托代理、代管的银行存款,按照实际收到的金额,借记该账户(受托代理资产),贷记"受托代理负债"账户;支付受托代理、代管的银行存款,按照实际支付的金额,借记"受托代理负债"账户,贷记该账户(受托代理资产)。

【例 9-15】 天河局银行存款基本户收到某单位转赠贫困地区的捐款80 000元。该政府单位的账务处理如下:

借:银行存款——受托代理资产　　80 000
　贷:受托代理负债　　80 000

【例 9-16】 承[例 9-15],该政府单位将某单位转赠贫困地区的捐款80 000元通过银行汇往贫困地区。该政府单位的账务处理如下:

借:受托代理负债　　80 000
　贷:银行存款——受托代理资产　　80 000

(4) 外币业务。政府单位发生外币业务的,应当按照业务发生当日的即期汇率,将外币金额折算为人民币金额记账,并登记外币金额和汇率。期末,各种外币账户的期末余额,应当按照期末的即期汇率折算为人民币,作为外币账户期末人民币余额。调整后的各种外币账户人民币余额与原账面余额的差额,作为汇兑损益计入当期费用。

以外币购买物资、设备等,按照购入当日的即期汇率将支付的外币或应支付的外币折算为人民币金额,借记"库存物品"等账户,贷记该账户、"应付账款"等账户的外币账户。涉及增值税业务的,相关账务处理参见"应交增值税"账户。

销售物品、提供服务以外币收取相关款项等,按照收入确认当日的即期汇率将收取的外币或应收取的外币折算为人民币金额,借记该账户、"应收账款"等账户的外币账户,贷记"事业收入"等相关账户。

期末,根据各外币银行存款账户按照期末汇率调整后的人民币余额与原账面人民币余额的差额,作为汇兑损益,借记或贷记该账户,贷记或借记"业务活动费用""单位管理费用"等账户。

"应收账款""应付账款"等账户有关外币账户期末汇率调整业务的账务处理参照"银行存款"账户。

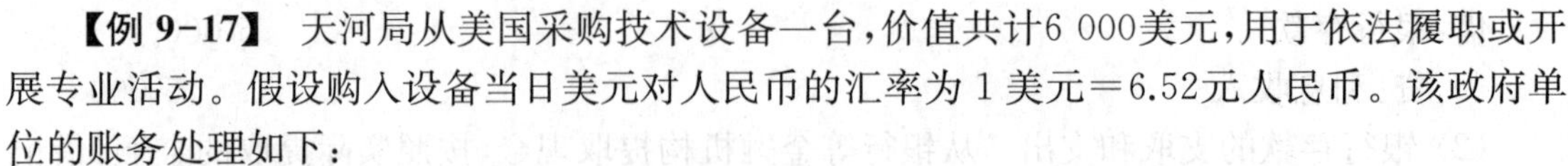

【例 9-17】 天河局从美国采购技术设备一台，价值共计6 000美元，用于依法履职或开展专业活动。假设购入设备当日美元对人民币的汇率为 1 美元＝6.52元人民币。该政府单位的账务处理如下：

借：固定资产　　39 120

　贷：银行存款——人民币　　39 120

【例 9-18】 广东金融学院（公立高校）收到某国外公益组织的捐款50 000美元，收到款项当日美元对人民币的汇率为 1 美元＝6.522 4元人民币。该事业单位的账务处理如下：

借：银行存款——人民币　　326 120

　贷：捐赠收入　　326 120

【例 9-19】 天河局月末的"银行存款——美元户"账面余额为10 000美元，合人民币65 200元。月末美元对人民币的汇率为 1 美元＝6.512元人民币。该政府单位的账务处理如下：

汇兑损益＝10 000×6.512－65 200＝－80（元）

借：业务活动费用——人民币　　80

　贷：银行存款　　80

在[例 9-19]中，如果会计主体是事业单位，开展专业活动业务产生的汇兑损益，借记"业务活动费用"账户，开展行政及后勤管理活动业务产生的汇兑损益，借记"单位管理费用"账户，开展经营活动业务产生的汇兑损益，借记"经营费用"账户。

（三）零余额账户用款额度

1. 零余额账户用款额度的确认和计量

政府单位的零余额账户是由同级财政部门为其在商业银行开设的用于本单位财政授权支付的账户。通过该账户，政府单位可以办理转账、汇兑、委托收款和提取现金等支付结算业务，但单位的非财政性资金不得通过零余额账户。单位零余额账户是一个虚账户，而不是实存账户。

零余额账户用款额度是指实行国库集中支付的政府单位根据财政部门批复的用款计划收到和支用的财政授权支付额度，具有与银行存款相同的支付结算功能。零余额账户用款额度应当在收到财政部门下达的财政授权支付额度时确认，并按照财政授权支付额度到账通知书所列金额计量。在此额度内，行政单位可按审批的分月用款计划开具支付令使用零余额账户用款额度实现日常支付。

零余额账户用款额度由财政部门按政府收支分类科目的类、款、项，分基本支出和项目支出分别下达，类、款、项及基本支出和项目支出之间的用款额度不可调剂使用。需要单独核算的资金，可在零余额账户中分账核算。

零余额账户用款额度在年度内可累加使用。该账户的代理银行在用款额度累计余额内，根据行政单位支付指令，办理资金支付业务，并在规定时间内与国库单一账户清算。

2. 零余额账户用款额度的核算

为了核算实行国库集中支付的政府单位根据财政部门批复的用款计划收到和支用的零余额账户用款额度情况，政府单位应设置"零余额账户用款额度"账户。该账户期末借方余额反映政府单位尚未支用的零余额账户用款额度。年度终了注销单位零余额账户用款额度后，该账户应无余额。

(1) 收到额度。政府单位收到“财政授权支付额度到账通知书”时,根据通知书所列数额,借记该账户,贷记“财政拨款收入”账户。

【例 9-20】 天河局收到“财政授权支付额度到账通知书”,列明本月授权支付额度为2 000 000元。该政府单位的账务处理如下:

借:零余额账户用款额度 2 000 000
　　贷:财政拨款收入 2 000 000

(2) 支用额度。政府单位支付日常活动费用时,按照支付的金额,借记“业务活动费用”“单位管理费用”等账户,贷记该账户;购买库存物品或购建固定资产,按照实际发生的成本,借记“库存物品”“固定资产”“在建工程”等账户,按照实际支付或应付的金额,贷记该账户、“应付账款”等账户(涉及增值税业务的,相关账务处理参见“应交增值税”账户);从零余额账户提取现金时,按照实际提取的金额,借记“库存现金”账户,贷记该账户。

【例 9-21】 天河局从零余额账户中取款购买计算机一台,价款为10 000元,计算机直接交付使用。该政府单位的账务处理如下:

借:固定资产 10 000
　　贷:零余额账户用款额度 10 000

【例 9-22】 广东金融学院(公立高校)通过财政授权支付方式,支付日常办公费30 000元。其中开展专业活动18 000元、开展行政及后勤管理活动12 000元。该事业单位的账务处理如下:

借:业务活动费用 18 000
　　单位管理费用 12 000
　　贷:零余额账户用款额度 30 000

(3) 年终结余。年末,根据代理银行提供的对账单注销额度时,借记“财政应返还额度——财政授权支付”账户,贷记该账户;根据本年度财政授权支付预算指标数大于零余额账户用款额度下达数的差额,借记“财政应返还额度——财政授权支付”账户,贷记“财政拨款收入”账户。下年年初,根据代理银行提供的上年度注销额度恢复到账通知书作恢复额度的相关账务处理:借记该账户,贷记“财政应返还额度——财政授权支付”账户。单位收到财政部门批复的上年未下达零余额账户用款额度时,借记该账户,贷记“财政应返还额度——财政授权支付”账户。

【例 9-23】 某实行国库集中支付的天河局,年末通过对账确认本年度财政授权支付预算指标数为 800 000 元,零余额账户用款额度下达数为 600 000 元,零余额账户用款额度支用数为 500 000 元。该政府单位的账务处理如下:

借:财政应返还额度——财政授权支付 300 000
　　贷:零余额账户用款额度 100 000
　　　　财政拨款收入 200 000

(四) 其他货币资金

1. 其他货币资金的确认和计量

其他货币资金是指政府单位除了库存现金、银行存款和零余额账户用款额度以外的其他货币资金,主要包括外埠存款、银行本票存款、银行汇票存款、信用卡存款等。其中,外埠存款是政府单位到外地进行临时零星采购时,汇往采购地银行开立采购专户的款项;银行本

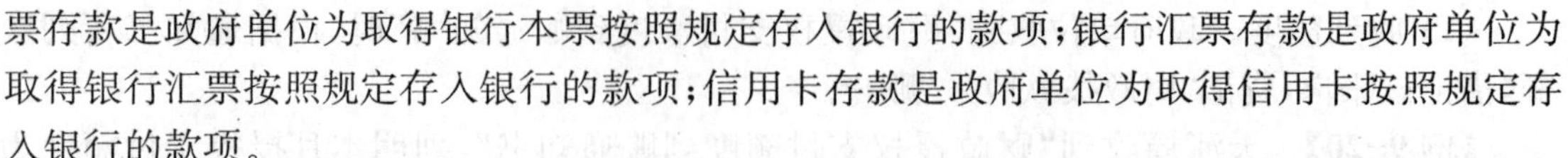

票存款是政府单位为取得银行本票按照规定存入银行的款项；银行汇票存款是政府单位为取得银行汇票按照规定存入银行的款项；信用卡存款是政府单位为取得信用卡按照规定存入银行的款项。

其他货币资金应当在将款项委托本地银行汇往异地开立的账户或将款项交存银行取得银行本票、银行汇票和信用卡时确认，并按照实际交存的款项金额计量。

2. 其他货币资金的核算

为了核算其他货币资金，政府单位应设置"其他货币资金"账户。该账户应当设置"外埠存款""银行本票存款""银行汇票存款""信用卡存款"等明细账户，进行明细核算。该账户期末借方余额反映单位实际持有的其他货币资金。

(1) 外埠存款。政府单位按照有关规定需要在异地开立银行账户，将款项委托本地银行汇往单位在异地开立的账户时，借记该账户，贷记"银行存款"账户。收到采购员交来供应单位发票账单等报销凭证时，借记"库存物品"等账户，贷记该账户。将多余的外埠存款转回本地银行时，根据银行的收账通知，借记"银行存款"账户，贷记该账户。

【例 9-24】 天河局地处广州市，拟到苏州市采购技术设备，按照有关规定需要在异地开立银行账户，将300 000元委托本地银行汇往苏州开立账户。该政府单位的账务处理如下：

借：其他货币资金——外埠存款　　300 000
　　贷：银行存款　　300 000

【例 9-25】 承[例 9-24]，该政府单位收到采购员交来供应单位发票账单等报销凭证，设备价款280 000元，已验收入库，多余的20 000元外埠存款转回广州市单位开户银行。该政府单位的账务处理如下：

借：固定资产　　280 000
　　银行存款　　20 000
　　贷：其他货币资金——外埠存款　　300 000

(2) 银行本票、银行汇票存款。政府单位将款项交存银行取得银行本票、银行汇票，按照取得的银行本票、银行汇票金额，借记该账户，贷记"银行存款"账户。使用银行本票、银行汇票购买库存物品等资产时，按照实际支付金额，借记"库存物品"等账户，贷记该账户。如有余款或因本票、汇票超过付款期等原因而退回款项，按照退款金额，借记"银行存款"账户，贷记该账户。

【例 9-26】 广东金融学院(公立高校)将100 000元款项交存银行取得面额10 000元的银行本票 5 张和50 000元银行汇票。该事业单位的账务处理如下：

借：其他货币资金——银行本票存款　　50 000
　　　　　　　　——银行汇票存款　　50 000
　　贷：银行存款　　100 000

(3) 信用卡存款。政府单位将款项交存银行取得信用卡，按照交存金额，借记该账户，贷记"银行存款"账户。用信用卡购物或支付有关费用，按照实际支付金额，借记"单位管理费用""库存物品"等账户，贷记该账户。单位信用卡在使用过程中，需向其账户续存资金的，按照续存金额，借记该账户，贷记"银行存款"账户。

政府单位应当加强对其他货币资金的管理，及时办理结算，对于逾期尚未办理结算的银

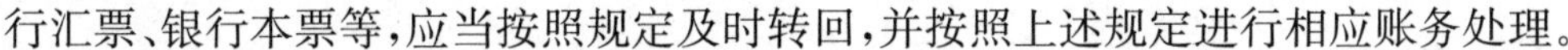

行汇票、银行本票等，应当按照规定及时转回，并按照上述规定进行相应账务处理。

二、短期投资

（一）投资及其分类

投资是指事业单位按规定以货币资金、实物资产、无形资产等方式形成的债权或股权投资。事业单位的投资按照持有时间分为短期投资和长期投资。按照《事业单位财务规则》的规定，事业单位应当严格控制对外投资。在保证单位正常运转和事业发展的前提下，按照国家有关规定可以对外投资的，应当履行相关审批程序。事业单位不得使用财政拨款及其结余进行对外投资，不得从事股票、期货、基金、企业债券等投资，国家另有规定的除外。

（二）短期投资的确认和计量

短期投资是事业单位按照规定取得的，持有时间不超过 1 年（含 1 年）的投资，主要是国债投资。事业单位短期投资在取得时，应当按照实际成本（包括购买价款和相关税费）作为初始投资成本，实际支付价款中包含的已到付息期但尚未领取的利息，应当于收到时冲减短期投资成本。期末，短期投资应当按照账面余额计量。事业单位短期投资持有期间的利息，应当于实际收到时确认为投资收益；按规定出售或到期收回短期投资，应当将收到的价款扣除短期投资账面余额和相关税费后的差额计入投资损益。

（三）短期投资的核算

为了核算按照规定取得的，持有时间不超过 1 年（含 1 年）的投资，事业单位应设置“短期投资”账户。该账户应当按照投资的种类等进行明细核算。该账户期末借方余额反映事业单位持有短期投资的成本。

（1）事业单位取得短期投资时，按照确定的投资成本，借记该账户，贷记“银行存款”等账户。收到取得投资时实际支付价款中包含的已到付息期但尚未领取的利息，按照实际收到的金额，借记“银行存款”账户，贷记该账户。

（2）事业单位收到短期投资持有期间的利息，按照实际收到的金额，借记“银行存款”账户，贷记“投资收益”账户。

（3）事业单位出售短期投资或到期收回短期投资本息时，按照实际收到的金额，借记“银行存款”账户，按照出售或收回短期投资的账面余额，贷记该账户，按照其差额，借记或贷记“投资收益”账户。涉及增值税业务的，相关账务处理参见“应交增值税”账户。

【例 9-27】 广东金融学院（公立高校）购买 1 年期国债100 000元，以银行存款付讫。该事业单位的账务处理如下：

借：短期投资——国债投资	100 000	
贷：银行存款		100 000

【例 9-28】 广东金融学院（公立高校）之前购买的 1 年期国债到期，收回本金100 000元，利息6 000元。该事业单位的账务处理如下：

借：银行存款	106 000	
贷：短期投资——国债投资		100 000
投资收益		6 000

三、应收及预付款项

应收及预付款项是指政府单位在开展业务活动中形成的各项债权，包括财政应返还额度、应收票据、应收账款和其他应收款、预付账款、应收股利和应收利息等。

（一）财政应返还额度

1. 财政应返还额度的确认和计量

财政应返还额度是指实行国库集中支付的政府单位应收财政返还的资金额度，包括可以使用的以前年度财政直接支付资金额度和财政应返还的财政授权支付资金额度。

实行国库集中支付的政府单位，年度支出预算被批准后，其年度财政直接支付和财政授权支付的预算指标数被确定下来。预算年度内政府单位对这些财政资金预算指标的使用，全部实行用款计划管理。年末如果存在尚未下达和使用的资金额度，应先返还财政部门，下年度初再由财政部门予以恢复或下达。

2. 财政应返还额度的核算

为了核算实行国库集中支付的政府单位应收财政返还的资金额度，政府单位应设置“财政应返还额度”账户，并按“财政直接支付”“财政授权支付”设置两个明细账户进行明细核算。该账户期末借方余额反映政府单位应收财政下年度返还的资金额度。

（1）财政直接支付。年末，政府单位根据本年度财政直接支付预算指标数与财政直接支付实际支出数的差额，借记“财政应返还额度——财政直接支付”账户，贷记“财政拨款收入”账户；下年年初，政府单位使用以前年度财政直接支付额度发生支出时，借记“业务活动费用”账户，贷记“财政应返还额度——财政直接支付”账户。

【例 9-29】 实行国库集中支付的某行政单位，年末通过对账确认本年度财政直接支付预算指标数为 1 000 000 元，当年财政直接支付实际支出数为 800 000 元，存在尚未使用的财政直接支付预算指标 200 000 元。该行政单位的账务处理如下：

借：财政应返还额度——财政直接支付　　200 000

　贷：财政拨款收入　　200 000

【例 9-30】 承[例 9-29]，该行政单位下年度初收到代理银行转来的“财政直接支付入账通知书”，使用上年尚未使用的财政直接支付用款额度 200 000 元购买办公用笔记本电脑 30 台，已直接交付使用。该行政单位的账务处理如下：

借：固定资产　　200 000

　贷：财政应返还额度——财政直接支付　　200 000

（2）财政授权支付。年末，根据代理银行提供的对账单注销额度时，借记“财政应返还额度——财政授权支付”账户，贷记“零余额账户用款额度”账户；根据本年度财政授权支付预算指标数大于零余额账户用款下达数的差额，借记“财政应返还额度——财政授权支付”账户，贷记“财政拨款收入”等账户。下年年初，根据代理银行提供的额度恢复到账通知书或是上年未下达零余额账户用款额度到账通知书时，借记“零余额账户用款额度”账户，贷记“财政应返还额度——财政授权支付”账户。

【例 9-31】 实行国库集中支付的某行政单位，年末通过对账确认本年度财政授权支付预算指标数为 800 000 元，零余额账户用款额度下达数 600 000 元，零余额账户用款额度支用数500 000元。该行政单位的账务处理如下：

借：财政应返还额度——财政授权支付　　300 000

　贷：零余额账户用款额度　　100 000

　　财政拨款收入　　200 000

【例9-32】　承[9-31]，该行政单位下年年初收到代理银行转来的100 000元财政授权支付额度恢复到账通知书和上年度未下达零余额账户用款额度200 000元。该行政单位的账务处理如下：

借：零余额账户用款额度　　300 000

　贷：财政应返还额度——财政授权支付　　300 000

（二）应收票据▲

1. 应收票据的确认和计量

应收票据是事业单位因开展经营活动销售产品、提供有偿服务等而收到的商业汇票，包括商业承兑汇票和银行承兑汇票。其中商业承兑汇票是由收款人签发，经付款人承兑或由付款人签发并承兑的汇票。商业承兑汇票到期时，如付款人账户不足支付，银行则将商业承兑汇票退给收款人，由购销双方自行解决，银行不负责任。银行承兑汇票是由收款人或承兑申请人签发，并由承兑申请人向开户银行申请，经银行审查同意承兑的汇票。银行承兑汇票到期时，如购货单位未能将应收票据交存银行，则银行向收款人或贴现银行无条件支付票款。

应收票据应当在产品已经售出或服务已经提供、且收到商业汇票时确认，并按照商业汇票的票面金额计量。

2. 应收票据的核算

为了核算因开展经营活动销售产品、提供有偿服务等而收到的商业汇票，事业单位应设置"应收票据"账户。该账户应当按照开出、承兑商业汇票的单位等进行明细核算。该账户期末借方余额反映事业单位持有的商业汇票票面金额。为了加强应收票据的管理，事业单位应当设置"应收票据备查簿"，逐笔登记每一应收票据的种类、号数、出票日期、到期日、票面金额、交易合同号和付款人、承兑人、背书人姓名或单位名称、背书转让日、贴现日期、贴现率和贴现净额、收款日期、收回的金额等。

（1）事业单位因销售产品、提供服务等收到商业汇票，按照商业汇票的票面金额和退票情况等，借记该账户，按照确认的收入金额，贷记"经营收入"等账户。涉及增值税业务的，相关账务处理参见"应交增值税"账户。

【例9-33】　某事业单位为增值税小规模纳税人，其非独立核算部门从事经营活动销售产品而收到甲公司不带息的承兑期3个月的商业承兑汇票一张，该商业承兑汇票的面值为6 180元。该事业单位的账务处理如下：

借：应收票据——甲公司　　6 180

　贷：经营收入　　6 000

　　应交增值税　　180

（2）事业单位持未到期的商业汇票向银行贴现，按照实际收到的金额（即扣除贴现应交增值税后的净额），借记"银行存款"账户，按照贴现息金额，借记"经营费用"等账户，按照商业汇票的票面金额，贷记该账户（无追索权）或"短期借款"账户（有追索权）。附追索权的商

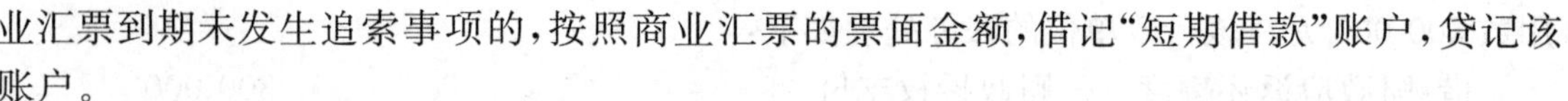

业汇票到期未发生追索事项的，按照商业汇票的票面金额，借记“短期借款”账户，贷记该账户。

【例9-34】 某事业单位持有2个月之前收到的甲公司1张3个月到期的商业承兑汇票（无追索权）到银行贴现。该汇票票面金额为6 180元，银行贴现率为10%。该事业单位的账务处理如下：

贴现息＝6 180×10%×1÷12＝51.50（元）

扣除贴现息后的净额＝6 180－51.50＝6 128.50（元）

借：银行存款　　6 128.50

　　经营费用　　51.50

　　贷：应收票据——甲公司　　6 180.00

（3）事业单位将持有的商业汇票背书转让以取得所需物资时，按照取得物资的成本，借记“库存物品”等账户，按照商业汇票的票面金额，贷记该账户，如有差额，借记或贷记“银行存款”等账户。涉及增值税业务的，相关账务处理参见“应交增值税”账户。

（4）商业汇票到期时，事业单位应当分别以下情况处理：收回票款时，按照实际收到的商业汇票票面金额，借记“银行存款”账户，贷记该账户；因付款人无力支付票款，收到银行退回的商业承兑汇票、委托收款凭证、未付票款通知书或拒付款证明等，按照商业汇票的票面金额，借记“应收账款”账户，贷记该账户。

【例9-35】 承[例9-33]，该事业单位的商业承兑汇票到期，通过银行存款基本户收到票据款项6 180元。该事业单位的账务处理如下：

借：银行存款　　6 180

　　贷：应收票据——甲公司　　6 180

若上述商业承兑汇票到期，该单位收到银行退回的商业承兑汇票，则：

借：应收账款　　6 180

　　贷：应收票据——甲公司　　6 180

（三）应收账款和其他应收款

1. 应收账款和其他应收款的确认和计量

应收账款是事业单位提供服务、销售产品等应收取的款项，以及政府单位因出租资产、出售物资等应收取的款项。政府单位的应收账款如果属于财政资金，则必须上缴财政。

应收账款应当在产品已经售出或服务已经提供、且尚未收到款项时确认，并按照应收未收的金额计量。

其他应收款是政府单位除财政应返还额度、应收票据、应收账款、预付账款、应收股利、应收利息以外的其他各项应收及暂付款项，如职工预借的差旅费、已经偿还银行尚未报销的本单位公务卡欠款、拨付给内部有关部门的备用金、应向职工收取的各种垫付款项、支付的可以收回的订金或押金、应收的上级补助和附属单位上缴款项等。其他应收款应当在发生时确认，并按照实际发生额计量。

在通常情况下，行政单位不会发生对外提供有偿服务、销售产品的款项，也不会发生上级补助收入和附属单位上缴款项，所以，行政单位的应收账款主要是因出租资产、出售物资等应收取的款项；其他应收款是除财政应返还额度、应收账款、预付账款以外的其他各项应收及暂付款项，如职工预借的差旅费、已经偿还银行尚未报销的本单位公务卡欠款、拨付给内部有关部门的备用金、应向职工收取的各种垫付款项、支付的可以收回的订金或押金等。

2. 应收账款的核算

为了核算应收未收的款项，政府单位应设置“应收账款”账户。该账户应当按照债务单位（或个人）进行明细核算。该账户期末借方余额反映单位尚未收回的应收账款。

(1) 应收账款收回后不需上缴财政。政府单位发生应收账款时，按照应收未收金额，借记该账户，贷记“事业收入”“经营收入”“租金收入”“其他收入”等账户（涉及增值税业务的，相关账务处理参见“应交增值税”账户）。收回应收账款时，按照实际收到的金额，借记“银行存款”等账户，贷记该账户。

【例 9-36】 某事业单位为增值税小规模纳税人，其非独立核算部门向乙公司销售产品取得收入8 240元，款项尚未收到。该事业单位的账务处理如下：

借：应收账款——乙公司	8 240	
贷：经营收入		8 000
应交增值税		240

【例 9-37】 承[例 9-36]，该事业单位通过银行收到向乙公司销售产品的款项8 240元。该事业单位的账务处理如下：

借：银行存款	8 240	
贷：应收账款——乙公司		8 240

(2) 应收账款收回后需上缴财政。政府单位出租资产、出售物资等发生应收未收租金款项时，按照应收未收金额，借记该账户，贷记“应缴财政款”账户。收回应收账款时，按照实际收到的金额，借记“银行存款”等账户，贷记该账户。涉及增值税业务的，相关账务处理参见“应交增值税”账户。

【例 9-38】 某政府单位为增值税小规模纳税人，经批准向丙单位出租办公室 1 间，期限为 1 个月，租金5 150元，未收到。假设该租金需上缴财政。该政府单位的账务处理如下：

借：应收账款——丙单位	5 150	
贷：应缴财政款		5 150

如果该租金收入经批准不需要上缴财政，则：

借：应收账款——丙单位	5 150	
贷：租金收入		5 000
应交增值税		150

【例 9-39】 承[例 9-38]，该政府单位收到丙单位交来的租金5 150元，已存入银行。该政府单位的账务处理如下：

借：银行存款	5 150	
贷：应收账款		5 150

(3) 年末检查。政府单位应当于每年年末，对收回后应当上缴财政的应收账款进行全面检查。① 对于账龄超过规定年限、确认无法收回的应收账款，按照规定报经批准后予以核销。按照核销金额，借记“应缴财政款”账户，贷记该账户。核销的应收账款应当在备查簿中保留登记。② 已核销的应收账款在以后期间又收回的，按照实际收回金额，借记“银行存款”等账户，贷记“应缴财政款”账户。

事业单位应当于每年年末，对收回后不需上缴财政的应收账款进行全面检查，如发生不

能收回的迹象,应当计提坏账准备。① 对于账龄超过规定年限、确认无法收回的应收账款,按照规定报经批准后予以核销。按照核销金额,借记“坏账准备”账户,核销的应收账款应在备查簿中保留登记。

② 已核销的应收账款在以后期间又收回的,按照实际收回金额,借记该账户,贷记“坏账准备”账户;同时,借记“银行存款”等账户,贷记该账户。

【例 9-40】 天河局年末经核查后确认,3 年前出租资产的租金收入8 000元(该租金收入收回后应当上缴财政)因承租企业陷入财务困境确实无法收回,按照规定报经批准后予以核销。该政府单位的账务处理如下:

借:应缴财政款　　8 000

　　贷:应收账款　　8 000

假如第二年承租企业财务状况恢复良好,又归还了所欠的租金8 000元,则:

借:银行存款　　8 000

　　贷:应缴财政款　　8 000

3. 其他应收款的核算

为了核算其他应收款,政府单位应设置“其他应收款”账户。该账户应当按照其他应收款的类别以及债务单位(或个人)进行明细核算。该账户期末借方余额反映政府单位尚未收回的其他应收款。

(1) 政府单位发生其他各种应收及暂付款项时,按照实际发生金额,借记该账户,贷记“零余额账户用款额度”“银行存款”“库存现金”“上级补助收入”“附属单位上缴收入”等账户(涉及增值税业务的,相关账务处理参见“应交增值税”账户)。

(2) 政府单位收回其他各种应收及暂付款项时,按照收回的金额,借记“库存现金”“银行存款”等账户,贷记该账户。

【例 9-41】 天河局以银行存款为职工代垫水电费6 000元。该政府单位的账务处理如下:

借:其他应收款——代垫水电费　　6 000

　　贷:银行存款　　6 000

【例 9-42】 承[例 9-41],该政府单位收回为职工垫付的水电费6 000元。该政府单位的账务处理如下:

借:银行存款　　6 000

　　贷:其他应收款——代垫水电费　　6 000

(3) 政府单位内部实行备用金制度的,有关部门使用备用金以后应当及时到财务部门报销并补足备用金。财务部门核定并发放备用金时,按照实际发放金额,借记该账户,贷记“库存现金”等账户。根据报销金额用现金补足备用金定额时,借记“业务活动费用”“单位管理费用”等账户,贷记“库存现金”等账户,报销数和拨补数都不再通过该账户核算。

【例 9-43】 天河局内部实行备用金制度,其财务部门以库存现金发放备用金10 000元。该政府单位的账务处理如下:

借:其他应收款——备用金　　10 000

　　贷:库存现金　　10 000

【例 9-44】 天河局内部实行备用金制度，财务部门根据报销数用现金补足备用金定额2 000元。该行政单位的账务处理如下：

借：业务活动费用 2 000

　　贷：库存现金 2 000

在[例 9-44]中，如果会计主体是事业单位，应分别专业活动部门、行政及后勤部门的报销数用现金补足备用金定额，分别借记“业务活动费用”“单位管理费用”等账户。

(4) 政府单位偿还尚未报销的本单位公务卡欠款时，按照偿还的款项，借记该账户，贷记“零余额账户用款额度”“银行存款”等账户；持卡人报销时，按照报销金额，借记“业务活动费用”“单位管理费用”等账户，贷记该账户。

【例 9-45】 天河局通过单位零余额账户偿还尚未报销的本单位公务卡欠款500 000元。该政府单位的账务处理如下：

借：其他应收款——公务卡欠款 500 000

　　贷：零余额账户用款额度 500 000

【例 9-46】 天河局职工持公务卡报销差旅费16 000元。该政府单位的账务处理如下：

借：业务活动费用 16 000

　　贷：其他应收款——公务卡欠款 16 000

在[例 9-46]中，如果会计主体是事业单位，应分别专业活动部门、行政及后勤部门的职工，根据差旅费报销金额，分别借记“业务活动费用”“单位管理费用”等账户。

(5) 政府单位将预付账款账面余额转入其他应收款时，借记该账户，贷记“预付账款”账户。具体说明参见“预付账款”账户。

(6) 年末清查。行政单位应当于每年年末，对其他应收款进行全面检查。对于超过规定年限、确认无法收回的其他应收款，应当按照有关规定报经批准后予以核销。核销的其他应收款应在备查簿中保留登记。① 经批准核销其他应收款时，按照核销金额，借记“资产处置费用”账户，贷记该账户。② 已核销的其他应收款在以后期间又收回的，按照收回金额，借记“银行存款”等账户，贷记“其他收入”账户。

事业单位应当于每年年末，对其他应收款进行全面检查，如发生不能收回的迹象，应当计提坏账准备。① 对于账龄超过规定年限、确认无法收回的其他应收款，按照规定报经批准后予以核销。按照核销金额，借记“坏账准备”账户，贷记该账户。核销的其他应收款应当在备查簿中保留登记。② 已核销的其他应收款在以后期间又收回的，按照实际收回金额，借记该账户，贷记“坏账准备”账户；同时，借记“银行存款”等账户，贷记该账户。

【例 9-47】 天河局年末经核查确认 3 年前以非财政拨款收入为职工李某代垫的房租2 000元因其下落不明确实无法收回，按照有关规定报经批准后予以核销。该政府单位的账务处理如下：

借：资产处置费用 2 000

　　贷：其他应收款——李某 2 000

假如第二年李某回来以现金2 000元支付房租，则，

借：库存现金 2 000

　　贷：其他收入——李某 2 000

4. 坏账准备的核算▲

坏账准备是事业单位对收回后不需上缴财政的应收账款和其他应收款提取的坏账损失。事业单位对坏账损失的核算，采用备抵法。在备抵法下，事业单位应当于每年年末，对收回后不需上缴财政的应收账款和其他应收款进行全面检查，如发现不能收回的迹象，应当计提坏账准备、确认坏账损失。

1）坏账准备的计提方法

事业单位可以采用应收款项余额百分比法、账龄分析法、个别认定法等方法计提坏账准备。坏账准备计提方法一经确定，不得随意变更；如需变更，应当按照规定报经批准，并在会计报表附注中予以说明。当期应补提或冲减的坏账准备金额的计算公式如下：

当期应补提或冲减的坏账准备金额＝按照期末“应收账款”账户和“其他应收款”账户的余额计算的应计提坏账准备金额－“坏账准备”账户期末贷方余额(或＋期末借方余额)

2）坏账准备的核算

为了核算对收回后不需上缴财政的应收账款和其他应收款提取的坏账准备，事业单位应设置“坏账准备”账户。该账户应当分别应收账款和其他应收款进行明细核算。该账户期末贷方余额反映事业单位提取的坏账准备金额。

(1) 事业单位提取坏账准备时，借记“其他费用”账户，贷记该账户；冲减坏账准备时，借记该账户，贷记“其他费用”账户。

(2) 事业单位对于账龄超过规定年限并确认无法收回的不需要上缴财政的应收账款和其他应收款，应当按照有关规定报经批准予以核销，按照无法收回的金额(核销金额)，借记该账户，贷记“应收账款”“其他应收款”账户。已核销的应收账款和其他应收款在以后期间又收回的，按照实际收回金额，借记“应收账款”“其他应收款”账户，贷记该账户；同时，借记“银行存款”等账户，贷记“应收账款”“其他应收款”账户。

【例 9-48】 广东金融学院(公立院校)采用应收款项余额百分比法计提坏账准备。20×6年年末，该学院收回后不需上缴财政的应收账款和其他应收款余额共计200 000元，估计坏账准备计提比例为 1%。20×7 年，该学院发生坏账8 000元(全部为应收账款)，该年末应收账款和其他应收款余额为30 000元。20×8 年，该学院发生坏账损失3 000元(全部为其他应收款)，上年冲销的应收账款中有6 000元本年度又收回，本年度末应收账款余额为450 000元。假设“坏账准备”账户在 20×6 年年初余额为 0。该事业单位的账务处理如下：

· 20×6 年计提坏账准备时：

	借方	贷方
借：其他费用	2 000	
贷：坏账准备200 000×1%		2 000

· 20×7 年发生坏账损失时：

	借方	贷方
借：坏账准备	8 000	
贷：应收账款		8 000

· 20×7 年年末补提坏账准备时：

20×7 年年末“坏账准备”账户的贷方余额＝300 000 ×1%＝3 000(元)

20×7 年应补提坏账准备＝3 000＋6 000＝9 000(元)

	借方	贷方
借：其他费用	9 000	
贷：坏账准备		9 000

· 20×8 年发生坏账损失时

借:坏账准备　　3 000

　贷:其他应收款　　3 000

20×8 年收回已冲销的应收账款时:

借:应收账款　　6 000

　贷:坏账准备　　6 000

借:银行存款　　6 000

　贷:应收账款　　6 000

· 20×8 年冲减坏账准备时:20×8 年年末"坏账准备"账户的贷方余额=450 000×1%=4 500(元)

20×8 年应冲减坏账准备=4 500-6 000=-1 500(元)

借:坏账准备　　1 500

　贷:其他费用　　1 500

（四）预付账款

1. 预付账款的确认和计量

预付账款是政府单位按照购货、服务合同或协议规定预付给供应单位(或个人)的款项,以及按照合同规定向承包工程的施工企业预付的备料款和工程款。预付账款应当在已经支付款项且尚未收到物资或服务时确认,并按照实际支付金额计量。

2. 预付账款的核算

为了核算预付账款,政府单位应设置"预付账款"账户。该账户应当按照供应单位(或个人)及具体项目进行明细核算;对于基本建设项目发生的预付账款,还应当在该账户所属基建项目明细账户下设置"预付备料款""预付工程款""其他预付款"等明细账户,进行明细核算。该账户期末借方余额反映单位实际预付但尚未结算的款项。

(1) 政府单位根据购货、服务合同或协议规定预付款项时,按照预付金额,借记该账户,贷记"财政拨款收入""零余额账户用款额度""银行存款"等账户。

【例 9-49】 天河局向汽车公司采购大巴车 1 辆,用于依法履职或开展专业活动,价值600 000元。按照合同规定预付货款 50%,货到后结算其余货款。该单位通过财政部门零余额账户预付 50%货款300 000元时,该政府单位的账务处理如下:

借:预付账款——汽车公司　　300 000

　贷:财政拨款收入　　300 000

(2) 收到所购资产或服务时,按照购入资产或服务的成本,借记"库存物品""固定资产""无形资产""业务活动费用"等相关账户,按照相关预付账款的账面余额,贷记该账户,按照实际补付的金额,贷记"财政拨款收入""零余额账户用款额度""银行存款"等账户。涉及增值税业务的,相关账务处理参见"应交增值税"账户。

【例 9-50】 承[例 9-49],天河局收到大巴车 1 辆,且通过财政部门零余额账户补付货款300 000元。该政府单位的账务处理如下:

借:固定资产　　600 000

　贷:预付账款——汽车公司　　300 000

　　财政拨款收入　　300 000

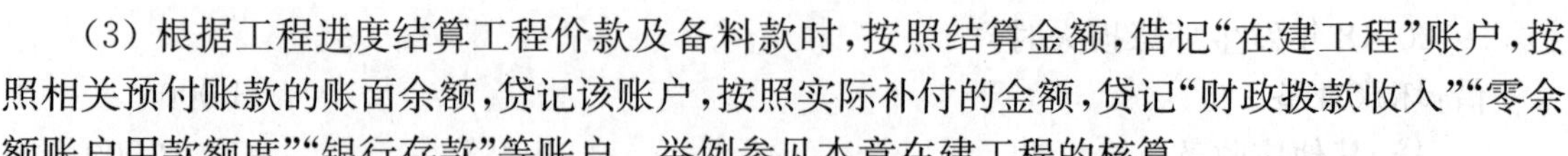

(3) 根据工程进度结算工程价款及备料款时，按照结算金额，借记“在建工程”账户，按照相关预付账款的账面余额，贷记该账户，按照实际补付的金额，贷记“财政拨款收入”“零余额账户用款额度”“银行存款”等账户。举例参见本章在建工程的核算。

(4) 发生预付账款退回的，按照实际退回金额，借记“财政拨款收入”(本年直接支付)“财政应返还额度”(以前年度直接支付)“零余额账户用款额度”“银行存款”等账户，贷记该账户。

【例 9-51】 某政府单位本年度发生在建工程预付账款退回，其中本年度财政直接支付的退回金额200 000元；授权支付的退回金额50 000元；上年度财政直接支付的退回金额2 000 000元。该政府单位的账务处理如下：

借：财政拨款收入	200 000	
零余额账户用款额度	50 000	
财政应返还额度	2 000 000	
贷：预付账款——基建公司		2 250 000

(5) 政府单位应当于每年年末，对预付账款进行全面检查。如果有确凿证据表明预付账款不再符合预付款项性质，或者因供应单位破产、撤销等原因可能无法收到所购货物、服务的，应当先将其转入其他应收款，再按照规定进行处理。将预付账款账面余额转入其他应收款时，借记“其他应收款”账户，贷记该账户。

【例 9-52】 某政府单位经核查确认，3 年前向技术设备公司预付的采购技术设备款100 000元因其被撤销已无望再收到所购物资，也确实无法收回预付账款。该政府单位的账务处理如下：

借：其他应收款	100 000	
贷：预付账款——技术设备公司		100 000

（五）应收股利和应收利息▲

1. 应收股利

应收股利是事业单位持有长期股权投资应当收取的现金股利或应当分得的利润。应收股利应当在计算收取的现金股利或应分得的利润时确认，且按照收取的或应分得的金额计量，为了核算应收股利，事业单位应设置“应收股利”账户。该账户应当按照被投资单位等进行明细核算。该账户期末借方余额反映事业单位应当收取但尚未收到的现金股利或利润。

(1) 取得长期股权投资，按照支付的价款中所包含的已宣告但尚未发放的现金股利，借记该账户，按照确定的长期股权投资成本，借记“长期股权投资”账户，按照实际支付的金额，贷记“银行存款”等账户。收到取得投资时实际支付价款中所包含的已宣告但尚未发放的现金股利时，按照收到的金额，借记“银行存款”账户，贷记该账户。

(2) 长期股权投资持有期间，被投资单位宣告发放现金股利或利润的，按照应享有的份额，借记该账户，贷记“投资收益”(成本法下)或“长期股权投资”(权益法下)账户。

(3) 实际收到现金股利或利润时，按照收到的金额，借记“银行存款”等账户，贷记该账户。

相关举例参见本章长期股权投资的核算。

2. 应收利息

应收利息是事业单位长期债券投资应当收取的利息。应收利息应当在计算应收取利息时确认，且按照应收取金额计量。为了核算长期债券投资应当收取的利息，事业单位应设置“应收利息”账户。事业单位购入的到期一次还本付息的长期债券投资持有期间的利息，应当通过“长期债券投资——应计利息”账户核算，不通过该账户核算。该账户应当按照被投资单位等进行明细核算。该账户期末借方余额反映事业单位应收未收的长期债券投资利息。

（1）取得长期债券投资，按照确定的投资成本，借记“长期债券投资”账户，按照支付的价款中包含的已到付息期但尚未领取的利息，借记该账户，按照实际支付的金额，贷记“银行存款”等账户。收到取得投资时实际支付价款中所包含的已到付息期但尚未领取的利息时，按照收到的金额，借记“银行存款”等账户，贷记该账户。

（2）按期计算确认长期债券投资利息收入时，对于分期付息、一次还本的长期债券投资，按照以票面金额和票面利率计算确定的应收未收利息金额，借记该账户，贷记“投资收益”账户。

（3）实际收到应收利息时，按照收到的金额，借记“银行存款”等账户，贷记该账户。

相关举例参见本章短期投资和长期债券投资的核算。

四、存货

（一）存货的确认与计量

存货是指政府单位在开展业务活动及其他活动中为耗用或出售而储存的资产，存货的确认和计量如材料、产品、包装物和低值易耗品等，以及未达到固定资产标准的用具、装具、动植物等。

存货同时满足下列条件的，应当予以确认：① 与该存货相关的服务潜力很可能实现或者经济利益很可能流入政府单位。② 该存货的成本或者价值能够可靠地计量。存货在取得时应当按照成本进行初始计量。存货成本包括采购成本、加工成本和其他成本。不同方式取得的存货的成本确定参见库存物品取得的核算。存货的后续计量包括存货的发出和处置。具体计量方法参见库存物品发出和处置的核算。

（二）存货核算的账户设置

为了核算存货的实际成本，政府单位需要设置“在途物品”“库存物品”“加工物品”等账户。

1.“在途物品”账户

该账户用于核算政府单位采购材料等物资时货款已付或已开出商业汇票但在途物品尚未验收入库的在途物品的采购成本。该账户可按照供应单位和物品种类进行明细核算。该账户期末借方余额反映单位在途物品的采购成本。

2.“库存物品”账户

该账户用于核算政府单位在开展业务活动及其他活动中为耗用或出售而储存的各种材料、产品、包装物、低值易耗品，以及达不到固定资产标准的用具、装具、动植物等的成本。已完成的测绘、地质勘查、设计成果等的成本，也通过该账户核算。该账户应当按照库存物品的种类、规格、保管地点等进行明细核算。政府单位储存的低值易耗品、包装物较多的，可以在该账户（低值易耗品、包装物）下按照“在库”“在用”和“摊销”等进行明细核算。该账户期

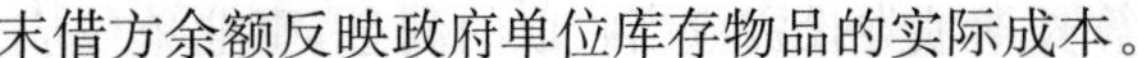

末借方余额反映政府单位库存物品的实际成本。

政府单位随买随用的零星办公用品，可以在购进时直接列作费用，不通过该账户核算。政府单位控制的政府储备物资，应当通过“政府储备物资”账户核算，不通过该账户核算。政府单位受托存储保管的物资和受托转赠的物资，应当通过“受托代理资产”账户核算，不通过该账户核算。政府单位为在建工程购买和使用的材料物资，应当通过“工程物资”账户核算，不通过该账户核算。

3. 加工物品

“加工物品”科目，核算政府单位自制或委托外单位加工的各种物品的实际成本。未完成的测绘、地质勘查、设计成果的实际成本，也通过该账户核算。该账户应当设置“自制物品”“委托加工物品”两个明细账户，并按照物品类别、品种、项目等设置明细账，进行明细核算。该账户“自制物品”一级明细账户下应当设置“直接材料”“直接人工”“其他直接费用”等二级明细账户归集自制物品发生的直接材料、直接人工(专门从事物品制造人员的人工费)等直接费用；对于自制物品发生的间接费用，应当在该账户“自制物品”一级明细账户下单独设置“间接费用”二级明细账户予以归集，期末，再按照一定的分配标准和方法，分配计入有关物品的成本。该账户期末借方余额反映政府单位自制或委托外单位加工但尚未完工的各种物品的实际成本。

（三）存货取得的核算

政府单位取得存货的方式主要包括外购、自制、委托加工、接受捐赠、无偿调入、置换换入等。政府单位在取得存货时，应当按照其实际成本入账。

1. 外购的存货

政府单位购入的存货，其成本包括购买价款、相关税费、运输费、装卸费、保险费以及使存货达到目前场所和状态所发生的归属于存货成本的其他支出。其中，购买价款是指政府单位购入存货的发票账单上列明的价款，但不包括按规定可以抵扣的增值税额。相关税费是指政府单位购买存货所发生的消费税、资源税和不能从增值税销项税额中抵扣的进项税额等。归属于存货采购成本的其他支出，主要是指在存货采购过程中发生的仓储费、包装费、运输途中的合理损耗、入库前的挑选整理费用等。

(1) 采购材料等物资时，货款已付或已开出商业汇票但尚未验收入库的物品，按照确定的物品采购成本的金额，借记“在途物品”账户，按照实际支付的金额，贷记“财政拨款收入”“零余额账户用款额度”“银行存款”等账户。涉及增值税业务的，相关账务处理参见“应交增值税”账户。

所购材料等物品到达验收入库，按照确定的库存物品成本金额，借记“库存物品”账户，按照物品采购成本金额，贷记“在途物品”账户，按照使入库物品达到目前场所和状态所发生的其他支出，贷记“银行存款”等账户。

(2) 外购的库存物品验收入库，按照确定的成本，借记“库存物品”账户，贷记“财政拨款收入”“零余额账户用款额度”“银行存款”“应付账款”“在途物品”等账户。

涉及增值税业务的，相关账务处理参见“应交增值税”账户。

【例 9-53】 天河局行政单位购入甲材料一批，取得的增值税专用发票上注明的材料价款为100 000元，增值税额为13 000元。该行政单位的账务处理如下：

假定材料货款已通过单位零余额账户支付但材料尚未运到时：

借:在途物品——甲材料 113 000
　贷:零余额账户用款额度 113 000

上述甲材料入库时:

借:库存物品——甲材料 113 000
　贷:在途物品——甲材料 113 000

假定材料已运到并验收入库,材料货款已通过财政部门零余额账户支付,并以银行存款支付运输费2 000元时:

借:库存物品——甲材料 115 000
　贷:财政拨款收入 113 000
　　银行存款 2 000

在[例 9-53]中,如果会计主体是事业单位且为增值税一般纳税人,所购甲材料用于开展专业活动和行政及后勤活动,或者为小规模纳税人,所购甲材料用于各种业务活动,其账务处理相同。

【例 9-54】 假设广东金融学院(公立院校)为增值税一般纳税人,采购甲材料用于开展经营活动,账务处理相同。取得的增值税专用发票上注明的材料价款为100 000元,增值税额为13 000元。该事业单位的账务处理如下:

· 假定材料货款已以银行存款付讫但材料尚未运到时:

借:在途物品——甲材料 100 000
　应交增值税——应交税金——进项税额 13 000
　贷:银行存款 113 000

· 上述甲材料入库时:

借:库存物品——甲材料 113 000
　贷:在途物品——甲材料 113 000

· 假定材料已验收入库,款项以银行存款付讫时:

借:库存物品——甲材料 100 000
　应交增值税——应交税金——进项税额 13 000
　贷:银行存款 113 000

2. 自制的存货

政府单位自行加工的存货,其成本包括耗用的直接材料费用、发生的直接人工费用和按照一定方法分配的与存货加工有关的间接费用。

(1) 为自制物品领用材料等,按照材料成本,借记“加工物品”账户(自制物品——直接材料),贷记“库存物品”账户。

(2) 专门从事物品制造的人员发生的直接人工费用,按照实际发生的金额,借记“加工物品”账户(自制物品——直接人工),贷记“应付职工薪酬”账户。

(3) 为自制物品发生的其他直接费用,按照实际发生的金额,借记“加工物品”账户(自制物品——其他直接费用),贷记“零余额账户用款额度”“银行存款”等账户。

(4) 为自制物品发生的间接费用,按照实际发生的金额,借记“加工物品”账户(自制物品——间接费用),贷记“零余额账户用款额度”“银行存款”“应付职工薪酬”“固定资产累计折旧”“无形资产累计摊销”等账户。间接费用一般按照生产人员工资、生产人员工

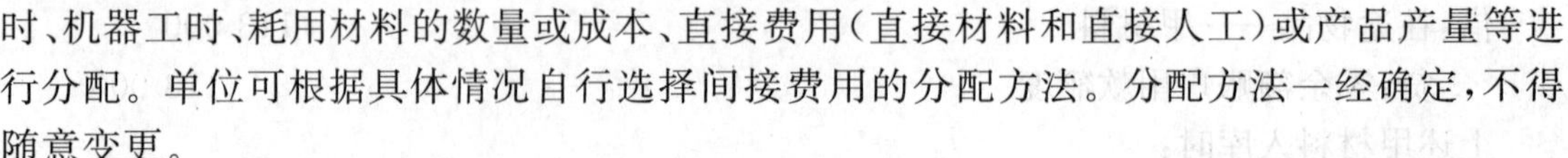

时、机器工时、耗用材料的数量或成本、直接费用(直接材料和直接人工)或产品产量等进行分配。单位可根据具体情况自行选择间接费用的分配方法。分配方法一经确定,不得随意变更。

(5) 已经制造完成并验收入库的物品,按照所发生的实际成本(包括耗用的直接材料费用、直接人工费用、其他直接费用和分配的间接费用),借记"库存物品"账户,贷记"加工物品"账户(自制物品)。

【例 9-55】 某政府单位自行加工丙材料,领用 A 材料10 000元,发生人工费4 000元,以银行存款支付间接费用3 000元。假定当月投产当月完工,验收合格并入库。该政府单位的账务处理如下:

· 领用 A 材料时:

借:加工物品——自制物品——直接材料　　10 000

　贷:库存物品——A 材料　　10 000

· 发生人工费时:

借:加工物品——自制物品——直接人工　　4 000

　贷:应付职工薪酬　　4 000

支付间接费用时:

借:加工物品——自制物品——间接费用　　3 000

　贷:银行存款　　3 000

· 加工完成验收入库时:

借:库存物品——丙材料　　17 000

　贷:加工物品——自制物品　　17 000

3. 委托加工的存货

政府单位委托加工的存货,其成本包括委托加工前存货成本、委托加工的成本(如委托加工费以及按规定应计入委托加工存货成本的相关税费等)以及使存货达到目前场所和状态所发生的归属于存货成本的其他支出。下列各项应当在发生时确认为当期费用,不计入存货成本:非正常消耗的直接材料、直接人工和间接费用;仓储费用(不包括在加工过程中为达到下一个加工阶段所必需的费用);不能归属于使存货达到目前场所和状态所发生的其他支出。

(1) 发给外单位加工的材料等,按照其实际成本,借记"加工物品"账户(委托加工物品),贷记"库存物品"账户。

(2) 支付加工费、运输费等费用,按照实际支付的金额,借记"加工物品"账户(委托加工物品),贷记"零余额账户用款额度""银行存款"等账户。涉及增值税业务的,相关账务处理参见"应交增值税"账户。

(3) 委托加工完成的材料等验收入库,按照加工前发出材料的成本和加工、运输成本等,借记"库存物品"等账户,贷记"加工物品"账户(委托加工物品)。

【例 9-56】 某政府单位使用甲材料委托甲公司加工成专用材料,领用的乙材料的实际成本为5 000元,通过单位零余额账户支付加工费和运输费3 500元。假定专用材料当月委托加工当月完成并已验收入库。该政府单位的账务处理如下:

·发给甲公司乙材料时:

借:加工物品——委托加工物品　　5 000

　贷:库存物品——甲材料　　5 000

· 支付加工费和运输费时:

借:加工物品——委托加工物品　　3 500

　贷:零余额账户用款额度　　3 500

· 加工完成验收入库时:

借:库存物品——专用材料　　8 500

　贷:加工物品——委托加工物品　　8 500

4. 接受捐赠的存货

政府单位接受捐赠的存货,其成本按照有关凭据注明的金额加上相关税费、运输费等确定;没有相关凭据可供取得,但按规定经过资产评估的,其成本按照评估价值加上相关税费、运输费等确定;没有相关凭据可供取得、也未经资产评估的,其成本比照同类或类似资产的市场价格加上相关税费、运输费等确定;没有相关凭据且未经资产评估、同类或类似资产的市场价格也无法可靠取得的,按照名义金额入账,相关税费、运输费等计入当期费用;政府单位接受捐赠的库存物品验收入库,按照确定的成本,借记“库存物品”账户,按照发生的相关税费、运输费等,贷记“银行存款”等账户,按照其差额,贷记“捐赠收入”账户。接受捐赠的库存物品按照名义金额入账的,按照名义金额,借记“库存物品”账户,贷记“捐赠收入”账户;同时,按照发生的相关税费、运输费等借记“其他费用”账户,贷记“银行存款”等账户。

【例 9-57】 某政府单位接受一公司捐赠的甲材料一批,获取的凭据上注明材料金额40 000元,发生运输费 600 元,且以现金支付。该政府单位的账务处理如下:

借:库存物品——甲材料　　40 600

　贷:库存现金　　600

　　捐赠收入　　40 000

如果上述接受捐赠的甲材料按照名义金额入账,则账务处理如下:

借:库存物品——甲材料　　600

　贷:捐赠收入　　600

借:其他费用　　600

　贷:库存现金　　600

5. 无偿调入的存货

政府单位无偿调入的存货,其成本按照调出方账面价值加上相关税费、运输费等确定。政府单位无偿调入的库存物品验收入库,按照确定的成本,借记“库存物品”账户,按照发生的相关税费、运输费等,贷记“银行存款”等账户,按照其差额,贷记“无偿调拨净资产”账户。

【例 9-58】 某政府单位从其他单位无偿调入乙材料,调出单位的该材料账面价值40 000元,发生相关税费和运杂费1 000元,以银行存款付讫。该政府单位的账务处理如下:

借:库存物品——乙材料　　41 000

　贷:银行存款　　1 000

　　无偿调拨净资产　　40 000

6. 置换换入的存货

政府单位通过置换取得的存货，其成本按照换出资产的评估价值，加上支付的补价或减去收到的补价，加上为换入存货发生的其他相关支出确定政府单位置换换入的库存物品验收入库，按照确定的成本，借记"库存物品"账户，按照换出资产的账面余额，贷记相关资产账户(换出资产为固定资产、无形资产的，还应当借记"固定资产累计折旧""无形资产累计摊销"账户)，按照置换过程中发生的其他相关支出，贷记"银行存款"等账户，按照借贷方差额，借记"资产处置费用"账户或贷记"其他收入"账户。涉及补价的，分别以下情况处理：

(1) 支付补价的，按照确定的成本，借记"库存物品"账户，按照换出资产的账面余额，贷记相关资产账户(换出资产为固定资产、无形资产的，还应当借记"固定资产累计折旧""无形资产累计摊销"账户)，按照支付的补价和置换过程中发生的其他相关支出，贷记"银行存款"等账户，按照借贷方差额，借记"资产处置费用"账户或贷记"其他收入"账户。

(2) 收到补价的，按照确定的成本，借记"库存物品"账户，按照收到的补价，借记"银行存款"等账户，按照换出资产的账面余额，贷记相关资产账户(换出资产为固定资产、无形资产的，还应当借记"固定资产累计折旧""无形资产累计摊销"账户)，按照置换过程中发生的其他相关支出，贷记"银行存款"等账户，按照补价扣减其他相关支出后的净收入，贷记"应缴财政款"账户，按照借贷方差额，借记"资产处置费用"账户或贷记"其他收入"账户。

【例 9-59】 某政府单位经批准以账面余额60 000元、评估价值50 000元的丙材料置换A单位的甲材料。另外，通过银行存款向A单位支付补价款4 000元，以现金支付运杂费1 000元。该政府单位的账务处理如下：

借：库存物品——甲材料　　55 000
　资产处置费用　　10 000
　贷：库存物品——丙材料　　60 000
　　银行存款　　4 000
　　库存现金　　1 000

假定上述置换过程中收到了A单位支付的补价款10 000元，则账务处理如下：

借：库存物品——甲材料　　41 000
　银行存款　　10 000
　资产处置费用　　19 000
　贷：库存物品——丙材料　　60 000
　　库存现金　　1 000
　　应缴财政款　　9 000

政府单位发出主要是为开展业务活动领用的库存物品以及低值易耗品和包装物摊销等，以发出存货核算。

(四) 发出存货的核算

1. 发出存货的计价方法

政府单位发出存货按照实际成本核算。政府单位应当根据实际情况采用先进先出法、加权平均法或者个别计价法确定发出材料、产品等存货的实际成本。计价方法一经确定，不得随意变更。对于性质和用途相似的存货，应当采用相同的成本计价方法确定发出存货的成本。对于不能替代使用的存货、为特定项目专门购入或加工的存货，通常采用个别计价法确定发出存货的成本。

(1) 先进先出法是假定先购入的存货先发出，并按照这一假定确定发出存货和期末存货实际成本的方法。采用这种方法，先购入的存货成本在后购入存货成本之前转出。

(2) 加权平均法是以当月全部购进存货数量加上月初存货数量，去除当月全部购进存货成本加上月初存货成本，计算出存货的加权平均单位成本，以此为基础计算当月发出存货的成本和期末存货的成本的一种方法。计算公式如下：

加权平均单位成本＝(月初结存存货实际成本＋本月购进存货实际成本)÷(月初结存存货数量＋本月购进存货数量)

本月发出存货实际成本＝本月发出存货数量×加权平均单位成本

月末结存存货实际成本＝月末结存存货数量×加权平均单位成本

(3) 个别计价法是假设存货的成本流转与实物流转相一致，按照各种存货逐一辨认各批发出存货和期末存货所属的购进批别或生产批别，分别以其购入或生产时所确定的单位成本作为计算各批发出存货和期末存货成本的方法，即把每一种存货的实际成本作为计算发出存货成本和期末存货成本的基础。政府单位对于已发出的存货，应当将其成本结转为当期费用或者计入相关资产成本。政府单位应当采用一次转销法或者五五摊销法对低值易耗品、包装物进行摊销，将其成本计入当期费用或者相关资产成本。

2. 发出存货的主要账务处理

政府单位开展业务活动等领用、按照规定自主出售发出或加工发出库存物品，按照领用、出售等发出物品的实际成本，借记“业务活动费用”“单位管理费用”“经营费用”“加工物品”等账户，贷记“库存物品”账户。采用一次转销法摊销低值易耗品、包装物的，在首次领用时将其账面余额一次性摊销计入有关成本费用，借记有关账户，贷记“库存物品”账户。采用五五摊销法摊销低值易耗品、包装物的，首次领用时，将其账面余额的50%摊销计入有关成本费用，借记有关账户，贷记“库存物品”账户；使用完时，将剩余的账面余额转销计入有关成本费用，借记有关账户，贷记“库存物品”账户。

【例 9-60】 广东金融学院(公立院校)开展活动领用甲材料，实际成本为100 000元，其中用于专业活动的80 000元、用于行政部门管理活动的8 000元、用于后勤管理活动的5 000元、用于经营活动的7 000元。该事业单位的账务处理如下：

借:业务活动费用	80 000	
单位管理费用	13 000	
经营费用	7 000	
贷:库存物品——甲材料		100 000

在[例 9-60]中，如果会计主体是行政单位，则只借记“业务活动费用”账户。

(五) 存货处置的核算

存货处置主要包括对外出售、对外捐赠、无偿调出和置换换出等方式导致存货的减少。

1. 对外出售的存货

政府单位经批准对外出售的库存物品(不含可自主出售的库存物品)发出时，按照库存物品的账面余额，借记“资产处置费用”账户，贷记“库存物品”账户；同时，按照收到的价款，借记“银行存款”等账户，按照处置过程中发生的相关费用，贷记“银行存款”等账户，按照其差额，贷记“应缴财政款”账户。

【例 9-61】 某政府单位经上级批准将不需用的B材料出售，该材料的账面余额为10 000元，出售价款为5 000元，款项已存入银行。该政府单位的账务处理如下：

借：资产处置费用　　10 000
　贷：库存物品——B材料　　10 000
借：银行存款　　5 000
　贷：应缴财政款　　5 000

2. 对外捐赠的存货

政府单位按规定报经批准对外捐赠的存货，应当将其账面余额予以转销，对外捐赠中发生的归属于捐出方的相关费用应当计入当期费用。政府单位经批准对外捐赠的库存物品发出时，按照库存物品的账面余额和对外捐赠过程中发生的归属于捐出方的相关费用合计数，借记"资产处置费用"账户，按照库存物品账面余额，贷记"库存物品"账户，按照对外捐赠过程中发生的归属于捐出方的相关费用，贷记"银行存款"等账户。

【例 9-62】 某政府单位经批准向地震灾区捐赠C材料一批，该材料账面余额为56 500元，承担并支付运输费2 000元，以银行存款付讫。该政府单位的账务处理如下：

借：资产处置费用　　58 500
　贷：库存物品——C材料　　56 500
　　银行存款　　2 000

3. 无偿调出的存货

政府单位按规定报经批准无偿调出的存货，应当将其账面余额予以转销，无偿调出中发生的归属于调出方的相关费用应当计入当期费用。

政府单位经批准无偿调出的库存物品发出时，按照库存物品的账面余额，借记"无偿调拨净资产"账户，贷记"库存物品"账户；同时，按照无偿调出过程中发生的归属于调出方的相关费用，借记"资产处置费用"账户，贷记"银行存款"等账户。

【例 9-63】 某政府单位经批准将一批D材料无偿调给兄弟单位，该材料账面余额为58 500元，承担并支付运输费2 000元，以银行存款付讫。该政府单位的账务处理如下：

借：无偿调拨净资产　　56 500
　资产处置费用　　2 000
　贷：库存物品——D材料　　56 500
　　银行存款　　2 000

4. 置换换出的存货

政府单位经批准置换换出的库存物品，参照"库存物品"账户有关置换换入库存物品的规定进行账务处理。相关举例参见[例 9-59]。

(六) 存货盘点的核算

政府单位应当定期对存货进行清查盘点，每年至少盘点一次。对于发生的存货盘盈、盘亏或者报废、毁损，应当先记入"待处理财产损溢"账户，按照规定报经批准后及时进行后续账务处理。

1. 盘盈的存货

政府单位盘盈的存货，其成本按照有关凭据注明的金额确定；没有相关凭据但按照规定经过资产评估的，其成本按照评估价值确定；没有相关凭据也未经过评估的，其成本按照重

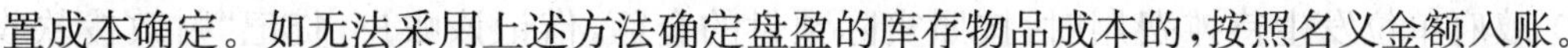

置成本确定。如无法采用上述方法确定盘盈的库存物品成本的，按照名义金额入账。

盘盈的存货，按照确定的入账成本，借记"库存物品"账户，贷记"待处理财产损溢"账户。

2. 盘亏或者毁损、报废的存货

存货盘亏造成的损失，按规定报经批准后应当计入当期费用。对于发生的存货毁损，应当将存货账面余额转销计入当期费用，并将毁损存货处置收入扣除相关处置税费后的差额按规定作应缴款项处理(差额为净收益时)或计入当期费用(差额为净损失时)。盘亏或者毁损、报废的存货，按照待处理库存物品的账面余额，借记"待处理财产损溢"账户，贷记"库存物品"账户。属于增值税一般纳税人的政府单位，若因非正常原因导致库存物品盘亏或毁损，还应当将与该库存物品相关的增值税进项税额转出，按照其增值税进项税额，借记"待处理财产损溢"账户，贷记"应交增值税——应交税金(进项税额转出)"账户。

【例 9-64】 广东金融学院(公立院校)在年终清理中盘点存货时发现：用于专业活动的甲材料溢余尚未入账，有关凭据注明的金额为20 000元；用于行政活动的乙材料短缺，账面余额2 000元。该事业单位的账务处理如下：

· 转入待处理资产时：

借：库存物品——甲材料　　20 000

　贷：待处理财产损溢　　20 000

借：待处理财产损溢　　2 000

　贷：库存物品——乙材料　　2 000

· 上述盘盈的甲材料和盘亏的乙材料报经批准予以处理时：

借：待处理财产损溢　　20 000

　贷：单位管理费用　　20 000

借：资产处置费用　　2 000

　贷：待处理财产损溢　　2 000

在[例 9-64]中，如果会计主体是行政单位，盘盈的甲材料报经批准予以处理时，贷记"业务活动费用"账户。

五、待摊费用

(一) 待摊费用的概念

待摊费用是指政府单位已经支付，但应当由本期和以后各期分别负担的分摊期在 1 年以内(含 1 年)的各项费用，如预付航空保险费、预付租金等。待摊费用应当在其受益期限内分期平均摊销，如预付航空保险费应在保险期的有效期内、预付租金应在租赁期内分期平均摊销，计入当期费用。

(二) 待摊费用的核算

为了核算已经支付，但应当由本期和以后各期分别负担的分摊期在 1 年以内(含 1 年)的各项费用，政府单位应设置"待摊费用"账户。该账户应当按照待摊费用的种类进行明细核算。该账户期末借方余额反映政府单位各种已支付但尚未摊销的分摊期在 1 年以内(含 1 年)的费用。摊销期限在 1 年以上的租入固定资产改良支出和其他费用应当通过"长期待摊费用"账户核算，不通过该账户核算。

(1) 政府单位发生待摊费用时，按照实际预付的金额，借记该账户，贷记“财政拨款收入”“零余额账户用款额度”“银行存款”等账户。

(2) 政府单位按照受益期限分期平均摊销时，按照摊销金额，借记“业务活动费用”“单位管理费用”“经营费用”等账户，贷记该账户。

(3) 如果某项待摊费用已经不能使政府单位受益，应当将其摊余金额一次全部转入当期费用。按照摊销金额，借记“业务活动费用”“单位管理费用”“经营费用”等账户，贷记该账户。

【例 9-65】 广东金融学院(公立院校)因开展经营活动需要租借某企业的一台技术设备，租期为 5 个月，租金采用在设备租入时一次性支付方式，共计5 000元。该事业单位的账务处理如下：

· 支付租金5 000元时：

借:待摊费用　　5 000

　贷:银行存款　　5 000

· 确认 5 个月内每月分摊1 000元时：

借:经营费用　　1 000

　贷:待摊费用　　1 000

六、长期股权投资▲

长期股权投资是事业单位按照规定取得的，持有时间超过 1 年(不含 1 年)的股权性质的投资。

1. 长期股权投资的确认和计量

长期股权投资在取得时，应当以实际成本作为初始投资成本。不同方式取得的长期投资各自实际成本的确定参见长期投资取得的核算。长期股权投资的后续计量是指长期股权投资在持有期间，事业单位应根据对被投资单位的财务和经营政策的影响程度，分别采用成本法和权益法进行核算。具体参见长期股权投资的成本法和权益法以及成本法和权益法的转换。

2. 长期股权投资核算的会计科目设置

为了核算长期股权投资，事业单位应设置“长期股权投资”账户。该账户应当按照被投资单位和长期股权投资取得的方式等进行明细核算。长期股权投资采用权益法核算的，还应当按照“成本”“损益调整”“其他权益变动”设置明细账户，进行明细核算。该账户期末借方余额反映事业单位持有的长期股权投资的价值。

3. 长期股权投资取得的核算

(1) 以支付现金取得的长期股权投资，以实际支付的全部价款(包括购买价款和相关税费)作为实际成本。实际支付价款中包含的已宣告但尚未发放的现金股利，应当单独确认为应收股利，不计入长期股权投资初始投资成本以现金取得的长期股权投资，按照确定的投资成本，借记该账户或该账户(成本)，按照支付的价款中包含的已宣告但尚未发放的现金股利，借记“应收股利”账户，按照实际支付的全部价款，贷记“银行存款”等账户。实际收到取得投资时所支付价款中包含的已宣告但尚未发放的现金股利时，借记“银行存款”账户，贷记“应收股利”账户。

【例 9-66】　广东金融学院（公立院校）20×8 年 1 月 1 日以1 000 000元的价格购入天河有限责任公司 2%的股权，在购买过程中支付相关税费25 000元。该学院在取得天河有限责任公司的股权后，未以任何方式参与甲公司的财务和生产经营决策。该学院在取得股权投资后，天河有限责任公司实现的净利润及利润分配情况如表 9－1 所示。

表 9-1　　天河有限责任公司实现的净利润及利润分配情况　　单位：元

年度	实现净利润	当年分配利润
20×8	5 000 000	3 000 000
20×9	6 000 000	4 200 000

注：天河有限责任公司 20×8 年度分配的利润属于其对 20×5 年及以前实现的净利润的分配。

广东金融学院（公立院校）事业单位的账务处理如下：

· 20×8 年取得投资时：

借：长期股权投资——天河公司　　965 000

　应收股利　　60 000

　贷：银行存款　　1 025 000

· 实际收到 20×8 年从甲公司分得的利润时：

借：银行存款　　60 000

　贷：应收股利　　60 000

20×9 年从甲公司分得利润时：

借：应收股利　　84 000

　贷：投资收益　　84 000

· 实际收到 20×9 年从甲公司分得的利润时：

借：银行存款　　84 000

　贷：应收股利　　84 000

（2）以现金以外的其他资产置换取得的长期股权投资，其成本按照换出资产的评估价值加上支付的补价或减去收到的补价，加上换入长期股权投资发生的其他相关支出确定。

以现金以外的其他资产置换取得的长期股权投资，参照“库存物品”账户中置换取得库存物品的相关规定进行账务处理。

【例 9-67】　广东金融学院（公立院校）20×9 年 1 月 1 日经批准以账面余额为500 000元、评估价值为400 000元的甲材料置换取得 A 有限责任公司 3%的股权。另外，广东金融学院通过银行存款向 A 有限责任公司支付补价款50 000元，以现金支付运杂费 800 元。广东金融学院的账务处理如下：

借：长期股权投资——A 公司　　450 800

　资产处置费用　　100 000

　贷：库存物品——甲材料　　500 000

　　银行存款　　50 000

　　库存现金　　800

（3）以未入账的无形资产取得的长期股权投资按照评估价值加相关税费作为投资成本，借记该账户，按照发生的相关税费，贷记“银行存款”“其他应交税费”等账户，按其差额，贷记“其他收入”账户。

【例 9-68】 广东金融学院(公立院校)20×9 年 1 月 1 日以未入账的专利权对天河有限责任公司进行投资,该专利权的评估价值为20 000元,支付评估费5 000元。该事业单位的账务处理如下:

借:长期股权投资——天河公司　　200 000

　贷:银行存款　　5 000

　　其他收入　　195 000

(4) 接受捐赠的长期股权投资,其成本按照有关凭据注明的金额加上相关税费确定;没有相关凭据可供取得,但按规定经过资产评估的,其成本按照评估价值加上相关税费确定;没有相关凭据可供取得、也未经资产评估的,其成本比照同类或类似资产的接受捐赠的长期股权投资,按照确定的投资成本,借记该账户或该账户(成本);市场价格加上相关税费确定。按照发生的相关税费,贷记“银行存款”等账户;按照其差额,贷记“捐赠收入”账户。

【例 9-69】 广东金融学院(公立院校)20×9 年 6 月 1 日接受 B 有限责任公司捐赠的1%的股权,该股权的市场价值为300 000元。假设不考虑相关税费,该事业单位的账务处理如下:

借:长期股权投资——B 公司　　300 000

　贷:捐赠收入　　300 000

(5) 无偿调入的长期股权投资,其成本按照调出方账面价值加上相关税费确定无偿调入的长期股权投资,按照确定的投资成本,借记该账户或该账户(成本),按照发生的相关税费,贷记“银行存款”等账户;按照其差额,贷记“无偿调拨净资产”账户。

【例 9-70】 广东金融学院(公立院校)20×9 年 8 月 1 日无偿调入某兄弟单位所拥有的D 有限责任公司 2%的股权,该股权在 G 公司的账面价值为30 000元。假设不考虑相关税费,该事业单位的账务处理如下:

借:长期股权投资——G 公司　　300 000

　贷:无偿调拨净资产　　300 000

4. 长期股权投资的成本法和权益法

1) 成本法

成本法是指投资按照投资成本计量的方法。事业单位无权决定被投资单位的财务和经营政策或无权参与被投资单位的财务和经营政策决策的,应当采用成本法进行核算。在成本法下,长期股权投资的账面余额通常保持不变,但追加或收回投资时,应当相应调整其账面余额。长期股权投资持有期间,被投资单位宣告分派的现金股利或利润,事业单位应当按照宣告分派的现金股利或利润中属于事业单位应享有的份额确认为投资收益,被投资单位宣告发放现金股利或利润时,按照应收的金额,借记“应收股利”账户,贷记“投资收益”账户。收到现金股利或利润时,按照实际收到的金额,借记“银行存款”等账户,贷记“应收股利”账户。举例参见[例 9-66]。

2) 权益法

权益法是指投资最初以投资成本计量,以后根据事业单位在被投资单位所享有的所有者权益份额的变动对投资的账面余额进行调整的方法。事业单位有权决定被投资单位的财务和经营政策或有权参与被投资单位的财务和经营政策决策的,应当采用权益法进行核算。

（1）权益法下会计处理的原则。采用权益法核算的长期股权投资，按照如下原则进行会计处理：

其一，事业单位取得长期股权投资后，对于被投资单位所有者权益的变动，应当按照下列规定进行处理：按照应享有或应分担的被投资单位实现的净损益的份额，确认为投资损益，同时调整长期股权投资的账面余额；按照被投资单位宣告分派的现金股利或利润计算应享有的份额，确认为应收股利，同时减少长期股权投资的账面余额；按照被投资单位除净损益和利润分配以外的所有者权益变动的份额，确认为净资产，同时调整长期股权投资的账面余额。

其二，事业单位确认被投资单位发生的净亏损，应当以长期股权投资的账面余额减记至零为限，事业单位负有承担额外损失义务的除外。被投资单位发生净亏损，但以后年度又实现净利润的，事业单位应当在其收益分享额弥补未确认的亏损分担额等后，恢复确认投资收益。

（2）权益法下的账务处理。被投资单位实现净利润的，按照应享有的份额，借记该账户（损益调整），贷记"投资收益"账户。被投资单位发生净亏损的，按照应分担的份额，借记"投资收益"账户，贷记该账户（损益调整），但以该账户的账面余额减记至零为限。发生亏损的被投资单位以后年度又实现净利润的，按照收益分享额弥补未确认的亏损分担额等后的金额，借记该账户（损益调整），贷记"投资收益"账户。被投资单位宣告分派现金股利或利润的，按照应享有的份额，借记"应收股利"账户，贷记该账户（损益调整）。被投资单位发生除净损益和利润分配以外的所有者权益变动的，按照应享有或应分担的份额，借记或贷记"权益法调整"账户，贷记或借记该账户（其他权益变动）。

【例 9-71】 广东金融学院（公立院校）拥有天河有限责任公司 60％的股权，能够对天河公司的财务和经营政策决策施加重大影响。20×7 年 12 月 31 日，其长期股权投资账面余额为2 000 000元，包括投资成本以及因天河公司以前年度实现净利润而确认的投资收益。天河公司 20×8 年实现净利润1 000 000元，向股东分配利润500 000元。20×9 年 5 月，该学院收到天河公司分配的 20×8 年利润300 000元。该事业单位的账务处理如下：

· 按照 20×8 年净利润确认长期股权投资应享有的份额时：

借：长期股权投资——损益调整　　600 000
　　贷：投资收益　　600 000

· 按照 20×8 年分配的净利润确认应收股利时：

借：应收股利　　300 000
　　贷：长期股权投资——损益调整　　300 000

· 20×9 年 5 月收到分配的 20×6 年利润时：

借：银行存款　　300 000
　　贷：投资收益　　300 000

3）成本法和权益法的转换

（1）事业单位因处置部分长期股权投资等原因无权再决定被投资单位的财务和经营政策或者参与被投资单位的财务和经营政策决策的，应当对处置后的剩余股权投资改按成本法核算，应当按照权益法下该账户账面余额作为成本法下该账户账面余额（初始投资成本）。其后，被投资单位宣告分派现金股利或利润时，属于单位已计入投资账面余额的部分（作为成本法下长期股权投资成本的收回，冲减长期股权投资的账面余额），按照应分得的现金股利或利润份额，借记"应收股利"账户，贷记该账户。

【例 9-72】 某事业单位原来拥有天河有限责任公司 60%的股权，天河有限责任公司账面余额为1 000 000元，按照天河有限责任公司的章程规定，该单位参与天河有限责任公司的财务和生产经营决策，该项长期股权投资采用权益法核算。20×9 年 1 月 2 日，该单位将其持有的天河有限责任公司的 40%股权出售给某企业，取得价款650 000元。在出售 40%股权后，该单位对天河有限责任公司的持股比例为 20%，无法参与天河有限责任公司的财务和生产经营决策，对该项长期股权投资转为成本法核算。自取得天河有限责任公司的长期股权投资后至出售投资前，天河有限责任公司实现净利润200 000元。假定天河有限责任公司一直未进行利润分配。该事业单位的账务处理如下：

借：长期股权投资——天河有限责任公司　　240 000
　贷：长期股权投资——天河有限责任公司——成本　　200 000
　　　　　　　　　　　　　　　　　　——损益调整　　40 000
借：银行存款　　650 000
　贷：长期股权投资——天河有限责任公司——成本　　400 000
　　　　　　　　　　　　　　　　　　——损益调整　　80 000
　　　投资收益　　170 000
借：投资收益　　120 000
　贷：权益法调整　　120 000

(2) 事业单位因追加投资等原因对长期股权投资的核算从成本法改为权益法的，应当自有权决定被投资单位的财务和经营政策或者参与被投资单位的财务和经营政策决策时，按成本法下长期股权投资的账面余额加上追加投资的成本作为按照权益法核算的初始投资成本。

事业单位因追加投资等原因对长期股权投资的核算从成本法改为权益法的，应当按照成本法下该账户账面余额与追加投资成本的合计金额，借记该账户(成本)，按照成本法下该账户账面余额，贷记该账户，按照追加投资的成本，贷记"银行存款"等账户。

【例 9-73】 某事业单位 20×8 年 3 月 1 日取得丙有限责任公司 15%的股权，账面余额为1 050 000元，取得丙有限责任公司的股权后，由于该单位未以任何方式参与丙有限责任公司的财务和生产经营决策，故对其采用成本法核算。20×9 年 3 月 1 日，该事业单位又以50 000元取得丙有限责任公司 40%的股权，取得股权后按照丙有限责任公司的章程规定，该单位参与丙有限责任公司的财务和生产经营决策，对该项长期股权投资转为权益法核算。该事业单位的账务处理如下：

借：长期股权投资——丙有限责任公司——成本　　6 050 000
　贷：长期股权投资——丙有限责任公司　　1 050 000
　　　银行存款　　5 000 000

5. 长期股权投资处置的核算

事业单位按规定报经批准处置长期股权投资，应当冲减长期股权投资的账面余额，并按规定将处置价款扣除相关税费后的余额做应缴款项处理，或者按规定将处置价款扣除相关税费后的余额与长期股权投资账面余额的差额计入当期投资损益。采用权益法核算的长期股权投资，因被投资单位除净损益和利润分配以外的所有者权益变动而将应享有的份额计入净资产的，处置该项投资时，还应当将原计入净资产的相应部分转入当期投资损益。

(1) 事业单位按照规定报经批准出售(转让)长期股权投资时，应当区分长期股权投资取得的方式分别进行处理：

其一，处置以现金取得的长期股权投资，按照实际取得的价款，借记“银行存款”等账户，按照被处置长期股权投资的账面余额，贷记该账户，按照尚未领取的现金股利或利润，贷记“应收股利”账户，按照发生的相关税费等支出，贷记“银行存款”等账户，按照借贷方差额，借记或贷记“投资收益”账户。

其二，处置以现金以外的其他资产取得的长期股权投资，按照被处置长期股权投资的账面余额，借记“资产处置费用”账户，贷记该账户；同时，按照实际取得的价款，借记“银行存款”等账户，按照尚未领取的现金股利或利润，贷记“应收股利”账户，按照发生的相关税费等支出，贷记“银行存款”等账户，按照贷方差额，贷记“应缴财政款”账户。按照规定将处置时取得的投资收益纳入本单位预算管理的，应当按照所取得价款大于被处置长期股权投资账面余额、应收股利账面余额和相关税费支出合计的差额，贷记“投资收益”账户。

(2) 因被投资单位破产清算等原因，有确凿证据表明长期股权投资发生损失，按照规定报经批准后予以核销时，按照予以核销的长期股权投资的账面余额，借记“资产处置费用”账户，贷记该账户。

(3) 报经批准置换转出长期股权投资时，参照“库存物品”账户中置换换入库存物品的规定进行账务处理。

(4) 采用权益法核算的长期股权投资的处置，除进行上述账务处理外，还应结转原来直接计入净资产的相关金额，借记或贷记“权益法调整”账户，贷记或借记“投资收益”账户。

【例 9-74】 某事业单位拥有 M 有限责任公司 2%的股权，该投资于 20×8 年 1 月 1 日以支付银行存款取得。该事业单位取得投资后，未以任何方式参与 M 有限责任公司的财务和经营政策决策。20×9 年 12 月 31 日，经批准，该事业单位将拥有 M 有限责任公司 2%的股权转让，实际取得价款500 000元，发生相关税费5 000元，长期股权投资的账面余额为400 000元。该事业单位的账务处理如下：

	借方	贷方
借：银行存款	500 000	
贷：长期股权投资		400 000
银行存款		5 000
投资收益		95 000

【例 9-75】 承[例 9-74]，假定该事业单位拥有 M 有限责任公司 2%的股权，是以未入账的无形资产取得的。该事业单位的账务处理如下：

	借方	贷方
借：资产处置费用	400 000	
贷：长期股权投资		400 000
借：银行存款	500 000	
贷：投资收益		95 000
银行存款		5 000
应缴财政款		400 000

七、长期债券投资▲

长期债券投资是指事业单位按照规定取得的，持有时间超过 1 年(不含 1 年)的债券投资。

（一）长期债券投资的确认和计量

长期债券投资在取得时，应当按照实际成本作为初始投资成本。实际支付价款中包含的已到付息期但尚未领取的债券利息，应当单独确认为应收利息，不计入长期债券投资初始投资成本。长期债券投资持有期间，应当按期以票面金额与票面利率计算确认利息收入。对于分期付息、一次还本的长期债券投资，应当将计算确定的应收未收利息确认为应收利息，计入投资收益；对于一次还本付息的长期债券投资，应当将计算确定的应收未收利息计入投资收益，并增加长期债券投资的账面余额。

（二）长期债券投资的核算

为了核算长期债券投资，事业单位应设置"长期债券投资"科目。该账户应当设置"成本""应计利息"明细账户，并按照债券投资的种类进行明细核算。该账户期末借方余额反映事业单位持有的长期债券投资的价值。

(1) 长期债券投资的取得。事业单位取得的长期债券投资，按照确定的投资成本，借记该账户（成本），按照支付的价款中包含的已到付息期但尚未领取的利息，借记"应收利息"账户，按照实际支付的金额，贷记"银行存款"等账户。实际收到取得债券时所支付价款中包含的已到付息期但尚未领取的利息时，借"银行存款"账户，贷记"应收利息"账户。

(2) 长期债券投资持有期间利息的确认。长期债券投资持有期间，按期以债券票面金额与票面利率计算确认利息收入时，如为到期一次还本付息的债券投资，借记该账户（应计利息），贷记"投资收益"账户；如为分期付息、到期一次还本的债券投资，借记"应收利息"账户，贷记"投资收益"账户。收到分期支付的利息时，按照实收的金额，借记"银行存款"等账户，贷记"应收利息"账户。

(3) 长期债券投资的到期收回。事业单位到期收回长期债券投资，按照实际收到的金额，借记"银行存款"账户，按照长期债券投资的账面余额，贷记该账户，按照相关应收利息金额，贷记"应收利息"账户，按照其差额，贷记"投资收益"账户。

(4) 长期债券投资的对外出售。事业单位按规定出售或到期收回长期债券投资，应当将实际收到的价款扣除长期债券投资账面余额和相关税费后的差额计入投资损益；事业单位对外出售长期债券投资，按照实际收到的金额，借记"银行存款"账户，按照长期债券投资的账面余额，贷记该账户，按照已记入"应收利息"账户但尚未收取的金额，贷记"应收利息"账户，按照其差额贷记或借记"投资收益"账户。涉及增值税业务的，相关账务处理参见"应交增值税"账户。

【例 9-76】 某事业单位于 20×6 年 1 月 2 日购入 3 年期的国库券，实际支付价款 600 000元。该国库券票面利率为 4%，每年 1 月 2 日支付利息，到期一次还本。该事业单位的账务处理如下：

· 取得国库券时：

借：长期债券投资——成本　　600 000

　贷：银行存款　　600 000

· 持有期间每月确认利息收入时：

年利息＝600 000×4%＝24 000（元）

每月利息＝24 000÷12＝2 000（元）

借:应收利息　　2 000

　贷:投资收益　　2 000

· 每年收到利息收入时:

借:银行存款　　24 000

　贷:应收利息　　24 000

· 20×9 年 1 月 2 日国库券到期,收回本息时:

借:银行存款　　624 000

　贷:长期债券投资——成本　　600 000

　　应收利息　　24 000

【例 9-77】 某事业单位于 20×6 年 1 月 2 日购入 3 年期的国库券,实际支付价款600 000元。该国库券票面利率为 4%,到期一次还本付息。该事业单位的账务处理如下:

· 取得国库券时:

借:长期债券投资——成本　　600 000

　贷:银行存款　　600 000

· 持有期间每月确认利息收入时:

年利息=600 000×4%=24 000(元)

每月利息=24 000÷12=2 000(元)

借:长期债券投资——应计利息　　2 000

　贷:投资收益　　2 000

· 20×9 年 1 月 2 日国库券到期,收回本息时:

借:银行存款　　672 000

　贷:长期债券投资——成本　　600 000

　　应收利息　　72 000

【例 9-78】 某事业单位将 2 年前购买的分年付息、到期一次还本的国库券出售,取得价款200 000元,该国库券成本为180 000元,应收利息为5 000元。假设该事业单位为增值税一般纳税人。该事业单位的账务处理如下:

借:银行存款　　200 000

　贷:长期债券投资——成本　　180 000

　　应收利息　　5 000

　　投资收益　　14 100

　　应交增值税——转让金融产品应交增值税　　900

八、固定资产

(一) 固定资产的概念和分类

1. 固定资产的概念

固定资产是指政府单位为满足自身开展业务活动或其他活动的需要而控制的,使用年限超过 1 年(不含 1 年)、单位价值在规定标准以上,并在使用过程中基本保持原有物质形态的资产。按《行政单位财务规则》和《事业单位财务规则》的规定,政府单位固定资产的单位

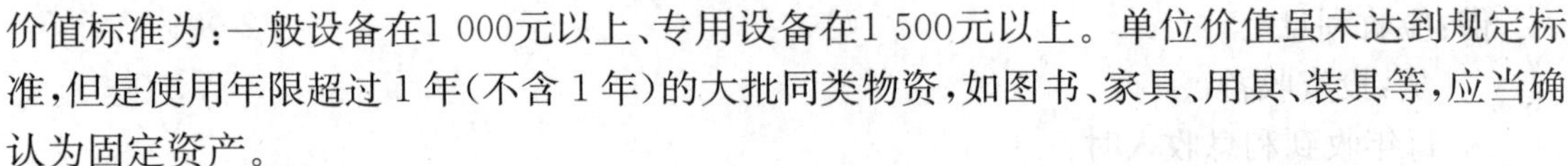

价值标准为：一般设备在1 000元以上、专用设备在1 500元以上。单位价值虽未达到规定标准，但是使用年限超过1年(不含1年)的大批同类物资，如图书、家具、用具、装具等，应当确认为固定资产。

2. 固定资产的分类

政府单位的固定资产可分为以下六类：

(1) 房屋及建筑物。它是指政府单位占有和使用的房屋、建筑物及其附属设施。其中，房屋包括办公用房、生产经营用房、仓库、职工生产用房、食堂用房、锅炉房等；建筑物包括道路、围墙、水塔、雕塑等；附属设施包括房屋、建筑物内的电梯、通信线路、输电线路、水气管道等。

(2) 专用设备。它是指政府单位根据业务的实际需要购置的各种具有专门性能和专门用途的设备。

(3) 通用设备。它是指政府单位用于业务活动的办公和事务用的通用性设备、交通工具、通信工具等。

(4) 文物和陈列品。它是指政府单位占有和使用的古玩、字画、纪念品、装饰品、展品、藏品等。

(5) 图书、档案。它是指政府单位的图书馆(室)、阅览室的图书、资料以及档案馆(室)的档案等。

(6) 家具、用具、装具及动植物。

(二) 固定资产的确认

1. 固定资产的确认条件

固定资产同时满足下列条件的，应当予以确认：① 与该固定资产相关的服务潜力很可能实现或者经济利益很可能流入政府单位。② 该固定资产的成本或者价值能够可靠地计量。

2. 固定资产确认条件的具体应用

在通常情况下，购入、换入、接受捐赠、无偿调入不需安装的固定资产，在固定资产验收合格时确认；购入、换入、接受捐赠、无偿调入需要安装的固定资产，在固定资产安装完成交付使用时确认；自行建造、改建、扩建的固定资产，在建造完成交付使用时确认。确认固定资产时，应当考虑以下情况：① 固定资产的各组成部分具有不同使用年限或者以不同方式为政府单位实现服务潜力或提供经济利益，适用不同折旧率或折旧方法且可以分别确定各自原价的，应当分别将各组成部分确认为单项固定资产。② 应用软件构成相关硬件不可缺少的组成部分的，应当将该软件的价值包括在所属的硬件价值中，一并确认为固定资产；不构成相关硬件不可缺少的组成部分的，应当将该软件确认为无形资产。③ 购建房屋及构筑物时，不能分清购建成本中的房屋及构筑物部分与土地使用权部分的，应当全部确认为固定资产；能够分清购建成本中的房屋及构筑物部分与土地使用权部分的，应当将其中的房屋及构筑物部分确认为固定资产，其中的土地使用权部分确认为无形资产。固定资产在使用过程中发生的后续支出，符合固定资产确认条件的，应当计入固定资产成本；不符合固定资产确认条件的，应当在发生时计入当期费用或者相关资产成本。将发生的固定资产后续支出计入固定资产成本的，应当同时从固定资产账面价值中扣除被替换部分的账面价值。

（三）固定资产的计量

固定资产在取得时应当按照成本进行初始计量。不同方式取得的固定资产的成本确定参见固定资产取得的核算。固定资产的后续计量包括固定资产的折旧和处置。具体计量方法参见固定资产折旧和处置的核算。

（四）固定资产核算的账户设置

为了核算各类固定资产的原值，政府单位应设置"固定资产"账户。该账户应当按照固定资产类别和项目进行明细核算。该账户期末借方余额反映行政事业单位固定资产的原值。

"固定资产"账户的使用，应当考虑以下情况：

（1）购入需要安装的固定资产，应当先通过"在建工程"账户核算，安装完毕交付使用时再转入该账户核算。

（2）以借入、经营租赁租入方式取得的固定资产，不通过该账户核算，应当设置备查簿进行登记。

（3）采用融资租入方式取得的固定资产，通过该账户核算，并在该账户下设置"融资租入固定资产"明细账户。

（4）经批准在境外购买具有所有权的土地，作为固定资产，通过该账户核算；政府单位应当在该账户下设置"境外土地"明细账户，进行相应的明细核算。

（五）固定资产取得的核算

政府单位固定资产取得的方式主要有：外购、自行建造、融资租赁、接受捐赠、无偿调入和置换取得等。固定资产取得时涉及增值税业务的，相关账务处理参见"应交增值税"账户。

1. 外购的固定资产

政府单位外购的固定资产，其成本包括购买价款、相关税费以及固定资产交付使用前所发生的可归属于该项资产的运输费、装卸费、安装费和专业人员服务费等。以一笔款项购入多项没有单独标价的固定资产，应当按照各项固定资产同类或类似资产市场价格的比例对总成本进行分配，分别确定各项固定资产的成本。

（1）购入不需安装的固定资产验收合格时，按照确定的固定资产成本，借记该账户，贷记"财政拨款收入""零余额账户用款额度""应付账款""银行存款"等账户。

（2）购入需要安装的固定资产，在安装完毕交付使用前通过"在建工程"账户核算，安装完毕交付使用时再转入该账户。

（3）购入固定资产扣留质量保证金的，应当在取得固定资产时，按照确定的固定资产成本，借记该账户（不需安装）或"在建工程"账户（需要安装），按照实际支付或应付的金额，贷记"财政拨款收入""零余额账户用款额度""应付账款"（不含质量保证金）、"银行存款"等账户，按照扣留的质量保证金数额，贷记"其他应付款"[扣留期在 1 年以内（含 1 年）]或"长期应付款"（扣留期超过 1 年）账户。质保期满支付质量保证金时，借记"其他应付款""长期应付款"账户，贷记"财政拨款收入""零余额账户用款额度""银行存款"等账户。

【例 9-79】　天河局购买办公用计算机一批，取得的增值税专用发票上注明的计算机价款为60 000元，增值税额为7 800元，以银行存款支付运输费5 000元，价款实行财政直接支付。计算机直接交付使用。该政府单位的账务处理如下：

借：固定资产——专用设备　　72 800

　贷：财政拨款收入　　67 800

　　银行存款　　5 000

政府单位购入需要安装的固定资产的核算举例参见[例 9-95]。

【例 9-80】 天河局通过单位零余额账户支用款项购入技术设备一台，取得的增值税专用发票上注明的价款为200 000元，增值税额为26 000元。技术设备直接交付使用。该政府单位的账务处理如下：

借：固定资产——专用设备　　226 000

　贷：零余额账户用款额度　　226 000

【例 9-81】 假设[例 9-79]中购买计算机需要按照价款的 10%扣留质量保证金6 000元，半年后无质量问题再返还质量保证金。该政府单位的账务处理如下：

借：固定资产——通用设备　　72 800

　贷：财政拨款收入　　61 800

　　银行存款　　5 000

　　其他应付款　　6 000

如果上述质保期满通过单位零余额账户支付质量保证金，其账务处理如下：

借：其他应付款　　6 000

　贷：零余额账户用款额度　　6 000

2. 自行建造的固定资产

政府单位自行建造的固定资产，其成本包括该项资产至交付使用前所发生的全部必要支出。在原有固定资产基础上进行改建、扩建、修缮后的固定资产，其成本按照原固定资产账面价值加上改建、扩建、修缮发生的支出，再扣除固定资产被替换部分的账面价值后的金额确定。为建造固定资产借入的专门借款的利息，属于建设期间发生的，计入在建工程成本；不属于建设期间发生的，计入当期费用。已交付使用但尚未办理竣工决算手续的固定资产，应当按照估计价值入账，待办理竣工决算后再按实际成本调整原来的暂估价值。政府单位自行建造的固定资产交付使用时，按照在建工程成本，借记该账户，贷记“在建工程”账户。已交付使用但尚未办理竣工决算手续的固定资产，按照估计价值入账，待办理竣工决算后再按照实际成本调整原来的暂估价值。

【例 9-82】 某政府单位以出包方式自行建造的办公楼工程完工交付使用。该办公楼在自行建造过程中共发生实际支出1 000 000元。该政府单位的账务处理如下：

借：固定资产——房屋及建筑物　　1 000 000

　贷：在建工程　　1 000 000

在原有固定资产基础上进行改建、扩建、修缮后的固定资产核算的相关举例参见[例 9-94]。为建造固定资产借入的专门借款的利息核算相关举例参见[例 10-29]。

3. 融资租入的固定资产

政府单位融资租赁取得的固定资产，其成本按照租赁协议或者合同确定的租赁价款、相关税费以及固定资产交付使用前所发生的可归属于该项资产的运输费、途中保险费、安装调试费等确定。

(1) 政府单位融资租入的固定资产,按照确定的成本,借记该账户(不需安装)或“在建工程”账户(需安装),按照租赁协议或者合同确定的租赁付款额,贷记“长期应付款”账户,按照支付的运输费、途中保险费、安装调试费等金额,贷记“财政拨款收入”“零余额账户用款额度”“银行存款”等账户。

(2) 定期支付租金时,按照实际支付金额,借记“长期应付款”账户,贷记“财政拨款收入”“零余额账户用款额度”“银行存款”等账户。

【例 9-83】 某事业单位以融资租赁方式从租赁公司租入不需要安装的生产用设备一台。按照租赁协议确定的租赁价款为100 000元,租赁期为 4 年,年利率为 10%,采用年平均分摊法计算每年年末支付的租金(包括设备价款、利息)。另外,该事业单位支付手续费、运输费、途中保险费等10 000元。该事业单位的账务处理如下:

· 租入设备时:

借:固定资产——专用设备　　110 000

　贷:长期应付款　　100 000

　　银行存款　　10 000

· 第一年到第四年各年年末支付租金时:

4 年利息总额=10×1.464-10=4.64(万元)

每年支付租金=(10+4.64)÷4=3.66(万元)

每年支付的租金3.66万元中包括本金2.5万元,利息1.16万元。

借:长期应付款　　25 000

　经营费用　　11 600

　贷:银行存款　　36 600

4. 跨年度分期付款购入的固定资产

按照规定跨年度分期付款购入固定资产的账务处理,参照融资租入固定资产进行核算。

5. 接受捐赠的固定资产

政府单位接受捐赠的固定资产,其成本按照有关凭据注明的金额加上相关税费、运输费等确定;没有相关凭据可供取得,但按规定经过资产评估的,其成本按照评估价值加上相关税费、运输费等确定;没有相关凭据可供取得、也未经资产评估的,其成本比照同类或类似资产的市场价格加上相关税费、运输费等确定;没有相关凭据且未经资产评估、同类或类似资产的市场价格也无法可靠取得的,按照名义金额入账,相关税费、运输费等计入当期费用。如受赠的系旧的固定资产,在确定其初始入账成本时应当考虑该项资产的新旧程度。

(1) 政府单位接受捐赠的固定资产,按照确定的固定资产成本,借记该账户(不需安装)或“在建工程”账户(需安装),按照发生的相关税费、运输费等,贷记“零余额账户用款额度”“银行存款”等账户,按照其差额,贷记“捐赠收入”账户。

(2) 政府单位接受捐赠的固定资产按照名义金额入账的,按照名义金额,借记该账户,贷记“捐赠收入”账户;按照发生的相关税费、运输费等,借记“其他费用”账户,贷记“零余额账户用款额度”“银行存款”等账户。

【例 9-84】 某政府单位接受外单位捐赠专用设备一台,发票上注明的金额为50 000元,发生与该设备有关的相关税费、运输费2 000元,以银行存款付讫。设备直接交付使用。该政府单位的账务处理如下：

借：固定资产——专用设备　　52 000

　贷：银行存款　　2 000

　　捐赠收入　　50 000

上述接受捐赠的固定资产如果按照名义金额入账，账务处理如下：

借：固定资产　　1

　贷：捐赠收入　　1

借：其他费用　　2 000

　贷：银行存款　　2 000

6. 无偿调入的固定资产

政府单位无偿调入的固定资产，其成本按照调出方账面价值加上相关税费、运输费等确定。政府单位无偿调入的固定资产，按照确定的固定资产成本，借记该账户（不需安装）或"在建工程"账户（需安装），按照发生的相关税费、运输费等，贷记"零余额账户用款额度""银行存款"等账户，按照其差额，贷记"无偿调拨净资产"账户。

【例 9-85】 某政府单位经批准从上级单位无偿调入图书一批，该批图书调出方账面价值为60 000元，签发现金支票支付运输费1 200元。该政府单位的账务处理如下：

借：固定资产——图书　　61 200

　贷：银行存款　　1 200

　　无偿调拨净资产　　60 000

7. 置换取得的固定资产

政府单位通过置换取得的固定资产，其成本按照换出资产的评估价值加上支付的补价或减去收到的补价，加上换入固定资产发生的其他相关支出确定。置换取得的固定资产，参照"库存物品"账户中置换取得库存物品的相关规定进行账务处理。

【例 9-86】 某政府单位以账面价值100 000元、已计提折旧100 000元的汽车置换单位的通信设备。汽车的评估价值为80 000元，以零余额账户用款额度支付补价款40 000元，通信设备直接交付使用。假设不考虑相关税费，该政府单位的账务处理如下：

借：固定资产——通用设备——通信设备　　120 000

　固定资产累计折旧　　100 000

　资产处置费用　　20 000

　贷：零余额账户用款额度　　40 000

　　固定资产——通用设备——汽车　　200 000

（六）与固定资产有关的后续支出

1. 符合固定资产确认条件的后续支出

在通常情况下，将固定资产转入改建、扩建时，按照固定资产的账面价值，借记"在建工程"账户，按照固定资产已计提折旧，借记"固定资产累计折旧"账户，按照固定资产的账面余额，贷记该账户。

为增加固定资产使用效能或延长其使用年限而发生的改建、扩建等后续支出，借记"在建工程"账户，贷记"财政拨款收入""零余额账户用款额度""银行存款"等账户。固定资产改建、扩建等完成交付使用时，按照在建工程成本，借记该账户，贷记"在建工程"账户。

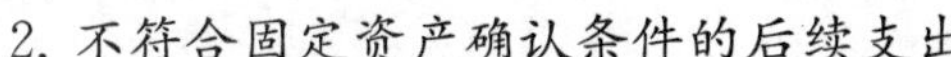

2. 不符合固定资产确认条件的后续支出

为保证固定资产正常使用发生的日常维修等支出，借记“业务活动费用”“单位管理费用”等账户，贷记“财政拨款收入”“零余额账户用款额度”“银行存款”等账户。

（七）固定资产折旧的核算

1. 固定资产折旧的含义

折旧是指在固定资产的预计使用年限内，按照确定的方法对应计的折旧额进行系统分摊。固定资产应计的折旧额为其成本，计提固定资产折旧时不考虑预计净残值。政府单位应当对暂估入账的固定资产计提折旧，实际成本确定后不需调整原已计提的折旧额。

2. 固定资产折旧范围

政府单位应当对固定资产计提折旧，但文物和陈列品、动植物、图书、档案、单独计价入账的土地、以名义金额计量的固定资产除外。

3. 固定资产折旧方法

政府单位一般应当采用年限平均法或者工作量法计提固定资产折旧。在确定固定资产的折旧方法时，应当考虑与固定资产相关的服务潜力或经济利益的预期实现方式。固定资产折旧方法一经确定，不得随意变更。

（1）年限平均法。年限平均法又称直线法，是指将固定资产的应计折旧金额均衡地分摊到其预计使用年限内的方法。采用这种方法计算的每期折旧额相等。其计算公式如下：

年折旧额＝固定资产原值÷预计使用年限

月折旧额＝固定资产年折旧额÷12

（2）工作量法。工作量法是根据实际工作量计算每期应计提折旧额的一种方法。其计算公式如下：

单位工作量折旧额＝固定资产原值÷预计总工作量

某项固定资产月折旧额＝该项固定资产当月工作量×单位工作量折旧额

政府单位应当根据《〈政府会计准则第3号——固定资产〉应用指南》等相关规定以及固定资产的性质和使用情况，合理确定固定资产的使用年限。固定资产的使用年限一经确定，不得随意变更。政府单位确定固定资产使用年限，应当考虑下列三个因素：一是预计实现服务潜力或提供经济利益的期限；二是预计有形损耗和无形损耗；三是法律或者类似规定对资产使用的限制。

固定资产因改建、扩建或修缮等原因而延长其使用年限的，应当按照重新确定的固定资产的成本以及重新确定的折旧年限计算折旧额。政府单位盘盈、无偿调入、接受捐赠以及置换的固定资产，应当考虑该项资产的新旧程度，按照其尚可使用的年限计提折旧。

4. 固定资产折旧计提时点

固定资产应当按月计提折旧，并根据用途计入当期费用或者相关资产成本。当月增加的固定资产，当月开始计提折旧；当月减少的固定资产，当月不再计提折旧。固定资产提足折旧后，无论能否继续使用，均不再计提折旧；提前报废的固定资产，也不再补提折旧。已提足折旧的固定资产，可以继续使用的，应当继续使用，规范实物管理。政府单位计提融资租入固定资产折旧时，应当采用与自有固定资产相一致的折旧政策。能够合理确定租赁期届满时将会取得租入固定资产所有权的，应当在租入固定资产尚可使用年限内计提折旧；无法合理确定租赁期届满时能够取得租入固定资产所有权的，应当在租赁期与租入固定资产尚

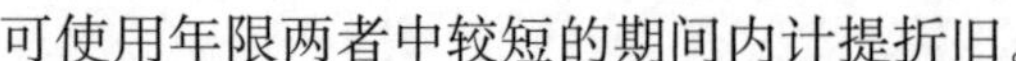

可使用年限两者中较短的期间内计提折旧。

5. 固定资产折旧的核算

为了核算固定资产的累计折旧，政府单位应设置“固定资产累计折旧”账户。该账户应当按照所对应固定资产的明细分类进行明细核算。该账户期末贷方余额反映单位计提的固定资产折旧累计数。

（1）政府单位按月计提固定资产折旧时，按照应计提折旧金额，借记“业务活动费用”“单位管理费用”“经营费用”“加工物品”“在建工程”等账户，贷记该账户。

（2）政府单位经批准处置或处理固定资产时，按照所处置或处理固定资产的账面价值，借记“资产处置费用”“无偿调拨净资产”“待处理财产损溢”等账户，按照已计提折旧，借记该账户，按照固定资产的账面余额，贷记“固定资产”账户。相关举例参见[例 9-90]。

【例 9-87】 天河局拥有一台专用设备，原值为45 000元，预计使用年限 5 年，该设备采用年限平均法计提折旧。该事业单位设备月折旧额的计算及账务处理如下：

年折旧额＝45 000 ∶ 5＝9 000(元)

月折旧额＝9 000÷12＝750(元)

借：业务活动费用	750	
贷：固定资产累计折旧		750

【例 9-88】 广东金融学院(公立院校)采用年限平均法计提固定资产折旧，各部门固定资产按月计提折旧额如表 9－2 所示。

表 9-2　　广东金融学院(公立院校)各部门固定资产按月计提折旧额　　单位：元

部门类别	月折旧额
专业活动部门	50 000
行政管理部门	6 000
后勤部门	4 000
经营管理部门	5 000

根据上述资料，该事业单位的账务处理如下：

借：业务活动费用	50 000	
单位管理费用	10 000	
经营费用	5 000	
贷：固定资产累计折旧		65 000

（八）固定资产处置的核算

政府单位固定资产的处置方式主要包括出售或转让、对外捐赠、无偿调出、置换换出等。固定资产处置时涉及增值税业务的，相关账务处理参见“应交增值税”账户。

1. 出售、转让的固定资产

政府单位按规定报经批准出售、转让固定资产的，应当将固定资产账面价值转销计入当期费用，并将处置收入扣除相关处置税费后的差额按规定作应缴款项处理(差额为净收益时)或计入当期费用(差额为净损失时)。

政府单位报经批准出售、转让固定资产，按照被出售、转让固定资产的账面价值，借记

“资产处置费用”账户，按照固定资产已计提的折旧，借记“固定资产累计折旧”账户，按照固定资产账面余额，贷记该账户；同时，按照收到的价款，借记“银行存款”等账户，按照处置过程中发生的相关费用，贷记“银行存款”等账户，按照其差额，贷记“应缴财政款”账户。

【例 9-89】 某政府单位为一般纳税人，经上级批准将不需用的一台专用设备出售，其账面价值为40 000元，已计提折旧30 000元，取得设备出售价款51 500元，款项已存入银行。假设该政府单位采用简易办法征收增值税，其账务处理如下：

借：资产处置费用　40 000

　　固定资产累计折旧　30 000

　　贷：固定资产——专用设备　70 000

相关税费计算如下：

增值税＝51 500÷(1＋3%)×2%＝1 000(元)

城市维护建设税＝1 000×7%＝70(元)

教育费附加＝1 000×3%＝30(元)

地方教育费附加＝1 000×2%＝20(元)

借：银行存款　51 500

　　贷：应缴财政款　50 380

　　　　应交增值税——简易计税　1 000

　　　　其他应交税费——应交城市维护建设税　70

　　　　　　　　　　——应交教育费附加　30

　　　　　　　　　　——应交地方教育费附加　20

2. 对外捐赠、无偿调出的固定资产

政府单位按规定报经批准对外捐赠、无偿调出固定资产的，应当将固定资产的账面价值予以转销，对外捐赠、无偿调出过程中发生的归属于捐出方、调出方的相关费用应当计入当期费用。

(1) 政府单位报经批准对外捐赠固定资产，按照固定资产已计提的折旧，借记“固定资产累计折旧”账户，按照被处置固定资产账面余额，贷记该账户，按照捐赠过程中发生的归属于捐出方的相关费用，贷记“银行存款”等账户，按照其差额，借记“资产处置费用”账户。

(2) 政府单位报经批准无偿调出固定资产，按照固定资产已计提的折旧，借记“固定资产累计折旧”账户，按照被处置固定资产账面余额，贷记该账户，按照其差额，借记“无偿调拨净资产”账户；同时，按照无偿调出过程中发生的归属于调出方的相关费用，借记“资产处置费用”账户，贷记“银行存款”等账户。

【例 9-90】 天河局将不需用的一批计算机捐赠给希望工程，计算机账面余额为50 000元，已计提折旧20 000元，以现金支付运费1 000元。假设不考虑相关税费。该政府单位的账务处理如下：

借：固定资产累计折旧　20 000

　　资产处置费用　31 000

　　贷：固定资产——通用设备　50 000

　　　　库存现金　1 000

上述计算机如果是无偿调出给兄弟单位，账务处理如下：

借:固定资产累计折旧 20 000
　无偿调拨净资产 30 000
　资产处置费用 1 000
　贷:固定资产——通用设备 50 000
　　库存现金 1 000

3. 置换换出的固定资产

政府单位报经批准置换换出固定资产,参照“库存物品”账户中置换换入库存物品的规定进行账务处理。举例参见[例 9-86]。

4. 对外投资的固定资产

事业单位按规定报经批准以固定资产对外投资的,应当将该固定资产的账面价值予以转销,并将固定资产在对外投资时的评估价值与其账面价值的差额计入当期收入或费用。相关账务处理及举例参见本章长期股权投资的核算。

(九) 固定资产盘点的核算

政府单位应当定期对固定资产进行清查盘点,每年至少盘点一次。对于发生的固定资产盘盈、盘亏或毁损、报废,应当先记入“待处理财产损溢”账户,按照规定报经批准后及时进行后续账务处理。

1. 盘盈的固定资产

盘盈的固定资产,其成本按照有关凭据注明的金额确定;没有相关凭据、但按照规定经过资产评估的,其成本按照评估价值确定;没有相关凭据、也未经过评估的,其成本按照重置成本确定。如无法采用上述方法确定盘盈固定资产成本的,按照名义金额(人民币 1 元)入账。盘盈的固定资产,按照确定的入账成本,借记该账户,贷记“待处理财产损溢”账户。

2. 盘亏、毁损或报废的固定资产

政府单位固定资产盘亏造成的损失,按规定报经批准后应当计入当期费用。按规定报经批准固定资产报废、毁损的,应当将固定资产账面价值转销计入当期费用,并将处置收入扣除相关处置税费后的差额按规定做应缴款项处理(差额为净收益时)或计入当期费用(差额为净损失时)。盘亏、毁损或报废的固定资产,按照待处理固定资产的账面价值,借记“待处理财产损溢”账户,按照已计提折旧,借记“固定资产累计折旧”账户,按照固定资产的账面余额,贷记该账户。

【例 9-91】 某政府单位在 20×9 年年末固定资产清查过程中,发现 20×8 年取得的一台电脑没有入账,有关凭据注明的金额为12 000元,款项通过单位零余额账户支付;20×9 年取得的 10 本图书没有入账,有关凭据注明的金额为2 000元。该政府单位的账务处理如下:

· 转入待处理财产损溢时:

借:固定资产——通用设备 12 000
　　　　——图书 2 000
　贷:待处理财产损溢 14 000

· 报经批准予以处理时:

借:待处理财产损溢 14 000
　贷:以前年度盈余调整 12 000
　　零余额账户用款额度 2 000

【例 9-92】 某政府单位在年终固定资产清查过程中报废一批办公用计算机，其账面余额为500 000元，已计提折旧400 000元，取得残值变价收入2 000元，已存入银行。该政府单位的账务处理如下：

· 转入待处理财产损溢时：

借:待处理财产损溢	100 000	
固定资产累计折旧	400 000	
贷:固定资产——通用设备		500 000

· 取得残值变价收入时：

借:银行存款	2 000	
贷:待处理财产损溢		2 000

· 报经批准处理时：

借:待处理财产损溢	2 000	
贷:应缴财政款		2 000

九、工程物资

工程物资是指政府单位为在建工程准备的各种物资，包括工程用材料、设备等。为了核算为在建工程准备的各种物资的成本，政府单位应设置“工程物资”账户。该账户可按照“库存材料”“库存设备”等工程物资类别进行明细核算。该账户期末借方余额反映单位为在建工程准备的各种物资的成本。

(1) 购入为工程准备的物资，按照确定的物资成本，借记该账户，贷记“财政拨款收入”“零余额账户用款额度”“银行存款”“应付账款”等账户。

(2) 领用工程物资，按照物资成本，借记“在建工程”账户，贷记该账户。工程完工后将领出的剩余物资退库时做相反的会计分录。

(3) 工程完工后将剩余的工程物资转作本单位存货等的，按照物资成本，借记“库存物品”等账户，贷记该账户。涉及增值税业务的，相关账务处理参见“应交增值税”账户。相关举例参见[例 9-93]。

十、在建工程

(一) 在建工程的概念

在建工程是指政府单位已经发生必要支出，但尚未达到交付使用状态的在建的建设项目工程，包括各种建筑(包括新建、改建、扩建、修缮等)、设备安装工程等。在建工程完工以后，转为固定资产、无形资产、公共基础设施、保障性住房等。

(二) 在建工程核算的账户设置

为了核算在建的建设项目工程的实际成本，政府单位应设置“在建工程”账户。该账户期末借方余额反映政府单位尚未完工的建设项目工程发生的实际成本。政府单位在建的信息系统项目工程、公共基础设施项目工程、保障性住房项目工程的实际成本，也通过该账户核算。该账户应当设置“建筑安装工程投资”“设备投资”“待摊投资”“其他投资”“待核销基建支出”“基建转出投资”等明细账户，并按照具体项目进行明细核算。

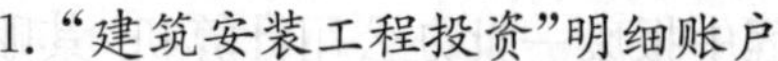

1.“建筑安装工程投资”明细账户

该明细账户用于核算政府单位发生的构成建设项目实际支出的建筑工程和安装工程的实际成本，不包括被安装设备本身的价值以及按照合同规定支付给施工单位的预付备料款和预付工程款。该明细账户应当设置“建筑工程”和“安装工程”两个明细账户进行明细核算。

2.“设备投资”明细账户

该明细账户用于核算政府单位发生的构成建设项目实际支出的各种设备的实际成本。

3.“待摊投资”明细账户

该明细账户用于核算政府单位发生的构成建设项目实际支出的、按照规定应当分摊计入有关工程成本和设备成本的各项间接费用和税费支出。该明细账户应当按照上述费用项目进行明细核算，其中有些费用(如项目建设管理费等)，还应当按照更为具体的费用项目进行明细核算。

该明细账户的具体核算内容包括以下方面：

(1) 勘察费、设计费、研究试验费、可行性研究费及项目其他前期费用。

(2) 土地征用及迁移补偿费、土地复垦及补偿费、森林植被恢复费及其他为取得土地使用权、租用权而发生的费用。

(3) 土地使用税、耕地占用税、契税、车船税、印花税及按照规定缴纳的其他税费。

(4) 项目建设管理费、代建管理费、临时设施费、监理费、招投标费、社会中介审计(审查)费及其他管理性质的费用。项目建设管理费是指项目建设单位从项目筹建之日起至办理竣工财务决算之日止发生的管理性质的支出，包括不在原单位发工资的工作人员工资及相关费用、办公费、办公场地租用费、差旅交通费、劳动保护费、工具用具使用费、固定资产使用费、招募生产工人费、技术图书资料费(含软件)、业务招待费、施工现场津贴、竣工验收费等。

(5) 项目建设期间发生的各类专门借款利息支出或融资费用。

(6) 工程检测费、设备检验费、负荷联合试车费及其他检验检测类费用。

(7) 固定资产损失、器材处理亏损、设备盘亏及毁损、单项工程或单位工程报废、毁损净损失及其他损失。

(8) 系统集成等信息工程的费用支出。

(9) 其他待摊性质支出。

4.“其他投资”明细账户

该明细账户用于核算政府单位发生的构成建设项目实际支出的房屋购置支出，基本畜禽、林木等购置、饲养、培育支出，办公生活用家具、器具购置支出，软件研发和不能计入设备投资的软件购置等支出。单位为进行可行性研究而购置的固定资产，以及取得土地使用权支付的土地出让金，也通过该明细账户核算。该明细账户应当设置“房屋购置”“基本畜禽支出”“林木支出”“办公生活用家具、器具购置”“可行性研究固定资产购置”“无形资产”等明细账户。

5.“待核销基建支出”明细账户

该明细账户用于核算建设项目发生的江河清障、航道清淤、飞播造林、补助群众造林、水土保持、城市绿化、取消项目的可行性研究费以及项目整体报废等不能形成资产部分的基建投资支出。该明细账户应按照待核销基建支出的类别进行明细核算。

6."基建转出投资"明细账户

该明细账户用于核算为建设项目配套而建成的、产权不归属于本单位的专用设施的实际成本。该明细账户应按照转出投资的类别进行明细核算。

(三) 建筑安装工程投资的核算

1. 建筑工程转入

政府单位将固定资产等资产转入改建、扩建等时，按照固定资产等资产的账面价值，借记该账户(建筑安装工程投资)，按照已计提的折旧或摊销，借记"固定资产累计折旧"等账户，按照固定资产等资产的账面价值，贷记"固定资产"等账户。固定资产等资产改建、扩建过程中涉及替换(或拆除)原资产的某些组成部分的，按照被替换(或拆除)部分的账面价值，借记"待处理财产损溢"账户，贷记该账户(建筑安装工程投资)。

2. 工程款的结算

政府单位对于发包建筑安装工程，根据建筑安装工程价款结算账单与施工企业结算工程价款时，按照应承付的工程价款，借记该账户(建筑安装工程投资)，按照预付工程款余额，贷记"预付账款"账户，按照其差额，贷记"财政拨款收入""零余额账户用款额度""银行存款""应付账款"等账户。

政府单位自行施工的小型建筑安装工程，按照发生的各项支出金额，借记该账户(建筑安装工程投资)，贷记"工程物资""零余额账户用款额度""银行存款""应付职工薪酬"等科目。

3. 工程完工

工程竣工，办妥竣工验收交接手续交付使用时，按照建筑安装工程成本(含应分摊的待摊投资)，借记"固定资产"等账户，贷记该账户(建筑安装工程投资)。

【例 9-93】 天河局是增值税小规模纳税人，2019 年 5 月开始使用非财政拨款自行建造职工活动室，为此购入工程物资一批，价款为80 000元，支付增值税进项税额12 800元，款项以银行存款支付。5～6 月，工程先后领用工程物资81 200元(含增值税税额)，剩余工程物资转为该单位的存货；应支付工程人员薪酬40 000元。6 月底，工程完工并交付使用。该政府单位的账务处理如下：

· 购入工程物资时：

借:工程物资　　92 800

　　贷:银行存款　　92 800

· 工程领用物资时：

借:在建工程——建筑安装工程投资　　81 200

　　贷:工程物资　　81 200

· 计提工程人员薪酬时：

借:在建工程——建筑安装工程投资　　40 000

　　贷:应付职工薪酬　　40 000

· 工程完工交付使用时：

借:固定资产　　121 200

　　贷:在建工程——建筑安装工程投资　　121 200

· 剩余工程物资转为存货时：

借：库存物品　11 600

　贷：工程物资　11 600

【例 9-94】 天河局 20×9 年 7 月开始对一幢办公楼进行扩建，该办公楼账面余额为 10 000 000元，已计提折旧8 000 000元。7～8 月，工程先后支付施工单位工程价款 1 200 000元，全部实行财政直接支付。办公楼扩建完工后直接交付使用。该政府单位的账务处理如下：

· 转入扩建时：

借：在建工程——建筑安装工程投资　2 000 000

　固定资产累计折旧　8 000 000

　贷：固定资产　10 000 000

· 支付工程价款时：

借：在建工程——建筑安装工程投资　1 200 000

　贷：财政拨款收入　1 200 000

· 扩建完工后直接交付使用时：

借：固定资产　3 200 000

　贷：在建工程——建筑安装工程投资　3 200 000

（四）设备投资的核算

(1) 政府单位购入设备时，按照购入成本，借记该账户（设备投资），贷记“财政拨款收入”“零余额账户用款额度”“银行存款”等账户；采用预付款方式购入设备的，有关预付款的账务处理参照该账户“建筑安装工程投资”明细账户的规定。

(2) 设备安装完毕，办妥竣工验收交接手续交付使用时，按照设备投资成本（含设备安装工程成本和分摊的待摊投资），借记“固定资产”等账户，贷记该账户（设备投资、建筑安装工程投资——安装工程）。将不需要安装的设备和达不到固定资产标准的工具、器具交付使用时，按照相关设备、工具、器具的实际成本，借记“固定资产”“库存物品”账户，贷记该账户（设备投资）。

【例 9-95】 天河局购入一批需要安装的用于专业活动的技术设备，取得的增值税专用发票上注明的设备价款为200 000元，增值税额为26 000元，支付运输费2 000元，款项通过单位零余额账户支付；安装设备时，以银行存款支付安装费用8 000元。该政府单位的账务处理如下：

· 支付设备价款和税费时：

借：在建工程——设备投资　228 000

　贷：零余额账户用款额度　228 000

· 支付安装费用时：

借：在建工程——设备投资　8 000

　贷：银行存款　8 000

设备安装完工交付使用时：

借：固定资产　236 000

　贷：在建工程——设备投资　236 000

（五）待摊投资的核算

政府单位建设工程发生的构成建设项目实际支出的，按照规定应当分摊计入有关工程成本和设备成本的各项间接费用和税费支出，先在该明细账户中归集；建设工程办妥竣工验收手续交付使用时，按照合理的分配方法，摊入相关工程成本、在安装设备成本等。

(1) 政府单位发生的构成待摊投资的各类费用，按照实际发生金额，借记该账户（待摊投资），贷记"财政拨款收入""零余额账户用款额度""银行存款""应付利息""长期借款""其他应交税费""固定资产累计折旧""无形资产累计摊销"等账户。

(2) 对于建设过程中试生产、设备调试等产生的收入，按照取得的收入金额，借记"银行存款"等账户，按照有关规定应当冲减建设工程成本的部分，贷记该账户（待摊投资），按照其差额，贷记"应缴财政款"或"其他收入"账户。

(3) 由于自然灾害、管理不善等原因造成的单项工程或单位工程报废或毁损，扣除残料价值和过失人或保险公司等赔款后的净损失，报经批准后计入继续施工的工程成本的，按照工程成本扣除残料价值和过失人或保险公司等赔款后的净损失，借记该账户（待摊投资），按照残料变价收入、过失人或保险公司赔款等，借记"银行存款""其他应收款"等账户，按照报废或毁损的工程成本，贷记该账户（建筑安装工程投资）。

(4) 工程交付使用时，按照合理的分配方法分配待摊投资，借记该账户（建筑安装工程投资、设备投资），贷记该账户（待摊投资）。

（六）其他投资的核算

(1) 单位为建设工程发生的房屋购置支出，基本畜禽、林木等的购置、饲养、培育支出，办公生活用家具、器具购置支出，软件研发和不能计入设备投资的软件购置等支出，按照实际发生金额，借记该账户（其他投资），贷记"财政拨款收入""零余额账户用款额度""银行存款"等账户。

(2) 工程完成将形成的房屋、基本畜禽、林木等各种财产以及无形资产交付使用时，按照其实际成本，借记"固定资产""无形资产"等账户，贷记该账户（其他投资）。

【例 9-96】 某政府单位经批准新建信息中心大楼，包括建造信息大楼、安装计算机设备系统和安装空调设备系统三个工程。20×9 年 2 月 1 日，该单位与甲建筑公司签订合同，将信息大楼工程出包给甲公司。双方约定，建造信息大楼的价款60 000 000元，安装计算机设备系统的价款7 000 000元，安装空调设备系统的价款5 000 000元。其他有关资料如下：

(1) 20×9 年 2 月 1 日，单位向甲公司预付信息大楼工程价款30 000 000元，款项采用财政直接支付方式支付。

(2) 20×9 年 6 月 9 日，单位购入需要安装的计算机设备，价款总计8 000 000元，款项采用财政直接支付方式支付。

(3) 20×9 年 7 月 1 日，单位向甲公司预付信息大楼工程价款30 000 000元，款项采用财政直接支付方式支付。

(4) 20×9 年 10 月 20 日，单位购入需要安装的空调设备，价款总计2 000 000元，款项采用财政授权支付方式支付。

(5) 20×9 年 11 月 15 日，单位将采购的计算机和空调设备运抵现场，交付甲公司安装。

(6) 工程项目发生管理费用、设计费、监理费、招投标费共计164 000元，款项以银行存款支付。

(7) 20×9年12月26日，所有工程完成，单位收到甲公司的有关工程结算单据后补付剩余工程款，采用财政直接支付方式支付。

该政府单位的账务处理如下：

· 20×9年2月1日，预付信息大楼工程款时：

借：预付账款　30 000 000

　贷：财政拨款收入　30 000 000

· 20×9年6月9日，购入计算机设备时：

借：工程物资——计算机设备　8 000 000

　贷：财政拨款收入　8 000 000

· 20×9年7月1日，向甲公司预付工程款时：

借：预付账款　30 000 000

　贷：财政拨款收入　30 000 000

· 20×9年10月20日，购入空调设备时：

借：工程物资——空调设备　2 000 000

　贷：零余额账户用款额度　2 000 000

· 20×9年11月15日，单位将相关设备交付甲公司安装使用时：

借：在建工程——设备投资　10 000 000

　贷：工程物资——计算机设备　8 000 000

　　　　　　——空调设备　2 000 000

· 支付工程项目发生管理费用、设计费、监理费、招投标费时：

借：在建工程——待摊投资　164 000

　贷：银行存款　164 000

· 20×9年12月26日，结算工程款时：

借：在建工程——建筑安装工程投资——信息大楼　60 000 000

　　　　　　　　　　　　　　　——计算机设备安装　7 000 000

　　　　　　　　　　　　　　　——空调设备安装　5 000 000

　贷：财政拨款收入　12 000 000

　　　预付账款　60 000 000

· 分摊待摊投资时：

待摊投资分配率＝164 000÷(60 000 000＋7 000 000＋5 000 000＋10 000 000)×100%＝0.2%

信息大楼应分摊的待摊投资＝60 000 000×0.2%＝120 000(元)

计算机设备安装应分摊的待摊投资＝7 000 000×0.2%＝14 000(元)

空调设备安装应分摊的待摊投资＝5 000 000×0.2%＝10 000(元)

计算机设备应分摊的待摊投资＝8 000 000×0.2%＝16 000(元)

空调设备应分摊的待摊投资＝2 000 000×0.2%＝4 000(元)

借:在建工程——建筑安装工程投资——信息大楼　　120 000

——计算机设备安装　　14 000

——空调设备安装　　10 000

——计算机设备　　16 000

——空调设备　　4 000

　贷:在建工程——待摊投资　　164 000

· 结转固定资产时:

借:固定资产　　82 164 000

　贷:在建工程——建筑安装工程投资——信息大楼　　60 120 000

——计算机设备安装　　7 014 000

——空调设备安装　　5 010 000

——设备投资——计算机设备　　8 016 000

——空调设备　　2 004 000

(七) 待核销基建支出的核算

(1) 建设项目发生的江河清障、航道清淤、飞播造林、补助群众造林、水土保持、城市绿化等不能形成资产的各类待核销基建支出,按照实际发生金额,借记该账户(待核销基建支出),贷记“财政拨款收入”“零余额账户用款额度”“银行存款”等账户。

(2) 取消的建设项目发生的可行性研究费,按照实际发生金额,借记该账户(待核销基建支出),贷记该账户(待摊投资)。

(3) 由于自然灾害等原因发生的建设项目整体报废所形成的净损失,报经批准后转入待核销基建支出,按照项目整体报废所形成的净损失,借记该账户(待核销基建支出),按照报废工程回收的残料变价收入、保险公司赔款等,借记“银行存款”“其他应收款”等账户,按照报废的工程成本,贷记该账户(建筑安装工程投资等)。

(4) 建设项目竣工验收交付使用时,对发生的待核销基建支出进行冲销,借记“资产处置费用”账户,贷记该账户(待核销基建支出)。

(八) 基建转出投资的核算

政府单位为建设项目配套而建成的、产权不归属本单位的专用设施,在项目竣工验收交付使用时,按照转出的专用设施的成本,借记该账户(基建转出投资),贷记该账户(建筑安装工程投资);同时,借记“无偿调拨净资产”账户,贷记该账户(基建转出投资)。

十一、无形资产

(一) 无形资产的确认和计量

1. 无形资产的概念

无形资产是指政府单位控制的,没有实物形态的可辨认非货币性资产,如专利权、商标权、著作权、土地使用权、非专利技术等。资产满足下列条件之一的,符合无形资产定义中的可辨认性标准:

(1) 能够从政府单位中分离或者划分出来,并能单独或者与相关合同、资产或负债一

起，用于出售、转移、授予许可、租赁或者交换。

(2) 源自合同性权利或其他法定权利，无论这些权利是否可以从政府单位或其他权利和义务中转移或者分离。

2. 无形资产的确认条件

无形资产同时满足下列条件的，应当予以确认：① 与该无形资产相关的服务潜力很可能实现或者经济利益很可能流入政府单位。② 该无形资产的成本或者价值能够可靠地计量。政府单位在判断无形资产的服务潜力或经济利益是否很可能实现或流入时，应当对无形资产在预计使用年限内可能存在的各种社会、经济、科技因素做出合理估计，并且应当有确凿的证据支持。

政府单位购入的不构成相关硬件不可缺少组成部分的软件，应当确认为无形资产。

政府单位自创商誉及内部产生的品牌、报刊名等，不应确认为无形资产。

政府单位非大批量购入、单价小于1 000元的无形资产，可以于购买的当期将其成本直接计入当期费用，不确认无形资产。

无形资产在取得时应当按照成本进行初始计量。不同方式取得的无形资产的成本确定参见无形资产取得的核算。

3. 无形资产的计量

无形资产的后续计量包括无形资产的摊销和处置。具体计量方法参见无形资产摊销和处置的核算。

(二) 无形资产核算的账户设置

为了核算无形资产的原值，政府单位应设置"无形资产"账户。该账户应当按照无形资产的类别、项目等进行明细核算。该账户期末借方余额反映单位无形资产的成本。

(三) 无形资产取得的核算

政府单位无形资产取得的方式主要包括外购、委托开发、自行研究开发、接受捐赠、无偿调入、置换取得。

1. 外购的无形资产

政府单位外购的无形资产，其成本包括购买价款、相关税费以及可归属于该项资产达到预定用途前所发生的其他支出。

无形资产取得时涉及增值税业务的，相关账务处理参见"应交增值税"账户。政府单位外购的无形资产，按照确定的成本，借记该账户，贷记"财政拨款收入""零余额账户用款额度""应付账款""银行存款"等账户。

【例 9-97】 广东金融学院(公立院校)通过单位零余额账户支用款项购买专利权一项，价值400 000元。该事业单位的账务处理如下：

借：无形资产——专利权	400 000	
贷：零余额账户用款额度		400 000

【例 9-98】 天河局经批准取得 300 平方米的土地使用权用于办公楼的建设，价值5 000 000元，款项尚未支付。该政府单位的账务处理如下：

借：无形资产——土地使用权	5 000 000	
贷：应付账款		5 000 000

2. 委托开发的无形资产

政府单位委托软件公司开发的软件，视同外购无形资产确定其成本并进行账务处理。合同中约定预付开发费用的，按照预付金额，借记“预付账款”账户，贷记“财政拨款收入”“零余额账户用款额度”“银行存款”等账户。软件开发完成交付使用并支付剩余或全部软件开发费用时，按照软件开发费用总额，借记该账户，按照相关预付账款金额，贷记“预付账款”账户，按照支付的剩余金额，贷记“财政拨款收入”“零余额账户用款额度”“银行存款”等账户。

【例 9-99】 广东金融学院（公立院校）委托软件公司开发财务软件，双方合同确定的开发费用总额为300 000元，按照合同约定，开发前预付开发费用150 000元，开发完成并交付使用时再付150 000元，全部款项采用财政直接支付。该事业单位的账务处理如下：

· 预付开发费用时：

借：预付账款	150 000	
贷：财政拨款收入		150 000

· 软件开发完成交付使用并支付剩余开发费用时：

借：无形资产——财务软件	300 000	
贷：财政拨款收入		150 000
预付账款		150 000

3. 自行开发的无形资产

政府单位自行研究开发形成的无形资产，按照研究开发项目进入开发阶段后至达到预定用途前所发生的支出总额，借记该账户，贷记“研发支出——开发支出”账户。自行研究开发项目尚未进入开发阶段，或者确实无法区分研究阶段支出和开发阶段支出，但按照法律程序已申请取得无形资产的，按照依法取得时发生的注册费、聘请律师费等费用，借记该账户，贷记“财政拨款收入”“零余额账户用款额度”“银行存款”等账户；按照依法取得前所发生的研究开发支出，借记“业务活动费用”等账户，贷记“研发支出”账户。

相关举例参见研发支出的核算。

4. 接受捐赠的无形资产

政府单位接受捐赠的无形资产，其成本按照有关凭据注明的金额加上相关税费确定；没有相关凭据可供取得，但按规定经过资产评估的，其成本按照评估价值加上相关税费确定；没有相关凭据可供取得、也未经资产评估的，其成本比照同类或类似资产的市场价格加上相关税费确定；没有相关凭据且未经资产评估、同类或类似资产的市场价格也无法可靠取得的，按照名义金额入账，相关税费计入当期费用。确定接受捐赠无形资产的初始入账成本时，应当考虑该项资产尚可为政府会计主体带来服务潜力或经济利益的能力。

政府单位接受捐赠的无形资产，按照确定的无形资产成本，借记该账户，按照发生的相关税费等，贷记“零余额账户用款额度”“银行存款”等账户，按照其差额，贷记“捐赠收入”账户。接受捐赠的无形资产按照名义金额入账的，按照名义金额，借记该账户，贷记“捐赠收入”账户；同时，按照发生的相关税费等，借记“其他费用”账户，贷记“零余额账户用款额度”“银行存款”等账户。

【例 9-100】 广东金融学院（公立院校）获得一公司捐赠的一项专利权，价值为80 000元。该事业单位的账务处理如下：

借:无形资产——专利权　　80 000

　　贷:捐赠收入　　80 000

5. 无偿调入的无形资产

政府单位无偿调入的无形资产,其成本按照调出方账面价值加上相关税费确定。政府单位无偿调入的无形资产,按照确定的无形资产成本,借记该账户,按照发生的相关税费等,贷记"零余额账户用款额度""银行存款"等账户,按照其差额,贷记"无偿调拨净资产"账户。

【例 9-101】 广东金融学院(公立院校)获得政府无偿提供的400平方米的土地使用权,价格为每平方米8 000元。该事业单位的账务处理如下:

借:无形资产——土地使用权　　3 200 000

　　贷:无偿调拨净资产　　3 200 000

6. 置换取得的无形资产

政府单位通过置换取得的无形资产,其成本按照换出资产的评估价值加上支付的补价或减去收到的补价,加上换入无形资产发生的其他相关支出确定。

政府单位置换取得的无形资产,参照"库存物品"账户中置换取得库存物品的相关规定进行账务处理。

(四) 研究与开发支出的核算

1. 研究支出和开发支出的确认和计量

政府单位自行进行的研究开发项目,应当区分研究阶段和开发阶段;自行研究开发项目的支出,应当区分研究阶段支出与开发阶段支出分别进行核算。研究是指为获取并理解新的科学或技术知识而进行的独创性的有计划调查。政府单位自行研究开发项目研究阶段的支出,应当于发生时计入当期费用。开发是指在进行生产或使用前,将研究成果或其他知识应用于某项计划或设计,以生产出新的或具有实质性改进的材料、装置、产品等。政府单位自行研究开发项目开发阶段的支出,先按合理方法进行归集,如果最终形成无形资产的,应当确认为无形资产;如果最终未形成无形资产的,应当计入当期费用。

政府单位自行研究开发项目尚未进入开发阶段,或者确实无法区分研究阶段支出和开发阶段支出,但按法律程序已申请取得无形资产的,应当将依法取得时发生的注册费、聘请律师费等费用确认为无形资产。

2. 研究与开发支出的核算

为了核算自行研究开发项目研究阶段和开发阶段发生的各项支出,政府单位应设置"研发支出"账户。建设项目中的软件研发支出,应当通过"在建工程"账户核算,不通过该账户核算。该账户应当按照自行研究开发项目,分别"研究支出""开发支出"进行明细核算。该账户期末借方余额反映单位预计能达到预定用途的研究开发项目在开发阶段发生的累计支出数。自行研究开发项目时涉及增值税业务的,相关账务处理参见"应交增值税"账户。

(1) 自行研究开发项目研究阶段的支出,应当先在该账户归集。按照从事研究及其辅助活动人员计提的薪酬,研究活动领用的库存物品,发生的与研究活动相关的管理费、间接费和其他各项费用,借记该账户(研究支出),贷记"应付职工薪酬""库存物品""财政拨款收入""零余额账户用款额度""固定资产累计折旧""银行存款"等账户。期(月)末,应当将该账户归集的研究阶段的支出金额转入当期费用,借记"业务活动费用"等账户,贷记该账户(研究支出）。

（2）自行研究开发项目开发阶段的支出，先通过该账户进行归集。按照从事开发及其辅助活动人员计提的薪酬，开发活动领用的库存物品，发生的与开发活动相关的管理费、间接费和其他各项费用，借记该账户（开发支出），贷记“应付职工薪酬”“库存物品”“财政拨款收入”“零余额账户用款额度”“固定资产累计折旧”“银行存款”等账户。自行研究开发项目完成，达到预定用途形成无形资产的，按照该账户归集的开发阶段的支出金额，借记“无形资产”账户，贷记该账户（开发支出）。

政府单位应于每年年度终了，评估研究开发项目是否能达到预定用途，如预计不能达到预定用途（如无法最终完成开发项目并形成无形资产的），应当将已发生的开发支出金额全部转入当期费用，借记“业务活动费用”等账户，贷记该账户（开发支出）。

【例 9-102】 2019 年 3 月 10 日，广东金融学院（公立院校）自行研究开发新智能产品专利技术，在研究开发过程中发生材料费400 000元、工资100 000元、通过单位零余额账户支付其他费用300 000元，总计800 000元。其中属于开发阶段的支出600 000元。2019 年 12 月 31 日，该专利技术开发完成，已经达到预定用途。该事业单位的账务处理如下：

· 发生研发支出时：

借：研发支出	800 000	
贷：库存物品		400 000
应付职工薪酬		100 000
零余额账户用款额度		300 000

· 2019 年 12 月 31 日，专利技术已经达到预定用途时：

借：业务活动费用	200 000	
无形资产	600 000	
贷：研发支出		800 000

（五）与无形资产有关的后续支出

与无形资产有关的后续支出，符合无形资产确认条件的，应当计入无形资产成本；不符合无形资产确认条件的，应当在发生时计入当期费用或者相关资产成本。

1. 符合无形资产确认条件的后续支出

政府单位为增加无形资产的使用效能对其进行升级改造或扩展其功能时，如需暂停对无形资产进行摊销的，按照无形资产的账面价值，借记“在建工程”账户，按照无形资产已摊销金额，借记“无形资产累计摊销”账户，按照无形资产的账面余额，贷记该账户。

无形资产后续支出符合无形资产确认条件的，按照支出的金额，借记该账户（无须暂停摊销的）或“在建工程”账户（需暂停摊销的），贷记“财政拨款收入”“零余额账户用款额度”“银行存款”等账户。

暂停摊销的无形资产升级改造或扩展功能等完成交付使用时，按照在建工程成本，借记该账户，贷记“在建工程”账户。

2. 不符合无形资产确认条件的后续支出

为保证无形资产正常使用发生的日常维护等支出，借记“业务活动费用”“单位管理费用”等账户，贷记“财政拨款收入”“零余额账户用款额度”“银行存款”等账户。

（六）无形资产摊销的核算

无形资产摊销是指在无形资产使用年限内，按照确定的方法对应摊销金额进行系统分摊。

1. 无形资产摊销范围

政府单位应当对使用年限有限的无形资产进行摊销，但已摊销完毕仍继续使用的无形资产和以名义金额计量的无形资产除外。

2. 无形资产使用年限的确定

政府单位应当于取得或形成无形资产时合理确定其使用年限。无形资产的使用年限为有限的，应当估计该使用年限；无法预见无形资产为政府单位提供服务潜力或者带来经济利益期限的，应当视为使用年限不确定的无形资产。对于使用年限有限的无形资产，政府单位应当按照以下原则确定无形资产的摊销年限：① 法律规定了有效年限的，按照法律规定的有效年限作为摊销年限。② 法律没有规定有效年限的，按照相关合同或单位申请书中的受益年限作为摊销年限。③ 法律没有规定有效年限、相关合同或单位申请书也没有规定受益年限的，应根据无形资产为政府单位带来服务潜力或经济利益的实际情况，预计其使用年限。④ 非大批量购入、单价小于1 000元的无形资产，可以于购买的当期将其成本一次性全部转销。

3. 无形资产摊销的方法

政府单位应当按月对使用年限有限的无形资产进行摊销，并根据用途计入当期费用或者相关资产成本。使用年限不确定的无形资产不应摊销。政府单位应当采用年限平均法或者工作量法对无形资产进行摊销，应摊销金额为其成本，不考虑预计残值。

年限平均法是指将无形资产的应摊销金额均衡地分摊到无形资产有限年限内的一种方法。采用这种方法计算的每期摊销额相等。其计算公式如下：

年摊销额＝无形资产原值÷预计使用年限

月摊销额＝无形资产年摊销额÷12

工作量法是根据实际工作量计算每期应计提摊销额的一种方法。其计算公式如下：

单位工作量摊销额＝无形资产原值÷预计总工作量

某项无形资产月摊销额＝该项无形资产当月工作量×单位工作量摊销额

4. 无形资产摊销计提时点

政府单位应当自无形资产取得当月起，按月计提摊销；无形资产减少的当月，不再计提摊销。无形资产提足摊销后，无论能否继续带来服务潜力或经济利益，均不再计提摊销；核销的无形资产，如果未提足摊销，也不再补提摊销。因发生后续支出而增加无形资产成本的，应当按照重新确定的无形资产成本，重新计算摊销额。政府单位因发生后续支出而增加无形资产成本的，对于使用年限有限的无形资产，应当按照重新确定的无形资产成本以及重新确定的摊销年限计算摊销额。

5. 无形资产摊销的核算

为了核算对使用年限有限的无形资产计提的累计摊销，政府单位应设置“无形资产累计摊销”账户。该账户应当按照所对应无形资产的明细分类进行明细核算。该账户期末贷方余额反映政府单位计提的无形资产摊销累计数。

（1）政府单位按月对无形资产进行摊销时，按照应摊销金额，借记“业务活动费用”“单位管理费用”“加工物品”“在建工程”等账户，贷记该账户。

(2) 政府单位经批准处置无形资产时，按照所处置无形资产的账面价值，借记“资产处置费用”“无偿调拨净资产”“待处理财产损溢”等账户，按照已计提摊销，借记该账户，按照无形资产的账面余额，贷记“无形资产”账户。相关举例参见无形资产处置的核算。

【例 9-103】 天河局采用年限平均法计提无形资产摊销额，本月计提的摊销额为30 000元。该行政单位的账务处理如下：

借：业务活动费用　　30 000

　　贷：无形资产累计摊销　　30 000

【例 9-104】 广东金融学院(公立院校)采用年限平均法计提无形资产摊销额，各部门无形资产按月计提摊销额如下所示：

从事专业活动部门月摊销额：30 000元

行政管理部门月摊销额：6 000元

后勤部门月摊销额：4 000元

从事经营活动部门月摊销额：5 000元

根据上述资料，该事业单位的账务处理如下：

借：业务活动费用　　30 000

　　单位管理费用　　10 000

　　经营费用　　5 000

　　贷：无形资产累计摊销　　45 000

(七) 无形资产处置的核算

政府单位无形资产处置的方式主要包括出售、转让、对外捐赠、无偿调出、置换换出、对外投资、核销等。

无形资产处置时涉及增值税业务的，相关账务处理参见“应交增值税”账户。

1. 出售、转让的无形资产

政府单位按规定报经批准出售无形资产，应当将无形资产账面价值转销计入当期费用，并将处置收入大于相关处置税费后的差额按规定计入当期收入或者做应缴款项处理，将处置收入小于相关处置税费后的差额计入当期费用。

政府单位报经批准出售、转让无形资产，按照被出售、转让无形资产的账面价值，借记“资产处置费用”账户，按照无形资产已计提的摊销，借记“无形资产累计摊销”账户，按照无形资产账面余额，贷记该账户；同时，按照收到的价款，借记“银行存款”等账户，按照处置过程中发生的相关费用，贷记“银行存款”等账户，按照其差额，贷记“应缴财政款”(按照规定应上缴无形资产转让净收入的)或“其他收入”(按照规定将无形资产转让收入纳入本单位预算管理的)账户。

【例 9-105】 天河局经批准出售一项专利权，该专利权的账面余额为300 000元，已计提摊销220 000元，取得出售价款100 000元，款项已存入银行。假设该政府单位为增值税小规模纳税人。假设该政府单位按照规定应上缴无形资产转让净收入，其账务处理如下：

借：资产处置费用　　80 000

　　无形资产累计摊销　　220 000

　　贷：无形资产——专利权　　300 000

相关税费计算如下：

增值税＝100 000÷(1＋3%)×3%＝3 090(元)

城市维护建设税＝3 090×7%＝216.3(元)

教育费附加＝3 090×3%＝92.7(元)

地方教育费附加＝3 090×2%＝61.8(元)

借:银行存款	100 000.0
贷:应缴财政款	96 539.2
应交增值税	3 090.0
其他应交税费——应交城市维护建设税	216.3
——应交教育费附加	92.7
——应交地方教育费附加	61.8

2. 对外捐赠、无偿调出的无形资产

政府单位按规定报经批准对外捐赠、无偿调出无形资产的，应当将无形资产的账面价值予以转销，对外捐赠、无偿调出中发生的归属于捐出方、调出方的相关费用应当计入当期费用。

(1) 政府单位报经批准对外捐赠无形资产，按照无形资产已计提的摊销，借记“无形资产累计摊销”账户，按照被处置无形资产账面余额，贷记该账户，按照捐赠过程中发生的归属于捐出方的相关费用，贷记“银行存款”等账户，按照其差额，借记“资产处置费用”账户。

(2) 政府单位报经批准无偿调出无形资产，按照无形资产已计提的摊销，借记“无形资产累计摊销”账户，按照被处置无形资产账面余额，贷记该账户，按照其差额，借记“无偿调拨净资产”账户；同时，按照无偿调出过程中发生的归属于调出方的相关费用，借记“资产处置费用”账户，贷记“银行存款”等账户。

【例 9-106】 广东金融学院(公立院校)经批准将一项非专利技术无偿调给兄弟单位，该非专利技术的账面余额为50 000元，已计提摊销34 000元。该事业单位的账务处理如下：

借:无偿调拨净资产	16 000
无形资产累计摊销	34 000
贷:无形资产——非专利技术	50 000

3. 置换换出的无形资产

政府单位报经批准置换换出无形资产，参照“库存物品”账户中置换换入库存物品的规定进行账务处理

4. 对外投资的无形资产

政府单位按规定报经批准以无形资产对外投资的，应当将该无形资产的账面价值予以转销，并将无形资产在对外投资时的评估价值与其账面价值的差额计入当期收入或费用。其账务处理及举例参见长期股权投资的核算。

5. 核销的无形资产

无形资产预期不能为政府单位带来服务潜力或者经济利益的，应当在报经批准后将该无形资产的账面价值予以转销。

无形资产预期不能为单位带来服务潜力或经济利益，按照规定报经批准核销时，按照待核销无形资产的账面价值，借记“资产处置费用”账户，按照已计提摊销，借记“无形资产累计

摊销”账户，按照无形资产的账面余额，贷记该账户。

【例 9-107】 广东金融学院（公立院校）经过调查研究及分析，预计 5 年前购入的一项专利权将不能再为该单位带来服务潜力，准备予以核销。该专利权的账面余额为200 000元，累计摊销120 000元。该事业单位的账务处理如下：

借：资产处置费用　　80 000
　　无形资产累计摊销　　120 000
　贷：无形资产——专利权　　200 000

（八）无形资产盘点的核算

政府单位应当定期对无形资产进行清查盘点，每年至少盘点一次。政府单位资产清查盘点过程中发现的无形资产盘盈、盘亏等，参照“固定资产”账户相关规定进行账务处理。

十二、公共基础设施

（一）公共基础设施的确认和计量

1. 公共基础设施的概念

公共基础设施是指政府单位为满足社会公共需求而控制的，同时具有以下特征的有形资产：① 是一个有形资产系统或网络的组成部分。② 具有特定用途。③ 一般不可移动。

公共基础设施主要包括市政基础设施（如城市道路、桥梁、隧道、公交场站、路灯、广场、公园绿地、室外公共健身器材，以及环卫、排水、供水、供电、供气、供热、污水处理、垃圾处理系统等）、交通基础设施（如公路、航道、港口等）、水利基础设施（如大坝、堤防、水闸、泵站、渠道等）和其他公共基础设施。

2. 公共基础设施的确认

1）公共基础设施确认的一般条件

公共基础设施同时满足下列条件的，应当予以确认：① 与该公共基础设施相关的服务潜力很可能实现或者经济利益很可能流入政府单位。② 该公共基础设施的成本或者价值能够可靠地计量。

2）公共基础设施的确认主体

（1）在通常情况下，符合公共基础设施确认条件的公共基础设施，应当由按规定对其负有管理维护职责的政府单位予以确认。

（2）多个政府单位共同管理维护的公共基础设施，应当由对该资产负有主要管理维护职责或者承担后续主要支出责任的政府单位予以确认。

（3）分为多个组成部分由不同政府单位分别管理维护的公共基础设施，应当由各个政府单位分别对其负责管理维护的公共基础设施的相应部分予以确认。

（4）负有管理维护公共基础设施职责的政府单位通过政府购买服务方式委托企业或其他会计主体代为管理维护公共基础设施的，该公共基础设施应当由委托方予以确认。

3）公共基础设施确认的特殊情形

（1）通常情况下，对于自建或外购的公共基础设施，政府单位应当在该项公共基础设施验收合格并交付使用时确认；对于无偿调入、接受捐赠的公共基础设施，政府单位应当在开

始承担该项公共基础设施管理维护职责时确认。

(2) 政府单位应当根据公共基础设施提供公共产品或服务的性质或功能特征对其进行分类确认。

(3) 公共基础设施的各组成部分具有不同使用年限或者以不同方式提供公共产品或服务,适用不同折旧率或折旧方法且可以分别确定各自原价的,应当分别将各组成部分确认为该类公共基础设施的一个单项公共基础设施。

(4) 政府单位在购建公共基础设施时,能够分清购建成本中的构筑物部分与土地使用权部分的,应当将其中的构筑物部分和土地使用权部分分别确认为公共基础设施;不能分清购建成本中的构筑物部分与土地使用权部分的,应当整体确认为公共基础设施。此外,独立于公共基础设施、不构成公共基础设施使用不可缺少组成部分的管理维护用房屋建筑物、设备、车辆等,属于文物文化资产的公共基础设施,以及采用政府和社会资本合作模式(即 PP 模式)形成的公共基础设施,均不符合公共基础设施确认条件,不予确认为公共基础设施。

3. 公共基础设施的计量

公共基础设施在取得时应当按照成本进行初始计量。不同取得方式下公共基础设施的成本的确定方法参见公共基础设施取得的核算。公共基础设施的后续计量参见公共基础设施折旧(摊销)和公共基础设施处置的核算。

(二) 公共基础设施核算的账户设置

为了核算政府单位控制的公共基础设施的原值,政府单位应设置“公共基础设施”账户。该账户应当按照公共基础设施的类别、项目等进行明细核算。该账户期末借方余额,反映公共基础设施的原值。

政府单位应当根据行业主管部门对公共基础设施的分类规定,制定适合于本单位管理的公共基础设施目录、分类方法,作为进行公共基础设施核算的依据。

(三) 公共基础设施取得的核算

政府单位控制的公共基础设施的取得方式主要包括自行建造、无偿调入、接受捐赠、外购等。

1. 自行建造的公共基础设施

政府单位自行建造的公共基础设施,其成本包括完成批准的建设内容所发生的全部必要支出,包括建筑安装工程投资支出、设备投资支出、待摊投资支出和其他投资支出。在原有公共基础设施基础上进行改建、扩建等建造活动后的公共基础设施,其成本按照原公共基础设施账面价值加上改建、扩建等建造活动发生的支出,再扣除公共基础设施被替换部分的账面价值后的金额确定。为建造公共基础设施借入的专门借款的利息,属于建设期间发生的,计入该公共基础设施的在建工程成本;不属于建设期间发生的,计入当期费用。已交付使用但尚未办理竣工决算手续的公共基础设施,应当按照估计价值入账,待办理竣工决算后再按照实际成本调整原来的暂估价值。

政府单位自行建造的公共基础设施完工交付使用时,按照在建工程的成本,借记该账户,贷记“在建工程”账户。已交付使用但尚未办理竣工决算手续的公共基础设施,按照估计价值入账,待办理竣工决算后再按照实际成本调整原来的暂估价值。

【例 9-108】　天河局自行建造公共照明设施完工并交付使用，设施总造价300 000元。该政府单位的账务处理如下：

借：公共基础设施——公共照明设施　　300 000

　贷：在建工程　　300 000

政府单位接受其他会计主体无偿调入的公共基础设施，其成本按照该项公共基础设在调出方的账面价值加上归属于调入方的相关费用确定。

2. 无偿调入的公共基础设施

政府单位接受其他单位无偿调入的公共基础设施，按照确定的成本，借记该账户，按发生的归属于调入方的相关费用，贷记"财政拨款收入""零余额账户用款额度""银行存款"等账户，按照其差额，贷记"无偿调拨净资产"账户。无偿调入的公共基础设施成本无法可取得的，按发生的相关税费、运输费等金额，借记"其他费用"账户，贷记"财政拨款收入""零余额账户用款额度""银行存款"等账户。

【例 9-109】　天河局从附近社区无偿调入街心广场，该社区街心广场的账面价值为8 000 000元。假设无其他相关费用发生，该政府单位的账务处理如下：

借：公共基础设施——街心广场　　8 000 000

　贷：无偿调拨净资产　　8 000 000

3. 接受捐赠的公共基础设施

政府单位接受捐赠的公共基础设施，其成本按照有关凭据注明的金额加上相关费用确定；没有相关凭据可供取得，但按规定经过资产评估的，其成本按照评估价值加上相关费用确定；没有相关凭据可供取得、也未经资产评估的，其成本比照同类或类似资产的市场价格加上相关费用确定。如受赠的系旧的公共基础设施，在确定其初始入账成本时应当考虑该项资产的新旧程度。政府单位接受捐赠的公共基础设施，按照确定的成本，借记该账户，按照发生的相关费用，贷记"财政拨款收入""零余额账户用款额度""银行存款"等账户，按照其差额，贷记"捐赠收入"账户。接受捐赠的公共基础设施成本无法可靠取得的，按照发生的相关税费等金额，借记"其他费用"账户，贷记"财政拨款收入""零余额账户用款度""银行存款"等账户。

【例 9-110】　承[例 9-109]，若该街心广场为接受捐赠设施，该政府单位的账务处理如下：

借：公共基础设施——街心广场　　8 000 000

　贷：捐赠收入　　8 000 000

4. 外购的公共基础设施

政府单位外购的公共基础设施，其成本包括购买价款、相关税费以及公共基础设施交付使用前所发生的可归属于该项资产的运输费、装卸费、安装费和专业人员服务费等。

政府单位外购的公共基础设施，按照确定的成本，借记该账户，贷记"财政拨款收入""零余额账户用款额度""银行存款"等账户。

【例 9-111】　天河局为街心广场购入室外公共健身器材一批，价款为300 000元，支付增值税额为39 000元，款项通过单位零余额账户支付，另以银行存款支付运输费用和安装费2 000元。该政府单位的账务处理如下：

借：公共基础设施——室外公共健身器材　　341 000

　贷：零余额账户用款额度　　339 000

　　　银行存款　　2 000

5. 其他情况

对于包括不同组成部分的公共基础设施，其只有总成本、没有单项组成部分成本的，政府单位可以按照各单项组成部分同类或类似资产的成本或市场价格比例对总成本进行分配，分别确定公共基础设施中各单项组成部分的成本。对于成本无法可靠取得的公共基础设施，单位应当设置备查簿进行登记，待成本能够可靠确定后按照规定及时入账。

（四）与公共基础设施相关的后续支出的核算

公共基础设施在使用过程中发生的后续支出，符合公共基础设施确认条件的，应当计入公共基础设施成本；不符合公共基础设施确认条件的，应当在发生时计入当期费用。通常情况下，为增加公共基础设施使用效能或延长其使用年限而发生的改建、扩建等后续支出，应当计入公共基础设施成本；为维护公共基础设施的正常使用而发生的日常维修、养护等后续支出，应当计入当期费用。政府单位将公共基础设施转入改建、扩建时，按照公共基础设施的账面价值，借记“在建工程”账户、按照公共基础设施已计提折旧，借记“公共基础设施累计折旧（摊销）”账户，按照公共基础设施的账面余额，贷记该账户。为增加公共基础设施使用效能或延长其使用年限而发生的改建、扩建等后续支出，借记“在建工程”账户，贷记“财政拨款收入”“零余额账户用款额度”“银行存款”等账户。公共基础设施改建、扩建完成，竣工验收交付使用时，按照在建工程成本，借记该账户，贷记“在建工程”账户。为保证公共基础设施正常使用发生的日常维修等支出，借记“业务活动费用”“单位管理费用”等账户，贷记“财政拨款收入”“零余额账户用款额度”“银行存款”等账户。

（五）公共基础设施折旧（摊销）的核算

1. 公共基础设施折旧（摊销）的范围

政府单位应当对公共基础设施计提折旧，但政府单位持续进行良好的维护使得其性能得到永久维持的公共基础设施和确认为公共基础设施的单独计价入账的土地使用权除外。

对于确认为公共基础设施的单独计价入账的土地使用权，政府单位应当按照《政府会计准则第4号——无形资产》的相关规定进行摊销。

2. 公共基础设施折旧的计提方法

公共基础设施应计提的折旧总额为其成本，计提公共基础设施折旧时不考虑预计净残值。政府单位应当对暂估入账的公共基础设施计提折旧，实际成本确定后不需调整原已计提的折旧额。

政府单位一般应当采用年限平均法或者工作量法计提公共基础设施折旧。在确定公共基础设施的折旧方法时，应当考虑与公共基础设施相关的服务潜力或经济利益的预期实现方式。公共基础设施折旧方法一经确定，不得随意变更。政府单位应当根据公共基础设施的性质和使用情况，合理确定公共基础设施的折旧。

3. 公共基础设施折旧年限的确定

政府单位在确定公共基础设施的折旧年限时应当考虑下列因素：① 设计使用年限或设计基准期。② 预计实现服务潜力或提供经济利益的期限。③ 预计有形损耗和无形损耗。④ 法律或者类似规定对资产使用的限制。公共基础设施的折旧年限一经确定，不得随意变更，但暂停计提折旧的处于改建和扩建等建造活动期间的公共基础设施、因改建和扩建等原因而延长使用年限并重新计算折旧额的公共基础设施除外。

对于政府单位接受无偿调入、捐赠的公共基础设施，应当考虑该项资产的新旧程度，按照其尚可使用的年限计提折旧。

4. 公共基础设施折旧计提时点

公共基础设施应当按月计提折旧，并计入当期费用。当月增加的公共基础设施，当月开始计提折旧；当月减少的公共基础设施，当月不再计提折旧。

处于改建、扩建等建造活动期间的公共基础设施，应当暂停计提折旧。因改建、扩建等原因而延长公共基础设施使用年限的，应当按照重新确定的公共基础设施的成本和重新确定的折旧年限计算折旧额，不需调整原已计提的折旧额。

公共基础设施提足折旧后，无论能否继续使用，均不再计提折旧；已提足折旧的公共基础设施，可以继续使用的，应当继续使用，并规范实物管理。提前报废的公共基础设施，不再补提折旧。

5. 公共基础设施折旧(摊销)的核算

为了核算计提的公共基础设施累计折旧和累计摊销，政府单位应设置“公共基础设施折旧(摊销)”账户。该账户应当按照所对应公共基础设施的明细分类进行明细核算。该账户期末贷方余额反映单位提取的公共基础设施折旧和摊销的累计数。

公共基础设施累计折旧(摊销)的主要账务处理如下：

(1) 按月计提公共基础设施折旧时，按照应计提的折旧额，借记“业务活动费用”账户，贷记该账户。

(2) 按月对确认为公共基础设施的单独计价入账的土地使用权进行摊销时，按照应计提的摊销额，借记“业务活动费用”账户，贷记该账户。

(3) 处置公共基础设施时，按照所处置公共基础设施的账面价值，借记“资产处置费用”“无偿调拨净资产”“待处理财产损溢”等账户，按照已提取的折旧和摊销，借记该账户，按照公共基础设施账面余额，贷记“公共基础设施”账户。相关举例参见公共基础设施处置的核算。

【例 9-112】　天河局采用年限平均法计提公共基础设施折旧和确认为公共基础设施的单独计价入账的土地使用权摊销，计算确定的本月应计提折旧额2 000 000元、摊销额500 000元。该政府单位的账务处理如下：

借：业务活动费用	2 500 000	
贷：公共基础设施累计折旧(摊销)——累计折旧		2 000 000
——累计摊销		500 000

(六) 公共基础设施处置的核算

政府单位公共基础设施处置的方式主要包括对外捐赠、无偿调出。

政府单位按规定报经批准无偿调出、对外捐赠公共基础设施的，应当将公共基础设施的账面价值予以转销，无偿调出、对外捐赠中发生的归属于调出方、捐出方的相关费用应当计入当期费用。

(1) 政府单位报经批准对外捐赠公共基础设施，按照公共基础设施已计提的折旧或摊销，借记“公共基础设施累计折旧(摊销)”账户，按照被处置公共基础设施账面余额，贷记该账户，按照捐赠过程中发生的归属于捐出方的相关费用，贷记“银行存款”等账户，按照其差额，借记“资产处置费用”账户。

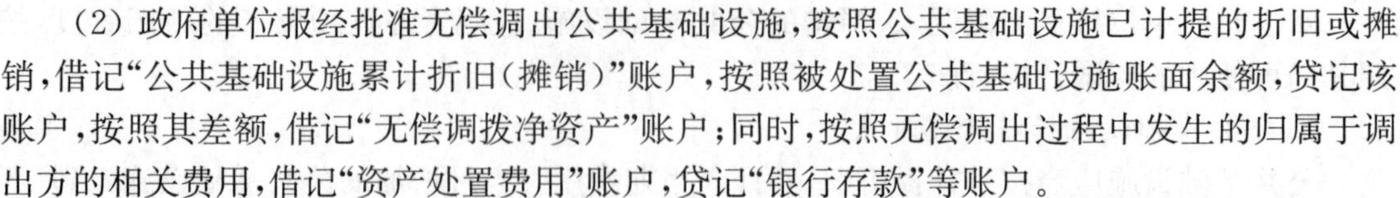

(2) 政府单位报经批准无偿调出公共基础设施，按照公共基础设施已计提的折旧或摊销，借记“公共基础设施累计折旧(摊销)”账户，按照被处置公共基础设施账面余额，贷记该账户，按照其差额，借记“无偿调拨净资产”账户；同时，按照无偿调出过程中发生的归属于调出方的相关费用，借记“资产处置费用”账户，贷记“银行存款”等账户。

【例 9-113】 天河局将一批室外健身器材捐赠给一社区，该批健身器材已计提折旧200 000元，账面余额为300 000元。假设无其他相关费用发生，该政府单位的账务处理如下：

借:资产处置费用　　300 000
　　公共基础设施累计折旧(摊销)　　200 000
　　贷:公共基础设施——室外健身器材　　500 000

假定上述室外健身器材无偿调给社区，该政府单位账务处理如下：

借:无偿调拨净资产　　300 000
　　公共基础设施累计折旧(摊销)　　200 000
　　贷:公共基础设施——室外健身器材　　500 000

(七) 公共基础设施盘点的核算

政府单位应当定期对公共基础设施进行清查盘点。对于发生的公共基础设施盘盈、盘亏、毁损或报废，应当先记入“待处理财产损溢”账户，按照规定报经批准后及时进行后续账务处理。

1. 盘盈的公共基础设施

盘盈的公共基础设施，其成本按照有关凭据注明的金额确定；没有相关凭据、但按照规定经过资产评估的，其成本按照评估价值确定；没有相关凭据、也未经过评估的，其成本按照重置成本确定。

盘盈的公共基础设施成本无法可靠取得的，单位应当设置备查簿进行登记，待成本确定后按照规定及时入账。

盘盈的公共基础设施，按照确定的入账成本，借记该账户，贷记“待处理财产损溢”账户。

【例 9-114】 天河局 20×9 年年末在公共基础设施清查过程中，发现有 20 台路灯没有入账，其中 20×8 年取得 15 台，有关凭据注明的金额为600 000元；20×9 年取得的 5 台路灯，有关凭据注明的金额为150 000元，款项通过财政支付方式支付。该政府单位的账务处理如下：

· 转入待处理财产损溢时：

借:公共基础设施——路灯　　750 000
　　贷:待处理财产损溢　　750 000

· 报经批准予以处理时：

借:待处理财产损溢　　750 000
　　贷:以前年度盈余调整　　600 000
　　　　财政拨款收入　　150 000

2. 盘亏、毁损或报废的公共基础设施

公共基础设施报废或遭受重大毁损的，政府单位应当在报经批准后将公共基础设施账面价值予以转销，并将报废、毁损过程中取得的残值变价收入扣除相关费用后的差额按规定做应缴款项处理(差额为净收益时)或计入当期费用(差额为净损失时)。

盘亏、毁损或报废的公共基础设施，按照待处置公共基础设施的账面价值，借记“待处理

财产损溢”账户,按照已计提折旧或摊销,借记“公共基础设施累计折旧(摊销)”账户,按照公共基础设施的账面余额,贷记该账户。

【例 9-115】 天河局占有并直接负责维护管理的城市交通设施发生报废,该设施账面余额为5 000 000元,已计提折旧4 500 000元。在报废清理过程中发生变价收入80 000元,已存入银行;发生清理费用10 000元,以银行存款支付。假设不考虑相关税费,该政府单位的账务处理如下:

· 转入待处理财产损溢时:

	借方	贷方
借:待处理财产损溢	500 000	
累计折旧	4 500 000	
贷:公共基础设施——城市交通设施		5 000 000

· 取得变价收入时:

	借方	贷方
借:银行存款	80 000	
贷:待处理财产损溢		80 000

· 支付清理费用时:

	借方	贷方
借:待处理财产损溢	10 000	
贷:银行存款		10 000

· 处置净收入时:

	借方	贷方
借:待处理财产损溢	70 000	
贷:应缴财政款		70 000

十三、政府储备物资

(一) 政府储备物资的确认和计量

1. 政府储备物资的概念

政府储备物资是指政府单位为满足实施国家安全与发展战略、进行抗灾救灾,应对公共突发事件等特定公共需求而控制的,同时具有下列特征的有形资产:① 在应对可能发生的特定事件或情形时动用。② 其购入、存储保管、更新(轮换)、动用等由政府及相关部门发布的专门管理制度规范。

政府储备物资包括战略及能源物资、抢险抗灾救灾物资、农产品、医药物资和其他重要商品物资,通常情况下由政府单位委托承储单位存储。

2. 政府储备物资的确认条件

政府储备物资同时满足下列条件的,应当予以确认:① 与该政府储备物资相关的服务潜力很可能实现或者经济利益很可能流入政府单位。② 该政府储备物资的成本或者价值能够可靠地计量。

在通常情况下,符合政府储备物资确认条件的,应当由按规定对其负有行政管理职责的政府单位予以确认。其中行政管理职责主要指提出或拟定收储计划、更新(轮换)计划、动用方案等。相关行政管理职责由不同政府单位行使的政府储备物资,由负责提出收储计划的政府单位予以确认。

对政府储备物资不负有行政管理职责但接受委托具体负责执行其存储保管等工作的政

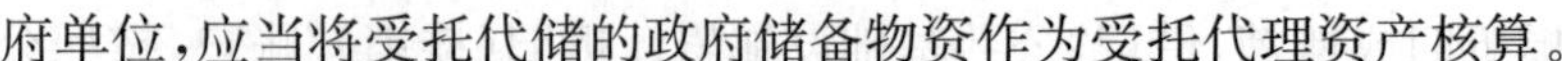

府单位，应当将受托代储的政府储备物资作为受托代理资产核算。

3. 政府储备物资的计量

政府储备物资在取得时应当按照成本进行初始计量。不同取得方式下政府储备物资的成本的确定方法参见政府储备物资取得的核算。政府储备物资的后续计量参见政府储备物资发出的核算。

（二）政府储备物资核算的会计科目设置

为了核算政府储备物资的成本，政府单位应设置“政府储备物资”账户。对政府储备物资不负有行政管理职责但接受委托具体负责执行其存储保管等工作的单位，其受托代储的政府储备物资应当通过“受托代理资产”账户核算，不通过该账户核算。该账户应当按照政府储备物资的种类、品种、存放地点等进行明细核算。单位根据需要，可在该账户下设置“在库”“发出”等明细账户进行明细核算。该账户期末借方余额反映政府储备物资的成本。

（三）政府储备物资取得的核算

政府单位取得政府储备物资的方式主要包括购入、委托加工、接受捐赠、无偿调入等。政府储备物资取得时，应当按照其成本入账。但是，下列各项不计入政府储备物资成本：① 仓储费用。② 日常维护费用。③ 不能归属于使政府储备物资达到目前场所和状态所发生的其他支出。

1. 政府单位购入的政府储备物资

政府单位购入的政府储备物资，其成本包括购买价款和政府单位承担的相关税费、运输费、装卸费、保险费、检测费以及使政府储备物资达到目前场所和状态所发生的归属于政府储备物资成本的其他支出。

购入的政府储备物资验收入库，按照确定的成本，借记该账户，贷记“财政拨款收入”“零余额账户用款额度”“银行存款”等账户。

【例 9-116】 天河局为地震灾区购入帐篷一批，取得的增值税专用发票上注明的价款为500 000元，增值税额为80 000元，支付运输费和装卸费5 000元，款项实行财政直接支付。该政府单位的账务处理如下：

借：政府储备物资——救灾帐篷　　585 000

　贷：财政拨款收入　　585 000

2. 委托加工的政府储备物资

政府单位委托加工的政府储备物资，其成本包括委托加工前物料成本、委托加工成本（如委托加工费以及按规定应计入委托加工政府储备物资成本的相关税费等），以及政府单位承担的使政府储备物资达到目前场所和状态所发生的归属于政府储备物资成本的其他支出。涉及委托加工政府储备物资业务的，相关账务处理参照“加工物品”账户。

3. 接受捐赠的政府储备物资

政府单位接受捐赠的政府储备物资，其成本按照有关凭据注明的金额加上政府会计主体承担的相关税费、运输费等确定；没有相关凭据可供取得，但按规定经过资产评估的，其成本按照评估价值加上政府单位承担的相关税费、运输费等确定；没有相关凭据可供取得、也未经资产评估的，其成本比照同类或类似资产的市场价格加上政府单位承担的相关税费、运输费等确定。

政府单位接受捐赠的政府储备物资验收入库，按照确定的成本，借记该账户，按照单位承担的相关税费、运输费等，贷记“零余额账户用款额度”“银行存款”等账户，按照其差额，贷记“捐赠收入”账户。

【例9-117】 天河局收到某公司为地震灾区捐赠的粮食1 000袋，每袋市场价格为100元，通过单位零余额账户支付运输费1 000元。该政府单位的账务处理如下：

借：政府储备物资——救灾大米　　101 000

　贷：零余额账户用款额度　　1 000

　　捐赠收入　　100 000

4. 无偿调入的政府储备物资

政府单位接受无偿调入的政府储备物资，其成本按照调出方账面价值加上归属于政府单位的相关税费、运输费等确定。政府单位接受无偿调入的政府储备物资验收入库，按照确定的成本，借记该账户，按照单位承担的相关税费、运输费等，贷记“零余额账户用款额度”“银行存款”等账户，按照其差额，贷记“无偿调拨净资产”账户。

【例9-118】 天河局收到无偿调入的医药物资一批，调出方账面价值为500 000元，以现金支付运输费500元。该政府单位的账务处理如下：

借：政府储备物资——医药物资　　500 500

　贷：库存现金　　500

　　无偿调拨净资产　　500 000

（四）政府储备物资发出的核算

政府单位发出政府储备物资的方式主要包括：动用、无偿调出、对外销售等。政府单位应当根据实际情况采用先进先出法、加权平均法或者个别计价法确定政府储备物资发出的成本。计价方法一经确定，不得随意变更。对于性质和用途相似的政府储备物资，政府单位应当采用相同的成本计价方法确定发出物资的成本。对于不能替代使用的政府储备物资、为特定项目专门购入或加工的政府储备物资，政府单位通常应采用个别计价法确定发出物资的成本。

1. 动用的政府储备物资

政府单位因动用而发出无须收回的政府储备物资的，政府单位应当在发出物资时将其账面余额予以转销，计入当期费用。因动用而发出需要收回或者预期可能收回的政府储备物资的，政府单位应当在按规定的质量验收标准收回物资时，将未收回物资的账面余额予以转销，计入当期费用。

(1) 政府单位因动用而发出无须收回的政府储备物资的，按照发出物资的账面余额，借记“业务活动费用”账户，贷记该账户。

(2) 政府单位因动用而发出需要收回或者预期可能收回的政府储备物资的，在发出物资时，按照发出物资的账面余额，借记该账户（发出），贷记该账户（在库）；按照规定的质量验收标准收回物资时，按照收回物资原账面余额，借记该账户（在库），按照未收回物资的原账面余额，借记“业务活动费用”账户，按照物资发出时登记在该账户所属“发出”明细账户中的余额，贷记该账户（发出）。

【例9-119】 天河局从本单位的仓库中发出一批防汛材料物资，该物资的账面余额为

800 000元，发出后无须收回。该政府单位的账务处理如下：

借：业务活动费用　　800 000

　贷：政府储备物资——防汛物资　　800 000

【例 9-120】 天河局从本单位的仓库中发出一批防汛车船设备物资，该物资账面余额为2 000 000元，发出后需要收回，假定收回时物资原账面余额为1 000 000元。该政府单位的账务处理如下：

· 发出时：

借：政府储备物资——防汛物资——发出　　2 000 000

　贷：政府储备物资——防汛物资——在库　　2 000 000

· 收回时：

借：政府储备物资——防汛物资——在库　　1 000 000

　业务活动费用　　1 000 000

　贷：政府储备物资——防汛物资——发出　　2 000 000

政府单位因行政管理主体变动等原因而将政府储备物资调拨给其他主体的，政府单位无偿调出的政府储备物资应当在发出物资时将其账面余额予以转销。政府单位因行政管理主体变动等原因而将政府储备物资调拨给其他主体的，按照无偿调出政府储备物资的账面余额，借记"无偿调拨净资产"账户，贷记该账户。

【例 9-121】 天河局经批准无偿调出医疗器械一批，该物资的账面余额800 000元。该政府单位的账务处理如下：

借：无偿调拨净资产　　8 000 000

　贷：政府储备物资——医疗器械　　8 000 000

2. 对外销售的政府储备物资

政府单位对外销售政府储备物资的，应当在发出物资时将其账面余额转销计入当期费用，并按规定确认相关销售收入或将销售取得的价款大于所承担的相关税费后的差额做应缴款项处理。政府单位对外销售政府储备物资并将销售收入纳入单位预算统一管理的，发出物资时，按照发出物资的账面余额，借记"业务活动费用"账户，贷记该账户；实现销售收入时，按照确认的收入金额，借记"银行存款""应收账款"等账户，贷记"其他收入"等账户。

政府单位对外销售政府储备物资并按照规定将销售净收入上缴财政的，发出物资时，按照发出物资的账面余额，借记"资产处置费用"账户，贷记该账户；取得销售价款时，按照实际收到的款项金额，借记"银行存款"等账户，按照发生的相关税费，贷记"银行存款"等账户，按照销售价款大于所承担的相关税费后的差额，贷记"应缴财政款"账户。

【例 9-122】 天河局经批准将不需储备的救灾帐篷出售，该物资的账面余额为100 000元，售价为90 000元。假设没有发生相关税费，该行政单位的账务处理如下：

· 假定对外销售政府储备物资并将销售收入纳入单位预算统一管理时：

借：业务活动费用　　1000 000

　贷：政府储备物资——救灾帐篷　　100 000

借：银行存款　　90 000

　贷：其他收入　　90 000

上述会计主体如果是事业单位，则贷记"事业收入"账户。

· 假定对外销售政府储备物资并按照规定将销售净收入上缴财政时：

借：资产处置费用　　100 000

　　贷：政府储备物资——救灾帐篷　　100 000

借：银行存款　　90 000

　　贷：应缴财政款　　90 000

3. 更新（轮换）的政府储备物资

政府单位采取销售采购方式对政府储备物资进行更新（轮换）的，应当将物资轮出视为物资销售，按照对外销售政府储备物资处理；将物资轮入视为物资采购，按照购入的政府储备物资处理。

（五）政府储备物资的盘点

政府单位应当定期对政府储备物资进行清查盘点，每年至少盘点一次。对于发生的政府储备物资盘盈、盘亏或者报废、毁损，应当先记入“待处理财产损溢”账户，按照规定报经批准后及时进行后续账务处理。

1. 盘盈的政府储备物资

政府单位盘盈的政府储备物资，其成本按照有关凭据注明的金额确定；没有相关凭据，但按规定经过资产评估的，其成本按照评估价值确定；没有相关凭据、也未经资产评估的，其成本按照重置成本确定。

盘盈的政府储备物资，按照确定的入账成本，借记该账户，贷记“待处理财产损溢”账户。

【例 9-123】 天河局 20×9 年年末在政府储备物资清查过程中，发现 20×9 年取得的储备粮物资没有入账，有关凭据注明的金额为1 400 000元，款项通过财政部门零余额账户支付；20×8 年取得的救灾物资一批没有入账，有关凭据注明的金额为400 000元。该政府单位的账务处理如下：

· 转入待处理财产损溢时：

借：政府储备物资——储备粮物资　　1 400 000

　　　　　　　　——救灾物资　　400 000

　　贷：待处理财产损溢　　1 800 000

· 报经批准予以处理时：

借：待处理财产损溢　　1 800 000

　　贷：以前年度盈余调整　　400 000

　　　　财政拨款收入　　1 400 000

2. 盘亏或者毁损、报废的政府储备物资

政府储备物资盘亏的，政府单位应当按规定报经批准后将盘亏的政府储备物资的账面余额予以转销，确定追究相关赔偿责任的，确认应收款项；属于正常耗费或不可抗力因素造成的，计入当期费用。政府储备物资报废、毁损的，政府单位应当按规定报经批准后将报废、毁损的政府储备物资的账面余额予以转销，确认应收款项（确定追究相关赔偿责任的）或计入当期费用（因储存年限到期报废或非人为因素致使报废、毁损的）；同时，将报废、毁损过程中取得的残值变价收入扣除政府单位承担的相关费用后的差额按规定作应缴款项处理（差额为净收益时）或计入当期费用（差额为净损失时）。

盘亏或者毁损、报废的政府储备物资，按照待处理政府储备物资的账面余额，借记“待处理财产损溢”账户，贷记该账户。

【例 9-124】 天河局在年终盘点政府储备物资时发现救灾医疗器械短缺一批，属于正常损耗，其账面余额为200 000元。该政府单位的账务处理如下：

· 转入待处理财产损溢时：

借：待处理财产损溢　200 000

　贷：政府储备物资——医疗器械　200 000

· 报经批准予以核销时：

借：资产处置费用　200 000

　贷：待处理财产损溢　200 000

【例 9-125】 天河局一批防汛设备因使用年限到期发生报废，该设备账面余额为400 000元，在报废清理过程中发生变价收入10 000元，已存入银行；发生清理费用1 000元，以银行存款支付。假设不考虑相关税费，该政府单位的账务处理如下：

· 转入待处理财产损溢时：

借：待处理财产损溢　400 000

　贷：政府储备物资——防汛设备　400 000

· 取得变价收入时：

借：银行存款　10 000

　贷：待处理财产损溢　10 000

· 支付清理费用时：

借：待处理财产损溢　1 000

　贷：银行存款　1 000

· 处置净收入时：

借：待处理财产损溢　9 000

　贷：应缴财政款　9 000

十四、文物文化资产

在通常情况下，文物文化资产是指用于展览、教育或研究等目的的历史文物、艺术品以及其他具有文化或历史价值并作长期或永久保存的典藏等。

但是，由于有关文物文化资产的政府会计准则财政部还处于研究制定中，所以政府单位核算的文物文化资产的概念、内容以及确认条件尚无法确定。至于文物文化资产的计量以及账务处理，则按照《政府单位会计制度》的规定执行。

（一）文物文化资产核算的账户设置

为了核算为满足社会公共需求而控制的文物文化资产的成本，政府单位应设置“文物文化资产”账户。单位为满足自身开展业务活动或其他活动需要而控制的文物和陈列品，应当通过“固定资产”账户核算，不通过该账户核算。该账户应当按照文物文化资产的类别、项目等进行明细核算。该账户期末借方余额反映文物文化资产的成本。

（二）文物文化资产取得的核算

政府单位取得文物文化资产的主要方式包括外购、无偿调入、接受捐赠等。文物文化资产在取得时，应当按照其成本入账。对于成本无法可靠取得的文物文化资产，单位应当设置备查簿进行登记，待成本能够可靠确定后按照规定及时入账。

1. 外购的文物文化资产

政府单位外购的文物文化资产，其成本包括购买价款、相关税费以及可归属于该项资产达到预定用途前所发生的其他支出（如运输费、安装费、装卸费等）。

外购的文物文化资产，按照确定的成本，借记该账户，贷记“财政拨款收入”“零余额账户用款额度”“银行存款”等账户。

2. 无偿调入的文物文化资产

政府单位接受其他单位无偿调入的文物文化资产，其成本按照该项资产在调出方的账面价值加上归属于调入方的相关费用确定。无偿调入的文物文化资产，按照确定的成本，借记该账户，按照发生的归属于调入方的相关费用，贷记“零余额账户用款额度”“银行存款”等账户，按照其差额，贷记“无偿调拨净资产”账户。无偿调入的文物文化资产成本无法可靠取得的，按照发生的归属于调入方的相关费用，借记“其他费用”账户，贷记“零余额账户用款额度”“银行存款”等账户。

3. 接受捐赠的文物文化资产

政府单位接受捐赠的文物文化资产，其成本按照有关凭据注明的金额加上相关费用确定；没有相关凭据可供取得，但按照规定经过资产评估的，其成本按照评估价值加上相关费用确定；没有相关凭据可供取得、也未经评估的，其成本比照同类或类似资产的市场价格加上相关费用确定。

接受捐赠的文物文化资产，按照确定的成本，借记该账户，按照发生的相关税费、运输费等金额，贷记“零余额账户用款额度”“银行存款”等账户，按照其差额，贷记“捐赠收入”账户。

接受捐赠的文物文化资产成本无法可靠取得的，按照发生的相关税费、运输费等金额，借记“其他费用”账户，贷记“零余额账户用款额度”“银行存款”等账户。

上述文物文化资产取得核算的相关举例可参照公共基础设施取得的核算。

（三）与文物文化资产有关的后续支出的核算

政府单位与文物文化资产有关的后续支出，参照“公共基础设施”账户相关规定进行处理。

（四）文物文化资产的处置

政府单位处置文物文化资产的方式主要包括对外捐赠和无偿调出。

1. 对外捐赠文物文化资产

政府单位报经批准对外捐赠文物文化资产，按照被处置文物文化资产账面余额和捐赠过程中发生的归属于捐出方的相关费用合计数，借记“资产处置费用”账户，按照被处置文物文化资产账面余额，贷记该账户，按照捐赠过程中发生的归属于捐出方的相关费用，贷记“银行存款”等账户。

2. 无偿调出文物文化资产

政府单位报经批准无偿调出文物文化资产，按照被处置文物文化资产账面余额，借记“无偿调拨净资产”账户，贷记该账户；同时，按照无偿调出过程中发生的归属于调出方的相关费用，借记“资产处置费用”账户，贷记“银行存款”等账户。

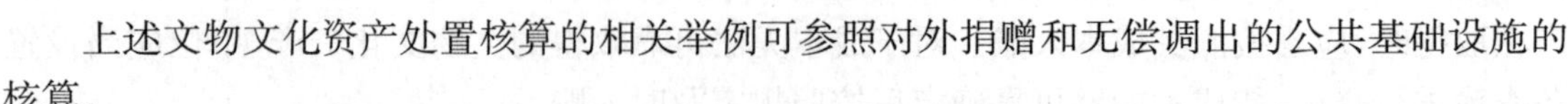

上述文物文化资产处置核算的相关举例可参照对外捐赠和无偿调出的公共基础设施的核算。

（五）文物文化资产的盘点

政府单位应当定期对文物文化资产进行清查盘点，每年至少盘点一次。对于发生的文物文化资产盘盈、盘亏、毁损或报废等，参照“公共基础设施”账户相关规定进行账务处理。

十五、保障性住房

在通常情况下，保障性住房是指政府为中低收入住房困难家庭所提供的限定标准、限定价格或租金的住房，一般由廉租住房、经济适用住房、政策性租赁住房、定向安置房等构成，这种类型的住房有别于完全由市场形成价格的商品房。

但是，由于有关保障性住房的政府会计准则财政部还在研究制定中，所以政府单位核算的保障性住房的概念、内容以及确认条件尚无法确定。至于保障性住房的计量以及账务处理，则按照《政府单位会计制度》规定执行。

（一）保障性住房核算的账户设置

为了核算满足社会公共需求而控制的保障性住房的原值，政府单位应设置“保障性住房”账户。该账户应当按照保障性住房的类别、项目等进行明细核算。该账户期末借方余额，反映保障性住房的原值。

（二）保障性住房取得的核算

政府单位取得保障性住房的主要方式包括：外购、自行建造、无偿调入、接受捐赠、融资租赁等。保障性住房在取得时，应当按其成本入账。

1. 外购的保障性住房

政府单位外购的保障性住房，其成本包括购买价款、相关税费以及可归属于该项资产达到预定用途前所发生的其他支出。

外购的保障性住房，按照确定的成本，借记该账户，贷记“财政拨款收入”“零余额账户用款额度”“银行存款”等账户。

2. 自行建造的保障性住房

自行建造的保障性住房交付使用时，按照在建工程成本，借记该账户，贷记“在建工程”账户。已交付使用但尚未办理竣工决算手续的保障性住房，按照估计价值入账，待办理竣工决算后再按照实际成本调整原来的暂估价值。

3. 无偿调入的保障性住房

政府单位接受其他单位无偿调入的保障性住房，其成本按照该项资产在调出方的账面价值加上归属于调入方的相关费用确定。无偿调入的保障性住房，按照确定的成本，借记该账户，按照发生的归属于调入方的相关费用，贷记“零余额账户用款额度”“银行存款”等账户，按照其差额，贷记“无偿调拨净资产”账户。

4. 接受捐赠、融资租赁取得的保障性住房

接受捐赠、融资租赁取得的保障性住房，参照“固定资产”账户相关规定进行处理。

上述保障性住房取得的账务处理相关举例可参照固定资产取得的核算。

（三）与保障性住房有关的后续支出的核算

政府单位与保障性住房有关的后续支出，参照“固定资产”账户相关规定进行处理。

（四）保障性住房折旧的核算

政府单位应当参照《政府会计准则第 3 号——固定资产》及其应用指南的相关规定，按月对其控制的保障性住房计提折旧。

为了核算计提的保障性住房的累计折旧，政府单位应设置“保障性住房累计折旧”账户。该账户应当按照所对应保障性住房的类别进行明细核算。该账户期末贷方余额反映单位计提的保障性住房折旧累计数。

（1）按月计提保障性住房折旧时，按照应计提的折旧额，借记“业务活动费用”账户，贷记该账户。

（2）报经批准处置保障性住房时，按照所处置保障性住房的账面价值，借记“资产处置费用”“无偿调拨净资产”“待处理财产损溢”等账户，按照已计提折旧，借记该账户，按照保障性住房的账面余额，贷记“保障性住房”账户。

上述保障性住房累计折旧核算的相关举例可参照固定资产累计折旧的核算。

（五）保障性住房的出租

单位按照规定出租保障性住房并将出租收入上缴同级财政，按照收取的租金金额，借记“银行存款”等账户，贷记“应缴财政款”账户。

（六）保障性住房的处置

政府单位处置保障性住房的主要方式包括无偿调出和对外出售。

1. 无偿调出保障性住房

政府单位报经批准无偿调出保障性住房，按照保障性住房已计提的折旧，借记“保障性住房累计折旧”账户，按照被处置保障性住房账面余额，贷记该账户，按照其差额，借记“无偿调拨净资产”账户；同时，按照无偿调出过程中发生的归属于调出方的相关费用，借记“资产处置费用”账户，贷记“银行存款”等账户。

2. 对外出售的保障性住房

政府单位报经批准出售保障性住房，按被出售保障性住房的账面价值，借记“资产处置费用”账户，按保障性住房已计提的折旧，借记“保障性住房累计折旧”账户，按保障性住房账面余额，贷记该账户；同时，按收到的价款，借记“银行存款”等账户，按出售过程中发生的相关费用，贷记“银行存款”等账户，按其差额，贷记“应缴财政款”账户。

上述保障性住房处置核算相关举例可参照固定资产无偿调出和对外出售的核算。

（七）保障性住房的盘点

政府单位应当定期对保障性住房进行清查盘点。对于发生的保障性住房盘盈、盘亏、毁损或报废等，参照“固定资产”账户相关规定进行账务处理。

十六、长期待摊费用

长期待摊费用是指政府单位已经支出，但应由本期和以后各期负担的分摊期限在 1 年以上（不含 1 年）的各项费用，如以经营租赁方式租入的固定资产发生的改良支出等。

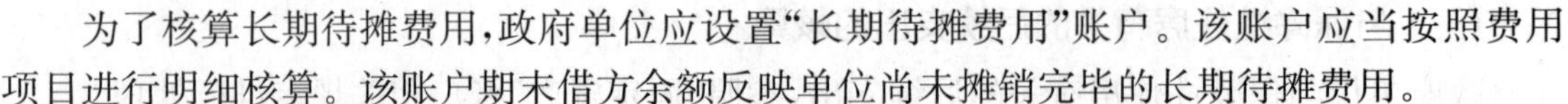

为了核算长期待摊费用,政府单位应设置“长期待摊费用”账户。该账户应当按照费用项目进行明细核算。该账户期末借方余额反映单位尚未摊销完毕的长期待摊费用。

(1) 发生长期待摊费用时,按照支出金额,借记该账户,贷记“财政拨款收入”“零余额账户用款额度”“银行存款”等账户。

(2) 按照受益期间摊销长期待摊费用时,按照摊销金额,借记“业务活动费用”“单位管理费用”“经营费用”等账户,贷记该账户。

(3) 如果某项长期待摊费用已经不能使单位受益,应当将其摊余金额一次全部转入当期费用。按照摊销金额,借记“业务活动费用”“单位管理费用”“经营费用”等账户,贷记该账户。

【例 9-126】 广东金融学院(公立院校)因开展专业活动租入办公用房,租期为 2 年,该单位只在协议规定的期内拥有对该办公用房的使用权。在使用前,该事业单位对办公用房进行了装修,共计支出24 000元,款项通过单位零余额账户支付。该事业单位的账务处理如下:

· 发生装修费用时:

借:长期待摊费用	24 000	
贷:零余额账户用款额度		24 000

· 2 年内每月平均分摊装修费时:

借:业务活动费用	1 000	
贷:长期待摊费用		1 000

十七、财产处理

政府单位的财产处理是指政府单位对其占有或使用的现金、实物资产和无形资产进行盘点后所发生的盘盈、盘亏、毁损、报废的处置行为。

(一) 财产处理核算的账户设置

为了核算在资产清查过程中查明的各种资产盘盈、盘亏、报废和毁损的价值,政府单位应设置“待处理财产损益”账户。该账户应当按照待处理的资产项目进行明细核算;对于在资产处理过程中取得收入或发生相关费用的项目,还应当设置“待处理财产价值”“处理净收入”明细科目,进行明细核算。该账户期末如为借方余额,反映尚未处理完毕的各种资产的净损失;期末如为贷方余额,反映尚未处理完毕的各种资产净溢余。年末,经批准处理后,该账户一般应无余额。

政府单位资产清查中查明的资产盘盈、盘亏、报废和毁损,一般应当先记入该账户,按照规定报经批准后及时进行账务处理,年末结账前一般应处理完毕。

(二) 待处理财产损溢的主要账务处理

1. 账款核对时发现的库存现金短缺或溢余

(1) 每日账款核对中发现现金短缺或溢余,属于现金短缺,按实际短缺的金额,借记该账户,贷记“库存现金”账户;属于现金溢余,按实际溢余的金额,借记“库存现金”账户,贷记该账户。

(2) 如为现金短缺,属于应由责任人赔偿或向有关人员追回的,借记“其他应收款”账户,贷记该账户:属于无法查明原因的,报经批准核销时,借记“资产处置费用”账户,贷记该账户。

(3) 如为现金溢余，属于应支付给有关人员或单位的，借记该账户，贷记“其他应付款”账户；属于无法查明原因的，报经批准后，借记该账户，贷记“其他收入”账户。

2. 资产清查过程中发现的存货、固定资产、无形资产、公共基础设施、政府储备物资、文物文化资产、保障性住房等各种资产盘盈、盘亏、报废和毁损

1) 盘盈的各类资产

(1) 转入待处理资产时，按照确定的成本，借记“库存物品”“固定资产”“无形资产”“公共基础设施”“政府储备物资”“文物文化资产”“保障性住房”等账户，贷记该账户。

(2) 按照规定报经批准后处理时，对于盘盈的流动资产，借记该账户，贷记“单位管理费用”(事业单位)或“业务活动费用”(行政单位)账户。对于盘盈的非流动资产，如属于本年度取得的，按照当年新取得相关资产进行账务处理；如属于以前年度取得的，按照前期差错处理，借记该账户，贷记“以前年度盈余调整”账户。

2) 盘亏或者毁损、报废的各类资产

(1) 转入待处理资产时，借记该账户(待处理财产价值)[盘亏、毁损、报废固定资产、无形资产、公共基础设施、保障性住房的，还应借记“固定资产累计折旧”“无形资产累计摊销”“公共基础设施累计折旧(摊销)”“保障性住房累计折旧”账户]，贷记“库存物品”“固定资产”“无形资产”“公共基础设施”“政府储备物资”“文物文化资产”“保障性住房”“在建工程”等账户。涉及增值税业务的，相关账务处理参见“应交增值税”账户。

报经批准处理时，借记“资产处置费用”账户，贷记该账户(待处理财产价值)。

(2) 处理毁损、报废实物资产过程中取得的残值或残值变价收入、保险理赔和过失人赔偿等，借记“库存现金”“银行存款”“库存物品”“其他应收款”等账户，贷记该账户(处理净收入)；处理毁损、报废实物资产过程中发生的相关费用，借记该账户(处理净收入)，贷记“库存现金”“银行存款”等账户。

处理收支结清，如果处理收入大于相关费用的，按照处理收入减去相关费用后的净收入，借记该账户(处理净收入)，贷记“应缴财政款”等账户；如果处理收入小于相关费用的，按照相关费用减去处理收入后的净支出，借记“资产处置费用”账户，贷记该账户(处理净收入)。

财产处理核算相关举例参见库存现金、存货、固定资产、无形资产、政府储备物资、公共基础设施、文物文化资产、保障性住房等资产盘盈、盘亏、报废和毁损的核算。

十八、受托代理资产

(一) 受托代理资产的概念和确认

受托代理资产是政府单位接受委托方委托管理的各项资产，包括受托指定转赠的物资、受托储存管理的物资等。受托代理资产应当在政府单位收到受托代理的资产时确认。

(二) 受托代理资产核算的账户设置

为了核算接受委托方委托管理的各项资产，政府单位应设置“受托代理资产”账户。政府单位管理的罚没物资也应当通过该账户核算。政府单位收到的受托代理资产为现金和银行存款的，不通过该账户核算，应当通过“库存现金”“银行存款”账户进行核算。该账户应当

按照资产的种类和委托人进行明细核算；属于转赠资产的，还应当按照受赠人进行明细核算。该账户期末借方余额反映单位受托代理实物资产的成本。

1. 受托转赠物资

（1）政府单位接受委托人委托需要转赠给受赠人的物资，其成本按照有关凭据注明的金额确定。接受委托转赠的物资验收入库，按照确定的成本，借记该账户，贷记“受托代理负债”账户。受托协议约定由受托方承担相关税费、运输费等的，还应当按照实际支付的相关税费、运输费等金额，借记“其他费用”账户，贷记“银行存款”等账户。

（2）政府单位将受托转赠物资交付受赠人时，按照转赠物资的成本，借记“受托代理负债”账户，贷记该账户。

（3）政府单位转赠物资的委托人取消了对捐赠物资的转赠要求，且不再收回捐赠物资的，应当将转赠物资转为单位的存货、固定资产等。按照转赠物资的成本，借记“受托代理负债”账户，贷记该账户；同时，借记“库存物品”“固定资产”等账户，贷记“其他收入”账户。

【例 9-127】 天河局接受某基金会的委托，将一批地震灾区所需的药品转赠给地震灾区。该批药品有关凭据注明的金额为60 000元，并已验收入库。假设没有发生任何税费，该政府单位的账务处理如下：

借：受托代理资产——救灾药品——某基金会　　60 000
　　贷：受托代理负债　　60 000

该政府单位将上述药品交付受赠人时，账务处理如下：

借：受托代理负债　　60 000
　　贷：受托代理资产　　60 000

如果上述基金会取消了转赠要求，且不再收回转赠物资，则账务处理如下：

借：受托代理负债　　60 000
　　贷：受托代理资产——救灾药品——某基金会　　60 000

同时：

借：库存商品　　60 000
　　贷：其他收入　　60 000

2. 受托存储保管物资

（1）政府单位接受委托人委托存储保管的物资，其成本按照有关凭据注明的金额确定。接受委托储存的物资验收入库，按照确定的成本，借记该账户，贷记“受托代理负债”账户。

（2）政府单位发生由受托单位承担的与受托存储保管的物资相关的运输费、保管费等费用时，按照实际发生的费用金额，借记“其他费用”等账户，贷记“银行存款”等账户。

（3）政府单位根据委托人要求交付或发出受托存储保管的物资时，按照发出物资的成本，借记“受托代理负债”账户，贷记该账户。

【例 9-128】 天河局接受上级单位的委托储存救灾物资，该物资发票金额为80 000元，并已验收入库。另外，以现金支付运输费 900 元。该政府单位的账务处理如下：

借：受托代理资产——救灾物资　　80 000
　　贷：受托代理负债　　80 000
借：其他费用　　900
　　贷：库存现金　　900

如果上级单位要求该政府单位交付受托储存管理的物资，账务处理如下：

借：受托代理负债 80 000

  贷：受托代理资产——救灾物资 80 000

3. 罚没物资

(1) 政府单位取得罚没物资时，其成本按照有关凭据注明的金额确定。罚没物资验收入库，按照确定的成本，借记该账户，贷记"受托代理负债"账户。罚没物资成本无法可靠确定的，单位应当设置备查簿进行登记。

(2) 政府单位按照规定处置或移交罚没物资时，按照罚没物资的成本，借记"受托代理负债"账户，贷记该账户。处置时取得款项的，按照实际取得的款项金额，借记"银行存款"等账户，贷记"应缴财政款"等账户。

【例 9-129】 天河局行政执法没收 3 辆汽车，有关凭据注明金额为500 000元。该政府单位的账务处理如下：

借：受托代理资产——罚没物资 500 000

  贷：受托代理负债 500 000

【例 9-130】 承[例 9-129]，该政府单位将没收的汽车进行拍卖，取得价款450 000元。假设不考虑相关税费，该政府单位的账务处理如下：

借：受托代理负债 500 000

  贷：受托代理资产——罚没物资 500 000

借：银行存款 450 000

  贷：应缴财政款 450 000

4. 受托代理的其他实物资产

政府单位受托代理的其他实物资产，参照该账户有关受托转赠物资、受托存储保管物资的规定进行账务处理。

第二节 政府单位负债的核算

负债是指政府单位过去的经济业务或者事项形成的，预期会导致经济资源流出政府单位的现时义务。所谓现时义务，是指政府单位在现行条件下已承担的义务。未来发生的经济业务或者事项形成的义务不属于现时义务，不应当确认为负债。符合负债定义的义务，在同时满足以下条件时，确认为负债：① 履行该义务很可能导致含有服务潜力或者经济利益的经济资源流出政府单位。② 该义务的金额能够可靠地计量。符合负债定义和负债确认条件的项目，应当列入资产负债表。政府单位的负债按照流动性，分为流动负债和非流动负债。

一、短期借款▲

借款是事业单位经批准向银行或其他金融机构等借入的各种借款。它是事业单位在短期借款组织业务活动中因资金周转不灵或生产经营需要而借入的资金。事业单位的借款按

照偿还期限可分为短期借款和长期借款

短期借款是指事业单位经批准向银行或其他金融机构等借入的期限在1年以内(含1年)的各种借款。

为了核算短期借款,事业单位应设置"短期借款"账户。该账户应当按照债权人和借款种类进行明细核算。该账户期末贷方余额反映事业单位尚未偿还的短期借款本金。

(1) 借入各种短期借款时,按照实际借入的金额,借记"银行存款"账户,贷记该账户。

(2) 银行承兑汇票到期,本单位无力支付票款的,按照应付票据的账面余额,借记"应付票据"账户,贷记该账户。

(3) 归还短期借款时,借记该账户,贷记"银行存款"账户。

【例 9-131】 某事业单位 20×8 年 1 月 2 日因开展专业活动资金周转困难向工商银行借款600 000元,期限为 1 年,借款利率为 5%,到期一次还本付息。该事业单位的账务处理如下:

· 20×8 年 1 月 2 日,借入借款时:

借:银行存款 600 000
　贷:短期借款——工商银行 600 000

· 按月预提利息费用2 500元时:

借:其他费用 2 500
　贷:应付利息 2 500

· 20×9 年 1 月 2 日,借款到期,偿还本息30 000时:

借:短期借款——工商银行 600 000
　应付利息 30 000
　贷:银行存款 630 000

二、应缴款项

应缴款项是指政府单位按照有关规定应上缴的各种税费和财政款项,包括应交增值税、其他应交税费、应缴财政款。

(一) 应交增值税

1. 应交增值税核算的账户设置

增值税是对销售货物或者提供应税劳务以及进口货物的单位和个人,按其实现的增值额征收的一种税。增值税的纳税人按其经营规模的大小以及会计核算是否健全划分为一般纳税人和小规模纳税人。按照《增值税暂行条例》的规定,对一般纳税人实行凭增值税专用发票扣税的计征方法,对小规模纳税人则实行按征收率计算应纳税额的简易办法,并不得抵扣进项税额。

为了核算按照税法规定计算应缴纳的增值税,政府单位应设置"应交增值税"账户。该账户期末贷方余额反映单位应交未交的增值税;期末如为借方余额,反映单位尚未抵扣或多交的增值税。属于增值税一般纳税人的政府单位,应当在"应交增值税"账户下设置"应交税金""未交税金""预交税金""待抵扣进项税额""待认证进项税额""待转销项税额""简易计税”“转让金融商品应交增值税”“代扣代交增值税”等明细账户。

1)“应交税金”明细账户

该明细账户应当设置“进项税额”“已交税金”“转出未交增值税”“减免税款”“销项税额”“进项税额转出”“转出多交增值税”等专栏。其中:①“进项税额”专栏,记录政府单位购进货物、加工修理修配劳务、服务、无形资产或不动产而支付或负担的、准予从当期销项税额中抵扣的增值税额。②“已交税金”专栏,记录单位当月已缴纳的应交增值税额。③“转出未交增值税”和“转出多交增值税”专栏,分别记录一般纳税人月度终了转出当月应交未交或多交的增值税额。④“减免税款”专栏,记录政府单位按照现行增值税制度规定准予减免的增值税额。⑤“销项税额”专栏,记录政府单位销售货物、加工修理修配劳务、服务、无形资产或不动产应收取的增值税额。⑥“进项税额转出”专栏,记录政府单位购进货物、加工修理修配劳务、服务、无形资产或不动产等发生非正常损失以及其他原因而不应从销项税额中抵扣、按照规定转出的进项税额。

2)“未交税金”明细账户

该明细账户用于核算政府单位月度终了从“应交税金”或“预交税金”明细账户转入当月应交未交、多交或预缴的增值税额,以及当月缴纳以前期间未交的增值税额。

3)“预交税金”明细账户

该明细账户用于核算政府单位转让不动产、提供不动产经营租赁服务等,以及其他按照现行增值税制度规定应预缴的增值税额。

4)“待抵扣进项税额”明细账户

该明细账户用于核算政府单位已取得增值税扣税凭证并经税务机关认证,按照现行增值税制度规定准予以后期间从销项税额中抵扣的进项税额。

5)“待认证进项税额”明细账户

该明细账户用于核算政府单位由于未经税务机关认证而不得从当期销项税额中抵扣的进项税额。该进项税额包括:一般纳税人已取得增值税扣税凭证并按规定从销项税额中抵扣,但尚未经税务机关认证的进项税额;一般纳税人已申请稽核但尚未取得稽核相符结果的海关缴款书进项税额。

6)“待转销项税额”明细账户

该明细账户用于核算政府单位销售货物、加工修理修配劳务、服务、无形资产或不动产,已确认相关收入(或利得)但尚未发生增值税纳税义务而需于以后期间确认为销项税额的增值税额。

7)“简易计税”明细账户

该明细账户用于核算政府单位采用简易计税方法发生的增值税计提、扣减、预缴、缴纳等业务。

8)“转让金融商品应交增值税”明细账户

该明细账户用于核算政府单位转让金融商品发生的增值税额。

9)“代扣代交增值税”明细账户

该明细账户用于核算政府单位购进在境内未设经营机构的境外单位或个人在境内的应税行为代扣代缴的增值税。属于增值税小规模纳税人的政府单位,只需在“应交增值税”账户下设置“转让金融商品应交增值税”“代扣代交增值税”明细账户。

2. 取得资产或接受劳务等业务的账务处理

1）采购等业务进项税额允许抵扣

一般纳税人政府单位购买用于增值税应税项目的资产或服务等时，按照应计入相关成本费用或资产的金额，借记“业务活动费用”“在途物品”“库存物品”“工程物资”“在建工程”“固定资产”“无形资产”等账户，按照当月已认证的可抵扣增值税额，借记该账户（应交税金——进项税额），按照当月未认证的可抵扣增值税额，借记该账户（待认证进项税额），按照应付或实际支付的金额，贷记“应付账款”“应付票据”“银行存款”“零余额账户用款额度”等账户。发生退货的，如原增值税专用发票已做认证，应根据税务机关开具的红字增值税专用发票做相反的会计分录；如原增值税专用发票未做认证，应将发票退回并做相反的会计分录。小规模纳税人政府单位购买资产或服务等时不能抵扣增值税，发生的增值税计入资产成本或相关成本费用。

2）采购等业务进项税额不得抵扣

一般纳税人政府单位购进资产或服务等，用于简易计税方法的计税项目、免征增值税项目、集体福利或个人消费等，其进项税额按照现行增值税制度规定不得从销项税额中抵扣的，取得增值税专用发票时，应按照增值税发票注明的金额，借记相关成本费用或资产账户，按照待认证的增值税进项税额，借记该账户（待认证进项税额），按照实际支付或应付的金额，贷记“银行存款”“应付账款”“零余额账户用款额度”等账户。经税务机关认证为不可抵扣进项税额时，借记该账户（应交税金——进项税额）账户，贷记该账户（待认证进项税额），同时，将进项税额转出，借记相关成本费用账户，贷记该账户（应交税金——进项税额转出）。

3）购进不动产或不动产在建工程按照规定进项税额分年抵扣

一般纳税人政府单位取得应税项目为不动产或者不动产在建工程，其进项税额按照现行增值税制度规定自取得之日起分 2 年从销项税额中抵扣的，应当按照取得成本，借记“固定资产”“在建工程”等账户，按照当期可抵扣的增值税额，借记该账户（应交税金——进项税额），按照以后期间可抵扣的增值税额，借记该账户（待抵扣进项税额），按照应付或实际支付的金额，贷记“应付账款”“应付票据”“银行存款”“零余额账户用款额度”等账户。尚未抵扣的进项税额待以后期间允许抵扣时，按照允许抵扣的金额，借记该账户（应交税金——进项税额），贷记该账户（待抵扣进项税额）。

4）进项税额抵扣情况发生改变

一般纳税人政府单位因发生非正常损失或改变用途等，原已计入进项税额、待抵扣进项税额或待认证进项税额，但按照现行增值税制度规定不得从销项税额中抵扣的，借记“待处理财产损溢”“固定资产”“无形资产”等账户，贷记该账户的“应交税金——进项税额转出”、该账户的“待抵扣进项税额”或该账户的“待认证进项税额”明细账户；原不得抵扣且未抵扣进项税额的固定资产、无形资产等，因改变用途等用于允许抵扣进项税额的应税项目的，应按照允许抵扣的进项税额，借记该账户（应交税金——进项税额），贷记“固定资产”“无形资产”等账户。固定资产、无形资产等经上述调整后，应按照调整后的账面价值在剩余尚可使用年限内计提折旧或摊销。

一般纳税人政府单位购进时已全额计入进项税额的货物或服务等转用于不动产在建工程的，对于结转以后期间的进项税额，应借记该账户（待抵扣进项税额），贷记该账户（应交税金——进项税额转出）。

5）购买方作为扣缴义务人

按照现行增值税制度规定，境外单位或个人在境内发生应税行为，在境内未设有经营机构的，以购买方为增值税扣缴义务人。境内一般纳税人购进服务或资产时，按照应计入相关成本费用或资产的金额，借记"业务活动费用""在途物品""库存物品""工程物资""在建工程""固定资产""无形资产"等账户，按照可抵扣的增值税额，借记该账户（应交税金——进项税额）（小规模纳税人应借记相关成本费用或资产账户），按照应付或实际支付的金额，贷记"银行存款""应付账款"等账户，按照应代扣代缴的增值税额，贷记该账户（代扣代交增值税）。实际缴纳代扣代交增值税时，按照代扣代缴的增值税额，借记该账户（代扣代交增值税），贷记"银行存款""零余额账户用款额度"等账户。

【例 9-132】 天河局为增值税一般纳税人，依法履职或开展专业活动购买甲材料，取得的增值税专用发票注明的材料价款为300 000元，增值税额为48 000元，材料款项实行财政授权支付。该政府单位的账务处理如下：

借：库存物品　348 000

　贷：零余额账户用款额度　348 000

【例 9-133】 广东金融学院（事业单位）为增值税一般纳税人，其非独立核算部门为生产产品购进甲材料，取得的增值税专用发票注明的材料价款为200 000元，增值税额为26 000元，款项以银行存款支付，材料已验收入库。该事业单位的账务处理如下：

借：库存物品　200 000

　应交增值税——应交税金——进项税额　26 000

　贷：银行存款　226 000

【例 9-134】 承[例 9-133]，若该事业单位为小规模纳税人，其账务处理如下：

借：库存物品　226 000

　贷：银行存款　226 000

【例 9-135】 承[例 9-134]，该事业单位为生产产品购进的甲材料因火灾全部报废，将甲材料转入待处理财产损溢时，该事业单位的账务处理如下：

借：待处理财产损溢　226 000

　贷：库存物品　226 000

【例 9-136】 承[例 9-133]，该事业单位为生产产品购进的甲材料因火灾全部报废，将甲材料转入待处理财产损溢时，该事业单位的账务处理如下：

借：待处理财产损溢　226 000

　贷：库存物品　200 000

　　应交增值税——应交税金——进项税额转出　26 000

【例 9-137】 承[例 9-136]，结转待处理财产损溢时，该事业单位的账务处理如下：

借：经营费用　226 000

　贷：待处理财产损溢　226 000

3. 销售资产或提供服务等业务的账务处理

1）销售资产或提供服务业务

政府单位销售货物或提供服务，应当按照应收或已收的金额，借记"应收账款""应收票据""银行存款"等账户，按照确认的收入金额，贷记"经营收入""事业收入"等账户，按照现行增值税制度规定计算的销项税额(或采用简易计税方法计算的应纳增值税额)、贷记该账户(应交税金——销项税额)或该账户(简易计税)(小规模纳税人应贷记该账户)。发生销售退回的,应按照规定开具的红字增值税专用发票做相反的会计分录。

按照《政府单位会计制度》及相关政府会计准则确认收入的时点早于按照增值税制度确认增值税纳税义务发生时点的,应将相关销项税额记入该账户(待转销项税额),待实际发生纳税义务时再转入该账户(应交税金——销项税额)或该账户(简易计税)。按照增值税制度确认增值税纳税义务发生时点早于按照《政府单位会计制度》及相关政府会计准则确认收入的时点的,应按照应纳增值税额,借记"应收账款"账户,贷记该账户(应交税金——销项税额)或该账户(简易计税)。

2) 金融商品转让按照规定以盈亏相抵后的余额作为销售额

金融商品实际转让月末,如产生转让收益,则按照应纳税额,借记"投资收益"账户,贷记该账户(转让金融商品应交增值税);如产生转让损失,则按照可结转下月抵扣税额,借记该账户(转让金融商品应交增值税),贷记"投资收益"账户。缴纳增值税时,应借记该账户(转让金融商品应交增值税),贷记"银行存款"等账户。年末,该账户(转让金融商品应交增值税)如有借方余额,则借记"投资收益"账户,贷记该账户(转让金融商品应交增值税)。

【例 9-138】 某行政单位为增值税小规模纳税人,将暂时闲置的库房出租给一企业,租期为 1 个月,取得租金收入5 150元,已存入银行。该行政单位的账务处理如下:

借:银行存款	5 150	
贷:租金收入		5 000
应交增值税		150

【例 9-139】 某事业单位为增值税一般纳税人,其非独立核算部门销售产品取得收入10 000元(不含税价),货款尚未收到。该事业单位的账务处理如下:

借:应收账款	11 300	
贷:经营收入		10 000
应交增值税——应交税金——销项税额		1 300

【例 9-140】 某事业单位为增值税小规模纳税人,本月其非独立核算部门销售产品取得收入10 300元(含税价),款项已存入银行。该事业单位的账务处理如下:

借:银行存款	10 300	
贷:经营收入		10 000
应交增值税		300

3) 月末转出多交增值税和未交增值税的账务处理

月度终了,政府单位应当将当月应交未交或多交的增值税自"应交税金"明细账户转入"未交税金"明细账户。对于当月应交未交的增值税,借记该账户(应交税金——转出未交增值税),贷记该账户(未交税金);对于当月多交的增值税,借记该账户(未交税金),贷记该账户(应交税金——转出多交增值税)。

4. 缴纳增值税的账务处理

1) 缴纳当月应交增值税

政府单位缴纳当月应交的增值税,借记该账户(应交税金——已交税金)(小规模纳税人借记该账户),贷记"银行存款"等账户。

2）缴纳以前期间未交增值税

政府单位缴纳以前期间未交的增值税，借记该账户（未交税金）（小规模纳税人借记该账户），贷记“银行存款”等账户。

3）预交增值税

政府单位预交增值税时，借记该账户（预交税金），贷记“银行存款”等账户。月末，单位应将“预交税金”明细账户余额转入“未交税金”明细账户，借记该账户（未交税金），贷记该账户（预交税金）。

【例 9-141】 某事业单位是增值税一般纳税人，经确认购进资产的增值税专用发票本月可以抵扣的进项税额是100 000元，进项税额转出金额10 000元，销项税额20 000元。由此确认本月实际应缴纳增值税1 100元，以银行存款付讫。该事业单位的账务处理如下：

借：应交增值税——已交税金　　110 000

　贷：银行存款　　110 000

【例 9-142】 承［例 9-140］，该事业单位本月没有发生其他增值税业务，通过银行上缴300 元增值税时，其账务处理如下：

借：应交增值税　　300

　贷：银行存款　　300

5. 减免增值税的账务处理

对于当期直接减免的增值税，借记该账户（应交税金——减免税款），贷记“业务活动费用”“经营费用”等账户。

按照现行增值税制度规定，政府单位初次购买增值税税控系统专用设备支付的费用以及缴纳的技术维护费允许在增值税应纳税额中全额抵减的，按照规定抵减的增值税应纳税额，借记该账户（应交税金——减免税款）（小规模纳税人借记该账户），贷记“业务活动费用”“经营费用”等账户。

（二）其他应交税费

1. 其他应交税费包括的内容

其他应交税费是指政府单位按照税法等规定计算应缴纳的除增值税以外的各种税费，包括城市维护建设税、教育费附加、地方教育费附加、车船税、房产税、城镇土地使用税和企业所得税等。其中城市维护建设税、教育费附加、地方教育费附加是对缴纳增值税、消费税的单位和个人，按其实际缴纳的增值税、消费税的税额征收的一种税费；车船税是对依法应当在车船登记管理部门登记的机动车辆和船舶以及依法不需要在车船登记管理部门登记的在单位内部场所行驶或者作业的机动车辆和船舶的所有人或者管理人，按规定的年税额征收的一种税；房产税是以房产为征税对象，按房产的计税价值或租金收入向产权所有人征收的一种税；城镇土地使用税是对在城市、县城、建制镇、工矿区范围内使用土地的单位和个人，以其实际占用的土地面积为计税依据并按规定税额征收的一种税；企业所得税是指对在中国境内的企业和其他取得收入的组织，就其生产经营所得和其他所得征收的一种税。

2. 其他应交税费核算的账户的设置

为了核算其他应交税费，政府单位应设置“其他应交税费”账户。政府单位代扣代缴的个人所得税，也通过该账户核算。政府单位应缴纳的印花税不需要预提应交税费，直接通过“业务活动费用”“单位管理费用”“经营费用”等账户核算，不通过该账户核算。该账户应当

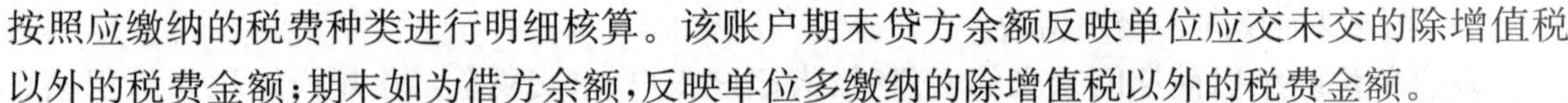

按照应缴纳的税费种类进行明细核算。该账户期末贷方余额反映单位应交未交的除增值税以外的税费金额；期末如为借方余额，反映单位多缴纳的除增值税以外的税费金额。

3. 其他应交税费的账务处理

(1) 发生城市维护建设税、教育费附加、地方教育费附加、车船税、房产税、城镇土地使用税等纳税义务的，按照税法规定计算的应缴税费金额，借记"业务活动费用""单位管理费用""经营费用"等账户，贷记该账户(应交城市维护建设税、应交教育费附加、应交地方教育费附加、应交车船税、应交房产税、应交城镇土地使用税等)。

【例 9-143】 某事业单位月末按规定计算出的各项税费如表 9-3 所示。

表 9-3 **某事业单位各项税费明细** 单位：元

税费种类	专业活动	管理活动	经营活动	合计
城市维护建设税	700	350	280	1 330
教育费附加	300	150	120	570
地方教育费附加	200	100	80	380
车船税	50 000	40 000	5 000	95 000
房产税	100 000	80 000	10 000	190 000
城镇土地使用税	200 000	100 000	20 000	320 000
合 计	351 200	220 600	35 480	607 280

该事业单位的账务处理如下：

借：业务活动费用 351 200
　单位管理费用 220 600
　经营费用 35 480
　贷：其他应交税费——应交城市维护建设税 1 330
　　——应交教育费附加 570
　　——应交地方教育费附加 380
　　——应交车船税 95 000
　　——应交房产税 190 000
　　——应交城镇土地使用税 320 000

(2) 按照税法规定计算应代扣代缴职工(含长期聘用人员)的个人所得税，借记"应付职工薪酬"账户，贷记该账户(应交个人所得税)。按照税法规定计算应代扣代缴支付给职工(含长期聘用人员)以外人员劳务费的个人所得税，借记"业务活动费用""单位管理费用"等账户，贷记该账户(应交个人所得税)。相关举例参见应付职工薪酬的核算。

(3) 发生企业所得税纳税义务的，按照税法规定计算的应交所得税额，借记"所得税费用"账户，贷记该账户(单位应交所得税)。相关举例参见所得税费用的核算。

(4) 政府单位实际缴纳上述各种税费时，借记该账户(应交城市维护建设税、应交教育费附加、应交地方教育费附加、应交车船税、应交房产税、应交城镇土地使用税、应交个人所得税、单位应交所得税等)，贷记"财政拨款收入""零余额账户用款额度""银行存款"等账户。

【9-144】 承[例 9-143]，该事业单位以银行存款上缴开展业务活动而发生的各项税

费。该事业单位的账务处理如下：

借:其他应交税费——应交城市维护建设税 1 330
——应交教育费附加 570
——应交地方教育费附加 380
——应交车船税 95 000
——应交房产税 190 000
——应交城镇土地使用税 320 000
贷:银行存款 607 280

（三）应缴财政款

1. 应缴财政款的内容

应缴财政款是指政府单位取得或应收的按照规定应当上缴财政的款项，包括应缴国库款项和应缴财政专户款项。

（1）应缴国库款项是指政府单位取得或应收的按照规定应当上缴财政的罚没收入、行政事业性收费、政府性基金、国有资产处置收入、国有资产出租收入等款项。其中，罚没收入是指政府单位依法收缴的罚款（罚金）、没收款、赃款、没收物资、赃物的变价收入；行政事业性收费是指政府单位根据国家法律、法规行使其管理职能，向公民、法人和其他组织收取的各项费用，包括管理性、资源性收费和证照性收费，如工本费、证件费、考务费等；政府性基金是指政府单位按照国家法律、法规的规定，向公民、法人和其他组织征收的具有专项用途的财政资金，如广电部门征收的国家电影事业发展专项资金收入、铁路运输部门征收的铁路建设基金收入等；国有资产处置收入是指政府单位国有资产产权的转移或核销所产生的收入，包括国有资产的出售收入、出让收入、置换差价收入、报废报损残值变价收入等；国有资产出租收入是指政府单位在保证完成正常工作的前提下，经审批同意，出租、出借国有资产所取得的收入。上述各类款项上缴国库后形成财政总预算会计的一般公共预算本级收入和政府性基金预算本级收入。

（2）应缴财政专户款项是指政府单位按规定应缴入财政专户的款项，主要是政府单位按规定收取的尚未纳入预算管理但实行财政专户管理的各项收费。该款项上缴财政专户后，形成财政总预算会计的财政专户管理资金收入。

2. 应缴财政款的核算

按照国库集中收缴制度的规定，政府单位应缴入国库或财政专户的款项，应根据具体情况分别采用直接缴库和集中汇缴两种方式。由此，政府单位需要根据应缴财政款的不同收缴方式分别进行不同的账务处理。

（1）直接缴库。它是指政府单位按照规定开具“非税收入一般缴款书”，缴款人持“非税收入一般缴款书”在规定期限内将应缴财政款项直接缴入国库或财政专户。在直接缴库方式下，应缴财政款因不通过行政事业单位过渡账户汇总，所以在开具“非税收入一般缴款书”时，可不做会计分录，只登记收入台账。

（2）集中汇缴。它是指政府单位使用“行政事业性收费收据”向缴款人收取款项后在规定期限内按收入项目汇总开具“非税收入一般缴款书”，将应缴财政款项缴存国库或财政专户的缴款方式。在集中汇缴方式下，政府单位应缴财政款因要通过其过渡账户汇总，所以应设置“应缴财政款”账户，以核算政府单位取得或应收的按照规定应当上缴财政的款项。政

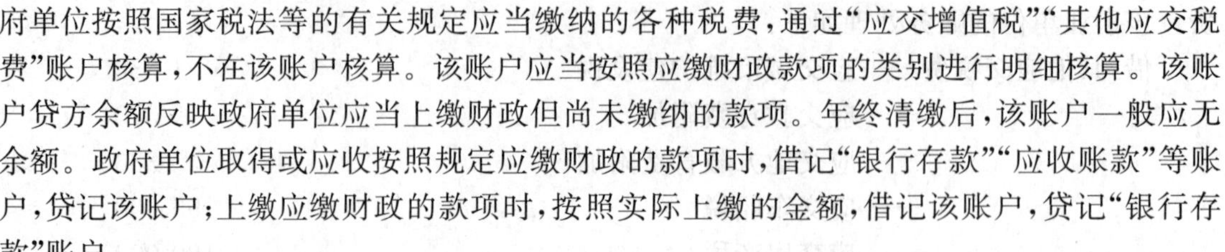

府单位按照国家税法等的有关规定应当缴纳的各种税费，通过“应交增值税”“其他应交税费”账户核算，不在该账户核算。该账户应当按照应缴财政款项的类别进行明细核算。该账户贷方余额反映政府单位应当上缴财政但尚未缴纳的款项。年终清缴后，该账户一般应无余额。政府单位取得或应收按照规定应缴财政的款项时，借记“银行存款”“应收账款”等账户，贷记该账户；上缴应缴财政的款项时，按照实际上缴的金额，借记该账户，贷记“银行存款”账户。

政府单位处置资产取得的应上缴财政的处置净收入的账务处理，参见“待处理财产损溢”等账户。

【例 9-145】 某政府单位按照规定征收政府性基金收入8 000元，该款项以集中汇缴方式上缴国库。该政府单位的账务处理如下：

借：银行存款	8 000	
贷：应缴财政款——政府性基金收入		8 000

上述单位上缴政府性基金收入时，账务处理如下：

借：应缴财政款——政府性基金收入	8 000	
贷：银行存款		8 000

三、应付职工薪酬

（一）应付职工薪酬的内容

应付职工薪酬是政府单位按照有关规定应付给职工（含长期聘用人员）及为职工支付的各种薪酬，包括基本工资、国家统一规定的津贴补贴、规范津贴补贴（绩效工资）、改革性补贴、社会保险费（如职工基本养老保险费、职业年金、基本医疗保险费等）、住房公积金等。

（二）应付职工薪酬核算的会计科目设置

为了核算按照有关规定应付给职工及为职工支付的各种薪酬，政府单位应设置“应付职工薪酬”账户。该账户应当根据国家有关规定，按照“基本工资（含离退休费）”“国家统一规定的津贴补贴”“规范津贴补贴（绩效工资）”“改革性补贴”“社会保险费”“住房公积金”“其他个人收入”等进行明细核算。其中，“社会保险费”“住房公积金”明细账户核算内容包括单位从职工工资中代扣代缴的社会保险费、住房公积金，以及单位为职工计算缴纳的社会保险费、住房公积金。该账户期末贷方余额反映单位应付未付的职工薪酬。

（三）应付职工薪酬的账务处理

1. 应付职工薪酬的计提

政府单位计算确认当期应付职工薪酬（含单位为职工计算缴纳的社会保险费、住房公积金）：① 计提从事专业及其辅助活动人员的职工薪酬，借记“业务活动费用”“单位管理费用”账户，贷记该账户。② 计提应由在建工程、加工物品、自行研发无形资产负担的职工薪酬，借记“在建工程”“加工物品”“研发支出”等账户，贷记该账户。③ 计提从事专业及其辅助活动之外的经营活动人员的职工薪酬，借记“经营费用”账户，贷记该账户。④ 因解除与职工的劳动关系而给予的补偿，借记“单位管理费用”等账户，贷记该账户。

2. 应付职工薪酬的支付

政府单位向职工支付工资、津贴补贴等薪酬时，按照实际支付的金额，借记该账户，贷记

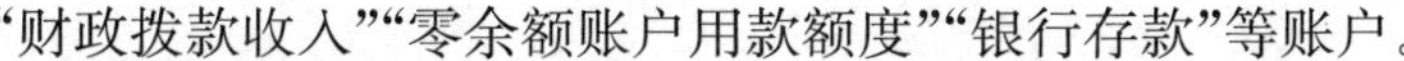

“财政拨款收入”“零余额账户用款额度”“银行存款”等账户。

3. 代扣各种款项

政府单位按照税法规定代扣职工个人所得税时，借记该账户（基本工资），贷记“其他应交税费——应交个人所得税”账户。从应付职工薪酬中代扣为职工垫付的水电费、房租等费用时，按照实际扣除的金额，借记该账户（基本工资），贷记“其他应收款”等账户。从应付职工薪酬中代扣社会保险费和住房公积金，按照代扣的金额，借记该账户（基本工资），贷记该账户（社会保险费、住房公积金）。

4. 缴纳职工社会保险费和住房公积金

政府单位按照国家有关规定缴纳职工社会保险费和住房公积金时，按照实际支付的金额，借记该账户（社会保险费、住房公积金），贷记“财政拨款收入”“零余额账户用款额度”“银行存款”等账户。

5. 支付其他款项

政府单位从应付职工薪酬中支付的其他款项，借记该账户，贷记“零余额账户用款额度”“银行存款”等账户。

【例 9-146】 某行政单位计算出本月应付职工基本工资总额350 000元、津贴100 000元，应付离退休人员离退休费50 000元，其他个人收入28 000元。其中，代扣个人所得税100 000元，代扣由职工个人承担的住房公积金44 000元，单位配套补贴住房公积金44 000元。该行政单位的账务处理如下：

借：业务活动费用	572 000	
贷：应付职工薪酬——基本工资（含离退休费）		400 000
——国家统一规定的津贴补贴		100 000
——其他个人收入		28 000
——住房公积金（单位）		44 000
借：应付职工薪酬——基本工资（抵扣）	144 000	
贷：应付职工薪酬——住房公积金（个人）		44 000
其他应交税费——代扣代缴个人所得税		100 000

在[例 9-146]中，如果会计主体是事业单位，其计提从事专业活动人员的薪酬做同样的账务处理；如果是计提从事行政及后勤人员的薪酬和经营活动人员的薪酬，则分别借记“单位管理费用”账户和“经营费用”账户。

【例 9-147】 承[例 9-146]，该行政单位通过财政直接支付方式将应付职工薪酬款项分别转入个人工资账户、住房公积金账户和国库单一账户。该行政单位的账务处理如下：

借：应付职工薪酬——基本工资（含离退休费）	256 000	
——国家统一规定的津贴补贴	100 000	
——其他个人收入	28 000	
其他应交税费——应交个人所得税	100 000	
应付职工薪酬——住房公积金	88 000	
贷：财政拨款收入		572 000

在[例 9-147]中，如果会计主体是事业单位，其支付职工薪酬时，账务处理相同。

四、应付及预收款项

应付及预收款项是指政府单位在开展业务活动中发生的各项债务，包括应付票据、应付账款、应付政府补贴款、应付利息、预收账款、其他应付款等。

（一）应付票据

应付票据是指事业单位因购买材料、物资等而开出、承兑的商业汇票，包括银行承兑汇票和商业承兑汇票。

为了核算应付票据，事业单位应设置"应付票据"账户。该账户应当按照债权人进行明细核算。该账户期末贷方余额反映事业单位开出、承兑的尚未到期的应付票据金额。事业单位应当设置"应付票据备查簿"，详细登记每一应付票据的种类、号数、出票日期、到期日、票面金额、交易合同号、收款人姓名或单位名称，以及付款日期和金额等。应付票据到期结清票款后，应当在备查簿内逐笔注销。

(1) 开出、承兑商业汇票时，借记"库存物品""固定资产"等账户，贷记该账户。涉及增值税业务的，相关账务处理参见"应交增值税"账户。以商业汇票抵付应付账款时，借记"应付账款"账户，贷记该账户。

(2) 支付银行承兑汇票的手续费时，借记"业务活动费用""经营费用"等账户，贷记"银行存款""零余额账户用款额度"等账户。

(3) 商业汇票到期时，应当分别以下情况处理：① 收到银行支付到期票据的付款通知时，借记该账户，贷记"银行存款"账户。② 银行承兑汇票到期，单位无力支付票款的，按照应付票据账面余额，借记该账户，贷记"短期借款"账户。③ 商业承兑汇票到期，单位无力支付票款的，按照应付票据账面余额，借记该账户，贷记"应付账款"账户。

【例 9-148】 某事业单位向甲公司购买专业活动用材料一批，开出一张50 000元的商业承兑汇票，材料已验收入库。该事业单位的账务处理如下：

借:库存物品	50 000	
贷:应付票据——甲公司		50 000

【例 9-149】 承[例 9-148]，该事业单位开出的商业承兑汇票到期，收到开户银行向甲公司付款50 000元的通知。该事业单位的账务处理如下：

借:应付票据——甲公司	50 000	
贷:银行存款		50 000

如果商业承兑汇票到期，该事业单位却无力支付票款，其账务处理如下：

借:应付票据——甲公司	50 000	
贷:应付账款		50 000

【例 9-150】 某事业单位收到从乙公司购买的开展专业活动用计算机一批，开出332 000元的银行承兑汇票，以银行存款支付手续费 200 元。该事业单位的账务处理如下：

借:固定资产	332 000	
贷:应付票据——乙公司		332 000
借:业务活动费用	200	
贷:银行存款		200

【例 9-151】 承[例 9-150]，该事业单位开出的银行承兑汇票 5 个月后到期，收到开户银行向乙公司付款332 000元。该事业单位的账务处理如下：

借：应付票据——乙公司　　332 000

　　贷：银行存款　　332 000

如果银行承兑汇票到期该事业单位却无力支付票款，其账务处理如下：

借：应付票据——乙公司　　332 000

　　贷：短期借款　　332 000

（二）应付账款

应付账款是政府单位因购买物资、接受服务、开展工程建设等而应付的偿还限在 1 年以内(含 1 年)的款项。

为了核算应付账款，政府单位应设置“应付账款”账户。该账户应当按照债权单位(或个人)进行明细核算；对于建设项目还应设置“应付器材款”“应付工程款”等明细账户，并按照具体项目进行明细核算。该账户期末贷方余额反映政府单位尚未支付的应付账款。

(1) 收到所购材料、物资、设备或服务以及确认完成工程进度但尚未付款时，根据发票及账单等有关凭证，按照应付未付款项的金额，借记“库存物品”“固定资产”“在建工程”等账户，贷记该账户。涉及增值税业务的，相关账务处理参见“应交增值税”账户。

(2) 偿付应付账款时，按照实际支付的金额，借记该账户，贷记“财政拨款收入”“零余额账户用款额度”“银行存款”等账户。

(3) 开出、承兑商业汇票抵付应付账款时，借记该账户，贷记“应付票据”账户。

(4) 无法偿付或债权人豁免偿还的应付账款，应当按照规定报经批准后进行账务处理。经批准核销时，借记该账户，贷记“其他收入”账户。核销的应付账款应在备查簿中保留登记。

【例 9-152】 某政府单位收到向丙公司采购的办公用计算机一批，取得的增值税专用发票上注明计算机的价款为400 000元，增值税额为52 000元，款项在 2 个月后支付。该计算机直接交付使用。该政府单位的账务处理如下：

借：固定资产　　452 000

　　贷：应付账款——丙公司　　452 000

【例 9-153】 承[例 9-152]，该政府单位 2 个月后通过单位零余额账户偿付计算机款项452 000元。该政府单位的账务处理如下：

借：应付账款——丙公司　　452 000

　　贷：零余额账户用款额度　　452 000

如果假定甲公司对计算机采购款予以豁免，账务处理如下：

借：应付账款——丙公司　　452 000

　　贷：其他收入　　452 000

（三）应付政府补贴款

应付政府补贴款是负责发放政府补贴的行政单位，按照规定应当支付给政府补贴接受者的各种政府补贴款。

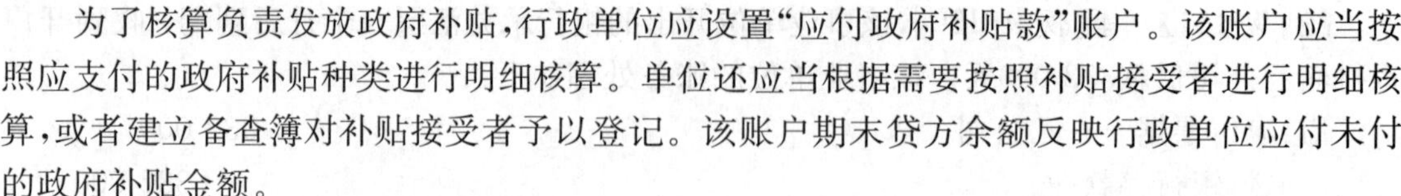

为了核算负责发放政府补贴，行政单位应设置“应付政府补贴款”账户。该账户应当按照应支付的政府补贴种类进行明细核算。单位还应当根据需要按照补贴接受者进行明细核算，或者建立备查簿对补贴接受者予以登记。该账户期末贷方余额反映行政单位应付未付的政府补贴金额。

（1）发生应付政府补贴时，按照计算确定的应付政府补贴金额，借记“业务活动费用”账户，贷记该账户。

（2）支付应付政府补贴款时，按照支付金额，借记该账户，贷记“零余额账户用款额度”“银行存款”等账户。

【例9-154】 某行政单位按照房改政策规定标准计算出职工提租补贴160 000元。该行政单位的账务处理如下：

借：业务活动费用　　160 000

　贷：应付政府补贴款——提租补贴　　160 000

【例9-155】 承[例9-154]，该行政单位通过单位零余额账户向职工支付提租补贴160 000元。该行政单位的账务处理如下：

借：应付政府补贴款——提租补贴　　160 000

　贷：零余额账户用款额度　　160 000

（四）应付利息

应付利息是指事业单位按照合同约定应支付的借款利息，包括短期借款、分期付息到期还本的长期借款等应支付的利息。

为了核算按照合同约定应支付的借款利息，事业单位应设置“应付利息”账户。该账户应当按照债权人等进行明细核算。该账户期末贷方余额反映事业单位应付未付的利息余额。

（1）为建造固定资产、公共基础设施等借入的专门借款的利息，属于建设期间发生的利息的，按期计提利息费用时，按照计算确定的金额，借记“在建工程”账户，贷记该账户；不属于建设期间发生的，按期计提利息费用时，按照计算确定的金额，借记“其他费用”账户，贷记该账户。

（2）对于其他借款，按期计提利息费用时，按照计算确定的金额，借记“其他费用”账户，贷记该账户。

（3）实际支付应付利息时，按照支付的金额，借记该账户，贷记“银行存款”等账户。

上述业务的相关举例参见短期借款和长期借款的核算。

（五）预收账款

预收账款是指事业单位预先收取但尚未结算的款项。为了核算预先收取但尚未结算的款项，事业单位应设置“预收账款”账户。该账户应当按照债权人进行明细核算。该账户期末贷方余额反映事业单位预收但尚未结算的金额。

（1）从付款方预收款项时，按照实际预收的金额，借记“银行存款”等账户，贷记该账户。

（2）确认有关收入时，按照预收账款账面余额，借记该账户，按照应确认的收入金额，贷记“事业收入”“经营收入”等账户，按照付款方补付或退回付款方的金额，借记或贷记“银行存款”等账户。涉及增值税业务的，相关账务处理参见“应交增值税”账户的核算。

(3) 无法偿付或债权人豁免偿还的预收账款,应当按照规定报经批准后进行账务处理。经批准核销时,借记该账户,贷记“其他收入”账户。核销的预收账款应在备查簿中保留登记。

【例 9-156】 某事业单位为增值税小规模纳税人,向甲单位预收购买产品款项5 000元,款项已存入银行。该事业单位的账务处理如下:

借:银行存款　　5 000

　贷:预收账款——甲单位　　5 000

【例 9-157】 承[例 9-156],该事业单位按合同规定向甲单位提供所购产品,并收到甲单位补付的货款4 888元。该事业单位的账务处理如下:

借:预收账款——甲单位　　5 000

　银行存款　　4 888

　贷:经营收入　　9 600

　　应交增值税　　288

(六) 其他应付款

其他应付款是指政府单位除应交增值税、其他应交税费、应缴财政款、应付职工薪酬、应付票据、应付账款、应付政府补贴款、应付利息、预收账款以外,其他各项偿还期限在 1 年内(含 1 年)的应付及暂收款项,如收取的押金、存入保证金、已经报销但尚未偿还银行的本单位公务卡欠款等。为了核算其他应付款,政府单位应设置“其他应付款”账户。同级政府财政部门预拨的下期预算款和没有纳入预算的暂付款项,以及采用实拨资金方式通过本单位转拨给下属单位的财政拨款,也通过该账户核算。该账户应当按照其他应付款的类别以及债权人等进行明细核算。该科目期末贷方余额反映单位尚未支付的其他应付款金额。

(1) 发生其他应付及暂收款项时,借记“银行存款”等账户,贷记该账户。支付(或退回)其他应付及暂收款项时,借记该账户,贷记“银行存款”等账户。将暂收款项转为收入时,借记该账户,贷记“事业收入”等账户。

(2) 收到同级政府财政部门预拨的下期预算款和没有纳入预算的暂付款项,按照实际收到的金额,借记“银行存款”等账户,贷记该账户;待到下一预算期或批准纳入预算时,借记该账户,贷记“财政拨款收入”账户。采用实拨资金方式通过本单位转拨给下属单位的财政拨款,按照实际收到的金额,借记“银行存款”账户,贷记该账户;向下属单位转拨财政拨款时,按照转拨的金额,借记该账户,贷记“银行存款”账户。

(3) 本单位公务卡持卡人在报销时,按照审核报销的金额,借记“业务活动费用”“单位管理费用”等账户,贷记该账户;偿还公务卡欠款时,借记该账户,贷记“零余额账户用款额度”等科目。

(4) 涉及质保金形成其他应付款的,相关账务处理参见“固定资产”账户。

(5) 无法偿付或债权人豁免偿还的其他应付款项,应当按照规定报经批准后进行账务处理。经批准核销时,借记该账户,贷记“其他收入”账户。核销的其他应付款应在备查簿中保留登记。

【例 9-158】 某政府单位 2019 年 12 月收到同级政府财政部门预拨的 2020 年度 1 月预算款100 000元,款项已存入银行。该政府单位的账务处理如下:

· 2019 年 12 月，收到预拨款时：

借：银行存款　　100 000

　　贷：其他应付款——同级财政部门　　100 000

2020 年 1 月，到预算期时：

借：其他应付款——同级财政部门　　100 000

　　贷：财政拨款收入　　100 000

【例 9-159】 某政府单位属于主管会计单位，采用实拨资金方式通过本单位转拨给下属单位财政拨款，2019 年 12 月 1 日收到同级政府财政部门拨给其下级单位的款项100 000元，12 月 2 日将款项转拨给下级单位。该政府单位的账务处理如下：

· 2019 年 12 月 1 日，收到拨款时：

借：银行存款　　100 000

　　贷：其他应付款——同级财政部门　　100 000

· 2019 年 12 月 2 日，转拨款项时：

借：其他应付款——同级财政部门　　100 000

　　贷：银行存款　　100 000

五、预提费用

预提费用是指政府单位预先提取的已经发生但尚未支付的费用，如预提租金费用等。

为了核算预先提取的已经发生但尚未支付的费用，政府单位应设置“预提费用”账户。事业单位按规定从科研项目收入中提取的项目间接费用或管理费，也通过该账户核算。事业单位计提的借款利息费用，通过“应付利息”“长期借款”账户核算，不通过该账户核算。该账户应当按照预提费用的种类进行明细核算。对于提取的项目间接费用或管理费，应当在该账户下设置“项目间接费用或管理费”明细账户，并按项目进行明细核算。该账户期末贷方余额反映单位已预提但尚未支付的各项费用。预提费用的主要账务处理如下：

(1) 项目间接费用或管理费。事业单位按规定从科研项目收入中提取项目间接费用或管理费时，按照提取的金额，借记“单位管理费用”账户，贷记该账户(项目间接费用或管理费)。实际使用计提的项目间接费用或管理费时，按照实际支付的金额，借记该账户(项目间接费用或管理费)，贷记“银行存款”“库存现金”等账户。

(2) 其他预提费用。按期预提租金等费用时，按照预提的金额，借记“业务活动费用”“单位管理费用”“经营费用”等账户，贷记该账户。实际支付款项时，按照支付金额，借记该账户，贷记“零余额账户用款额度”“银行存款”等账户。

【例 9-160】 某事业单位按照科研项目收入300 000元的 2%提取项目间接费用用于单位为项目研究提供的仪器设备与房屋折旧以及水、电、气、暖消耗等。该事业单位的账务处理如下：

借：单位管理费用　　60 000

　　贷：预提费用　　60 000

假定上述事业单位使用项目间接费用缴纳水电费58 000元，账务处理如下：

借：预提费用　　58 000

　　贷：银行存款　　58 000

【例 9-161】　某行政单位 2019 年 3 月 1 日因业务需要租入一台技术设备，租期为 6 个月，每月租金为5 000元，租期满时一次性通过单位零余额账户支付。该行政单位的账务处理如下：

· 2019 年 3～8 月，每月预提租金时：

借：业务活动费用　　5 000

　　贷：预提费用　　5 000

· 2019 年 9 月 1 日，实际支付时：

借：预提费用　　30 000

　　贷：零余额账户用款额度　　30 000

六、长期借款

长期借款是指事业单位经批准向银行或其他金融机构等借入的期限超过 1 年(不含 1 年)的各种借款本息。为了核算长期借款，事业单位应设置“长期借款”账户。该账户应当设置“本金”“应计利息”明细账户，并按照贷款单位和贷款种类进行明细核算。对于建设项目借款，还应按照具体项目进行明细核算。该账户期末贷方余额反映事业单位尚未偿还的长期借款本息金额。

(1) 借入各项长期借款时，按照实际借入的金额，借记“银行存款”账户，贷记该账户(本金)。

(2) 为建造固定资产、公共基础设施等应支付的专门借款利息，按期计提利息时，分别以下情况处理：① 属于工程项目建设期间发生的利息，计入工程成本，按照计算确定的应支付的利息金额，借记“在建工程”账户，贷记“应付利息”账户。② 属于工程项目完工交付使用后发生的利息，计入当期费用，按照计算确定的应支付的利息金额，借记“其他费用”账户，贷记“应付利息”账户。

(3) 按期计提其他长期借款的利息时，按照计算确定的应支付的利息金额，借记“其他费用”账户，贷记“应付利息”账户(分期付息、到期还本借款的利息)或该账户(应计利息)(到期一次还本付息借款的利息)。

(4) 到期归还长期借款本金、利息时，借记该账户(本金、应计利息)，贷记“银行存款”账户。

【例 9-162】　某事业单位为建造办公楼于 2018 年 1 月 2 日向建设银行借款600 000元，期限 3 年，款项已存入银行，借款利率为 10%，每年年末付息一次，期满后一次还清本金。2018 年 1 月，该事业单位以借款支付工程款300 000元；2019 年 1 月，以借款支付工程款300 000元。该办公楼于 2019 年 12 月底完工，并交付使用。该事业单位的账务处理如下：

· 2018 年 1 月 2 日，取得借款时：

借：银行存款　　600 000

　　贷：长期借款——建设银行　　600 000

· 2018 年年初，支付工程款时：

借：在建工程　　300 000

　　贷：银行存款　　3 000 000

· 2018—2019 年，每月计提利息时：

借：在建工程　　5 000

　　贷：应付利息（600 000×10%÷12）　　5 000

·2020 年，每月计提利息时：

借：其他费用　　5 000

　　贷：应付利息　　5 000

·2018—2020 年，每年年末支付利息时：

借：应付利息　　60 000

　　贷：银行存款　　60 000

·2019 年 1 月，支付工程款时：

借：在建工程　　300 000

　　贷：银行存款　　300 000

·2019 年 12 月底，办公楼交付使用时：

借：固定资产　　720 000

　　贷：在建工程　　720 000

·2021 年 1 月 2 日，到期还本时：

借：长期借款——建设银行　　600 000

　　贷：银行存款　　600 000

七、长期应付款

长期应付款是指政府单位发生的偿还期限超过 1 年（不含 1 年）的应付款项，如以融资租赁方式取得固定资产应付的租赁费等。

为了核算长期应付款，政府单位应设置“长期应付款”账户。该账户应当按照长期应付款的类别以及债权人进行明细核算。该账户期末贷方余额反映单位尚未支付的长期应付款金额。

（1）发生长期应付款时，借记“固定资产”“在建工程”等账户，贷记该账户。

（2）支付长期应付款时，按照实际支付的金额，借记该账户，贷记“财政拨款收入”“零余额账户用款额度”“银行存款”等账户（涉及增值税业务的，相关账务处理参见“应交增值税”账户）。

（3）无法偿付或债权人豁免偿还的长期应付款，应当按照规定报经批准后进行账务处理。经批准核销时，借记该账户，贷记“其他收入”账户。核销的长期应付款应在备查簿中保留登记。

（4）涉及质保金形成长期应付款的，相关账务处理参见“固定资产”账户。

【例 9-163】 某政府单位 2018 年 6 月 30 日购入办公用设备一批，价值为500 000元，当日通过财政部门零余额账户支付价款 50%，余款在 2019 年 11 月 30 日通过财政部门零余额账户支付。专用设备已经收到并直接投入使用。该政府单位的账务处理如下：

·2018 年 6 月 30 日，收到专用设备并支付 50%的货款时：

借：固定资产　　5 000 000

　　贷：财政拨款收入　　2 500 000

　　　　长期应付款　　2 500 000

·2019年11月30日，支付另外的50%货款时：

借：长期应付款　　2 500 000

　贷：财政拨款收入　　2 500 000

八、预计负债

预计负债是指政府单位对因或有事项所产生的现时义务而确认的负债，如对未决诉讼等确认的负债。

为了核算预计负债，政府单位应设置"预计负债"账户。该账户应当按照预计负债的项目进行明细核算。该账户期末贷方余额反映单位已确认但尚未支付的预计负债金额。

(1) 确认预计负债时，按照预计的金额，借记"业务活动费用""经营费用""其他费用"等账户，贷记该账户。

(2) 实际偿付预计负债时，按照偿付的金额，借记该账户，贷记"银行存款""零余额账户用款额度"等账户。

(3) 根据确凿证据需要对已确认的预计负债账面余额进行调整的，按照调整增加的金额，借记有关账户，贷记该账户；按照调整减少的金额，借记该账户，贷记有关账户。

【例9-164】 某行政单位2019年3月1日在行使行政职权时因侵犯人身权被受害人起诉，2019年12月31日，法院尚未做出判决。根据单位法律顾问的职业判断，单位败诉的可能性为80%。如果败诉，单位需要赔偿20万元。该行政单位的账务处理如下：

借：业务活动费用　　200 000

　贷：预计负债　　200 000

假定2020年2月1日法院做出判决，单位败诉，赔偿受害人20万元，以银行存款付讫。该行政单位的账务处理如下：

借：预计负债　　20 000

　贷：银行存款　　200 000

九、受托代理负债

受托代理负债是指政府单位接受委托取得受托代理资产时形成的负债。

为了核算接受委托取得受托代理资产时形成的负债，政府单位应设置"受托代理负债"账户。该账户期末贷方余额反映政府单位尚未交付或发出受托代理资产时形成的负债金额。

该账户的账务处理及举例参见"受托代理资产""库存现金""银行存款"等账户的核算。

第三节　政府单位收入核算

收入是指报告期内导致政府单位净资产增加的、含有服务潜力或者经济利益的经济资源的流入。政府单位收入的确认应当同时满足三个条件：① 与收入相关的含有服务潜力或

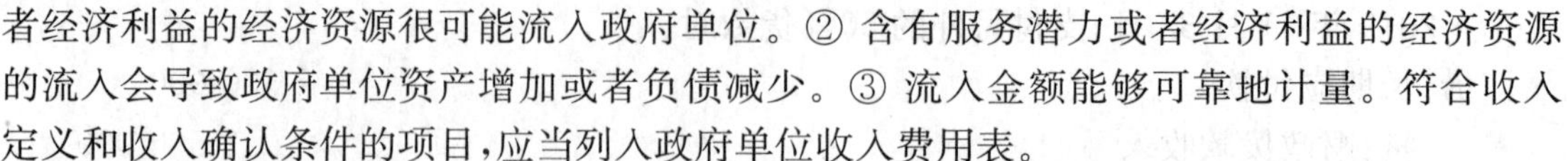

者经济利益的经济资源很可能流入政府单位。② 含有服务潜力或者经济利益的经济资源的流入会导致政府单位资产增加或者负债减少。③ 流入金额能够可靠地计量。符合收入定义和收入确认条件的项目,应当列入政府单位收入费用表。

政府单位收入包括财政拨款收入、事业收入、上级补助收入、附属单位上缴收入、经营收入、非同级财政拨款收入、投资收益、捐赠收入、利息收入、租金收入和其他收入。其中财政拨款收入、非同级财政拨款收入、捐赠收入、利息收入、租金收入和其他收入属于行政单位和事业单位共有的收入项目,事业收入、上级补助收入、附属单位上缴收入、经营收入和投资收益属于事业单位特有的收入项目。

一、财政拨款收入

财政拨款收入是指政府单位从同级财政部门取得的各类财政拨款。按照拨款的来源,财政拨款收入分为一般公共预算财政拨款和政府性基金预算财政拨款。财政拨款是政府单位最主要的收入来源,也是政府单位开展业务活动的基本财力保障。

(一) 财政拨款收入的管理

财政拨款收入作为政府单位开展业务活动的基本财力保障,其管理必须遵循以下要求:

(1) 按照核定预算和用款计划申请取得。政府单位应根据核定的预算编制分月用款计划,经同级财政部门或上级单位核定后分月获取财政拨款收入。

(2) 按规定用途申请取得。政府单位应按核定的预算用途使用财政拨款收入,未经同级财政部门批准,不得擅自改变用途。

(3) 按预算级次申请取得。政府单位应按规定的预算级次和经费领拨关系向上级单位或同级财政部门申请取得财政拨款收入;同级主管部门之间原则上不得发生经费领拨关系。

(4) 按规定的财政资金支付方式申请取得。政府单位在确定了年度预算和分月用款计划的同时也确定了财政资金的支付方式及支付金额。实行国库改革的政府单位通过财政直接支付方式和财政授权支付方式获取财政拨款收入;尚未实行国库集中支付改革的政府单位,通过其他方式获取财政拨款收入。

(二) 财政拨款收入的确认和计量

(1) 财政直接支付方式下,政府单位应在收到代理银行转来的“财政直接支付入账通知书”时确认财政拨款收入,并按照“财政直接支付入账通知书”中的直接支付入账金额计量。

(2) 财政授权支付方式下,政府单位应在收到代理银行转来的“财政授权支付额度到账通知书”时确认财政拨款收入,并按照“财政授权额度到账通知书”中的授权支付额度计量。

(3) 其他方式下,政府单位应在收到开户银行转来的收款通知时确认财政拨款收入,并按照实际收到的金额计量。

(4) 对于年终结余形成的财政拨款收入,政府单位应根据对账确认的本年度财政直接支付预算指标数大于当年财政直接支付实际支出数的差额、本年度财政授权支付预算指标数大于当年零余额账户用款额度下达数的差额予以确认和计量。

(三) 财政拨款收入的核算

为了核算从同级财政部门取得的各类财政拨款,政府单位应设置“财政拨款收入”账户。

同级政府财政部门预拨的下期预算款和没有纳入预算的暂付款项，以及采用实拨资金方式通过本单位转拨给下属单位的财政拨款，通过“其他应付款”账户核算，不通过该账户核算。该账户可按照一般公共预算财政拨款、政府性基金预算财政拨款等拨款种类进行明细核算。期末结转后，该账户应无余额。

（1）在财政直接支付方式下，政府单位根据收到的“财政直接支付入账通知书”及相关原始凭证，按照通知书中的直接支付入账金额，借记“库存物品”“固定资产”“业务活动费用”“单位管理费用”“应付职工薪酬”等账户，贷记该账户（涉及增值税业务的，相关账务处理参见“应交增值税”账户）。年末，根据本年度财政直接支付预算指标数与当年财政直接支付实际支付数的差额，借记“财政应返还额度——财政直接支付”账户，贷记该账户。

【例 9-165】 某行政单位收到“财政直接支付入账通知书”及相关原始凭证，列明采购设置技术设备一台，直接支付入账金额100 000元，该设备直接投入使用。该行政单位的账务处理如下：

借：固定资产　　100 000

　　贷：财政拨款收入——一般公共预算财政拨款　　100 000

【例 9-166】 某事业单位收到“财政直接支付入账通知书”，列明支付地方教育费附加800 000元给施工单位，用于中小学校校舍的修缮。该事业单位的账务处理如下：

借：业务活动费用　　800 000

　　贷：财政拨款收入——政府性基金预算财政拨款　　800 000

【例 9-167】 年末，某政府单位通过对账确认本年度用于日常公用经费的财政直接支付预算指标数为2 000 000元，本年度财政直接支付实际支出数为1 800 000元。该政府单位的账务处理如下：

借：财政应返还额度　　200 000

　　贷：财政拨款收入——一般公共预算财政拨款　　200 000

（2）在财政授权支付方式下，政府单位根据收到的“财政授权支付额度到账通知书”，按照通知书中的授权支付额度，借记“零余额账户用款额度”账户，贷记该账户；年末，政府单位本年度财政授权支付预算指标数大于零余额账户用款额度下达数的，根据两者间的差额，借记“财政应返还额度——财政授权支付”账户，贷记该账户。

【例 9-168】 某政府单位收到“财政授权支付额度到账通知书”，列明本月日常公用经费的财政授权支付额度为50 000元。该政府单位的账务处理如下：

借：零余额账户用款额度　　50 000

　　贷：财政拨款收入——一般公共预算财政拨款　　50 000

【例 9-169】 年度终了，某政府单位通过对账确认本年度财政授权支付预算指标数为3 000 000元，本年度零余额账户用款额度下达数为2 900 000元。该政府单位的账务处理如下：

借：财政应返还额度　　100 000

　　贷：财政拨款收入——一般公共预算财政拨款　　100 000

（3）在其他方式下，政府单位收到财政拨款收入时，按照实际收到的金额，借记“银行存款”等账户，贷记该账户。

【例 9-170】 某政府单位开户银行转来收款通知，实际收到财政部门拨入的日常公用经费800 000元。该政府单位的账务处理如下：

借：银行存款　　800 000

　贷：财政拨款收入——一般公共预算财政拨款　　800 000

(4) 政府单位因差错更正或购货退回等发生国库直接支付款项退回的，属于以前年度支付的款项，按照退回金额，借记"财政应返还额度——财政直接支付"账户，贷记"以前年度盈余调整""库存物品"等账户；属于本年度支付的款项，按照退回金额，借记该账户，贷记"业务活动费用""库存物品"等账户。

【例9-171】 某政府单位使用财政直接支付方式采购的电脑耗材因质量问题予以退回，共计30 000元。其中，20 000元属于上年度支付的款项，10 000元属于本年度支付的款项。收到代理银行转来财政直接支付资金退回入账通知书，退回相关款项30 000元，电脑耗材已退回。该政府单位的账务处理如下：

借：财政应返还额度——财政直接支付　　20 000

　财政拨款收入——一般公共预算财政拨款　　10 000

　贷：库存物品　　30 000

(5) 期末结转。期末，将该账户本期发生额转入本期盈余，借记该账户，贷记"本期盈余"账户。

【例9-172】 期末，某政府单位"财政拨款收入"账户贷方余额1 000 000元，均为一般公共预算财政拨款。期末结转时，该政府单位的账务处理如下：

借：财政拨款收入——一般公共预算财政拨款　　1 000 000

　贷：本期盈余　　1 000 000

二、非同级财政拨款收入

非同级财政拨款收入是政府单位从非同级政府财政部门取得的经费拨款，包括从同级政府其他部门取得的横向转拨财政款、从上级或下级政府财政部门取得的经费拨款等，但不包括事业单位因开展科研及其辅助活动从非同级政府财政部门取得的经费拨款。

为了核算从非同级政府财政部门取得的经费拨款，政府单位应设置"非同级财政拨款收入"账户。该账户应当按照本级横向转拨财政款和非本级财政拨款进行明细核算，并按照收入来源进行明细核算。期末结转后，该账户应无余额。

政府单位确认非同级财政拨款收入时，按照应收或实际收到的金额，借记"其他应收款""银行存款"等账户，贷记该账户。期末，将该账户本期发生额转入本期盈余，借记该账户，贷记"本期盈余"账户。

【例9-173】 某政府单位属于中央级单位，收到某省级财政部门的财政拨款收入400 000元，款项已存入银行。该政府单位的账务处理如下：

借：银行存款　　400 000

　贷：非同级财政拨款收入——某省财政　　400 000

【例9-174】 期末，某政府单位"非同级财政拨款收入"账户贷方余额40 000元全部来源于某省财政部门。期末结转时，该政府单位的账务处理如下：

借：非同级财政拨款收入——某省财政　　400 000

　贷：本期盈余　　400 000

三、事业收入

（一）事业收入的含义

事业收入是事业单位开展专业业务活动及辅助活动所取得的收入，包括开展专业业务活动及辅助活动所取得的收入，从财政专户核拨给事业单位的资金和经核准不上缴国库或者财政专户的资金，因开展科研及其辅助活动从非同级政府财政部门取得的经费拨款。所谓专业业务活动，是事业单位根据本单位的专业特点所从事或开展的主要业务活动，也称主营业务活动，如教育事业单位的教学活动、科学事业单位的科研活动、卫生事业单位的医疗保健活动等。辅助活动是与专业业务活动相关、直接为专业 业务活动服务的单位行政管理活动、后勤服务活动以及其他有关活动。事业收入是事业单位为了保证正常业务活动的需要，通过开展自身专业活动及辅助活动向社会提供服务时，按国家规定标准向服务对象收取的费用。事业单位由于所处行业的特点不同，事业收入的内容也存在差异。比如，高等学校的事业收入主要包括教育事业收入和科研事业收入；科学事业单位的事业收入主要包括科研收入、技术收入、学术活动收入、科普活动收入、试制产品收入、教学活动收入等。

（二）事业收入的分类和确认

(1) 按照管理方式，事业收入分为财政专户返还的事业收入和其他方式确认的事业收入。财政专户返还的事业收入，是采用财政专户返还方式管理的事业收入。按照国家有关规定，事业单位按规定收取的教育收费(包括高中以上学费、住宿费，高校委托培养费，函大、电大、夜大及短训班培训费)作为其事业收入纳入财政专户管理。在这种管理方式下，事业单位收到教育收费时按照规定缴存财政专户；支出时由财政部门根据预算、教育收费上缴财政专户情况和用款申请，按照财政国库管理制度的有关规定从财政专户中核拨。事业单位收到从财政专户返还的教育收费时，方可确认事业收入。其他方式确认事业收入，是不采用财政专户返还方式管理的事业收入，是事业单位开展自身专业活动及辅助活动向社会提供服务时，按国家规定标准向服务对象收取的除了应缴国库款和应缴财政专户款以外的费用。其他方式确认事业收入在收到时即可确认。

(2) 按照收款方式，事业收入分为采用预收款方式确认的事业收入和采用应收款方式确认的事业收入。采用预收款方式确认的事业收入按照合同完成进度确认；采用应收款方式确认的事业收入按照合同进度计算的款项确认。

（三）事业收入的核算

为了核算开展专业业务活动及辅助活动所取得的收入，事业单位应设置“事业收入”账户。该账户应当按照事业收入的类别、来源等进行明细核算。对于因开展科研及其辅助活动从非同级政府财政部门取得的经费拨款，应当在该账户下单设“非同级财政拨款”明细账户进行核算。期末结转后，该账户应无余额。

(1) 采用财政专户返还方式管理的事业收入。事业单位实现应上缴财政专户的事业收入时，按照实际收到或应收的金额，借记“银行存款”“应收账款”等账户，贷记“应缴财政款”账户；向财政专户上缴款项时，按照实际上缴的款项金额，借记“应缴财政款”账户，贷记“银行存款”等账户；收到从财政专户返还的事业收入时，按照实际收到的返还金额，借记“银行存款”等账户，贷记该账户。

(2) 采用其他方式管理的事业收入。事业单位实现的其他方式下确认的事业收入，按照实际收到的金额，借记“银行存款”“库存现金”等账户，贷记该账户。其中涉及增值税业务的，相关账务处理参见“应交增值税”账户。

【例 9-175】 某科研单位开展专业业务活动取得技术服务收入80 000元、学术活动收入20 000元，均已存入银行。其中，技术服务收入采用财政专户返还方式管理。假设不考虑增值税，该科研单位的账务处理如下：

借：银行存款　　100 000

　贷：应缴财政款　　80 000

　　事业收入——学术活动收入　　20 000

【例 9-176】 承[例 9-175]，若该科研单位将技术服务收入上缴财政专户，则该科研单位的账务处理如下：

借：应缴财政款　　80 000

　贷：银行存款　　80 000

若该科研单位银行存款户收到从财政专户返还的技术服务收入80 000元，则：

借：银行存款　　80 000

　贷：事业收入——技术服务收入　　80 000

(3) 采用预收款方式确认的事业收入。事业单位实际收到预收款项时，按照收到的款项金额，借记“银行存款”等账户，贷记“预收账款”账户；以合同完成进度确认事业收入时，按照基于合同完成进度计算的金额，借记“预收账款”账户，贷记该账户。其中涉及增值税业务的，相关账务处理参见“应交增值税”账户。

【例 9-177】 某科研单位承接某企业污水处理项目的研究，项目总经费400 000元需要2 年完成。按照合同规定，该单位第一年年初预付项目研究经费 50%，第二年年初再预付50%。该科研项目产生的收入按照项目完成进度每年年末确认200 000 元。假设不考虑增值税，该科研单位的账务处理如下：

· 每年年初收到委托企业预付款项时：

借：银行存款　　200 000

　贷：预收账款　　200 000

· 每年年末确认收入时：

借：预收账款　　200 000

　贷：事业收入——科研收入　　200 000

(4) 采用应收款方式确认的事业收入。事业单位根据合同完成进度计算本期应收的款项，借记“应收账款”账户，贷记该账户；实际收到款项时，借记“银行存款”等账户，贷记“应收账款”账户。其中涉及增值税业务的，相关账务处理参见“应交增值税”账户。

【例 9-178】 承[例 9-177]，若该科研单位根据合同完成进度每年年初计算应收 50%的科研经费，年末实际收款。该科研单位的账务处理如下：

· 年初根据合同完成进度计算应收的科研经费时：

借：应收账款　　200 000

　贷：事业收入——科研收入　　200 000

· 年末实际收到款项时：

借:银行存款　　200 000

　贷:应收账款　　200 000

(5) 期末结转。期末,将该账户本期发生额转入本期盈余,借记该账户,贷记"本期盈余"账户。

【例 9-179】 期末,某科研单位"事业收入"账户贷方余额为400 000元。其有关明细账户贷方余额为:"技术服务收入"260 000元、"学术活动收入"140 000元。期末结转时,该科研单位的账务处理如下:

借:事业收入——技术服务收入　　260 000

　　　　　——学术活动收入　　140 000

　贷:本期盈余　　400 000

四、经营收入

(一) 经管收入的含义和确认

经营收入是指事业单位在专业业务活动及辅助活动之外开展非独立核算经营活动取得的收入,主要包括非独立核算部门因销售商品、向社会提供经营服务等取得的收入等。事业单位的经营收入通常同时具备两个特征:一是开展经营活动取得的收入;二是从开展非独立核算的经营活动中取得的收入。

事业单位的经营收入应当在提供服务或者发出存货,同时收讫价款或者取得索取价款的凭据时,按照实际收到或应收到的金额予以确认。

(二) 经营收入的核算

为了核算在专业业务活动及辅助活动之外开展非独立核算经营活动取得的收入,事业单位应设置"经营收入"账户。该账户应当按照经营活动类别、项目、收入来源等进行明细核算。期末结转后,该账户应无余额。

事业单位实现经营收入时,按照确定的收入金额,借记"银行存款""应收账款""应收票据"等账户,贷记该账户。其中涉及增值税业务的,相关账务处理参见"应交增值税"账户。期末,将该账户本期发生额转入本年盈余,借记该账户,贷记"本年盈余"账户。

【例 9-180】 某事业单位属于小规模纳税人,其非独立核算部门销售产品取得收入5 150元(含税),款项已存入银行。增值税征收率为3%。该事业单位的账务处理如下:

借:银行存款　　5 150

　贷:经营收入——销售收入　　5 000

　　应交增值税　　150

【例 9-181】 某事业单位属于一般纳税人,其非独立核算部门销售产品取得收入5 000元(不含税),货款尚未收到。增值税税率为13%。该事业单位的账务处理如下:

借:应收账款　　5 650

　贷:经营收入——销售收入　　5 000

　　应交税金——应交增值税——销项税额　　650

【例 9-182】 期末,某事业单位"经营收入"账户贷方余额为10 000元。其有关明细账户贷方余额为:"销售收入"10 000元。期末结转时,该事业单位的账务处理如下:

借:经营收入——销售收入　　10 000

　　贷:本期盈余　　10 000

五、上级补助收入

上级补助收入是指事业单位从主管部门和上级单位取得的非财政拨款收入。

为了核算收到的上级单位拨入的非财政拨款收入,事业单位应设置"上级补助收入"账户。该账户应当按照发放补助单位、补助项目等进行明细核算。期末结转后,该账户应无余额。

事业单位确认上级补助收入时,按照应收或实际收到的金额,借记"其他应收款""银行存款"等账户,贷记该账户;实际收到应收的上级补助款时,按照实际收到的金额,借记"银行存款"等账户,贷记"其他应收款"账户。期末,将该账户本期发生额 转入本期盈余,借记该账户,贷记"本期盈余"账户。

【例 9-183】 某事业单位收到上级单位拨入的非财政资金补助款150 000元。该事业单位的账务处理如下:

借:银行存款　　150 000

　　贷:上级补助收入——上级单位　　150 000

【例 9-184】 期末,某事业单位"上级补助收入"账户贷方余额为150 000元。期末结转时,该事业单位的账务处理如下:

借:上级补助收入——上级单位　　150 000

　　贷:本期盈余　　150 000

六、附属单位上缴收入

附属单位上缴收入是事业单位取得的附属独立核算单位按照有关规定上缴的收入。所谓附属单位,一般是指与该事业单位间除资金联系之外,还存在其他联系的具有独立法人资格的单位,包括事业单位和企业。为核算取得的附属单位按有关规定上缴的收入,事业单位应设置"附属单位上缴收入"账户。该账户应当按照附属单位、缴款项目等进行明细核算。期末结转后,该账户应无余额。

事业单位确认附属单位上缴收入时,按照应收或收到的金额,借记"其他应收款""银行存款"等账户,贷记该账户;实际收到应收附属单位上缴款时,按照实际收到的金额,借记"银行存款"等账户,贷记"其他应收款"账户。期末,将该账户本期发生额转入本期盈余,借记该账户,贷记"本期盈余"账户。

【例 9-185】 某事业单位收到附属某单位上缴的收入80 000元。该事业单位的账务处理如下:

借:银行存款　　80 000

　　贷:附属单位上缴收入——某单位　　80 000

【例 9-186】 期末,某事业单位"附属单位上缴收入"账户贷方余额160 000元,上缴单位为A单位。期末结转时,该事业单位的账务处理如下:

借:附属单位上缴收入——A单位　　160 000

　　贷:本期盈余　　160 000

七、投资收益

（一）投资收益的含义

投资收益是指事业单位股权投资和债券投资所实现的收益或发生的损失，包括股权投资取得的股利或利润、债券投资取得的利息收入等。

（二）投资收益的核算

为了核算股权投资和债券投资所实现的收益或发生的损失，事业单位应设置“投资收益”账户。该账户应当按照投资的种类等进行明细核算。期末结转后，该账户应无余额。

1. 短期投资的投资收益

事业单位收到短期投资持有期间的利息，按照实际收到的金额，借记“银行存款”账户，贷记“投资收益”账户；出售或到期收回短期债券本息，按照实际收到的金额，借记“银行存款”账户，按照出售或收回短期投资的成本，贷记“短期投资”账户，按照其差额，贷记或借记该账户。涉及增值税业务的，相关账务处理参见“应交增值税”账户。

2. 长期债券投资的投资收益

事业单位持有的分期付息、一次还本的长期债券投资，按期确认利息收入时，按照计算确定的应收未收利息，借记“应收利息”账户，贷记该账户；持有的到期一次还本付息的债券投资，按期确认利息收入时，按照计算确定的应收未收利息，借记“长期债券投资——应计利息”账户，贷记该账户。出售长期债券投资或到期收回长期债券投资本息，按照实际收到的金额，借记“银行存款”等账户，按照债券初始投资成本和已计未收利息金额，贷记“长期债券投资——成本、应计利息”账户（到期一次还本付息债券）或“长期债券投资”“应收利息”账户（分期付息债券），按照其差额，贷记或借记该账户。涉及增值税业务的，相关账务处理参见“应交增值税”账户。

3. 长期股权投资的投资收益

事业单位采用成本法核算的长期股权投资持有期间，被投资单位宣告分派现金股利或利润时，按照宣告分派的现金股利或利润中属于单位应享有的份额，借记“应收股利”账户，贷记该账户。采用权益法核算的长期股权投资持有期间，按照应享有或应分担的被投资单位实现的净损益的份额，借记或贷记“长期股权投资——损益调整”账户，贷记或借记该账户；被投资单位发生净亏损，但以后年度又实现净利润的，单位在其收益分享额弥补未确认的亏损分担额等后，恢复确认投资收益，借记“长期股权投资——损益调整”账户，贷记该账户。按照规定处置长期股权投资时有关投资收益的账务处理，参见“长期股权投资”账户。

4. 期末结转

期末，事业单位将该账户本期发生额转入本期盈余，借记或贷记该账户，贷记或借记“本期盈余”账户。

【例 9-187】 期末，某事业单位“投资收益”账户贷方余额100 000元，均为债券投资利息。期末结转时，该事业单位的账务处理如下：

借：投资收益——债券利息 100 000

　贷：本期盈余 100 000

八、捐赠收入

捐赠收入是指政府单位接受其他单位或者个人捐赠取得的收入。

为了核算接受其他单位或者个人捐赠取得的收入，政府单位应设置“捐赠收入”账户。该账户应当按照捐赠资产的用途和捐赠单位等进行明细核算。期末结转后，该账户应无余额。

政府单位接受捐赠的货币资金，按照实际收到的金额，借记“银行存款”“库存现金”等账户，贷记该账户；接受捐赠的存货、固定资产等非现金资产，按照确定的成本，借记“库存物品”“固定资产”等账户，按照发生的相关税费、运输费等，贷记“银行存款”等账户，按照其差额，贷记该账户。接受捐赠的资产按照名义金额入账的，按照名义金额，借记“库存物品”“固定资产”等账户，贷记该账户；同时，按照发生的相关税费、运输费等，借记“其他费用”账户，贷记“银行存款”等账户。期末，将该账户本期发生额转入本期盈余，借记该账户，贷记“本期盈余”账户。

【例 9-188】 某政府单位接收天河公司的捐赠，其中货币资金100 000元，计算机 10 台，发票上注明的价款为300 000元，以银行存款支付相关税费 2 000 元。该政府单位的账务处理如下：

借:银行存款	100 000	
固定资产	302 000	
贷:捐赠收入——天河公司		400 000
银行存款		2 000

【例 9-189】 期末，某政府单位“捐赠收入”账户贷方余额400 000元，均由天河公司捐赠。期末结转时，该政府单位的账务处理如下：

借:捐赠收入——天河公司	400 000	
贷:本期盈余		400 000

九、利息收入

利息收入是指政府单位取得的银行存款利息收入。

为了核算取得的银行存款利息收入，政府单位应设置“利息收入”账户。期末结转后，该账户应无余额。

政府单位取得银行存款利息时，按照实际收到的金额，借记“银行存款”账户，贷记该账户。期末，将该账户本期发生额转入本期盈余，借记该账户，贷记“本期盈余”账户。

【例 9-190】 某政府单位收到银行存款利息收入通知书，本月取得存款利息收入2 000元。该政府单位的账务处理如下：

借:银行存款	2 000	
贷:利息收入		2 000

【例 9-191】 期末，某政府单位“利息收入”账户贷方余额为30 000元。期末结转时，该政府单位的账务处理如下：

借:利息收入	30 000	
贷:本期盈余		30 000

十、租金收入

租金收入是指政府单位经批准利用国有资产出租取得并按照规定纳入本单位预算管理的租金收入。国有资产出租收入，应当在租赁期内各个期间按照直线法予以确认。

为了核算经批准利用国有资产出租取得并按照规定纳入本单位预算管理的租金收入，政府单位应设置“租金收入”账户。该账户应当按照出租国有资产类别和收入来源等进行明细核算。期末结转后，该账户应无余额。

(1) 采用预收租金方式的，预收租金时，按照收到的金额，借记“银行存款”等账户，贷记“预收账款”账户；分期确认租金收入时，按照各期租金金额，借记“预收账款”账户，贷记该账户。

(2) 采用后付租金方式的，每期确认租金收入时，按照各期租金金额，借记“应收账款”账户，贷记该账户；收到租金时，按照实际收到的金额，借记“银行存款”等账户，贷记“应收账款”账户。

(3) 采用分期收取租金方式的，每期收取租金时，按照租金金额，借记“银行存款”等账户，贷记该账户。涉及增值税业务的，相关账务处理参见“应交增值税”账户。

(4) 期末，将该账户本期发生额转入本期盈余，借记该账户，贷记“本期盈余”账户。

【例 9-192】 某政府单位为小规模纳税人，经批准将一幢办公楼(2016年 5 月 1 日之前取得)出租，租期为 5 年，年租金为630 000元。该政府单位的账务处理如下：

■如果采用预收租金方式，每年 1 月预收全年租金，分月确认租金收入：

·1 月收到年租金630 000元时：

借：银行存款	630 000	
贷：预收账款		630 000

·每月确认租金收入时：

借：预收账款	52 500	
贷：租金收入——不动产租金		50 000
应交增值税		2 500

■如果采用后付租金方式，每年年末承租人一次性支付全年租金：

·每月确认租金收入时：

借：应收账款	52 500	
贷：租金收入——不动产租金		50 000
应交增值税		2 500

·年末收到年租金630 000元时：

借：银行存款	630 000	
贷：应收账款		630 000

■如果采用分期收取租金方式，承租人按月支付租金52 500元时：

借：银行存款	52 500	
贷：租金收入——不动产租金		50 000
应交增值税		2 500

【例 9-193】 期末，某政府单位“租金收入”账户贷方余额600 000元，均为不动产租金收入。期末结转时，该政府单位的账务处理如下：

借：租金收入——不动产租金　　600 000
　　贷：本期盈余　　600 000

十一、其他收入

其他收入是指政府单位取得的除财政拨款收入、事业收入、上级补助收入、附属单位上缴收入、经营收入、非同级财政拨款收入、投资收益、捐赠收入、利息收入、租金收入以外的各项收入，包括现金盘盈收入、按照规定纳入单位预算管理的科技成果转化收入、行政单位收回已核销的其他应收款、无法偿付的应付及预收款项、置换换出资产评估增值等。

为了核算其他收入，政府单位应设置“其他收入”账户。该账户应当按照其他收入的类别、来源等进行明细核算。期末结转后，该账户应无余额。

(1) 现金盘盈收入。政府单位每日现金账款核对中发现的现金溢余，属于无法查明原因的部分，报经批准后，借记“待处理财产损溢”账户，贷记该账户。

(2) 科技成果转化收入。政府单位科技成果转化所取得的收入，按照规定留归本单位的，按照所取得收入扣除相关费用之后的净收益，借记“银行存款”等账户，贷记该账户。

(3) 收回已核销的其他应收款。行政单位已核销的其他应收款在以后期间收回的，按照实际收回的金额，借记“银行存款”等账户，贷记该账户。

(4) 无法偿付的应付及预收款项。政府单位无法偿付或债权人豁免偿还的应付账款、预收账款、其他应付款及长期应付款，借记“应付账款”“预收账款”“其他应付款”“长期应付款”等账户，贷记该账户。

(5) 置换换出资产评估增值。政府单位资产置换过程中，出现资产评估增值的，按照评估价值高于资产账面价值或账面余额的金额，借记有关账户，贷记该账户。具体账务处理参见“库存物品”等账户。以未入账的无形资产取得的长期股权投资，按照评估价值加相关税费作为投资成本，借记“长期股权投资”账户；按照发生的相关税费，贷记“银行存款”“其他应交税费”等账户；按其差额，贷记该账户。

(6) 其他收入。政府单位确认上述以外的其他收入时，按照应收或实际收到的金额，借记“其他应收款”“银行存款”“库存现金”等账户，贷记该账户。涉及增值税业务的，相关账务处理参见“应交增值税”账户。

(7) 期末结转。期末，将该账户本期发生额转入本期盈余，借记该账户，贷记“本期盈余”科目。

【例 9-194】 期末，某政府单位“其他收入”科目贷方余额60 000元，有关明细科目贷方余额为：现金盘盈 500 元、收回已核销的其他应收款20 000元、无法偿付的应付款项39 500元。期末结转时，该政府单位的账务处理如下：

借：其他收入——现金盘盈　　500
　　　　　　——收回已核销的其他应收款　　20 000
　　　　　　——无法偿付的应付款项　　39 500
　　贷：本期盈余　　60 000

第四节 政府单位费用的核算

费用是指报告期内导致政府单位净资产减少的、含有服务潜力或者经济利益的经济资源的流出。政府单位费用的确认应当同时满足以下条件：

(1) 与费用相关的含有服务潜力或者经济利益的经济资源很可能流出政府单位。

(2) 含有服务潜力或者经济利益的经济资源流出会导致政府单位的资产减少或者负债增加。

(3) 流出金额能够可靠地计量。

符合费用定义和费用确认条件的项目，应当列入政府单位收入费用表。

政府单位费用包括业务活动费用、单位管理费用、经营费用、资产处置费用、上缴上级费用、对附属单位补助费用、所得税费用和其他费用。其中，业务活动费用、资产处置费用和其他费用属于行政单位和事业单位共有的费用项目，单位管理费用、经营费用、上缴上级费用、对附属单位补助费用和所得税费用属于事业单位独有的费用项目。

一、业务活动费用

(一) 业务活动费用的定义和内容

业务活动费用是指政府为实现其职能目标，依法履职或开展专业业务活动及其辅助活动所发生的各项费用。

行政单位的业务活动费用是单位为实现其职能目标，依法履职所发生的各项费用，主要包括工资福利费用、商品和服务费用、对个人和家庭的补助费用、固定资产折旧费、无形资产摊销费、公共基础设施折旧(摊销)费、保障性住房折旧费等。

事业单位的业务活动费用是单位开展专业业务活动及其辅助活动所发生的各项费用，除了行政单位业务活动费用包括的内容外，还包括计提专用基金等。

(二) 业务活动费用的核算

为了实现其职能目标，依法履职或开展专业业务活动及其辅助活动所发生的各项费用，政府单位应设置“业务活动费用”账户。该账户应当按照项目、服务或者业务类别、支付对象等进行明细核算。为了满足成本核算的需要，该账户下还可按照“工资福利费用”“商品和服务费用”“对个人和家庭的补助费用”“对企业补助费用”“固定资产折旧费”“无形资产摊销费”“公共基础设施折旧(摊销)费”“保障性住房折旧费”“计提专用基金”等成本项目设置明细账户，归集能够直接计入业务活动或采用一定方法计算后计入业务活动的费用。期末结转后，该账户应无余额。

(三) 日常业务活动费用业务

(1) 为履职或开展业务活动人员计提的薪酬，按照计算确定的金额，借记该账户，贷记“应付职工薪酬”账户。

(2) 为履职或开展业务活动发生的外部人员劳务费，按照计算确定的金额，借记该账户，按照代扣代缴个人所得税的金额，贷记“其他应交税费——应交个人所得税”账户，按照扣税后应付或实际支付的金额，贷记“其他应付款”“财政拨款收入”“零余额账户用款额度”“银行存款”等账户。

【例 9-195】 某政府单位计提当月依法履职或从事专业活动的在编职工薪酬120 000元和外部人员劳务费30 000元，代扣个人所得税4 000元。该政府单位的账务处理如下：

借：业务活动费用——工资福利费用	150 000
贷：应付职工薪酬	120 000
其他应付款	26 000
其他应交税费——应交个人所得税	4 000

(3) 为履职或开展业务活动领用库存物品，以及动用发出相关政府储备物资，按照领用库存物品或发出相关政府储备物资的账面余额，借记该账户，贷记“库存物品”“政府储备物资”账户。

【例 9-196】 某政府单位依法履职或开展专业活动领用甲材料，账面余额40 000元；发出政府储备物资——救灾帐篷一批，账面余额为200 000元。该政府单位的账务处理如下：

借：业务活动费用——商品和服务费用	240 000
贷：库存物品	40 000
政府储备物资	200 000

(4) 为履职或开展业务活动所使用的固定资产、无形资产以及为所控制的公共基础设施、保障性住房计提的折旧、摊销，按照计提金额，借记该账户，贷记“固定资产累计折旧”“无形资产累计摊销”“公共基础设施累计折旧(摊销)”“保障性住房累计折旧”账户。

【例 9-197】 某行政单位计提本月固定资产折旧260 000元，公共基础设施计提折旧2 069 000元，保障性住房计提折旧3 000 000元，无形资产摊销156 000元。该行政单位的账务处理如下：

借：业务活动费用——固定资产折旧费	260 000
——公共基础设施折旧(摊销)费	2 069 000
——保障性住房折旧费	3 000 000
——无形资产累计摊销费	156 000
贷：固定资产累计折旧	260 000
公共基础设施累计折旧(摊销)	2 069 000
保障性住房累计折旧	3 000 000
无形资产累计摊销	156 000

(5) 为履职或开展业务活动发生的城市维护建设税、教育费附加、地方教育费附加、车船税、房产税、城镇土地使用税等，按照计算确定应缴纳的金额，借记该账户，贷记“其他应交税费”等账户。

(6) 为履职或开展业务活动发生其他各项费用时，按照费用确认金额，借记该账户，贷记“财政拨款收入”“零余额账户用款额度”“银行存款”“应付账款”“其他应付款”“其他应收款”等账户。

【例 9-198】 某政府单位依法履职或开展专业活动购买复印纸一批，通过单位零余额账户支付款项3 000元。该政府单位的账务处理如下：

借：业务活动费用——商品和服务费用　　3 000

　贷：零余额账户用款额度　　3 000

（7）按照规定从收入中提取专用基金并计入费用的，一般按照预算会计下基于预算收入计算提取的金额，借记该账户，贷记“专用基金”账户。国家另有规定的，从其规定。

（8）发生当年购货退回等业务，对于已计入本年业务活动费用的，按照收回或应收的金额，借记“财政拨款收入”“零余额账户用款额度”“银行存款”“其他应收款”等账户，贷记该账户。

【例 9-199】 某政府单位依法履职或开展专业活动购买的复印纸因质量不合格发生当年退货，退货金额为3 000元，购买时款项通过单位零余额账户支付，该款项已经计入本年业务活动费用。退货金额退回单位零余额账户。该政府单位的账务处理如下：

借：零余额账户用款额度　　3 000

　贷：业务活动费用——商品和服务费用　　3 000

（四）期末结转

期末，将该账户本期发生额转入本期盈余，借记“本期盈余”账户，贷记该账户。

【例 9-200】 期末，某政府单位“业务活动费用”账户借方余额为600 000元，有关明细账户的借方余额为：工资福利费360 000元、商品和服务费用50 000元、固定资产折旧费260 000元、无形资产摊销费50 000元。期末结转时，该政府单位的账务处理如下：

借：本期盈余　　720 000

　贷：业务活动费用——工资福利费　　360 000

　　　　　　　　——商品和服务费用　　50 000

　　　　　　　　——固定资产折旧费　　260 000

　　　　　　　　——无形资产摊销费　　50 000

二、单位管理费用

单位管理费用是指事业单位本级行政及后勤管理部门开展管理活动发生的各项费用，包括单位行政及后勤管理部门发生的人员经费、公用经费、资产折旧（摊销）等费用，以及由单位统一负担的离退休人员经费、工会经费、诉讼费、中介费等。

为了核算本级行政及后勤管理部门开展管理活动发生的各项费用，事业单位应设置“单位管理费用”账户。该账户应当按照项目、费用类别、支付对象等进行明细核算。为了满足成本核算需要，该账户下还可按照“工资福利费用”“商品和服务费用”“对个人和家庭的补助费用”“固定资产折旧费”“无形资产摊销费”等成本项目设置明细账户，归集能够直接计入单位管理活动或采用一定方法计算后计入单位管理活动的费用。期末结转后，该账户应无余额。

（一）日常单位管理费用业务

（1）为管理活动人员计提的薪酬，按照计算确定的金额，借记该账户，贷记“应付职工薪酬”账户。

（2）为开展管理活动发生的外部人员劳务费，按照计算确定的费用金额，借记该账户，按照代扣代缴个人所得税的金额，贷记“其他应交税费——应交个人所得税”账户，按照扣税后应付或实际支付的金额，贷记“其他应付款”“财政拨款收入”“零余额账户用款额度”“银行存款”等账户。

【例 9-201】 某事业单位当月计提在职行政及后勤管理部门薪酬200 000元，开展管理活动发生的外部人员劳务费30 000元，代扣个人所得税4 000元。该事业单位的账务处理如下：

借：单位管理费用——工资福利费用　　230 000
　贷：应付职工薪酬　　200 000
　　其他应付款　　26 000
　　其他应交税费——应交个人所得税　　4 000

(3) 开展管理活动内部领用库存物品，按照领用物品实际成本，借记该账户，贷记“库存物品”账户。

【例 9-202】 某事业单位后勤管理部门领用内材料，实际成本为50 000元。该事业的单位的账务处理如下：

借：单位管理费用——商品和服务费用　　50 000
　贷：库存物品　　50 000

(4) 为管理活动所使用固定资产、无形资产计提的折旧、摊销，按照应提折旧、摊销额，借记该账户，贷记“固定资产累计折旧”“无形资产累计摊销”账户。

【例 9-203】 某事业单位计提本月行政及后勤管理部门所使用的固定资产折旧费260 000元、无形资产摊销费150 000元。该事业单位的账务处理如下：

借：单位管理费用——固定资产折旧费　　260 000
　　　　　　　——无形资产摊销费　　150 000
　贷：固定资产累计折旧　　260 000
　　无形资产累计摊销　　150 000

(5) 为开展管理活动发生城市维护建设税、教育费附加、地方教育费附加、车船税、房产税、城镇土地使用税等，按照计算确定应缴纳的金额，借记该账户，贷记“其他应交税费”等账户。

(6) 为开展管理活动发生的其他各项费用，按照费用确认金额，借记该账户，贷记“财政拨款收入”“零余额账户用款额度”“银行存款”“其他应付款”“其他应收款”等账户。

【例 9-204】 某事业单位行政管理部门购买复印纸一批，价款为1 000元，以银行存款付讫。该事业单位的账务处理如下：

借：单位管理费用——商品和服务费用　　1 000
　贷：银行存款　　1 000

(7) 发生当年购货退回等业务，对于已计入本年单位管理费用的，按照收回或应收的金额，借记“财政拨款收入”“零余额账户用款额度”“银行存款”“其他应收款”等账户，贷记该账户。

【例 9-205】 某事业单位为后勤管理活动所购买的包装物因质量不合格发生当年退货，退货金额为40 000元。该包装物已经计入本年单位管理费用，退货金额已经存入银行。该事业单位的账务处理如下：

借：银行存款　　40 000

　　贷：单位管理费用——商品和服务费用　　40 000

（二）期末结转

期末，将该账户本期发生额转入本期盈余，借记"本期盈余"账户，贷记该账户。

【例 9-206】 期末，某事业单位"单位管理费用"账户借方余额为300 000元，有关明细账户的借方余额为：工资福利费200 000元，商品和服务费用50 000元，固定资产折旧费350 000元。期末结转时，该事业单位的账务处理如下：

借：本期盈余　　600 000

　　贷：单位管理费用——工资福利费用　　200 000

　　　　　　　　　　——商品和服务费用　　50 000

　　　　　　　　　　——固定资产折旧费　　350 000

三、经营费用

经营费用是指事业单位在专业业务活动及其辅助活动之外开展非独立核算经营活动发生的各项费用。

为了核算在专业业务活动及其辅助活动之外开展非独立核算经营活动发生的各项费用，事业单位应设置"经营费用"账户。该账户应当按照经营活动类别、项目、支付对象等进行明细核算。为了满足成本核算需要，该账户下还可按照"工资福利费用""商品和服务费用""对个人和家庭的补助费用""固定资产折旧费""无形资产摊销费"等成本项目设置明细账户，归集能够直接计入单位经营活动或采用一定方法计算后计入单位经营活动的费用。期末结转后，该账户应无余额。

（一）日常经营费用业务

（1）为经营活动人员计提的薪酬，按照计算确定的金额，借记该账户，贷记"应付职工薪酬"账户。

【例 9-207】 某事业单位当月计提从事经营活动人员的薪酬58 000元。该事业单位的账务处理如下：

借：经营费用——工资福利费用　　58 000

　　贷：应付职工薪酬　　58 000

（2）开展经营活动领用或发出库存物品，按照物品实际成本，借记该账户，贷记"库存物品"账户。

【例 9-208】 某事业单位开展经营活动领用乙材料，实际成本为8 000元。该事业单位的账务处理如下：

借：经营费用——商品和服务费用　　8 000

　　贷：库存物品　　8 000

（3）为经营活动所使用固定资产、无形资产计提的折旧、摊销，按照应提折旧、摊销额，借记该账户，贷记"固定资产累计折旧""无形资产累计摊销"账户。

【例 9-209】 某事业单位计提本月为经营活动所使用的固定资产折旧费30 000元、无形资产摊销费80 000元。该事业单位的账务处理如下：

借:经营费用——固定资产折旧费　　30 000
　　——无形资产摊销费　　80 000
　贷:固定资产累计折旧　　30 000
　　无形资产累计摊销　　80 000

(4) 开展经营活动发生城市维护建设税、教育费附加、地方教育费附加、车船税、房产税、城镇土地使用税等,按照计算确定应缴纳的金额,借记该账户,贷记"其他应交税费"等账户。

(5) 发生与经营活动相关的其他各项费用时,按照费用确认金额,借记该账户,贷记"银行存款""其他应付款""其他应收款"等账户。涉及增值税业务的,相关账务处理参见"应交增值税"账户。

【例 9-210】 某事业单位非独立核算经营部门购买复印纸一批,价款为2 000元,以银行存款付讫。该事业单位的账务处理如下:

借:经营费用——商品和服务费用　　2 000
　贷:银行存款　　2 000

(6) 发生当年购货退回等业务,对于已计入本年经营费用的,按照收回或应收的金额,借记"银行存款""其他应收款"等账户,贷记该账户。

【例 9-211】 某事业单位为经营活动所购买的乙材料因质量不合格发生当年退货,退货金额为2 000元。该材料已经计入本年经营费用,退货金额尚未收到。该事业单位的账务处理如下:

借:其他应收款　　2 000
　贷:经营费用——商品和服务费用　　2 000

(二) 期末结转

期末,将该账户本期发生额转入本期盈余,借记"本期盈余"账户,贷记该账户。

【例 9-212】 期末,某事业单位"经营费用"账户借方余额108 000元,有关明细账户的借方余额为:工资福利费用58 000元,商品和服务费用20 000元,固定资产折旧费50 000元。期末结转时,该事业单位的账务处理如下:

借:本期盈余　　108 000
　贷:经营费用——工资福利费用　　58 000
　　——商品和服务费用　　20 000
　　——固定资产折旧费　　50 000

四、资产处置费用

资产处置费用是指政府单位经批准处置资产时发生的费用,包括转销的被处置资产价值,以及在处置过程中发生的相关费用或者处置收入小于相关费用形成的净支出。资产处置的形式按照规定包括无偿调拨、出售、出让、转让、置换、对外捐赠、报废、毁损以及货币性资产损失核销等。

为了核算经批准处置资产时发生的费用,政府单位应设置"资产处置费用"账户。政府单位在资产清查中查明的资产盘亏、毁损以及资产报废等,应当先通过"待处理财产损溢"账户进行核算,再将处理资产价值和处理净支出记入该账户。短期投资、长期股权投资、长期

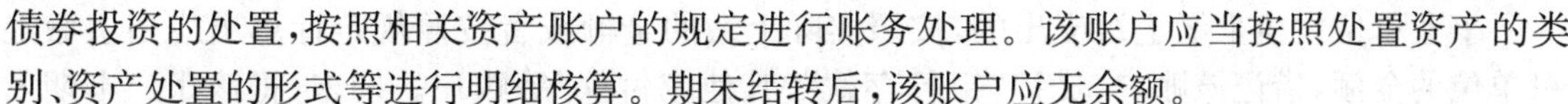

债券投资的处置，按照相关资产账户的规定进行账务处理。该账户应当按照处置资产的类别、资产处置的形式等进行明细核算。期末结转后，该账户应无余额。

（一）不通过“待处理财产损溢”账户核算的资产处置

(1) 按照规定报经批准处置资产时，按照处置资产的账面价值，借记该账户[处置固定资产、无形资产、公共基础设施、保障性住房的，还应借记“固定资产累计折旧”“无形资产累计摊销”“公共基础设施累计折旧(摊销)”“保障性住房累计折旧”账户]，按照处置资产的账面余额，贷记“库存物品”“固定资产”“无形资产”“公共基础设施”“政府储备物资”“文物文化资产”“保障性住房”“其他应收款”“在建工程”等账户。

(2) 处置资产过程中仅发生相关费用的，按照实际发生金额，借记该账户，贷记“银行存款”“库存现金”等账户。

(3) 处置资产过程中取得收入的，按照取得的价款，借记“库存现金”“银行存款”等账户，按照处置资产过程中发生的相关费用，贷记“银行存款”“库存现金”等账户，按照其差额，借记该账户或贷记“应缴财政款”等账户。涉及增值税业务的，相关账务处理参见“应交增值税”账户。

（二）通过“待处理财产损溢”账户核算的资产处置

(1) 政府单位在账款核对中发现的现金短缺，属于无法查明原因的，报经批准核销时，借记该账户，贷记“待处理财产损溢”账户。

(2) 政府单位在资产清查过程中盘亏或者毁损、报废的存货、固定资产、无形资产、公共基础设施、政府储备物资、文物文化资产、保障性住房等，报经批准处理时，按照处理资产价值，借记该账户，贷记“待处理财产损溢——待处理财产价值”账户。处理收支结清时，处理过程中所取得收入小于所发生相关费用的，按照相关费用减去处理收入后的净支出，借记该账户，贷记“待处理财产损溢——处理净收入”账户。上述资产处置费用核算的相关举例见存货、固定资产、无形资产、公共基础设施、政府储备物资、文物文化资产、保障性住房等资产的核算。

（三）期末结转

期末，将该账户本期发生额转入本期盈余，借记“本期盈余”账户，贷记该账户。

【例 9-213】 期末，某政府单位“资产处置费用”账户借方余额为200 000元，有关明细账户的借方余额为：存货处置费用5 000元，固定资产处置费用115 000元，政府储备物资处置费用80 000元。期末结转时，该政府单位的账务处理如下：

借：本期盈余	200 000	
贷：资产处置费用——存货处置费用		5 000
——固定资产处置费用		115 000
——政府储备物资处置费用		80 000

五、上缴上级费用

上缴上级费用是指事业单位按照财政部门和主管部门的规定上缴上级单位款项发生的费用。

为了核算按照财政部门和主管部门的规定上缴上级单位款项发生的费用，事业单位应设置“上缴上级费用”账户。该账户应当按照收缴款项单位、缴款项目等进行明细核算。期末结转后，该账户应无余额。

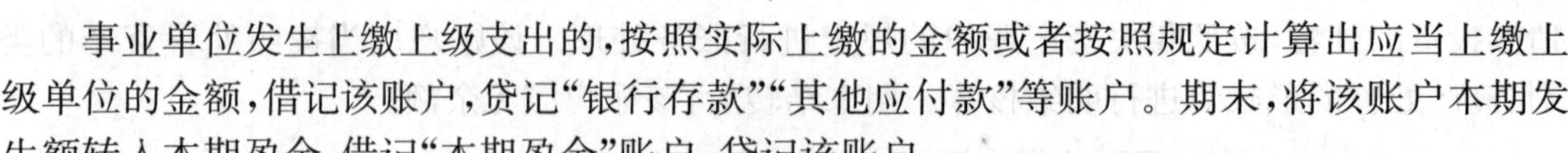

事业单位发生上缴上级支出的，按照实际上缴的金额或者按照规定计算出应当上缴上级单位的金额，借记该账户，贷记“银行存款”“其他应付款”等账户。期末，将该账户本期发生额转入本期盈余，借记“本期盈余”账户，贷记该账户。

【例 9-214】 某事业单位按核定的预算定额上缴上级单位款项200 000元。该事业单位的账务处理如下：

借：上缴上级费用——上级单位　　200 000

　贷：银行存款　　200 000

【例 9-215】 期末，某事业单位“上缴上级费用”账户借方余额为200 000元。期末结转时，该事业单位的账务处理如下：

借：本期盈余　　200 000

　贷：上缴上级费用——上级单位　　200 000

六、对附属单位补助费用

对附属单位补助费用是指事业单位用财政拨款收入之外的收入对附属单位进行补助发生的费用。

为了核算用财政拨款收入之外的收入对附属单位补助发生的费用，事业单位应设置“对附属单位补助费用”账户。该账户应当按照接受补助单位、补助项目等进行明细核算。期末结转后，该账户应无余额。

事业单位发生对附属单位补助支出的，按照实际补助的金额或者按照规定计算出应当对附属单位补助的金额，借记该账户，贷记“银行存款”“其他应付款”等账户。期末，将该账户本期发生额转入本期盈余，借记“本期盈余”账户，贷记该账户。

【例 9-216】 某事业单位用非财政拨款收入支付附属乙单位补助款项300 000元。该事业单位的账务处理如下：

借：对附属单位补助费用——乙单位　　300 000

　贷：银行存款　　300 000

【例 9-217】 期末，某事业单位“对附属单位补助费用”账户借方余额为300 000元，附属单位均为乙单位。期末结转时，该事业单位的账务处理如下：

借：本期盈余　　300 000

　贷：对附属单位补助费用——乙单位　　300 000

七、所得税费用

所得税费用是指有企业所得税缴纳义务的事业单位按规定缴纳企业所得税所形成的费用。

为了核算按照规定缴纳的企业所得税，事业单位应设置“所得税费用”账户。年末结转后，该账户应无余额。

事业单位发生企业所得税纳税义务的，按照税法规定计算的应交税金数额，借记该账户，贷记“其他应交税费——单位应交所得税”账户。实际缴纳时，按照缴纳金额，借记“其他应交税费——单位应交所得税”账户，贷记“银行存款”账户。年末，将该账户本年发生额转入本期盈余，借记“本期盈余”账户，贷记该账户。

【例 9-218】 某事业单位年末按照税法规定计算出本年度应纳税所得额为26 800元，适用所得税税率为 25%，应交所得税税额为6 700元。该事业单位的账务处理如下：

借：所得税费用　　6 700

　贷：其他应交税费——单位应交所得税　　6 700

该事业单位缴纳6 700元所得税时：

借：其他应交税费——单位应交所得税　　6 700

　贷：银行存款　　6 700

【例 9-219】 承[例 9-218]，年末，该事业单位“所得税费用”账户借方余额为6 700元。年末结转时，该事业单位的账务处理如下：

借：本期盈余　　6 700

　贷：所得税费用　　6 700

八、其他费用

其他费用是指政府单位发生的除业务活动费用、单位管理费用、经营费用、资产处置费用、上缴上级费用、附属单位补助费用、所得税费用以外的各项费用，包括利息费用、坏账损失、罚没支出、现金资产捐赠支出以及相关税费、运输费等。

为了核算其他费用，政府单位应设置“其他费用”账户。该账户应当按照其他费用的类别等进行明细核算；发生的利息费用较多的单位，可以单独设置“利息费用”账户。期末结转后，该账户应无余额。

(1) 利息费用。按期计算确认借款利息费用时，按照计算确定的金额，借记“在建工程”账户或该账户，贷记“应付利息”“长期借款——应计利息”账户。

(2) 坏账损失。年末，事业单位按照规定对收回后不需上缴财政的应收账款和其他应收款计提坏账准备时，按照计提金额，借记该账户，贷记“坏账准备”账户；冲减多提的坏账准备时，按照冲减金额，借记“坏账准备”账户，贷记该账户。

(3) 罚没支出。单位发生罚没支出的，按照实际缴纳或应当缴纳的金额，借记该账户，贷记“银行存款”“库存现金”“其他应付款”等账户。

(4) 现金资产捐赠。单位对外捐赠现金资产的，按照实际捐赠的金额，借记该账户，贷记“银行存款”“库存现金”等账户。

(5) 其他相关费用。单位接受捐赠(或无偿调入)以名义金额计量的存货、固定资产、无形资产，以及成本无法可靠取得的公共基础设施、文物文化资产等发生的相关税费、运输费等，按照实际支付的金额，借记该账户，贷记“财政拨款收入”“零余额账户用款额度”“银行存款”“库存现金”等账户。单位发生的与受托代理资产相关的税费、运输费、保管费等，按照实际支付或应付的金额，借记该账户，贷记“零余额账户用款额度”“银行存款”“库存现金”“其他应付款”等账户。

(6) 期末，将该账户本期发生额转入本期盈余，借记“本期盈余”账户，贷记该账户。

【例 9-220】 某政府单位因欠缴应纳税款，被税务机关处以5 800元罚款。罚款已通过银行转账支付。该政府单位的账务处理如下：

借：其他费用——税收罚款　　5 800

　贷：银行存款　　5 800

【例 9-221】 某政府单位向地震灾区捐赠现金40 000元，已通过银行转账汇往灾区。该政府单位的账务处理如下：

借：其他费用——现金资产捐赠　　40 000
　　贷：银行存款　　40 000

【例 9-222】 期末，某政府单位"其他费用"账户借方余额为80 000元，有关明细账户的借方余额为：利息费用10 000元、坏账损失30 000元、现金资产捐赠40 000元。期末结转时，该政府单位的账务处理如下：

借：本期盈余　　80 000
　　贷：其他费用——利息费用　　10 000
　　　　　　　　——坏账损失　　30 000
　　　　　　　　——现金资产捐赠　　40 000

第五节 政府单位净资产的核算

政府单位净资产是政府单位资产扣除负债后的净额。政府单位净资产金额取决于资产和负债的计量，净资产项目应当列入资产负债表。政府单位净资产主要包括本期盈余、累计盈余、专用基金、权益法调整、无偿调拨净资产等。其中，专用基金和权益法调整属于事业单位特有的净资产项目，其他均属于行政单位和事业单位共有的净资产项目。

一、盈余

盈余是政府单位收入和费用相抵后的余额，主要包括本期盈余和累计盈余。

本期盈余是本期各项收入与费用相抵后的余额，其计算公式如下：

本期盈余＝本期收入－本期费用

本期收入＝财政拨款收入＋事业收入＋上级补助收入＋附属单位上缴收入＋经营收入＋非同级财政拨款收入＋投资收益＋捐赠收入＋利息收入＋租金收入＋其他收入

本期费用＝业务活动费用＋单位管理费用＋经营费用＋资产处置费用＋上缴上级费用＋对附属单位补助费用＋所得税费用＋其他费用

累计盈余是政府单位历年实现的盈余扣除盈余分配后滚存的金额，以及因无偿调入调出资产产生的净资产变动额。其计算公式如下：

本年年末累计盈余＝本年年初余额± 本年变动金额

本年年初余额＝上年年末余额± 以前年度盈余调整

本年变动金额＝本年未分配盈余变动额＋本年无偿调拨金资产变动额＋从其他单位调入财政拨款结转结余＋事业单位专用基金使用金额－上缴、缴回、向其他单位调出财政拨款结转结余

（一）以前年度盈余调整

"以前年度盈余调整"账户用于核算政府单位本年度发生的调整以前年度盈余的事项，包括本年度发生的重要前期差错更正涉及调整以前年度盈余的事项。该账户结转后应无余额。

（1）调整增加以前年度收入时，按照调整增加的金额，借记有关账户，贷记该账户。调

整减少的，做相反会计分录。

(2) 调整增加以前年度费用时，按照调整增加的金额，借记该账户，贷记有关账户。调整减少的，做相反会计分录。

(3) 盘盈的以前年度的各种非流动资产，报经批准后处理时，借记“待处理财产损溢”账户，贷记该账户。

(4) 经上述调整后，应将该账户的余额转入累计盈余，借记或贷记“累计盈余”账户，贷记或借记该账户。

(二) 本期盈余

为了核算本期各项收入和费用相抵后的余额，政府单位应设置“本期盈余”账户。该账户期末如为贷方余额，反映单位自年初至当期期末累计实现的盈余；如为借方余额，反映单位自年初至当期期末累计发生的亏损。年末结账后，该账户应无余额。

(1) 期末，将各类收入科目的本期发生额转入本期盈余，借记“财政拨款收入”“事业收入”“上级补助收入”“附属单位上缴收入”“经营收入”“非同级财政拨款收入”“投资收益”“捐赠收入”“利息收入”“租金收入”“其他收入”账户，贷记该账户；各类费用账户本期发生额转入本期盈余，借记该账户，贷记“业务活动费用”“单位管理费用”“经营费用”“所得税费用”“资产处置费用”“上缴上级费用”“对附属单位补助费用”“其他费用”账户。

(2) 年末，完成上述结转后，将该账户余额转入“本年盈余分配”账户，借记或贷记该账户，贷记或借记“本年盈余分配”账户。

(三) 本年盈余分配

为了核算本年度盈余分配的情况和结果，政府单位应设置“本年盈余分配”账户。年末结账后，该账户应无余额。

(1) 年末，将“本期盈余”账户余额转入该账户，借记或贷记“本期盈余”账户，贷记或借记该账户。

(2) 年末，根据有关规定从本年度非财政拨款结余或经营结余中提取专用基金的，按照预算会计下计算的提取金额，借记该账户，贷记“专用基金”账户。

(3) 年末，按照规定完成上述(1) 和(2) 处理后，将该账户余额转入累计盈余，借记或贷记该账户，贷记或借记“累计盈余”账户。

(四) 累计盈余

为了核算单位历年实现的盈余扣除盈余分配后滚存的金额，以及因无偿调入调出资产产生的净资产变动额，政府单位应设置“累计盈余”账户。按照规定上缴、缴回、单位间调剂结转结余资金产生的净资产变动额，以及对以前年度盈余的调整金额，也通过该账户核算。该账户期末余额反映单位未分配盈余(或未弥补亏损)的累计数以及截至上年年末无偿调拨净资产变动的累计数。

(1) 年末，将“本年盈余分配”账户的余额转入累计盈余，借记或贷记“本年盈余分配”账户，贷记或借记该账户。

(2) 年末，将“无偿调拨净资产”账户的余额转入累计盈余，借记或贷记“无偿调拨净资产”账户，贷记或借记该账户。

(3) 按照规定上缴财政拨款结转结余、缴回非财政拨款结转资金、向其他单位调出财政

拨款结转资金时，按照实际上缴、缴回、调出金额，借记该账户，贷记“财政应返还额度”“零余额账户用款额度”“银行存款”等账户。按照规定从其他单位调入财政拨款结转资金时，按照实际调入金额，借记“零余额账户用款额度”“银行存款”等账户，贷记该账户。

（4）将“以前年度盈余调整”账户的余额转入该账户，借记或贷记“以前年度盈余调整”账户，贷记或借记该账户。

（5）按照规定使用专用基金购置固定资产、无形资产的，按照固定资产、无形资产成本金额，借记“固定资产”“无形资产”账户，贷记“银行存款”等账户；同时，按照专用基金使用金额，借记“专用基金”账户，贷记该账户。

【例 9-223】 某事业单位 2019 年 11 月 30 日“本期盈余”账户贷方余额为1 710 000元，同年 12 月各项收入和费用的本月发生额如表 9－4 所示。此外，该事业单位 2019 年 12 月 31 日“无偿调拨净资产”账户贷方余额为500 000元、“以前年度盈余调整”账户贷方余额为200 000元。根据上述资料，该事业单位相关净资产的账务处理如下：

· 结转 12 月各项收入和费用：

表 9-4　　某事业单位 12 月各项收入和费用的本月发生额　　单位：元

收入账户名称	12 月发生额	费用账户名称	12 月发生额
财政款收入	710 000	业务活动费用	850 000
事业收入	600 000	单位管理费用	700 000
上级补助收入	50 000	经营费用	40 000
附属单位上缴收入	100 000	资产处置费用	10 000
经营收入	20 000	上缴上级费用	100 000
非同级财政拨款收入	150 000	对附属单位补助费用	150 000
投资收益	30 000	所得税费用	5 000
捐赠收入	500 000	其他费用	10 000
利息收入	50 000		
租金收入	20 000		
其他收入	60 000		

借：财政拨款收入　　710 000
　　事业收入　　600 000
　　上级补助收入　　50 000
　　附属单位上缴收入　　100 000
　　经营收入　　20 000
　　非同级财政拨款收入　　150 000
　　投资收益　　30 000
　　捐赠收入　　500 000
　　利息收入　　50 000
　　租金收入　　20 000
　　其他收入　　60 000
　贷：本期盈余　　2 290 000

借:本期盈余 1 865 000

贷:业务活动费用 850 000

单位管理费用 700 000

经营费用 40 000

资产处置费用 10 000

上缴上级费用 100 000

对附属单位补助费用 150 000

贷:所得税费用 5 000

其他费用 10 000

·年末,结转“本期盈余”账户余额:

“本期盈余”账户贷方余额=1 710 000+(2 290 000-1 865 000)=2 135 000(元)

借:本期盈余 2 135 000

贷:本年盈余分配 2 135 000

·年末,按照本单位预算会计下经营结余50 000元和其他结余1 500 000元的40%计提职工福利基金:

职工福利基金=(50 000+1 500 000)×40%=620 000(元)

借:本年盈余分配 620 000

贷:专用基金——职工福利基金 620 000

·年末,结转“本年盈余分配”账户余额:

借:本年盈余分配 1 515 000

贷:累计盈余 1 515 000

·年末,结转“无偿调拨净资产”账户贷方余额:

借:无偿调拨净资产 500 000

贷:累计盈余 500 000

·年末,结转“以前年度盈余调整”账户贷方余额:

借:以前年度盈余调整 200 000

贷:累计盈余 200 000

二、专用基金

(一) 专用基金的内容

专用基金是事业单位按照规定提取或设置的具有专门用途的净资产,主要包括职工福利基金、科技成果转换基金等。

1. 职工福利基金

按照《事业单位财务规则》的规定,职工福利基金是事业单位按照非财政补助结余(应该为预算会计下经营结余和其他结余)的一定比例提取以及按照其他规定提取转入,用于单位职工的集体福利设施、集体福利待遇等的资金。按照《财政部关于事业单位提取专用基金比例问题的通知》规定,事业单位职工福利基金的提取比例,在单位年度非财政补助结余的40%以内确定。其中,中央级事业单位职工福利基金的提取比例,由主管部门会同财政部在

单位年度非财政补助结余的40%以内核定;地方事业单位职工福利基金的提取比例,由省级财政部门参照有关规定,结合本地实际确定。

2. 科技成果转化基金

科技成果转化基金是指事业单位从事业收入和经营收入中提取,在相关费用中列支,用于科技成果转化的资金。按照《科学事业单位财务制度》规定,科技成果转化基金的计提比例不得超过10%。

(二) 专用基金的核算

为了核算按照规定提取或设置的具有专门用途的净资产,事业单位应设置"专用基金"账户。该账户应当按照专用基金的类别进行明细核算。该账户期末贷方余额反映事业单位累计提取或设置的尚未使用的专用基金。

(1) 年末、根据有关规定从本年度非财政拨款结余或经营结余中提取专用基金的,按照预算会计下计算的提取金额,借记"本年盈余分配"账户,贷记该账户。

(2) 根据有关规定从收入中提取专用基金并计入费用的,一般按照预算会计下基于预算收入计算提取的金额,借记"业务活动费用"等账户,贷记该账户。国家另有规定的,从其规定。

(3) 根据有关规定设置的其他专用基金,按照实际收到的基金金额,借记"银行存款"等账户,贷记该账户。

(4) 按照规定使用提取的专用基金时,借记该账户,贷记"银行存款"等账户。使用提取的专用基金购置固定资产、无形资产的,按照固定资产、无形资产成本金额,借记"固定资产""无形资产"账户,贷记"银行存款"等账户;同时,按照专用基金使用金额,借记该账户,贷记"累计盈余"账户。

【例 9-224】 某事业单位本年度实现事业预算收入为50 000元,该单位年末按事业预算收入的8%提取科技成果转化基金。该事业单位的账务处理如下:

借:业务活动费用　　4 000

　　贷:专用基金——科技成果转化基金　　40 000

【例 9-225】 承[例 9-224],该事业单位使用以前年度提取的科技成果转化基金购买科研所用的专用技术设备一台,取得的增值税专用发票上注明的设备价款为500 000元,增值税额为65 000元。假设不考虑其他相关费用,该事业单位的账务处理如下:

借:固定资产　　565 000

　　贷:银行存款　　565 000

借:专用基金　　565 000

　　贷:累计盈余　　565 000

三、无偿调拨净资产

无偿调拨净资产是政府单位无偿调入或调出非现金资产所引起的净资产变动金额。为了核算无偿调入或调出非现金资产所引起的净资产变动金额,政府单位应设置"无偿调拨净资产"账户。年末结账后,该账户应无余额。

(1) 按照规定取得无偿调入的存货、长期股权投资、固定资产、无形资产、公共基础设施、政府储备物资、文物文化资产、保障性住房等,按照确定的成本,借记"库存物品""长期股权投资""固定资产""无形资产""公共基础设施""政府储备物资""文物文化资产""保障性住房"等账户，按照调入过程中发生的归属于调入方的相关费用，贷记"零余额账户用款额度""银行存款"等账户，按照其差额，贷记本账户。

(2) 按照规定经批准无偿调出存货、长期股权投资、固定资产、无形资产、公共基础设施、政府储备物资、文物文化资产、保障性住房等，按照调出资产的账面余额或账面价值，借记该账户，按照固定资产累计折旧、无形资产累计摊销、公共基础设施累计折旧或摊销、保障性住房累计折旧的金额，借记"固定资产累计折旧""无形资产累计摊销""公共基础设施累计折旧(摊销)""保障性住房累计折旧"等账户，按照调出资产的账面余额，贷记"库存物品""长期股权投资""固定资产""无形资产""公共基础设施""政府储备物资""文物文化资产""保障性住房"等账户；同时，按照调出过程中发生的归属于调出方的相关费用，借记"资产处置费用"账户，贷记"零余额账户用款额度""银行存款"等账户。

(3) 年末，将该账户余额转入累计盈余，借记或贷记该账户，贷记或借记"累计盈余"账户。

四、权益法调整

(一) 权益法调整的概念

权益法调整是指事业单位持有的长期股权投资采用权益法核算时，按照被投资单位除净损益和利润分配以外的所有者权益变动份额调整长期股权投资账面余额而计入净资产的金额。

(二) 权益法调整的核算

为了核算持有的长期股权投资采用权益法核算时，按照被投资单位除净损益和利润分配以外的所有者权益变动份额调整长期股权投资账面余额而计入净资产的金额，事业单位应设置"权益法调整"账户。该账户应当按照被投资单位进行明细核算。该账户期末余额反映事业单位在被投资单位除净损益和利润分配以外的所有者权益变动中累积享有(或分担)的份额。

(1) 年末，按照被投资单位除净损益和利润分配以外的所有者权益变动应享有(或应分担)的份额，借记或贷记"长期股权投资——其他权益变动"账户，贷记或借记该账户。

(2) 采用权益法核算的长期股权投资，因被投资单位除净损益和利润分配以外的所有者权益变动而将应享有(或应分担)的份额计入单位净资产的，处置该项投资时，按照原计入净资产的相应部分金额，借记或贷记该账户，贷记或借记"投资收益"账户。

第六节 政府单位财务报表

一、财务报表概述

(一) 财务报表的构成

财务报表是对政府单位财务状况、运行情况和现金流量等信息的结构性表述。财务报表包括会计报表和附注。

1. 会计报表

政府单位会计报表至少应当包括资产负债表、收入费用表和现金流量表。各类报表的概念、内容和结构以及编制方法参见本节报表编制内容。

2. 附注

政府单位会计报表附注是对在资产负债表、收入费用表、现金流量表等会计报表中列示的项目所做的进一步说明,以及对未能在这些报表中列示的项目的说明。

（二）财务报表的分类

政府单位的财务报表按照不同标准,可分为不同种类。

1. 按反映的经济内容分类

按反映的经济内容,政府单位财务报表可分为资产负债表、收入费用表、净资产变动表和现金流量表。

2. 按编报时间分类

按编报时间,政府单位财务报表可分为月度报表和年度报表。月度报表是反映政府单位截至报告月度的财务状况、运行情况的报表,月度报表要求编制资产负债表和收入费用表;年度报表是全面反映政府单位年度财务状况、运行情况和现金流量的报表。年度报表要求编制资产负债表、收入费用表、净资产变动表和现金流量表、报表附注。

政府单位财务报表的经济内容分类和编制时间分类见表 9－5。

表 9-5　　政府单位财务报表的经济内容分类和编制时间分类

编号	报表名称	编制期
会政财 01 表	资产负债表	月度、年度
会政财 02 表	收入费用表	月度、年度
会政财 03 表	净资产变动表	年度
会政财 04 表	现金流量表	年度
……	附注	年度

3. 按编报层次分类

按编报层次,政府单位财务报表可分为本单位报表和合并报表。本单位报表是政府单位根据会计账簿记录和有关资料编制的反映本单位财务状况、运行情况、现金流量情况的会计报表;合并报表是主管会计单位和二级会计单位根据本单位会计报表和经审查过的所属单位会计报表汇总编制的会计报表。

（三）财务报表编制要求

政府单位编制财务报表应遵循以下要求:

(1) 财务报表的编制主要以权责发生制为基础,以单位财务会计核算生成的数据为准。

(2) 财务报表由会计报表及其附注构成。会计报表一般包括资产负债表、收入费用表和净资产变动表。单位可根据实际情况自行选择编制现金流量表。

(3) 政府单位应当至少按照年度编制财务报表。

(4) 政府单位应当根据《政府单位会计制度》规定编制真实、完整的财务报表，不得违反该制度规定随意改变财务报表的编制基础、编制依据、编制原则和方法，不得随意改变该制度规定的财务报表有关数据的会计口径。

(5) 财务报表应当根据登记完整、核对无误的账簿记录和其他有关资料编制，做到数字真实、计算准确、内容完整、编报及时。

(6) 财务报表应当由单位负责人和主管会计工作的负责人、会计机构负责人(会计主管人员)签名并盖章。

二、资产负债表

(一) 资产负债表的内容

资产负债表是反映政府单位在某一特定日期的财务状况的报表，属于静态报表。资产负债表可以反映政府单位在某一特定日期的全部资产、负债和净资产的情况；某日期资产的总额及其结构，表明政府单位拥有或控制的资源及其分布情况；某一日期的负债总额及其结构，表明政府单位未来需要用多少资产或劳务清偿债务以及清偿时间；某一日期净资产的总额及其结构，表明政府单位拥有的盈余、专用基金等情况。

资产负债表按编制的时间不同，可分为月度报表和年度报表。

(二) 资产负债表的结构

资产负债表按照“资产＝负债＋净资产”的平衡公式设置，分为左右两方，左方列示资产各项目，反映资产的分布及存在形态；右方列示负债和净资产各项目，反映负债和净资产的内容及构成情况。资产负债表左右两方平衡，资产总计等于负债和净资产总计。资产负债表中的资产应当分流动资产、非流动资产和受托代理资产列示，负债应当分流动负债、非流动负债和受托代理负债列示。

为了使会计信息使用者通过比较不同时点资产负债表的数据，判断政府单位财务状况变动情况及发展趋势，政府单位需要提供比较资产负债表。由此，资产负债表也就各项目再分为“年初余额”和“期末余额”两栏分别填列，“资产总计”项目期末(年初)余额应当与“负债和净资产总计”项目期末(年初)余额相等。

(三) 资产负债表的填列方法

1. 年初余额的填列

资产负债表中“年初余额”栏内的各项数字，应当根据上年年末资产负债表“期末余额”栏内的数字填列；如果本年度资产负债表规定的各项目的名称和内容同上年度不一致，应对上年年末资产负债表各项目的名称和数字按照本年度的规定进行调整，将调整后的数字填入本表“年初余额”栏内。如果本年度单位发生了因前期差错更正、会计政策变更等调整以前年度盈余的事项，还应当对“年初余额”栏中的有关项目金额进行相应调整。

2. 期末余额的填列

资产负债表中的“期末余额”栏中各项目的内容和填列方法如下。

1) 资产类项目

(1)“货币资金”项目，反映单位期末库存现金、银行存款、零余额账户用款额度、其他货币资金的合计数。本项目应当根据“库存现金”“银行存款”“零余额账户用款额度”“其他货

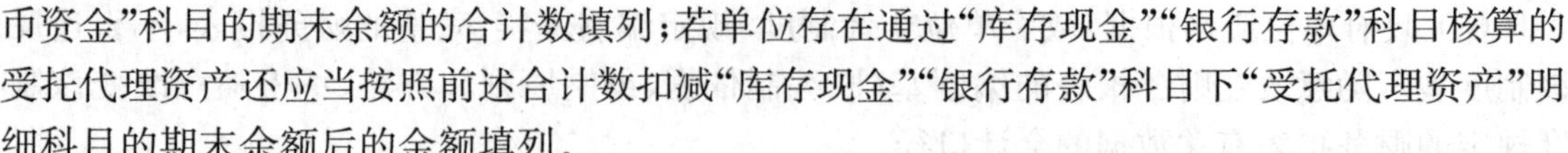

币资金”科目的期末余额的合计数填列；若单位存在通过“库存现金”“银行存款”科目核算的受托代理资产还应当按照前述合计数扣减“库存现金”“银行存款”科目下“受托代理资产”明细科目的期末余额后的金额填列。

(2)“短期投资”项目，反映事业单位期末持有的短期投资账面余额。本项目应当根据“短期投资”科目的期末余额填列。

(3)“财政应返还额度”项目，反映单位期末财政应返还额度的金额。本项目应当根据“财政应返还额度”科目的期末余额填列。

(4)“应收票据”项目，反映事业单位期末持有的应收票据的票面金额。本项目应当根据“应收票据”科目的期末余额填列。

(5)“应收账款净额”项目，反映单位期末尚未收回的应收账款减去已计提的坏账准备后的净额。本项目应当根据“应收账款”科目的期末余额，减去“坏账准备”科目中对应收账款计提的坏账准备的期末余额后的金额填列。

(6)“预付账款”项目，反映单位期末预付给商品或者劳务供应单位的款项。本项目应当根据“预付账款”科目的期末余额填列。

(7)“应收股利”项目，反映事业单位期末因股权投资而应收取的现金股利或应当分得的利润。本项目应当根据“应收股利”科目的期末余额填列。

(8)“应收利息”项目，反映事业单位期末因债券投资等而应收取的利息。事业单位购入的到期一次还本付息的长期债券投资持有期间应收的利息，不包括在本项目内。本项目应当根据“应收利息”科目的期末余额填列。

(9)“其他应收款净额”项目，反映单位期末尚未收回的其他应收款减去已计提的坏账准备后的净额。本项目应当根据“其他应收款”科目的期末余额减去“坏账准备”科目中对其他应收款计提的坏账准备的期末余额后的金额填列。

(10)“存货”项目，反映单位期末存储的存货的实际成本。本项目应当根据“在途物品”“库存物品”“加工物品”科目的期末余额的合计数填列。

(11)“待摊费用”项目，反映单位期末已经支出，但应当由本期和以后各期负担的分摊期在1年以内(含1年)的各项费用。本项目应当根据“待摊费用”科目的期末余额填列。

(12)“一年内到期的非流动资产”项目，反映单位期末非流动资产项目中将在1年内(含1年)到期的金额，如事业单位将在1年内(含1年)到期的长期债券投资金额。本项目应当根据“长期债券投资”等科目的明细科目的期末余额分析填列。

(13)“其他流动资产”项目，反映单位期末除本表中上述各项之外的其他流动资产的合计金额。本项目应当根据有关科目期末余额的合计数填列。

(14)“流动资产合计”项目，反映单位期末流动资产的合计数。本项目应当根据本表中“货币资金”“短期投资”“财政应返还额度”“应收票据”“应收账款净额”“预付账款”“应收股利”“应收利息”“其他应收款净额”“存货”“待摊费用”“一年内到期的非流动资产”“其他流动资产”项目金额的合计数填列。

(15)“长期股权投资”项目，反映事业单位期末持有的长期股权投资的账面余额。本项目应当根据“长期股权投资”科目的期末余额填列。

(16)“长期债券投资”项目，反映事业单位期末持有的长期债券投资的账面余额。本项目应当根据“长期债券投资”科目的期末余额减去其中将于1年内(含1年)到期的长期债券投资余额后的金额填列。

(17)“固定资产原值”项目,反映单位期末固定资产的原值。本项目应当根据“固定资产”科目的期末余额填列。

(18)“固定资产累计折旧”项目,反映单位期末固定资产已计提的累计折旧金额。本项目应当根据“固定资产累计折旧”科目的期末余额填列。

(19)“固定资产净值”项目,反映单位期末固定资产的账面价值。本项目应当根据“固定资产”科目期末余额减去“固定资产累计折旧”科目期末余额后的金额填列。

(20)“工程物资”项目,反映单位期末为在建工程准备的各种物资的实际成本。本项目应当根据“工程物资”科目的期末余额填列。

(21)“在建工程”项目,反映单位期末所有的建设项目工程的实际成本。本项目应当根据“在建工程”科目的期末余额填列。

(22)“无形资产原值”项目,反映单位期末无形资产的原值。本项目应当根据“无形资产”科目的期末余额填列。

(23)“无形资产累计摊销”项目,反映单位期末无形资产已计提的累计摊销金额。本项目应当根据“无形资产累计摊销”科目的期末余额填列。

(24)“无形资产净值”项目,反映单位期末无形资产的账面价值。本项目应当根据“无形资产”科目期末余额减去“无形资产累计摊销”科目期末余额后的金额填列。

(25)“研发支出”项目,反映单位期末正在进行的无形资产开发项目开发阶段发生的累计支出数。本项目应当根据“研发支出”科目的期末余额填列。

(26)“公共基础设施原值”项目,反映单位期末控制的公共基础设施的原值。本项目应当根据“公共基础设施”科目的期末余额填列。

(27)“公共基础设施累计折旧(摊销)”项目,反映单位期末控制的公共基础设施已计提的累计折旧和累计摊销金额。本项目应当根据“公共基础设施累计折旧(摊销)”科目的期末余额填列。

(28)“公共基础设施净值”项目,反映单位期末控制的公共基础设施的账面价值。本项目应当根据“公共基础设施”科目期末余额减去“公共基础设施累计折旧(摊销)”科目期末余额后的金额填列。

(29)“政府储备物资”项目,反映单位期末控制的政府储备物资的实际成本。本项目应当根据“政府储备物资”科目的期末余额填列。

(30)“文物文化资产”项目,反映单位期末控制的文物文化资产的成本。本项目应当根据“文物文化资产”科目的期末余额填列。

(31)“保障性住房原值”项目,反映单位期末控制的保障性住房的原值。本项目应当根据“保障性住房”科目的期末余额填列。

(32)“保障性住房累计折旧”项目,反映单位期末控制的保障性住房已计提的累计折旧金额。本项目应当根据“保障性住房累计折旧”科目的期末余额填列。

(33)“保障性住房净值”项目,反映单位期末控制的保障性住房的账面价值。本项目应当根据“保障性住房”科目期末余额减去“保障性住房累计折旧”科目期末余额后的金额填列。

(34)“长期待摊费用”项目,反映单位期末已经支出,但应由本期和以后各期负担的分摊

期限在1年以上(不含1年)的各项费用。本项目应当根据“长期待摊费用”科目的期末余额填列。

(35)“待处理财产损溢”项目,反映单位期末尚未处理完毕的各种资产的净损失或净溢余。本项目应当根据“待处理财产损溢”科目的期末借方余额填列;如“待处理财产损溢”科目期末为贷方余额,以“—”号填列。

(36)“其他非流动资产”项目,反映单位期末除本表中上述各项之外的其他非流动资产的合计数。本项目应当根据有关科目的期末余额合计数填列。

(37)“非流动资产合计”项目,反映单位期末非流动资产的合计数。本项目应当根据本表中“长期股权投资”“长期债券投资”“固定资产净值”“工程物资”“在建工程”“无形资产净值”“研发支出”“公共基础设施净值”“政府储备物资”“文物文化资产”“保障性住房净值”“长期待摊费用”“待处理财产损溢”“其他非流动资产”项目金额的合计数填列。

(38)“受托代理资产”项目,反映单位期末受托代理资产的价值。本项目应当根据“受托代理资产”科目的期末余额与“库存现金”“银行存款”科日下“受托代理资产”明细科目的期末余额的合计数填列。

(39)“资产总计”项目,反映单位期末资产的合计数。本项目应当根据本表中“流动资产合计”“非流动资产合计”“受托代理资产”项目金额的合计数填列。

2) 负债类项目

(1)“短期借款”项目,反映事业单位期末短期借款的余额。本项目应当根据“短期借款”科目的期末余额填列。

(2)“应交增值税”项目,反映单位期末应缴未缴的增值税税额。本项目应当根据“应交增值税”科目的期末余额填列;如“应交增值税”科目期末为借方余额,以“—”号填列。

(3)“其他应交税费”项目,反映单位期末应缴未缴的除增值税以外的税费金额。本项目应当根据“其他应交税费”科目的期末余额填列:如“其他应交税费”科目期末为借方余额,以“—”号填列。

(4)“应缴财政款”项目,反映单位期末应当上缴财政但尚未缴纳的款项。本项目应当根据“应缴财政款”科目的期末余额填列。

(5)“应付职工薪酬”项目,反映单位期末按有关规定应付给职工及为职工支付的各种薪酬。本项目应当根据“应付职工薪酬”科目的期末余额填列。

(6)“应付票据”项目,反映事业单位期末应付票据的金额。本项目应当根据“应付票据”科目的期末余额填列。

(7)“应付账款”项目,反映单位期末应当支付但尚未支付的偿还期限在1年以内(含1年)的应付账款的金额。本项目应当根据“应付账款”科目的期末余额填列。

(8)“应付政府补贴款”项目,反映负责发放政府补贴的行政单位期末按照规定应当支付给政府补贴接受者的各种政府补贴款余额。本项目应当根据“应付政府补贴款”科目的期末余额填列。

(9)“应付利息”项目,反映事业单位期末按照合同约定应支付的借款利息。事业单位到期一次还本付息的长期借款利息不包括在本项目内。本项目应当根据“应付利息”科目的期末余额填列。

(10)“预收账款”项目,反映事业单位期末预先收取但尚未确认收入和实际结算的款项余额。本项目应当根据“预收账款”科目的期末余额填列。

(11)“其他应付款”项目,反映单位期末其他各项偿还期限在1年内(含1年)的应付及暂收款项余额。本项目应当根据“其他应付款”科目的期末余额填列。

(12)“预提费用”项目,反映单位期末已预先提取的已经发生但尚未支付的各项费用。本项目应当根据“预提费用”科目的期末余额填列。

(13)“一年内到期的非流动负债”项目,反映单位期末将于1年内(含1年)偿还的非流动负债的余额。本项目应当根据“长期应付款”“长期借款”等科目的明细科目的期末余额分析填列。

(14)“其他流动负债”项目,反映单位期末除本表中上述各项之外的其他流动负债的合计数。本项目应当根据有关科目的期末余额的合计数填列。

(15)“流动负债合计”项目,反映单位期末流动负债合计数。本项目应当根据本表“短期借款”“应交增值税”“其他应交税费”“应缴财政款”“应付职工薪酬”“应付票据”“应付账款”“应付政府补贴款”“应付利息”“预收账款”“其他应付款”“预提费用”“一年内到期的非流动负债”“其他流动负债”项目金额的合计数填列。

(16)“长期借款”项目,反映事业单位期末长期借款的余额。本项目应当根据“长期借款”科目的期末余额减去其中将于1年内(含1年)到期的长期借款余额后的金额填列。

(17)“长期应付款”项目,反映单位期末长期应付款的余额。本项目应当根据“长期应付款”科目的期末余额减去其中将于1年内(含1年)到期的长期应付款余额后的金额填列。

(18)“预计负债”项目,反映单位期末已确认但尚未偿付的预计负债的余额。本项目应当根据“预计负债”科目的期末余额填列。

(19)“其他非流动负债”项目,反映单位期末除本表中上述各项之外的其他非流动负债的合计数。本项目应当根据有关科目的期末余额合计数填列。

(20)“非流动负债合计”项目,反映单位期末非流动负债合计数。本项目应当根据本表中“长期借款”“长期应付款”“预计负债”“其他非流动负债”项目金额的合计数填列。

(21)“受托代理负债”项目,反映单位期末受托代理负债的金额。本项目应当根据“受托代理负债”科目的期末余额填列。

(22)“负债合计”项目,反映单位期末负债的合计数。本项目应当根据本表中“流动负债合计”“非流动负债合计”“受托代理负债”项目金额的合计数填列。

3) 净资产类项目

(1)“累计盈余”项目,反映单位期末未分配盈余(或未弥补亏损)以及无偿调拨净资产变动的累计数。本项目应当根据“累计盈余”科目的期末余额填列。

(2)“专用基金”项目,反映事业单位期末累计提取或设置但尚未使用的专用基金余额。本项目应当根据“专用基金”科目的期末余额填列。

(3)“权益法调整”项目,反映事业单位期末在被投资单位除净损益和利润分配以外的所有者权益变动中累计享有的份额。本项目应当根据“权益法调整”科目的期末余额填列。如“权益法调整”科目期末为借方余额,以“-”号填列。

(4)“无偿调拨净资产”项目,反映单位本年度截至报告期期末无偿调入的非现金资产价值扣减无偿调出的非现金资产价值后的净值。本项目仅在月度报表中列示,年度报表中不列示。月度报表中本项目应当根据“无偿调拨净资产”科目的期末余额填列;“无偿调拨净

资产”科目期末为借方余额时，以“－”号填列。

（5）“本期盈余”项目，反映单位本年度截至报告期期末实现的累计盈余或亏损。本项目仅在月度报表中列示，年度报表中不列示。月度报表中本项目应当根据“本期盈余”科目的期末余额填列；“本期盈余”科目期末为借方余额时，以“－”号填列。

（6）“净资产合计”项目，反映单位期末净资产合计数。本项目应当根据本表中“累计盈余”“专用基金”“权益法调整”“无偿调拨净资产”（月度报表）和“本期盈余”（月度报表）等项目金额的合计数填列。

（7）“负债和净资产总计”项目，应当按照本表中“负债合计”“净资产合计”项目金额的合计数填列。

【例 9-226】 A 事业单位 2018 年 12 月 31 日的资产负债表（年初余额略）及 2019 年 12 月 31 日的科目余额表分别见表 9－6 和表 9－7。

表 9-6　　资产负债表

2018 年 12 月 31 日　　单位：元

资产	期末余额	年初余额	负债和净资产	期末余额	年初余额
流动资产：			流动负债：		
货币资金	1 405 000		短期借款	1 300 000	
短期投资	15 000		应交增值税	360 000	
财政应返还额度	50 000		其他应交税费	15 000	
应收票据			应缴财政款	2 110 000	
应收账款净额	229 000		应付职工薪酬	150 000	
预付账款	155 000		应付票据	5 000 000	
应收股利			应付账款		
应收利息			应付政府补贴款		
其他应收款净额	3 000		应付利息	500 000	
存货	250 000		预收账款		
待摊费用			其他应付款	2 550 000	
一年内到期的非流动资产			预提费用		
其他流动资产			一年内到期的非流动负债	2 000 000	
流动资产合计	2 107 000		其他流动负债		
非流动资产：			流动负债合计	13 990 000	
长期股权投资			非流动负债：		
长期债券投资			长期借款	8 000 000	

（续表）

资产	期末余额	年初余额	负债和净资产	期末余额	年初余额
固定资产原值	41 707 000		长期应付款	5 000 000	
减：固定资产累计折旧	−2 750 000		预计负债		
固定资产净值	38 957 000		其他非流动负债		
工程物资			非流动负债合计	13 000 000	
在建工程	1 444 000		受托代理负债	50 000	
无形资产原值	1 260 000		负债合计	27 040 000	
减：无形资产累计摊销	−378 000		净资产：		
无形资产净值	882 000		累计盈余	13 550 000	
研发支出			专用基金	2 850 000	
公共基础设施原值			权益法调整		
减：公共基础设施累计折旧（摊销）			无偿调拨净资产		
公共基础设施净值			本期盈余		
政府储备物资			净资产合计	16 400 000	
文物文化资产					
保障性住房原值					
减：保障性住房累计折旧					
保障性住房净值					
长期待摊费用					
待处理财产损溢					
其他非流动资产					
非流动资产合计	41 283 000				
受托代理资产	50 000				
资产总计	43 440 000		负债和净资产总计	43 440 000	

表 9-7　　**科目余额表**

编制单位：A 事业单位　　2019 年 12 月 31 日　　单位：元

科目名称	借方余额	科目名称	贷方余额
库存现金	12 000	短期借款	800 000
其中：受托代理资金	2 000	应交增值税	450 000

（续表）

科目名称	借方余额	科目名称	贷方余额
银行存款	1 238 000	其他应交税费	85 000
其中：受托代理银行存款	18 000	应付职工薪酬	2 560 000
其他货币资金	20 000	应付账款	3 560 000
短期投资	100 000	应付利息	500 000
财政应返还额度	45 000	其他应付款	1 680 000
应收账款	250 000	长期借款	8 000 000
坏账准备	−3 000	其中：一年内到期的长期借款	2 000 000
其中：应收账款坏账准备	−2 500	长期应付款	6 000 000
其他应收款坏账准备	−500	其中：一年内到期的长期应付款	2 500 000
预付账款	277 000	受托代理负债	50 000
其他应收款	50 000	累计盈余	25 560 000
在途物品	50 000	专用基金	5 160 000
库存物品	80 000		
固定资产	48 060 000		
固定资产累计折旧	−4 250 000		
在建工程	836 000		
无形资产	8 014 000		
无形资产累计摊销	−404 000		
受托代理资产	30 000		

根据上述资料，编制A事业单位2019年12月31日的资产负债表，如表9-8所示。

表9-8 **资产负债表** 会政财01表

编制单位：A事业单位 2019年12月31日 单位：元

资产	期末余额	年初余额	负债和净资产	期末余额	年初余额
流动资产：			流动负债：		
货币资金	1 250 000	1 405 000	短期借款	800 000	1 300 000
短期投资	100 000	15 000	应交增值税	450 000	360 000
财政应返还额度	45 000	50 000	其他应交税费	85 000	15 000
应收票据			应缴财政款		2 110 000
应收账款净额	247 500	229 000	应付职工薪酬	2 560 000	150 000
预付账款	277 000	155 000	应付票据		5 000 000

（续表）

资产	期末余额	年初余额	负债和净资产	期末余额	年初余额
应收股利			应付账款	3 560 000	
应收利息			应付政府补贴款		
其他应收款净额	49 500	3 000	应付利息	500 000	500 000
存货	130 000	250 000	预收账款		
待摊费用			其他应付款	1 680 000	2 550 000
一年内到期的非流动资产			预提费用		
其他流动资产			一年内到期的非流动负债	4 500 000	2 000 000
流动资产合计	2 099 000	2 107 000	其他流动负债		
非流动资产：			流动负债合计	14 135 000	13 990 000
长期股权投资			非流动负债：		
长期债券投资			长期借款	6 000 000	8 000 000
固定资产原值	48 060 000	41 707 000	长期应付款	3 500 000	5 000 000
减：固定资产累计折旧	−4 250 000	−2 750 000	预计负债		
固定资产净值	43 810 000	38 957 000	其他非流动负债		
工程物资			非流动负债合计	9 500 000	13 000 000
在建工程	836 000	1 444 000	受托代理负债：	50 000	50 000
无形资产原值	8 014 000	1 260 000	负债合计	23 685 000	27 040 000
减：无形资产累计摊销	−404 000	−378 000	净资产：		
无形资产净值	7 610 000	882 000	累计盈余	25 560 000	13 550 000
研发支出			专用基金	5 160 000	2 850 000
公共基础设施原值			权益法调整		
减：公共基础设施累计折旧(摊销)			无偿调拨净资产		
公共基础设施净值			本期盈余		
政府储备物资			净资产合计	30 720 000	16 400 000
文物文化资产					
保障性住房原值					
减：保障性住房累计折旧					
保障性住房净值					

（续表）

资产	期末余额	年初余额	负债和净资产	期末余额	年初余额
长期待摊费用					
待处理财产损溢					
其他非流动资产					
非流动资产合计	52 256 000	41 283 000			
受托代理资产	50 000	50 000			
资产总计	54 405 000	43 440 000	负债和净资产总计	54 405 000	43 440 000

三、收入费用表

（一）收入费用表的内容

收入费用表是反映政府单位在一定会计期间运行情况的报表，属于动态报表。收入费用表可以反映政府单位在某一会计期间内的各项收入实现、费用耗费以及盈余实现情况。

收入费用表按编制的时间不同，可分为月度报表和年度报表。

（二）收入费用表的结构

收入费用表应当按照本期收入、本期费用和本期盈余分项列示。本期收入列示财政拨款收入、事业收入、上级补助收入、附属单位上缴收入、经营收入、非同级财政拨款收入、投资收益、捐赠收入、利息收入、租金收入和其他收入；本期费用列示业务活动费用、单位管理费用、经营费用、资产处置费用、上缴上级费用、对附属单位补助费用、所得税费用和其他费用；本期盈余是本期收入减去本期费用后的差额。

月度收入费用表各项目分别“本月数”和“本年累计数”填列。年度收入费用表各项则分为“本年数”和“上年数”两栏填列，其目的在于使报表使用者通过比较不同时期的盈余的实现情况，判断政府单位运行情况的未来发展趋势。

收入费用表“本月数”栏反映各项目的本月实际发生数，编制年度收入费用表时，应当将本栏改为“本年数”，反映本年度各项目的实际发生数；“本年累计数”栏反映各项目自年初至报告期期末的累计实际发生数，编制年度收入费用表时，应当将本栏改为“上年数”，反映上年度各项目的实际发生数，“上年数”栏应当根据上年度收入费用表中“本年数”栏内所列数字填列。如果本年度收入费用表规定的项目的名称和内容同上年度不一致，应当对上年度收入费用表项目的名称和数字按照本年度的规定进行调整，将调整后的金额填入本年度收入费用表的“上年数”栏内。如果本年度单位发生了因前期差错更正、会计政策变更等调整以前年度盈余的事项，还应当对年度收入费用表中“上年数”栏中的有关项目金额进行相应调整。

收入费用表的基本格式可参见表 9-10。

（三）收入费用表的填列方法

收入费用表“本月数”栏各项目的内容和填列方法如下。

1. 本期收入

(1)“本期收入”项目，反映单位本期收入总额。本项目应当根据本表中“财政拨款收入”“事业收入”“上级补助收入”“附属单位上缴收入”“经营收入”“非同级财政拨款收入”“投资收益”“捐赠收入”“利息收入”“租金收入”“其他收入”项目金额的合计数填列。

(2)“财政拨款收入”项目，反映单位本期从同级政府财政部门取得的各类财政拨款。本项目应当根据“财政拨款收入”科目的本期发生额填列“政府性基金收入”项目，反映单位本期取得的财政拨款收入中属于政府性基金预算拨款的金额。本项目应当根据“财政拨款收入”相关明细科目的本期发生额填列。

(3)“事业收入”项目，反映事业单位本期开展专业业务活动及其辅助活动实现的收入。本项目应当根据“事业收入”科目的本期发生额填列。

(4)“上级补助收入”项目，反映事业单位本期从主管部门和上级单位收到或应收的非财政拨款收入。本项目应当根据“上级补助收入”科目的本期发生额填列。

(5)“附属单位上缴收入”项目，反映事业单位本期收到或应收的独立核算的附属单位按照有关规定上缴的收入。本项目应当根据“附属单位上缴收入”科目的本期发生额填列。

(6)“经营收入”项目，反映事业单位本期在专业业务活动及其辅助活动之外开展非独立核算经营活动实现的收入。本项目应当根据“经营收入”科目的本期发生额填列。

(7)“非同级财政拨款收入”项目，反映单位本期从非同级政府财政部门取得的财政拨款，不包括事业单位因开展科研及其辅助活动从非同级财政部门取得的经费拨款。本项目应当根据“非同级财政拨款收入”科目的本期发生额填列。

(8)“投资收益”项目，反映事业单位本期股权投资和债券投资所实现的收益或发生的损失。本项目应当根据“投资收益”科目的本期发生额填列；如为投资净损失，以“－”号填列。

(9)“捐赠收入”项目，反映单位本期接受捐赠取得的收入。本项目应当根据“捐赠收入”科目的本期发生额填列。

(10)“利息收入”项目，反映单位本期取得的银行存款利息收入。本项目应当根据“利息收入”科目的本期发生额填列。

(11)“租金收入”项目，反映单位本期经批准利用国有资产出租取得并按规定纳入本单位预算管理的租金收入。本项目应当根据“租金收入”科目的本期发生额填列。

(12)“其他收入”项目，反映单位本期取得的除以上收入项目外的其他收入的总额。本项目应当根据“其他收入”科目的本期发生额填列。

2. 本期费用

(1)“本期费用”项目，反映单位本期费用总额。本项目应当根据本表中“业务活动费用”“单位管理费用”“经营费用”“资产处置费用”“上缴上级费用”“对附属单位补助费用”“所得税费用”和“其他费用”等项目金额的合计数填列。

(2)“业务活动费用”项目，反映单位本期为实现其职能目标，依法履职或开展专业业务活动及其辅助活动所发生的各项费用。本项目应当根据“业务活动费用”科目的本期发生额填列。

(3)“单位管理费用”项目，反映事业单位本期本级行政及后勤管理部门开展管理活动发生的各项费用，以及由单位统一负担的离退休人员经费、工会经费、诉讼费、中介费等。本项目应当根据“单位管理费用”科目的本期发生额填列。

(4)“经营费用”项目，反映事业单位本期在专业业务活动及其辅助活动之外开展非独立核算经营活动发生的各项费用。本项目应当根据“经营费用”科目的本期发生额填列。

(5)“资产处置费用”项目，反映单位本期经批准处置资产时转销的资产价值以及在处

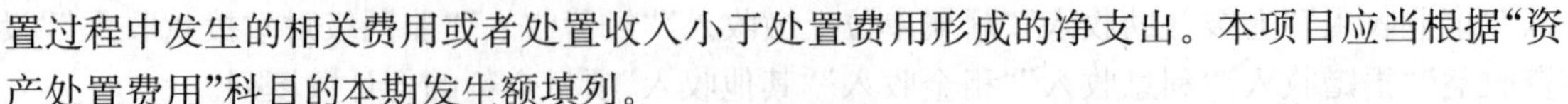

置过程中发生的相关费用或者处置收入小于处置费用形成的净支出。本项目应当根据“资产处置费用”科目的本期发生额填列。

(6)“上缴上级费用”项目,反映事业单位按照规定上缴上级单位款项发生的费用。本项目应当根据“上缴上级费用”科目的本期发生额填列。

(7)“对附属单位补助费用”项目,反映事业单位用财政拨款收入之外的收入对附属单位补助发生的费用。本项目应当根据“对附属单位补助费用”科目的本期发生额填列。

(8)“所得税费用”项目,反映有企业所得税缴纳义务的事业单位本期计算应缴纳的企业所得税。本项目应当根据“所得税费用”科目的本期发生额填列。

(9)“其他费用”项目,反映单位本期发生的除以上费用项目外的其他费用的总额。本项目应当根据“其他费用”科目的本期发生额填列。

3. 本期盈余

“本期盈余”项目,反映单位本期收入扣除本期费用后的净额。本项目应当根本表中“本期收入”项目金额减去“本期费用”项目金额后的金额填列:如为负数,以“－”号填列。

【例 9-227】 A 事业单位 2019 年度有关收入和费用科目的本年累计发生数如表 9－9 所示,其收入费用表如表 9－10 所示。

表 9-9　　收入和费用科目累计发生额

2019 年度　　单位:元

收入科目名称	贷方发生额	费用科目名称	借方发生额
财政拨款收入	8 600 000	业务活动费用	6 520 000
事业收入	10 600 000	单位管理费用	4 200 000
上级补助收入	500 000	经营费用	400 000
附属单位上缴收入	200 000	资产处置费用	945 500
经营收入	500 000	上缴上级费用	200 000
非同级财政拨款收入	300 000	对附属单位补助费用	100 000
投资收益	5 000	所得税费用	50 000
捐赠收入	2 040 000	其他费用	30 000
利息收入	40 000		
租金收入	500 000		
其他收入	160 000		

表 9-10　　收 入 费 用 表　　会政财 02 表

编制单位:A 事业单位　　2019 年　　单位:万元

项　目	本年数	上年数
一、本期收入	23 445 000	(略)
(一) 财政拨款收入	8 600 000	
其中:政府性基金收入	600 000	

（续表）

项　　目	本年数	上年数
（二）事业收入	10 600 000	（略）
（三）上级补助收入	500 000	
（四）附属单位上缴收入	200 000	
（五）经营收入	500 000	
（六）非同级财政拨款收入	300 000	
（七）投资收益	5 000	
（八）捐赠收入	2 040 000	
（九）利息收入	40 000	
（十）租金收入	500 000	
（十一）其他收入	160 000	
二、本期费用	12 445 500	
（一）业务活动费用	6 520 000	
（二）单位管理费用	4 200 000	
（三）经营费用	400 000	
（四）资产处置费用	945 500	
（五）上缴上级费用	200 000	
（六）对附属单位补助费用	100 000	
（七）所得税费用	50 000	
（八）其他费用	30 000	
三、本期盈余	10 999 500	

四、净资产变动表

（一）净资产变动表的内容

净资产变动表是反映单位在某一会计年度内净资产项目的变动情况的报表，属于动态报表。净资产变动表可以反映政府单位在某一会计期间内的累计盈余、专用基金、权益法调整和净资产合计的情况。

净资产变动表只编制年度报表。

（二）净资产变动表的结构

净资产变动表分别横向和纵向按照不同项目列示，横向按照累计盈余、专用基金、权益法调整和净资产合计分项列示；纵向按照上年年末余额、以前年度盈余调整、本年年初余额、本年变动金额和本年年末余额分项列示。

此外，为了使报表使用者通过比较不同年度净资产变动表的数据，掌握政府单位净资产

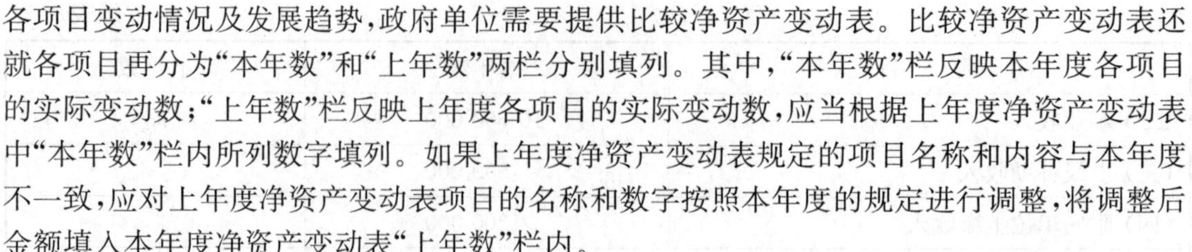

各项目变动情况及发展趋势，政府单位需要提供比较净资产变动表。比较净资产变动表还就各项目再分为“本年数”和“上年数”两栏分别填列。其中，“本年数”栏反映本年度各项目的实际变动数；“上年数”栏反映上年度各项目的实际变动数，应当根据上年度净资产变动表中“本年数”栏内所列数字填列。如果上年度净资产变动表规定的项目名称和内容与本年度不一致，应对上年度净资产变动表项目的名称和数字按照本年度的规定进行调整，将调整后金额填入本年度净资产变动表“上年数”栏内。

（三）净资产变动表的填列方法

净资产变动表“本年数”栏各项目的内容和填列方法如下：

(1)“上年年末余额”行，反映单位净资产各项目上年年末的余额。本行各项目应当根据“累计盈余”“专用基金”“权益法调整”科目上年年末余额填列。

(2)“以前年度盈余调整”行，反映单位本年度调整以前年度盈余的事项对累计盈余进行调整的金额。本行“累计盈余”项目应当根据本年度“以前年度盈余调整”科目转入“累计盈余”科目的金额填列；如调整减少累计盈余，以“－”号填列。

(3)“本年年初余额”行，反映经过以前年度盈余调整后，单位净资产各项目的本年年初余额。本行“累计盈余”“专用基金”“权益法调整”项目应当根据其各自在“上年年末余额”行和“以前年度盈余调整”行对应项目金额的合计数填列。

(4)“本年变动金额”行，反映单位净资产各项目本年变动总金额。本行“累计盈余”“专用基金”“权益法调整”项目应当根据其各自在“本期盈余”“无偿调拨净资产”“归集调整预算结转结余”“提取或设置专用基金”“使用专用基金”“权益法调整”行对应项目金额的合计数填列。

(5)“本期盈余”行，反映单位本年发生的收入、费用对净资产的影响。本行“累计盈余”项目应当根据年末由“本期盈余”科目转入“本年盈余分配”科目的金额填列；如转入时借记“本年盈余分配”科目，则以“－”号填列。

(6)“无偿调拨净资产”行，反映单位本年无偿调入、调出非现金资产事项对净资产的影响。本行“累计盈余”项目应当根据年末由“无偿调拨净资产”科目转入“累计盈余”科目的金额填列；如转入时借记“累计盈余”科目，则以“－”号填列。

(7)“归集调整预算结转结余”行，反映单位本年财政拨款结转结余资金归集调入、归集上缴或调出，以及非财政拨款结转资金缴回对净资产的影响。本行“累计盈余”项目应当根据“累计盈余”科目明细账记录分析填列；如归集调整减少预算结转结余，则以“－”号填列。

(8)“提取或设置专用基金”行，反映单位本年提取或设置专用基金对净资产的影响。本行“累计盈余”项目应当根据“从预算结余中提取”行“累计盈余”项目的金额填列。本行“专用基金”项目应当根据“从预算收入中提取”“从预算结余中提取”“设置的专用基金”行“专用基金”项目金额的合计数填列。

(9)“从预算收入中提取”行，反映单位本年从预算收入中提取专用基金对净资产的影响。本行“专用基金”项目应当通过对“专用基金”科目明细账记录的分析，根据本年按有关规定从预算收入中提取基金的金额填列。

(10)“从预算结余中提取”行，反映单位本年根据有关规定从本年度非财政拨款结余或经营结余中提取专用基金对净资产的影响。本行“累计盈余”“专用基金”项目应当通过对“专用基金”科目明细账记录的分析，根据本年按有关规定从本年度非财政拨款结余或经营结余中提取专用基金的金额填列；本行“累计盈余”项目以“－”号填列。

(11)“设置的专用基金”行，反映单位本年根据有关规定设置的其他专用基金对净资产的影响。本行“专用基金”项目应当通过对“专用基金”科目明细账记录的分析，根据本年按有关规定设置的其他专用基金的金额填列。

(12)“使用专用基金”行，反映单位本年按规定使用专用基金对净资产的影响。本行“累计盈余”“专用基金”项目应当通过对“专用基金”科目明细账记录的分析，根据本年按规定使用专用基金的金额填列；本行“专用基金”项目以“－”号填列。

(13)“权益法调整”行，反映单位本年按照被投资单位除净损益和利润分配以外的所有者权益变动份额而调整长期股权投资账面余额对净资产的影响。本行“权益法调整”项目应当根据“权益法调整”科目本年发生额填列；若本年净发生额为借方时，以“－”号填列。

(14)“本年年末余额”行，反映单位本年各净资产项目的年末余额。本行“累计盈余”“专用基金”“权益法调整”项目应当根据其各自在“本年年初余额”“本年变动金额”行对应项目金额的合计数填列。

(15)本表各行“净资产合计”项目，应当根据所在行“累计盈余”“专用基金”“权益法调整”项目金额的合计数填列。

【例 9-228】 承[例 9-226]和[例 9-227]，A 事业单位 2019 年的其他相关资料为：从非财政拨款结余中提取职工福利基金1 453 500元，本年度使用职工福利基金1 807 000元用于职工集体福利设施建设；从本年事业预算收入和经营结余中提取科技成果转化基金2 663 500元；年末结转前“以前年度盈余调整”科目余额56 000元、“无偿调拨净资产”科目余额200 000元；本年从其他单位调入财政拨款结转资金100 000元、调出财政拨款结转50 000元、上缴财政拨款结转和财政拨款结余分别为100 000元和53 000元。

根据上述资料，编制 A 事业单位 2019 年度净资产变动表，如表 9-11 所示。

表 9-11　　**净资产变动表**　　会政财 03 表

编制单位：A 事业单位　　2019 年　　单位：元

项目	本年数				上年数			
	累计盈余	专用基金	权益法调整	净资产合计	累计盈余	专用基金	权益法调整	净资产合计
一、上年年末余额	13 550 000	2 850 000		16 400 000	(略)	(略)	(略)	(略)
二、以前年度盈余调整(减少以“－”号填列)	560 000	—	—	560 000				
三、本年年初余额	14 110 000	250 000		16 960 000				
四、本年变动金额(减少以“－”号填列)	11 450 000	2 310 000		13 760 000				
(一)本期盈余	10 999 500	—	—	10 999 500				
(二)无偿调拨净资产	200 000	—	—	200 000				
(三)归集调整预算结转结余	－103 000	—	—	－103 000				

（续表）

项目	本年数				上年数			
	累计盈余	专用基金	权益法调整	净资产合计	累计盈余	专用基金	权益法调整	净资产合计
（四）提取或设置专用基金	−1 453 500	4 117 000	—	2 663 500	（略）	（略）	（略）	（略）
其中：从预算收入中提取	—	2 663 500	—	2 663 500				
从预算结余中提取	−1 453 500	1 453 500	—					
设置的专用基金	—		—					
（五）使用专用基金	1 807 000	−1 807 000	—					
（六）权益法调整		—						
五、本年年末余额	25 560 000	5 160 000		30 720 000				

五、现金流量表

（一）现金流量表的内容

现金流量表是反映政府单位在一定会计期间现金及现金等价物流入和流出情况的报表，是政府单位主要会计报表之一。政府单位现金流量表只编制年度报表。

现金流量表按照收付实现制编制，将权责发生制下的盈余信息调整为收付实现制下的现金流量信息，便于信息使用者了解政府单位盈余的质量。从内容上看，现金流量表被划分为日常活动、投资活动、筹资活动三个部分，每类活动又分为各具体项目，这些项目从不同角度反映政府单位业务活动的现金流入和流出，弥补了资产负债表和收入费用表提供信息的不足。通过现金流量表，报表使用者能够了解现金流量的影响因素，可以评价政府单位的支付能力和偿债能力，为其决策提供依据。

（二）现金流量表的结构

在现金流量表中，现金是指政府单位的库存现金以及其他可以随时用于支付的款项，包括库存现金、可以随时用于支付的银行存款、其他货币资金、零余额账户用款额度、财政应返还额度，以及通过财政直接支付方式支付的款项；现金流量是指现金的流入和流出。根据政府单位业务活动性质和现金流量来源，现金流量在结构上将政府单位定期间产生的现金流量分为三类：日常活动产生的现金流量、投资活动产生的现金流量和筹资活动产生的现金流量。

为了使报表使用者通过比较不同年度现金流量变动表的数据，掌握政府单位各类现金流量及其各项目变动情况及发展趋势，政府单位需要提供比较现金流量，现金流量还就各项目再分为“本年金额”和“上年金额”两栏分别填列。其中，“本年金额”栏反映各项目的本年实际发生数，“上年金额”栏反映各项目的上年实际发生数，应当根据上年现金流量表中“本年金额”栏内所列数字填列，政府单位现金流量表应当采用直接法编制。按照《政府单位会计制度》的规定，政府单位可根据实际情况自行选择编制现金流量表。现金流量表的基本格式见表9－12。

表9-12　　　　**现金流量表**　　　　会政财04表

编制单位：　　　　____年　　　　单位：元

项　　目	本年金额	上年金额
一、日常活动产生的现金流量：		
财政基本支出拨款收到的现金		
财政非资本性项目拨款收入的现金		
事业活动收到的除财政拨款以外的现金		
收到的其他与日常活动有关的现金		
日常活动的现金流入小计		
购买商品、接受劳务支付的现金		
支付给职工以及为职工支付的现金		
支付的各项税费		
支付的其他与日常活动有关的现金		
日常活动的现金流出小计		
日常活动产生的现金流量净额		
二、投资活动产生的现金流量：		
收回投资收到的现金		
取得投资收益收到的现金		
处置固定资产、无形资产、公共基础设施等收回的现金净额		
收到的其他与投资活动有关的现金		
投资活动的现金流入小计		
购建固定资产、无形资产、公共基础设施等支付的现金		
对外投资支付的现金		
上缴处置固定资产、无形资产、公共基础设施等净收入支付的现金		
支付的其他与投资活动有关的现金		
投资活动的现金流出小计		
投资活动产生的现金流量净额		
三、筹资活动产生的现金流量：		
财政资本性项目拨款收到的现金		
取得借款收到的现金		
收到的其他与筹资活动有关的现金		
筹资活动的现金流入小计		
偿还借款支付的现金		

（续表）

项　　目	本年金额	上年金额
偿还利息支付的现金		
支付的其他与筹资活动有关的现金		
筹资活动的现金流出小计		
筹资活动产生的现金流量净额		
四、汇率变动对现金的影响额		
五、现金净增加额		

（三）现金流量表的填列方法

现金流量表“本年金额”栏各项目的填列方法如下。

1. 日常活动产生的现金流量

（1）“财政基本支出拨款收到的现金”项目，反映单位本年接受财政基本支出拨款取得的现金。本项目应当根据“零余额账户用款额度”“财政拨款收入”“银行存款”等科目及其所属明细科目的记录分析填列。

（2）“财政非资本性项目拨款收到的现金”项目，反映单位本年接受除用于购建固定资产、无形资产、公共基础设施等资本性项目以外的财政项目拨款取得的现金。本项目应当根据“银行存款”“零余额账户用款额度”“财政拨款收入”等科目及其所属明细科目的记录分析填列。

（3）“事业活动收到的除财政拨款以外的现金”项目，反映事业单位本年开展专业业务活动及其辅助活动取得的除财政拨款以外的现金。本项目应当根据“库存现金”“银行存款”“其他货币资金”“应收账款”“应收票据”“预收账款”“事业收入”等科目及其所属明细科目的记录分析填列。

（4）“收到的其他与日常活动有关的现金”项目，反映单位本年收到的除以上项目之外的与日常活动有关的现金。本项目应当根据“库存现金”“银行存款”“其他货币资金”“上级补助收入”“附属单位上缴收入”“经营收入”“非同级财政拨款收入”“捐赠收入”“利息收入”“租金收入”“其他收入”等科目及其所属明细科目的记录分析填列。

（5）“日常活动的现金流入小计”项目，反映单位本年日常活动产生的现金流入的合计数。本项目应当根据本表中“财政基本支出拨款收到的现金”“财政非资本性项目拨款收到的现金”“事业活动收到的除财政拨款以外的现金”“收到的其他与日常活动有关的现金”项目金额的合计数填列。

（6）“购买商品、接受劳务支付的现金”项目，反映单位本年在日常活动中用于购买商品、接受劳务支付的现金。本项目应当根据“库存现金”“银行存款”“财政拨款收入”“零余额账户用款额度”“预付账款”“在途物品”“库存物品”“应付账款”“应付票据”“业务活动费用”“单位管理费用”“经营费用”等科目及其所属明细科目的记录分析填列。

（7）“支付给职工以及为职工支付的现金”项目，反映单位本年支付给职工以及为职工支付的现金。本项目应当根据“库存现金”“银行存款”“零余额账户用款额度”“财政拨款收入”“应付职工薪酬”“业务活动费用”“单位管理费用”“经营费用”等科目及其所属明细科目的记录分析填列。

(8)“支付的各项税费”项目,反映单位本年用于缴纳日常活动相关税费而支付的现金。本项目应当根据“库存现金”“银行存款”“零余额账户用款额度”“应交增值税”“其他应交税费”“业务活动费用”“单位管理费用”“经营费用”“所得税费用”等科目及其所属明细科目的记录分析填列。

(9)“支付的其他与日常活动有关的现金”项目,反映单位本年支付的除上述项目之外与日常活动有关的现金。本项目应当根据“库存现金”“银行存款”“零余额账户用款额度”“财政拨款收入”“其他应付款”“业务活动费用”“单位管理费用”“经营费用”“其他费用”等科目及其所属明细科目的记录分析填列。

(10)“日常活动的现金流出小计”项目,反映单位本年日常活动产生的现金流出的合计数。本项目应当根据本表中“购买商品、接受劳务支付的现金”“支付给职工以及为职工支付的现金”“支付的各项税费”“支付的其他与日常活动有关的现金”项目金额的合计数填列。

(11)“日常活动产生的现金流量净额”项目,应当按照本表中“日常活动的现金流入小计”项目金额减去“日常活动的现金流出小计”项目金额后的金额填列;如为负数,以“—”号填列。

2.投资活动产生的现金流量

(1)“收回投资收到的现金”项目,反映单位本年出售、转让或者收回投资收到的现金。本项目应该根据“库存现金”“银行存款”“短期投资”“长期股权投资”“长期债券投资”等科目的记录分析填列。

(2)“取得投资收益收到的现金”项目,反映单位本年因对外投资而收到被投资单位分配的股利或利润,以及收到投资利息而取得的现金。本项目应当根据“库存现金”“银行存款”“应收股利”“应收利息”“投资收益”等科目的记录分析填列。

(3)“处置固定资产、无形资产、公共基础设施等收回的现金净额”项目,反映单位本年处置固定资产、无形资产、公共基础设施等非流动资产所取得的现金,减去为处置这些资产而支付的有关费用之后的净额。由于自然灾害所造成的固定资产等长期资产损失而收到的保险赔款收入,也在本项目反映。本项目应当根据“库存现金”“银行存款”“待处理财产损溢”等科目的记录分析填列。

(4)“收到的其他与投资活动有关的现金”项目,反映单位本年收到的除上述项目之外与投资活动有关的现金。对于金额较大的现金流入,应当单列项目反映。本项目应当根据“库存现金”“银行存款”等有关科目的记录分析填列。

(5)“投资活动的现金流入小计”项目,反映单位本年投资活动产生的现金流入的合计数。本项目应当根据本表中“收回投资收到的现金”“取得投资收益收到的现金”“处置固定资产、无形资产、公共基础设施等收回的现金净额”“收到的其他与投资活动有关的现金”项目金额的合计数填列。

(6)“购建固定资产、无形资产、公共基础设施等支付的现金”项目,反映单位本年购买和建造固定资产、无形资产、公共基础设施等非流动资产所支付的现金;融资租入固定资产支付的租赁费不在本项目反映,在筹资活动的现金流量中反映。本项目应当根据“库存现金”“银行存款”“固定资产”“工程物资”“在建工程”“无形资产”“研发支出”“公共基础设施”“保障性住房”等科目的记录分析填列。

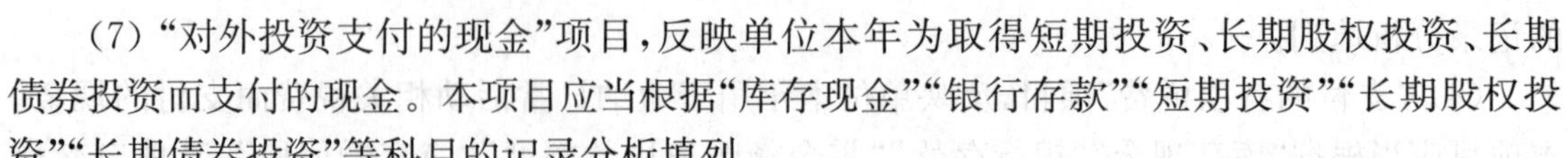

(7)“对外投资支付的现金”项目,反映单位本年为取得短期投资、长期股权投资、长期债券投资而支付的现金。本项目应当根据“库存现金”“银行存款”“短期投资”“长期股权投资”“长期债券投资”等科目的记录分析填列。

(8)“上缴处置固定资产、无形资产、公共基础设施等净收入支付的现金”项目,反映本年单位将处置固定资产、无形资产、公共基础设施等非流动资产所收回的现金净额予以上缴财政所支付的现金。本项目应当根据“库存现金”“银行存款”“应缴财政款”等科目的记录分析填列。

(9)“支付的其他与投资活动有关的现金”项目,反映单位本年支付的除上述项目之外与投资活动有关的现金。对于金额较大的现金流出,应当单列项目反映。本项目应当根据“库存现金”“银行存款”等有关科目的记录分析填列。

(10)“投资活动的现金流出小计”项目,反映单位本年投资活动产生的现金流出的合计数。本项目应当根据本表中“购建固定资产、无形资产、公共基础设施等支付的现金”“对外投资支付的现金”“上缴处置固定资产、无形资产、公共基础设施等净收入支付的现金”“支付的其他与投资活动有关的现金”项目金额的合计数填列。

(11)“投资活动产生的现金流量净额”项目,应当按照本表中“投资活动的现金流入小计”项目金额减去“投资活动的现金流出小计”项目金额后的金额填列;如为负数,以“－”号填列。

3. 筹资活动产生的现金流量

(1)“财政资本性项目拨款收到的现金”项目,反映单位本年接受用于购建固定资产、无形资产、公共基础设施等资本性项目的财政项目拨款取得的现金。本项目应当根据“银行存款”“零余额账户用款额度”“财政拨款收入”等科目及其所属明细科目的记录分析填列。

(2)“取得借款收到的现金”项目,反映事业单位本年举借短期、长期借款所收到的现金。本项目应当根据“库存现金”“银行存款”“短期借款”“长期借款”等科目记录分析填列。

(3)“收到的其他与筹资活动有关的现金”项目,反映单位本年收到的除上述项目之外与筹资活动有关的现金。对于金额较大的现金流入,应当单列项目反映。本项目应当根据“库存现金”“银行存款”等有关科目的记录分析填列。

(4)“筹资活动的现金流入小计”项目,反映单位本年筹资活动产生的现金流入的合计数。本项目应当根据本表中“财政资本性项目拨款收到的现金”“取得借款收到的现金”“收到的其他与筹资活动有关的现金”项目金额的合计数填列。

(5)“偿还借款支付的现金”项目,反映事业单位本年偿还借款本金所支付的现金。本项目应当根据“库存现金”“银行存款”“短期借款”“长期借款”等科目的记录分析填列。

(6)“偿还利息支付的现金”项目,反映事业单位本年支付的借款利息等。本项目应当根据“库存现金”“银行存款”“应付利息”“长期借款”等科目的记录分析填列。

(7)“支付的其他与筹资活动有关的现金”项目,反映单位本年支付的除上述项目之外与筹资活动有关的现金,如融资租入固定资产所支付的租赁费。本项目应当根据“库存现金”“银行存款”“长期应付款”等科目的记录分析填列。

(8)“筹资活动的现金流出小计”项目,反映单位本年筹资活动产生的现金流出的合计数。本项目应当根据本表中“偿还借款支付的现金”“偿还利息支付的现金”“支付的其他与筹资活动有关的现金”项目金额的合计数填列。

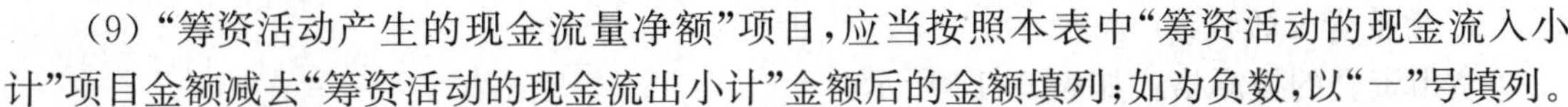

(9)“筹资活动产生的现金流量净额”项目,应当按照本表中“筹资活动的现金流入小计”项目金额减去“筹资活动的现金流出小计”金额后的金额填列;如为负数,以“－”号填列。

4. 汇率变动对现金的影响额

“汇率变动对现金的影响额”项目,反映单位本年外币现金流量折算为人民币时所采用的现金流量发生日的汇率折算的人民币金额,与外币现金流量净额按期末汇率折算的人民币金额之间的差额。

5. 现金净增加额

“现金净增加额”项目,反映单位本年现金变动的净额。本项目应当根据本表中“日常活动产生的现金流量净额”“投资活动产生的现金流量净额”“筹资活动产生的现金流量净额”和“汇率变动对现金的影响额”项目金额的合计数填列;如为负数,以“－”号填列。

六、附注和会计报表重要项目说明

(一) 附注

附注是对在会计报表中列示的项目所做的进一步说明,以及对未能在会计报表中列示项目的说明。附注是会计报表的重要组成部分。凡对报表使用者的决策有重要影响的会计信息,不论《政府会计制度》是否有明确规定,单位均应当充分披露。附注主要包括下列内容:

(1) 单位的基本情况。政府单位应当简要披露其基本情况,包括单位主要职能、主要业务活动、所在地、预算管理关系等。

(2) 会计报表编制基础。

(3) 遵循政府会计准则、制度的声明。

(4) 重要会计政策和会计估计。

政府单位应当采用与其业务特点相适应的具体会计政策,并充分披露报告期内采用的重要会计政策和会计估计,主要包括以下内容:① 会计期间。② 记账本位币,外币折算汇率。③ 坏账准备的计提方法。④ 存货类别、发出存货的计价方法、存货的盘存制度,以及低值易耗品和包装物的摊销方法。⑤ 长期股权投资的核算方法。⑥ 固定资产分类、折旧方法、折旧年限和年折旧率;融资租入固定资产的计价和折旧方法。⑦ 无形资产的计价方法;使用寿命有限的无形资产,其使用寿命估计情况;使用寿命不确定的无形资产,其使用寿命不确定的判断依据;单位内部研究开发项目划分研究阶段和开发阶段的具体标准。⑧ 公共基础设施的分类、折旧(摊销)方法、折旧(摊销)年限,以及其确定依据。⑨ 政府储备物资分类,以及确定其发出成本所采用的方法。⑩ 保障性住房的分类、折旧方法、折旧年限。⑪ 其他重要的会计政策和会计估计。⑫ 本期发生重要会计政策和会计估计变更的,变更的内容和原因、受其重要影响的报表项目名称和金额、相关审批程序,以及会计估计变更开始适用的时点。

(二) 会计报表重要项目说明

政府单位应当按照资产负债表和收入费用表项目列示顺序,采用文字和数据描述相结合的方式披露重要项目的明细信息。报表重要项目的明细金额合计,应当与报表项目金额相衔接。报表重要项目说明应包括但不限于下列内容。

1. 货币资金的披露

货币资金的披露格式如表 9-13 所示。

表 9-13　　货币资金的披露格式　　单位:元

项　　目	期末余额	年初余额
库存现金		
银行存款		
其他货币资金		
合　计		

2. 应收账款

应收账款按债务人类别披露的格式如表 9-14 所示。

表 9-14　　应收账款按债务人类别的披露格式　　单位:元

债务人类别	期末余额	年初余额
政府会计单位:		
部门内部单位		
单位 1		
……		
部门外部单位		
单位 1		
……		
其他:		
单位 1		
……		
合　计		

注:①"部门内部单位"是指纳入单位所属部门财务报告合并范围的单位(下同)。② 有应收票据、预付账款、其他应收款的,可比照应收账款进行披露。

3. 存货

存货的披露格式如表 9-15 所示。

表 9-15　　存货的披露格式　　单位:元

存货种类	期末余额	年初余额
1		
……		
合　计		

4. 其他流动资产

其他流动资产的披露格式如表 9-16 所示。

表 9-16　　其他流动资产的披露格式　　单位:元

项目	期末余额	年初余额
1		
……		
合　计		

注:有长期待摊费用、其他非流动资产的,可比照其他流动资产进行披露。

5. 长期债券投资

(1) 长期债券投资的披露格式如表 9-17 所示。

表 9-17　　长期债券投资的披露格式　　单位:元

债券发行主体	年初余额	本年增加额	本年减少额	期末余额
1				
……				
合　计				

注:有短期投资的,可比照长期债券投资进行披露。

(2) 长期股权投资的披露格式如表 9-18 所示。

表 9-18　　长期股权投资的披露格式　　单位:元

被投资单位	年初余额	本年增加额	本年减少额	期末余额
1				
……				
合　计				

(3) 当期发生的重大投资净损益项目、金额及原因。

6. 固定资产

(1) 固定资产的披露格式如表 9-19 所示。

表 9-19　　固定资产的披露格式　　单位:元

项　目	年初余额	本年增加额	本年减少额	期末余额
一、原值合计				
其中:房屋及构筑物				
通用设备				
专用设备				
文物和陈列品				
图书、档案				
家具、用具、装具及动植物				

（续表）

项　目	年初余额	本年增加额	本年减少额	期末余额
二、累计折旧合计				
其中：房屋及构筑物				
通用设备				
专用设备				
家具、用具、装具				
三、账面价值合计				
其中：房屋及构筑物				
通用设备				
专用设备				
文物和陈列品				
图书、档案				
家具、用具、装具及动植物				

(2) 已提足折旧的固定资产名称、数量等情况。

(3) 出租、出借固定资产以及固定资产对外投资等情况。

7. 在建工程

在建工程的披露格式如表 9-20 所示。

表 9-20　在建工程的披露格式　单位：元

项　目	年初余额	本年增加额	本年减少额	期末余额
1				
……				
合　计				

8. 无形资产

(1) 各类无形资产的披露格式如表 9-21 所示。

表 9-21　无形资产的披露格式　单位：元

项　目	年初余额	本年增加额	本年减少额	期末余额
一、原值合计				
1				
……				
二、累计摊销合计				
1				

（续表）

项　目	年初余额	本年增加额	本年减少额	期末余额
……				
三、账面价值合计				
1				
……				

（2）计入当期损益的研发支出金额、确认为无形资产的研发支出金额。

（3）无形资产出售、对外投资等处置情况。

9. 公共基础设施

（1）公共基础设施的披露格式如表 9-22 所示。

表 9-22　　公共基础设施的披露格式　　单位：元

项　目	年初余额	本年增加额	本年减少额	期末余额
原值合计				
市政基础设施				
1				
……				
交通基础设施				
1				
……				
水利基础设施				
1				
……				
其他				
……				
累计折旧合计				
市政基础设施				
1				
……				
交通基础设施				
1				
……				
水利基础设施				
1				

（续表）

项　　目	年初余额	本年增加额	本年减少额	期末余额
……				
其他				
……				
累计折旧合计				
市政基础设施				
1				
……				
交通基础设施				
1				
……				
水利基础设施				
1				
……				
其他				
1				
账面价值合计				
市政基础设施				
1				
……				
交通基础设施				
1				
……				
水利基础设施				
1				
……				
其他				
……				

（2）确认为公共基础设施的单独计价入账的土地使用权的账面余额、累计摊销额及变动情况。

（3）已提取折旧继续使用的公共基础设施的名称、数量等。

10. 政府储备物资

政府储备物资的披露格式如表 9-23 所示。

表 9-23　　政府储备物资的披露格式　　单位:元

物资类别	年初余额	本年增加额	本年减少额	期末余额
1				
……				
合　计				

注:如单位有因动用而发出需要收回或者预期可能收回、但期末尚未收回的政府储备物资,应当单独披露其期末账面余额。

11. 受托代理资产

受托代理资产的披露格式如表 9-24 所示。

表 9-24　　受托代理资产的披露格式　　单位:元

资产类别	年初余额	本年增加额	本年减少额	期末余额
货币资金				
受托转增物资				
受托存储保管物资				
罚没物资				
其他				
合　计				

12. 应付账款

应付账款按照债权人类别的披露格式如表 9-25 所示。

表 9-25　　应付账款按债权人类别的披露格式　　单位:元

债权人类别	期末余额	年初余额
政府会计主体		
部门内部单位		
单位 1		
……		
部门外部单位		
单位 1		
……		
其他		
单位 1		
……		
合　计		

注:有应付票据、预收账款、其他应付款、长期应付款的,可比照应付账款进行披露。

13. 其他流动负债

其他流动负债的披露格式如表 9-26 所示。

表 9-26　　其他流动负债的披露格式　　单位:元

项目	期末余额	年初余额
1		
……		
合　计		

注:有预计负债、其他非流动负债的,可比照其他流动负债进行披露。

14. 长期借款

(1) 长期借款按债权人类别的披露格式如表 9-27 所示。

表 9-27　　长期借款按债权人类别的披露格式　　单位:元

债权人	期末余额	年初余额
1		
……		
合　计		

注:有短期借款的,可比照长期借款进行披露。

(2) 单位有基建借款的,应当分基建项目披露长期借款年初数、本年变动数、年末数及到期期限。

15. 事业收入

事业收入按收入来源的披露格式如表 9-28 所示。

表 9-28　　事业收入按收入来源的披露格式　　单位:元

收入来源	本期发生额	上期发生额
来自财政专户管理资金		
本部门内部单位		
单位 1		
……		
本部门以外同级政府单位		
单位 1		
……		
其他		
单位 1		
……		
合　计		

16. 非同级财政拨款收入

非同级财政拨款收入按收入来源的披露格式如表 9-29 所示。

表 9-29　　非同级财政拨款收入按收入来源的披露格式　　单位:元

收入来源	本期发生额	上期发生额
本部门以外同级政府单位		
单位 1		
……		
本部门以外非同级政府单位		
单位 1		
……		
合　计		

17. 其他收入

其他收入按收入来源的披露格式如表 9-30 所示。

表 9-30　　其他收入按收入来源的披露格式　　单位:元

收入来源	本期发生额	上期发生额
本部门内部单位		
单位 1		
……		
本部门以外同级政府单位		
单位 1		
……		
本部门以外非同级政府单位		
单位 1		
……		
其他		
单位 1		
……		
合　计		

18. 业务活动费用

(1) 业务活动费用按经济分类的披露格式如表 9-31 所示。

表 9-31　　业务活动费用按经济分类的披露格式　　单位:元

项　　目	本期发生额	上期发生额
工资福利费用		
商品和服务费用		
对个人和家庭的补助费用		

（续表）

项　目	本期发生额	上期发生额
对企业补助费用		
固定资产折旧费		
无形资产摊销费		
公共基础设施折旧(摊销)费		
保障性住房折旧费		
计提专用基金		
……		
合　计		

注:有单位管理费用、经营费用的,可比照(业务活动费用)此表进行披露。

(2) 业务活动费用按支付对象的披露格式如表 9-32 所示。

表 9-32　　业务活动费用按支付对象的披露格式　　单位:元

支付对象	本期发生额	上期发生额
本部门内部单位		
单位 1		
……		
本部门以外同级政府单位		
单位 1		
……		
其他		
单位 1		
……		
合　计		

注:有单位管理费用、经营费用的,可比照(业务活动费用)此表进行披露。

19. 其他费用

其他费用按类别的披露格式如表 9-33 所示。

表 9-33　　其他费用按类别的披露格式　　单位:元

费用类别	本期发生额	上期发生额
利息费用		
坏账损失		
罚没支出		
……		
合　计		

20. 本期费用

本期费用按经济分类的披露格式如表 9-34 所示。

表 9-34　　本期费用按经济分类的披露格式　　单位:元

项　目	本期发生额	上期发生额
工资福利费用		
商品和服务费用		
对个人和家庭的补助费用		
对企业补助费用		
固定资产折旧费		
无形资产摊销费		
公共基础设施折旧(摊销)费		
保障性住房折旧费		
计提专用基金		
所得税费用		
资产处置费用		
上缴上级费用		
对附属单位补助费用		
其他费用		
本期费用合计		

注:单位在按照《政府单位会计制度》规定编制收入费用表的基础上,可以根据需要按照此表披露的内容编制收入费用表。

(三) 其他重要事项说明

(1) 资产负债表日存在的重要或有事项说明。没有重要或有事项的,也应说明。

(2) 以名义金额计量的资产名称、数量等情况,以及以名义金额计量理由的说明。

(3) 通过债务资金形成的固定资产、公共基础设施、保障性住房等资产的账面价值、使用情况、收益情况及与此相关的债务偿还情况等的说明。

(4) 重要资产置换、无偿调入(出)、捐入(出)、报废、重大毁损等情况的说明。

(5) 事业单位将单位内部独立核算单位的会计信息纳入本单位财务报表情况的说明。

(6) 政府会计具体准则中要求附注披露的其他内容。

(7) 有助于理解和分析单位财务报表需要说明的其他事项。

【复习思考题】

(一) 资产要素

1. 政府单位资产的确认条件和包括内容是什么？行政单位和事业单位在资产内容上有何区别？

2. 政府单位的流动资产和非流动资产各自包括哪些内容？行政单位和事业单位各自有

何不同？

3. 政府单位的货币资金包括哪些内容？
4. 政府单位存货的核算需要设置哪些会计科目？
5. 政府单位发出存货和政府储备物资如何计价？
6. 什么是零余额账户用款额度和财政应返还额度？
7. 事业单位的长期股权投资成本法和权益法有何区别？
8. 事业单位长期债券投资的应收利息因还本付息方式不同在核算方法上有何区别？
9. 什么是政府单位的固定资产？其确认条件是什么？它包括哪几类？
10. 政府单位在核算上如何区分公共基础设施和固定资产？
11. 什么是政府单位的无形资产？其确认条件是什么？它包括哪些内容？
12. 什么是折旧和摊销？政府单位需要计提折旧和摊销的资产各有哪些？
13. 什么是政府储备物资？其确认条件是什么？它包括哪些内容？
14. 政府单位的财产处理包括哪些内容？
15. “待处理财产损溢”科目核算哪些内容？
16. 受托代理资产科目和受托代理负债科目各自核算什么内容？

（二）负债要素

1. 政府单位负债的确认条件和包括内容是什么？
2. 行政单位和事业单位的负债各自包括哪些内容？
3. 政府单位的流动负债和非流动负债各自包括哪些内容？
4. 政府单位应缴财政款的核算内容是什么？
5. 政府单位“应交增值税”科目应设置哪些明细科目？各核算什么内容？
6. 政府单位其他应交税费具体包括哪些内容？
7. 行政单位和事业单位计提职工薪酬的核算有何不同？
8. 行政单位和事业单位的应付及预收款项各自包括什么内容？
9. 什么是预提费用和预计负债？
10. 什么是受托代理负债？如何对其进行核算？

（三）收入要素

1. 什么是政府单位的收入？如何对其进行确认？
2. 行政单位和事业单位的收入各自包括哪些内容？
3. 财政拨款收入和非同级财政拨款收入有何区别？
4. 事业收入如何确认？其与经营收入有何区别？
5. 什么是上级补助收入和附属单位上缴收入？
6. 事业单位的投资收益包括哪些内容？
7. 什么是捐赠收入、利息收入、租金收入和其他收入？

（四）费用要素

1. 什么是政府单位费用？如何对其进行确认？
2. 行政单位和事业单位的费用各自包括哪些内容？
3. 事业单位的业务活动费用、单位管理费用和经营费用有何区别？
4. 行政单位的业务活动费用是什么？

5. 什么是上缴上级费用和对附属单位补助费用？

6. 政府单位资产处置的方式主要包括哪几种？其费用包括哪些内容？

7. 什么是所得税费用和其他费用？

（五）净资产要素

1. 什么是政府单位的净资产？行政单位和事业单位的净资产各自包括哪些内容？

2. 政府单位核算盈余应设置哪些会计科目？

3. 政府单位累计盈余形成的主要来源有哪些？

4. 什么是本年盈余？如何对其进行计算？

5. 什么是专用基金？其主要包括哪些项目？各自来源是什么？

6. 政府单位本年盈余的分配项目主要是什么？

（六）报表

1. 政府单位财务报表包括哪些内容？主要会计报表有哪些？

2. 政府单位会计报表按照编制时间分为哪几类？

3. 政府单位资产负债表、收入费用表、净资产变动表和现金流量表的含义是什么？

4. 政府单位的财务报表附注包括哪些内容？

【操作练习题】

操作练习题一

目的：练习行政单位和事业单位共有资产科目的核算。

资料：某政府单位（小规模纳税人）2019 年 12 月发生如下经济业务：

1. 从单位零余额账户提取现金20 000元，从银行基本户提取现金5 000元。

2. 依法履职或从事专业活动职工出差回来报销差旅费，实际支出4 500元，退回现金500 元。

3. 收到职工交来的转赠地震灾区的捐款20 000元（现金），银行存款基本户收到 A 单位转赠贫困地区的捐款50 000元。

4. 收到采购员交来异地供应单位发票账单等报销凭证，甲材料价款为180 000元，已验收入库，多余的20 000元外埠存款转回本地单位开户银行。

5. 将300 000元款项交存银行取得面额为10 000元的银行本票 10 张和面额为100 000元银行汇票，以及额度为100 000元的信用卡。

6. 收到代理银行转来的“财政直接支付入账通知书”，使用上年未使用财政直接支付额度购买专用材料一批用于依法履职或从事专业活动，材料价款为100 000元，增值税额为13 000元，已验收入库。

7. 收到代理银行转来的50 000元，财政授权支付额度恢复到账通知书和财政部门批复的上年度未下达零余额账户用款额度100 000元。

8. 经批准出租办公室一间，期限为 1 个月，租金为每月6 180元，尚未收到 A 单位租金。该租金需要上缴财政。

9. 假设上述业务中的租金收入经批准不需要上缴财政。

10. 收到采购的办公用计算机设备，且通过单位零余额账户补付其余 50％货款20 000

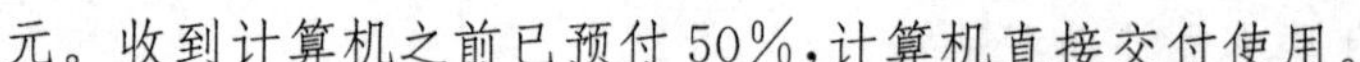

元。收到计算机之前已预付 50%，计算机直接交付使用。

11. 发生购货预付账款退回，其中本年度财政直接支付的退回金额80 000元、财政授权支付的退回金额5 000元；上年度财政直接支付的退回金额500 000元。

12. 依法履职或开展专业活动购入甲材料一批，取得的增值税专用发票上注明的材料价款为100 000元，增值税额为13 000元。材料货款已通过单位零余额账户支付，但材料尚未运到。

13. 以账面价值为10 000元、已计提折旧为100 000元的汽车置换甲单位的专用材料。汽车的评估价值为80 000元，通过单位零余额账户支付补价款40 000元，材料已验收入库，假设不考虑相关税费。

14. 计提本月公共基础设施折旧和确认为公共基础设施的单独计价入账的土地使用权摊销各100 000元。

15. 收到无偿调入的医药物资一批，调出方账面价值为500 000元，通过单位零余额账户支付运输费2 000元。

16. 将 4 年前购买的一项专利权出售，该专利权的购入成本为50 000元，规定的摊销期限为 10 年。将其转入待处置资产后的第 10 天获得批准出售，获得价款20 600元，款项已存入银行。

17. 年末，经核查确认 3 年之前出租的资产的租金收入10 000元因承租企业陷入财务困境确实无法收回，按照规定报经批准后予以核销。假设该租金收入收回后应当上缴财政。

18. 年末，经核查确认 3 年之前预付款项采购专利技术款200 000元因卖方被撤销已无望再收到所购专利技术，也确实无法收回预付账款。

19. 年末，盘点存货和固定资产，发现专业活动用材料溢余8 000元，尚未入账；经营用材料短缺2 000元；一类图书没有入账(去年购入)，该类图书的市场价格为5 000元。盘点之后的第 10 天获得批准予以处理。

20. 年末，盘点现金，发现短款 50 元，尚未查明原因。

要求：根据上述经济业务编制财务会计下的相应会计分录，其中涉及“其他货币资金”科目的，请列出二级明细科目。

操作练习题二

目的：练习事业单位特有资产科目的核算。

资料：某事业单位(一般纳税人)2019 年 12 月份发生如下经济业务：

1. 之前购买的 1 年期国债到期，收回本金30 000元，利息1 200元。

2. 非独立核算部门从事经营活动，销售产品而收到不带息的承兑期为 2 个月的商业承兑汇票一张，该商业承兑汇票的面值为5 000元。

3. 假设上述业务中的商业承兑汇票到期，单位收到银行退回的商业承兑汇票。

4. 假设单位采用应收款项余额百分比法计提坏账准备。本年发生坏账8 000元，其中：应收账款 5 000 元，其他应收款3 000元。

5. 采购甲材料用于开展经营活动，取得的增值税专用发票上注明的材料价款为100 000元，增值税额为 13 000 元，支付运输费 800 元。所有款项均以银行存款付讫。

6. 购入某有限责任公司 5%的股权，支付价款 500 万元(含尚未支付股利5 000元)，支付相关税费5 000元。

7. 经批准以账面余额为600 000元、评估价值为400 000元、累计折旧为150 000元的专用设备置换取得一家有限责任公司5%的股权，并向该公司支付补价款50 000元。假设不考虑相关税费。

8. 以未入账的非专利技术对一家有限责任公司进行投资。该非专利技术的评估价值为200 000元。假设不考虑相关税费。

9. 接受某有限责任公司捐赠的2%股权，该股权的市场价值为300 000元。假设不考虑相关税费。

10. 假定将上述捐赠的股权投资转为无偿调入。

11. 经批准将拥有某有限责任公司2%的股权转让，实际取得价款50 000元，发生相关税费500元，长期股权投资的账面余额为400 000元。假定该股权投资以现金取得，采用成本法核算。

12. 假定上述所有的某有限责任公司2%的股权是以未入账的无形资产取得，其他条件不变。但处置净收入上缴财政。

13. 购入5年期、票面利率为5%的国库券，实际支付价款300 000元。

14. 分别分年付息到期一次还本和到期一次还本付息，确认上述5年期国库券的每年利息。

15. 将3年前购买的国库券出售，取得价款150 000元，该国库券账面余额130 000元，应收利息10 000元。假设不考虑相关税费。

要求：根据上述经济业务编制财务会计下的相应会计分录（不要求明细核算）。

操作练习题三

目的：练习行政单位和事业单位共有负债科目的计算。

资料：某政府单位（一般纳税人）2019年8月发生如下经济业务：

1. 依法履职过程中收取工本费5 000元，该款项以集中汇缴方式上缴国库。

2. 上缴本月应缴纳增值税10 000元。

3. 采购办公用计算机一批，取得的增值税专用发票上注明计算机的价款为500 000元，增值税额为65 000元，款项在2个月后支付。计算机直接交付使用。

4. 2个月后，上述计算机采购款获得卖方企业豁免。

5. 上月同级政府财政部门预拨的本月预算款100 000元到预算期。

6. 购入办公楼一栋，价值为5 000 000元，其中土地使用权价款1 000 000元。办公楼直接投入使用。款项采用财政直接支付方式分期支付：购入时支付50%，另外50%于2年后支付。

要求：根据上述经济业务编制财务会计下的相应会计分录（不要求明细核算）。

操作练习题四

目的：练习事业单位特有负债科目的核算。

资料：某事业单位（小规模纳税人）2019年12月发生如下经济业务：

1. 因开展非独立核算经营活动向银行借款200 000元，期限为10个月，借款利率为6%。

2. 按月计提上述短期借款利息。

3. 因开展专业活动向银行借款500 000元，期限为2年，借款利率为6%，到期一次还本付息。

4. 按月计提上述长期借款利息。

5. 购买专业活动用材料一批，开出一张56 500元的银行承兑汇票。材料已验收入库。

6. 上述银行承兑汇票到期，该事业单位却无力支付票款。

7. 按照合同预收科研项目经费50 000元，款项已存入银行。

8. 按照科研项目收入100 000元的 3%提取项目管理费。

要求：根据上述经济业务编制财务会计下的相应会计分录(不要求明细核算)。

操作练习题五

目的：练习行政单位和事业单位共有收入科目的核算。

资料：某政府单位(假设不考虑增值税)2019 年 12 月发生的经济业务如下：

1. 收到“财政直接支付入账通知书”及相关原始凭证，列明采购专用材料一批，用于依法履职或开展专业活动，直接支付入账金额100 000元，材料已经验收入库。

2. 收到“财政授权支付额度到账通知书”，列明本月财政授权支付额度为200 000元。

3. 采购的依法履职或开展专业活动的电脑耗材因质量问题予以退回，共计50 000元。其中，30 000元属于上年度支付的款项，采用财政直接支付方式支付；20 000元属于本年度支付的款项，采用授权支付方式支付。收到代理银行转来财政直接支付资金退回入账通知书，退回相关款项30 000元；收到代理银行通知书，退回单位零余额账户相关款项20 000元；材料已退回。

4. 收到非同级财政部门的财政拨款收入100 000元，款项已存入银行。

5. 接受甲公司的捐赠，其中货币资金200 000元，专利权一项，发票上注明的价款为20 000元。

6. 收到银行存款利息收入通知书，本月取得存款利息收入5 000元。

7. 预收出租办公楼的年租金51 500元(含税)，确认本月租金收入。

8. 确认本月应收的出租办公楼的年租金50 000元。

9. 年末，经过对账确认财政直接支付预算指标数为200 000元，本年度财政直接支付实际支出数为180 000元，年度财政授权支付预算指标数为3 000元，本年度零余额账户用款额度下达数为280 000元，本年度零余额账户用款额度支用数为2 700 000元。

要求：根据上述经济业务编制财务会计下的相应会计分录(不要求明细核算)。

操作练习题六

目的：练习事业单位特有收入科目的核算。

资料：某事业单位(小规模纳税人)2019 年 12 月发生的经济业务如下：

1. 收到从财政专户返还的教育收费收入50 000元。

2. 收到向甲企业提供技术服务的收入30 000元，该收入不采用财政专户返还方式管理。

3. 收到非独立核算部门销售产品取得的收入5 150元(含税)，款项已存入银行。

4. 收到上级单位拨入的非财政资金补助款250 000元。

5. 收到附属 A 单位上缴的收入50 000元。

6. 年末，按合同完成进度确认年初已预收的科研经费150 000元为事业收入。

7. 年末，按合同完成进度确认应收科研经费100 000元为事业收入。

8. 年末，收到长期债券投资的利息收入50 000元。

要求：根据上述经济业务编制财务会计下的相应会计分录(不要求明细核算)。

操作练习题七

目的：练习行政单位费用科目的核算。

资料：某行政单位 2019 年 12 月发生的经济业务如下：

1. 计提当月在编职工薪酬200 000元和外部人员劳务费30 000元。

2. 领用甲材料，账面余额为5 000元。

3. 发出救灾药品一批，账面余额为50 000元。

4. 计提本月固定资产折旧20 000元，公共基础设施折旧200 000元，保障性住房折旧300 000元，无形资产摊销50 000元。

5. 购买办公文具一批，通过单位零余额账户支付款项5 000元。

6. 获得批准处置盘亏的专用材料，账面余额为5 000元。

7. 向希望工程捐赠现金50 000元，已通过银行转账。

8. 收到接受A公司捐赠的采用名义金额计量的技术设备一台，以银行存款支付相关税费2 000元。

要求：根据上述经济业务编制财务会计下的相应会计分录（不要求明细核算）。

操作练习题八

目的：练习事业单位费用科目的核算。

资料：某事业单位 2019 年 12 月发生的经济业务如下：

1. 计提本月在编职工薪酬500 000元，其中专业活动部门300 000元、行政及后勤部门150 000元、经营部门50 000元。

2. 后勤部门领用维修材料，账面余额为5 000元。

3. 专业活动部门领用专用材料，账面余额为50 000元。

4. 计提本月固定资产折旧200 000元，专业活动部门计提100 000元，行政及后勤部门80 000元，经营部门计提20 000元。专业活动部门计提本月无形资产摊销50 000元。

5. 专业活动部门计提本月无形资产摊销50 000元。

6. 购买办公文具一批，通过单位零余额账户支付款项10 000元，其中专业活动部门领取6 000元，行政及后勤部门领取4 000元。

7. 获得批准处置盘亏的专用材料，账面余额为5 000元。

8. 向希望工程捐赠现金50 000元，已通过银行转账。

9. 按核定的预算定额上缴上级单位款项1 000元。

10. 用非财政拨款收入支付附属单位补助款项200 000元。

11. 年末，支付长期借款利息50 000元，该借款分年付息、到期一次还本。

12. 年末，按照应收账款和其他应收账款年末余额计提坏账准备30 000元。

13. 年末，按照税法规定计算应缴所得税税额5 000元。

要求：根据上述经济业务编制财务会计下的相应会计分录（不要求明细核算）。

操作练习题九

目的：练习行政单位净资产的核算。

资料：某行政单位有关资料如下：

1. 2019 年 11 月 30 日，“本期盈余”科目贷方余额为1 710 000元，同年 12 月各项收入和费用本月发生额如表 9-35 所示。

表 9-35　　各项收入和费用本月发生额　　单位:元

收入科目名称	12 月发生额	费用科目名称	12 月发生额
财政拨款收入	710 000	业务活动费用	850 000
非同级财政拨款收入	150 000	资产处置费用	10 000
捐赠收入	500 000	其他费用	10 000
利息收入	50 000		
租金收入	20 000		
其他收入	60 000		

2. 2019 年 12 月 31 日,"无偿调拨净资产"科目贷方余额为5 000元,"以前年度盈余调整"科目贷方余额为200 000元。

要求:根据上述资料,进行如下业务操作:

(1) 结转 12 月各项收入和费用。

(2) 年末,结转"本期盈余"科目余额。

(3) 年末,结转"本年盈余分配"科目余额。

(4) 年末,结转"无偿调拨净资产"科目贷方余额。

(5) 年末,结转"以前年度盈余调整"科目贷方余额。

(6) 计算"累计盈余"科目年末余额。

操作练习题十

目的:掌握行政单位资产负债表年报的编制方法。

资料:假设某行政单位2019 年有关财务资料如下:

1. 2019 年 11 月 30 日各类会计科目余额如表 9-36 所示。

表 9-36　　各类会计科目余额　　单位:元

科目名称	借方余额	科目名称	贷方余额
库存现金	12 000	应交增值税	450 000
其中:受托代理现金	2 000	其他应交税费	85 000
银行存款	1 218 000	应付账款	5 560 000
其中:受托银行存款	18 000	应付政府补贴	3 056 000
零余额账户用款额度	65 000	其他应付款	1 680 000
其他货币资金	20 000	长期应付款	6 000 000
应收账款	208 000	其中:一年内到期的长期应付款	4 500 000
其他应收款	49 000	受托代理负债	50 000

（续表）

科目名称	借方余额	科目名称	贷方余额
在途物品	50 000	累计盈余	23 264 000
库存物品	80 000	无偿调拨净资产	440 000
固定资产	38 060 000	本期盈余	3 443 000
固定资产累计折旧	−4 250 000		
在建工程	816 000		
无形资产	8 014 000		
无形资产累计摊销	−404 000		
政府储备物资	60 000		
受托代理资产	30 000		

2. 2019 年 12 月，该行政单位发生如下经济业务：

(1) 收到“财政授权支付额度到账通知书”，列明本月财政授权支付额度为200 000元。

(2) 上交上月增值税450 000元和其他税费85 000元。

(3) 收到“财政直接支付入账通知书”及相关原始凭证，列明采购专用材料一批，直接支付入账金额10 000元，材料已经验收入库。

(4) 收到非同级财政部门的财政拨款收入10 000元，款项已存入银行。

(5) 接收甲公司的捐赠，其中货币资金20 000元，专利权一项，发票上注明价款20 000元。假设不考虑相关税费。

(6) 收到银行存款利息收入通知书，本月取得存款利息收入5 000元。

(7) 收到出租办公楼的年租金51 500元(含积)，假定该租金收入不上财政。

(8) 计提当月在编职工薪酬的60 000元和外部人员劳务费80 000元。

(9) 发出救灾药品一批，账面余额为50 000元。

(10) 计提本月固定资产折旧20 000元、无形资产摊销50 000元。

(11) 获得批准处置盘亏的专用材料和图书，账面余额分别为5 000元和10 000元。

(12) 年末，经过对账确认财政直接支付预算指标数为200 000元，本年度财政直接支付实际支出数为1 800 000元；本年度财政授权支付预算指标数为3 000 000元，本年度零余额账户用款额度下达数为2 800 000元，本年度零余额账户用款额度支用数2 535 000元。

要求：

1. 根据 2019 年 12 月发生的经济业务编制财务会计下的会计分录。

2. 结转 2019 年 12 月的收入和费用。

3. 完成上述结转后，结转“本期盈余”科目余额和“本年盈余分配”科目余额。

4. 结转“无偿调拨净资产”科目余额。

5. 编制 2019 年 12 月 31 日资产负债表。

第十章 政府单位预算会计

第一节 政府单位预算会计收入的核算

预算收入是指政府单位在预算年度内依法取得并纳入预算管理的现金流入。政府单位的预算收入一般在实际收到时予以确认，以实际收到的金额计量。符合预算收入定义及其确认条件的项目应当列入预算会计报表。

政府单位的预算收入包括财政拨款预算收入、事业预算收入、上级补助预算收入、附属单位上缴预算收入、经营预算收入、非同级财政拨款预算收入、债务预算收入、投资预算收益和其他预算收入。其中，事业预算收入、上级补助预算收入、附属单位上缴预算收入、经营预算收入、债务预算收入、投资预算收益，属于事业单位特有预算收入项目，其他均属于行政单位和事业单位共有的预算收入项目。

一、财政拨款预算收入

（一）财政拨款预算收入的概念和分类

财政拨款预算收入是指政府单位从同级政府财政部门取得的各类财政拨款。

按照部门预算管理要求，财政拨款预算收入分为基本支出拨款和项目支出拨款。基本支出拨款是指政府单位为了保障其正常运转、完成日常工作任务而从同级财政部门取得的拨款，包括人员经费和日常公用经费。项目支出拨款是政府单位为了完成特定工作任务和事业发展目标，在基本支出拨款之外从同级财政部门取得的拨款。政府单位从财政部门取得的项目支出拨款必须专款专用、单独核算、专项结报。

按照拨款的来源，财政拨款预算收入分为一般公共预算财政拨款和政府性基金预算财政拨款。

财政拨款预算收入的确认和计量与财政拨款收入相同。

（二）财政拨款预算收入的核算

1. 财政拨款预算收入的科目设置

为了核算从同级政府财政部门取得的各类财政拨款，政府单位应设置“财政拨款预算收入”账户。该账户应当设置“基本支出”和“项目支出”两个明细账户，并按照《政府收支分类科目》中“支出功能分类科目”的项级科目进行明细核算；同时，在“基本支出”明细账户下按照“人员经费”和“日常公用经费”进行明细核算，在“项目支出”明细账户下按照具体项目进行明细核算。有一般公共预算财政拨款、政府性基金预算财政拨款等两种或两种以上财政拨款的单位，还应当按照财政拨款的种类进行明细核算。年末结转后，该账户应无余额。财政拨款预算收入的会计账户设置如表10-1所示。

表10-1　　财政拨款预算收入的账户设置

总账账户	一级明细账户	二级明细账户	三级明细账户	四级明细账户
财政拨款预算收入	一般公共预算财政拨款	支出功能分类科目项级科目	基本支出	人员经费
				公用经费
	政府性基金预算财政拨款	支出功能分类科目项级科目	项目支出	××项目
			项目支出	××项目

2. 财政拨款预算收入的账务处理

(1) 财政直接支付方式下，政府单位根据收到的“财政直接支付入账通知书”及相关原始凭证，按照通知书中的直接支付金额，借记“行政支出”“事业支出”等账户，贷记该账户。年末，根据本年度财政直接支付预算指标数与当年财政直接支付实际支出数的差额，借记“资金结存——财政应返还额度”账户，贷记该账户。

【例10-1】 天河局收到“财政直接支付入账通知书”及相关原始凭证，列明采购设置技术设备一台，直接支付入账金额200 000元，该设备直接投入使用。该行政单位的账务处理如下：

借：行政支出　　200 000

　　贷：财政拨款预算收入——一般公共预算财政拨款——项目支出　　200 000

【例10-2】 广东金融学院(公立院校)收到“财政直接支付入账通知书”，列明支付地方教育费附加100 000元给施工单位、用于校舍的修缮。该事业单位的账务处理如下：

借：事业支出　　100 000

　　贷：财政拨款预算收入——政府性基金预算财政拨款——项目支出　　100 000

【例10-3】 年末，某政府单位通过对账确认本年度用于日常公用经费的财政直接支付预算指标数为400 000元，本年度财政直接支付实际支出数为380 000元。该政府单位的账务处理如下：

借：资金结存——财政应返还额度　　200 000

　　贷：财政拨款预算收入——一般公共预算财政拨款——基本支出　　200 000

(2) 财政授权支付方式下，政府单位根据收到的“财政授权支付额度到账通知书”，按照通知书中的授权支付额度，借记“资金结存——零余额账户用款额度”账户，贷记该账户。年末，单位本年度财政授权支付预算指标数大于零余额账户用款额度下达数的，按照两者差额，借记“资金结存——财政应返还额度”账户，贷记该账户。

【例10-4】 天河局收到“财政授权支付额度到账通知书”，列明本月日常公用经费的财政授权支付额度为400 000元。该政府单位的账务处理如下：

借:资金结存——零余额账户用款额度　　400 000

　　贷:财政拨款预算收入——一般公共预算财政拨款——基本支出　　400 000

【例 10-5】 年度终了,天河局通过对账确认本年度用于日常公用经费的财政授权支付预算指标数为6 000 000元,本年度零余额账户用款额度下达数为5 900 000元。该政府单位的账务处理如下:

借:资金结存——财政应返还额度　　100 000

　　贷:财政拨款预算收入——一般公共预算财政拨款——基本支出　　100 000

(3) 在其他方式下,政府单位按照本期预算收到财政拨款预算收入时,按照实际收到的金额,借记“资金结存——货币资金”账户,贷记该账户。政府单位收到下期预算的财政预拨款,应当在下个预算期,按照预收的金额,借记“资金结存——货币资金”账户,贷记该账户。

【例 10-6】 天河局开户银行转来收款通知,实际收到财政部门拨付的日常公用经费800 000元。该政府单位的账务处理如下:

借:资金结存——货币资金　　800 000

　　贷:财政拨款预算收入——一般公共预算财政拨款——基本支出　　800 000

(4) 因差错更正、购货退回等发生国库直接支付款项退回的,属于本年度支付的款项,按照退回金额,借记该账户,贷记“行政支出”“事业支出”等账户。

【例 10-7】 广东金融学院(事业单位)使用财政直接支付方式采购的办公用电脑耗材因质量问题予以退回,共计400 000元。其中,300 000元属于上年度支付的款项,100 000元属于本年度支付的款项。收到代理银行转来财政直接支付资金退回入账通知书,退回相关款项50 000元,材料已退回。该事业单位的账务处理如下:

借:资金结存——财政应返还额度　　300 000

　　财政拨款预算收入——一般公共预算拨款——基本支出　　100 000

　　贷:财政拨款结转——年初余额调整　　300 000

　　　　事业支出　　100 000

(5) 年末,将该账户本年发生额转入财政拨款结转,借记该账户,贷记“财政拨款本年收支结转”账户。

【例 10-8】 年末,天河局“财政拨款预算收入”账户贷方余额20 000 000元,有关明细账户贷方余额为:基本支出18 000 000元,项目支出2 000 000元。年末结转时,该政府单位的账务处理如下:

借:财政拨款预算收入——一般公共预算财政拨款——基本支出　　18 000 000

　　　　　　　　　　　　　　　　　　　　　　——项目支出　　2 000 000

　　贷:财政拨款结转——本年收支结转　　20 000 000

二、非同级财政拨款预算收入

(一) 非同级财政拨款预算收入的概念和分类

非同级财政拨款预算收入是指政府单位从非同级政府财政部门取得的财政拨款,包括本级横向转拨财政款和非本级财政拨款。

按照使用要求的不同,非同级财政拨款预算收入分为专项资金收入和非专项资金收入。

专项资金收入是政府单位用于完成特定工作任务的非同级财政拨款预算收入，其使用必须专款专用、单独核算、专项结报（下同）。非专项资金收入是政府单位用于保障其正常运转、完成日常工作任务的非同级财政拨款预算收入，无限定性用途（下同）。

（二）非同级财政拨款预算收入的核算

为了核算非同级政府财政部门取得的财政拨款，政府单位应设置“非同级财政拨款预算收入”账户。对于因开展科研及其辅助活动从非同级政府财政部门取得的经费拨款，应当通过“事业预算收入——非同级财政拨款”账户进行核算，不通过该账户核算。该账户应当按照非同级财政拨款预算收入的类别、来源、政府收支分类科目中“支出功能分类科目”的项级科目等进行明细核算。非同级财政拨款预算收入中如有专项资金收入，还应按照具体项目进行明细核算。年末结转后，该账户应无余额。

政府单位取得非同级财政拨款预算收入时，按照实际收到的金额，借记“资金结存——货币资金”账户，贷记该账户。年末，将该账户本年发生额中的专项资金收入转入“非财政拨款结转”，借记该账户下各专项资金收入明细账户，贷记“非财政拨款结转——本年收支结转”账户；将该账户本年发生额中的非专项资金收入转入其他结余，借记该账户下各非专项资金收入明细账户，贷记“其他结余”账户。

【例 10-9】 某政府单位属于中央级单位，收到某省级财政部门拨入的用于共建项目的收入800 000元，款项已存入银行。该政府单位的账务处理如下：

	借方	贷方
借：资金结存——货币资金	800 000	
贷：非同级财政拨款预算收入——专项资金收入		800 000

【例 10-10】 年末，某政府单位“非同级财政拨款预算收入”账户贷方余额500 000元，有关贷方余额的明细账户为：专项资金收入300 000元，非专项资金收入200 000元。年末结转时，该政府单位的账务处理如下：

	借方	贷方
借：非同级财政拨款预算收入——专项资金收入	300 000	
——非专项资金收入	200 000	
贷：非财政拨款结转——本年收支结转		300 000
其他结余		200 000

三、事业预算收入

（一）事业预算收入的概念和分类

事业预算收入是指事业单位开展专业业务活动及其辅助活动取得的现金流入，包括事业单位因开展科研及其辅助活动从非同级政府财政部门取得的经费拨款。

按照管理方式的不同，事业预算收入分为财政专户返还方式管理的事业预算收入和其他事业预算收入。

按照使用要求的不同，事业预算收入分为专项资金收入和非专项资金收入。

（二）事业预算收入的核算

为了核算开展专业业务活动及其辅助活动取得的现金流入，事业单位应设置“事业预算收入”账户。事业单位因开展科研及其辅助活动从非同级政府财政部门取得的经费拨款，也通过该账户核算。该账户应当按照事业预算收入类别、项目、来源、政府收支分类科目中“支

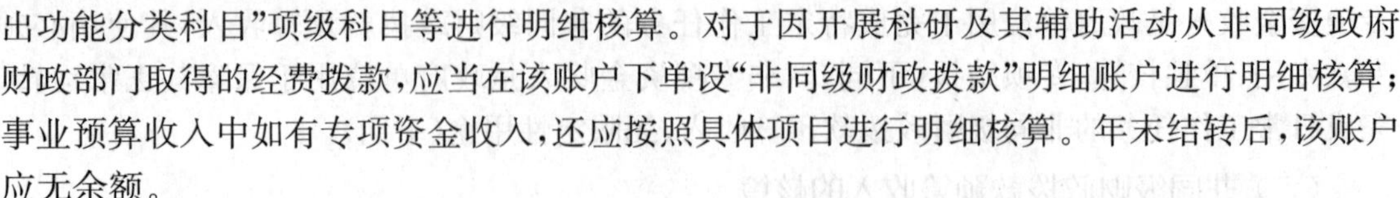

出功能分类科目"项级科目等进行明细核算。对于因开展科研及其辅助活动从非同级政府财政部门取得的经费拨款,应当在该账户下单设"非同级财政拨款"明细账户进行明细核算;事业预算收入中如有专项资金收入,还应按照具体项目进行明细核算。年末结转后,该账户应无余额。

(1) 事业单位采用财政专户返还方式管理的事业预算收入,收到从财政专户返还的事业预算收入时,按照实际收到的返还金额,借记"资金结存——货币资金"账户,贷记该账户。

(2) 政府单位收到其他事业预算收入时,按照实际收到的款项金额,借记"资金结存——货币资金"账户,贷记该账户。

(3) 年末,将该账户本年发生额中的专项资金收入转入非财政拨款结转,借记该账户下各专项资金收入明细账户,贷记"非财政拨款结转——本年收支结转"账户;将该账户本年发生额中的非专项资金收入转入其他结余,借记该账户下各非专项资金收入明细账户,贷记"其他结余"账户。

【例 10-11】 广东金融学院(事业单位)开展专业业务活动取得的技术服务收入采用财政专户返还方式管理,学术活动收入采用其他方式管理。某日该单位财政专户返还的技术服务收入50 000元,开展学术活动收入30 000元,均已存入银行。这两类收入均无特定用途。该事业单位的账务处理如下:

借:资金结存——货币资金	80 000	
贷:事业预算收入——非专项资金收入——学术活动收入		30 000
——技术服务收入		50 000

【例 10-12】 年末,某事业单位"事业预算收入"账户贷方余额800 000元,有关明细账户贷方余额为:专项资金收入500 000元,非专项资金收入300 000元。年末结账时,该事业单位的账务处理如下:

借:事业预算收入——专项资金收入	500 000	
——非专项资金收入	300 000	
贷:非财政拨款结转——本年收支结转		500 000
其他结余		300 000

四、经营预算收入

(一) 经管预算收入的概念

经营预算收入是指事业单位在专业业务活动及其辅助活动之外开展非独立核算经营活动取得的现金流入。

经营预算收入属于非财政非专项资金收入。

(二) 经营预算收入的核算

为了核算在专业业务活动及其辅助活动之外开展非独立核算经营活动取得的现金流入,事业单位应设置"经营预算收入"账户。该账户应当按照经营活动类别、项目、政府收支分类科目中"支出功能分类科目"的项级科目等进行明细核算。年末结转后,该账户应无余额。

事业单位收到经营预算收入时,按照实际收到的金额,借记"资金结存——货币资金"账户,贷记该账户。年末,将该账户本年发生额转入经营结余,借记该账户,贷记“经营结余”账户。

【例 10-13】 广东金融学院(事业单位)属于小规模纳税人,其非独立核算部门销售产品取得收入 6 180元(含税),款项已存入银行。该事业单位的账务处理如下:

借:资金结存——货币资金　6 180

　贷:经营预算收入——销售收入　6 180

【例 10-14】 广东金融学院(事业单位)持有 1 个月之前收到的某公司一张 2 个月到期的商业承兑汇票(无追索权)到银行贴现。该汇票票面金额为5 150元,银行贴现率为 12%。该事业单位的账务处理如下:

贴现息=5 150×12%×1÷12=51.20(元)

扣除贴现息后的净额=5 150-51.50=5 098.50(元)

借:资金结存——货币资金　5 098.50

　贷:经营预算收入　5 098.50

【例 10-15】 年末,某事业单位“经营预算收入”账户贷方余额20 000元,有关明细账户贷方余额为“销售收入”20 000元。年末结转时,该事业单位的账务处理如下:

借:经营预算收入——销售收入　20 000

　贷:经营结余　20 000

五、上级补助预算收入

(一) 上级补助预算收入的概念和分类

上级补助预算收入是指事业单位从主管部门和上级单位取得的非财政补助现金流入。按照使用要求的不同,上级补助预算收入分为专项资金收入和非专项资金收入。

(二) 上级补助预算收入的核算

为了核算从主管部门和上级单位取得的非财政补助现金流入,事业单位应设置“上级补助预算收入”账户。该账户应当按照发放补助单位、补助项目、政府收支分类科目中“支出功能分类科目”的项级科目等进行明细核算。上级补助预算收入中如有专项资金收入,还应按照具体项目进行明细核算。年末结转后,该账户应无余额。

事业单位收到上级补助预算收入时,按照实际收到的金额,借记“资金结存——货币资金”账户,贷记该账户。年末,将该账户本年发生额中的专项资金收入转入“非财政拨款结转”,借记该账户下各专项资金收入明细账户,贷记“非财政拨款结转——本年收支结转”账户;将该账户本年发生额中的非专项资金收入转入其他结余,借记该账户下各非专项资金收入明细账户,贷记“其他结余”账户。

【例 10-16】 广东金融学院(事业单位)收到上级单位拨入的非财政资金补助款350 000元,用于科研项目。该事业单位的账务处理如下:

借:资金结存——货币资金　350 000

　贷:上级补助预算收入——专项资金收入　350 000

【例 10-17】 年末,广东金融学院(事业单位)“上级补助预算收入”账户贷方余额为80 000元,有关贷方的明细账户余额为:专项资金收入50 000元,非专项资金收入30 000元,年末结转时，该事业单位的账务处理如下：

借：上级补助预算收入——专项资金收入　　500 000

　　　　　　　　　——非专项资金收入　　300 000

　贷：非财政拨款结转——本年收支结转　　500 000

　　　其他结余　　300 000

六、对附属单位补助预算收入

（一）附属单位上缴预算收入的概念和分类

附属单位上缴预算收入是指事业单位取得附属独立核算单位根据有关规定上缴的现金流入。按照使用要求的不同，附属单位上缴预算收入分为专项资金收入和非专项资金收入。

（二）附属单位上缴预算收入的核算

为了核算取得附属独立核算单位根据有关规定上缴的现金流入，事业单位应设置"附属单位上缴预算收入"账户。该账户应当按照附属单位、缴款项目、政府收支分类科目中"支出功能分类科目"的项级科目等进行明细核算。附属单位上缴预算收入中如有专项资金收入，还应按照具体项目进行明细核算。年末结转后，该账户应无余额。

事业单位收到附属单位缴来款项时，按照实际收到的金额，借记"资金结存——货币资金"账户，贷记该账户。年末，将该账户本年发生额中的专项资金收入转入非财政拨款结转，借记该账户下各专项资金收入明细账户，贷记"非财政拨款结转——本年收支结转"账户；将该账户本年发生额中的非专项资金收入转入其他结余，借记该账户下各非专项资金收入明细账户，贷记"其他结余"账户。

【例 10-18】 广东金融学院（事业单位）收到附属甲单位上缴的收入80 000元，用于财务软件的开发。该事业单位的账务处理如下：

借：资金结存——货币资金　　80 000

　贷：附属单位上缴预算收入——专项资金收入　　80 000

【例 10-19】 年末，广东金融学院（事业单位）"附属单位上缴预算收入"账户贷方余额为100 000元，有关贷方的明细账户余额为：专项资金收入60 000元，非专项资金收入40 000元。年末结转时，该事业单位的账务处理如下：

借：附属单位上缴预算收入——专项资金收入　　60 000

　　非专项资金收入　　40 000

　贷：非财政拨款结转——本年收支结转　　60 000

　　　其他结余　　40 000

七、债务预算收入

（一）债务预算收入的概念和分类

债务预算收入是指事业单位按照规定从银行和其他金融机构等借入的、纳入部门预算管理的、不以财政资金作为偿还来源的债务本金。按照使用要求的不同，债务预算收入分为专项资金收入和非专项资金收入。

（二）债务预算收入的核算

为了核算事业单位按照规定从银行和其他金融机构等借入的、纳入部门预算管理的、不以财政资金作为偿还来源的债务本金，事业单位应设置“债务预算收入”账户。该账户应当按照贷款单位、贷款种类、政府收支分类科目中“支出功能分类科目”的项级科目等进行明细核算。债务预算收入中如有专项资金收入，还应按照具体项目进行明细核算。年末结转后，该账户应无余额。

事业单位借入各项短期或长期借款时，按照实际借入的金额，借记“资金结存——货币资金”账户，贷记该账户。年末，将该账户本年发生额中的专项资金收入转入非财政拨款结转，借记该账户下各专项资金收入明细账户，贷记“非财政援款结转本年收支结转”账户；将该账户本年发生额中的非专项资金收入转入其他结余，借记该账户下各非专项资金收入明细账户，贷记“其他结余”账户。

【例 10-20】 广东金融学院（事业单位）于2014年1月1日向农业银行借款600 000元，期限为5年，借款利率为5%，到期一次还本付息。该借款专门用于单位办公信息系统的技术改造，借款已转入开户银行。2019年1月1日，该借款到期，该事业单位偿还本金600 000元，支付利息150 000元。该事业单位的账务处理如下：

• 收到借款时：

借：资金结存——货币资金	600 000	
贷：债务预算收入——专项资金收入		600 000

• 借款到期还本付息时：

借：债务还本支出	600 000	
其他支出	150 000	
贷：资金结存——货币资金		750 000

【例 10-21】 年末，广东金融学院（事业单位）“债务预算收入”账户贷方余额为2 000 000元，有关贷方的明细账户余额为：专项资金收入1 600 000元，非专项资金收入400 000元。年末结转时，该事业单位的账务处理如下：

借：附属单位债务预算收入——专项资金收入	1 600 000	
——非专项资金收入	400 000	
贷：非财政拨款结转——本年收支结转		1 600 000
其他结余		400 000

八、投资预算收益

（一）投资预算收益的概念

投资预算收益是指事业单位取得的按照规定纳入部门预算管理的属于投资收益性质的现金流入，包括股权投资收益、出售或收回债券投资所取得的收益和债券投资利息收入。投资预算收益属于非财政非专项资金收入。

（二）投资预算收益的核算

为了核算取得的按照规定纳入部门预算管理的属于投资收益性质的现金流入，事业单位应设置“投资预算收益”账户。该账户应当按照政府收支分类科目中“支出功能分类科目”

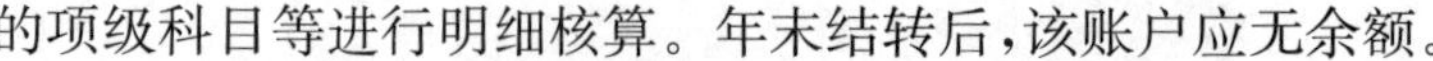

的项级科目等进行明细核算。年末结转后，该账户应无余额。

(1) 事业单位出售或到期收回本年度取得的短期、长期债券，按照实际取得的价款或实际收到的本息金额，借记“资金结存——货币资金”账户，按照取得债券时“投资支出”账户的发生额，贷记“投资支出”账户，按照其差额，贷记或借记该账户。

出售或到期收回以前年度取得的短期、长期债券，按照实际取得的价款或实际收到的本息金额，借记“资金结存——货币资金”科目，按照取得债券时“投资支出”科目的发生额，贷记“其他结余”科目，按照其差额，贷记或借记该账户。

出售、转让以货币资金取得的长期股权投资的，其账务处理参照出售或到期收回债券投资的核算。

(2) 持有的短期投资以及分期付息、一次还本的长期债券投资收到利息时，按照实际收到的金额，借记“资金结存——货币资金”账户，贷记该账户。

(3) 持有长期股权投资取得被投资单位分派的现金股利或利润时，按照实际收到的金额，借记“资金结存——货币资金”账户，贷记该账户。

(4) 出售、转让以非货币性资产取得的长期股权投资时，按照实际取得的价款扣减支付的相关费用和应缴财政款后的余额(按照规定纳入单位预算管理的)，借记“资金结存——货币资金”账户，贷记该账户。

(5) 年末，将该账户本年发生额转入其他结余，借记或贷记该账户，贷记或借记“其他结余”账户。

【例 10-22】 广东金融学院(事业单位)2019 年 5 月 1 日持有的短期国债到期，收回本金40 000元、利息1 600元。假设其中2018年 7 月 1 日购买的 10 个月的国债本金30 000元、利息1 200元，2019 年 3 月 1 日购买的 3 个月的国债本金10 000元、利息 400 元。该事业单位的账务处理如下：

借:资金结存——货币资金　　41 600
　　贷:其他结余　　30 000
　　　　投资支出　　10 000
　　　　投资预算收益　　1 600

【例 10-23】 广东金融学院(事业单位)于 2018 年 1 月 2 日购入 3 年期的国库券，实际支付价款500 000元，该国库券票面利率为 4%，每年年末支付利息，到期一次还本。2019 年 6 月 2 日，该学院将其出售，取得价款505 000元。该事业单位的账务处理如下：

·购入国库券时：

借:投资支出　　500 000
　　贷:资金结存——货币资金　　500 000

·每年 12 月 31 日收到利息收入时：

借:资金结存——货币资金　　20 000
　　贷:投资预算收益　　20 000

·2019 年 6 月 2 日出售时：

借:资金结存——货币资金　　505 000
　　贷:其他结余　　500 000
　　　　投资预算收益　　5 000

【例 10-24】 广东金融学院(事业单位)2019 年 6 月收到银行转来的收款通知,收到乙公司2018年分配的利润400 000元。该事业单位的账务处理如下:

借:资金结存——货币资金 400 000

贷:投资预算收益 400 000

【例 10-25】 年末,广东金融学院(事业单位)“投资预算收益”账户贷方余额为800 000元。年末结转时,该事业单位的账务处理如下:

借:投资预算收益 800 000

贷:其他结余 800 000

九、其他预算收入

(一) 其他预算收入的概念和分类

其他预算收入是指政府单位除财政拨款预算收入、事业预算收入、上级补助预算收入、附属单位上缴预算收入、经营预算收入、债务预算收入、非同级财政拨款预算收入、投资预算收益之外的纳入部门预算管理的现金流入,包括捐赠预算收入、利息预算收入、租金预算收入、现金盘盈收入等。按照使用要求的不同,其他预算收入可分为专项资金收入和非专项资金收入。

(二) 其他预算收入的核算

为了核算其他预算收入,政府单位应设置“其他预算收入”账户。该账户应当按照其他收入类别、政府收支分类科目中“支出功能分类科目”的项级科目等进行明细核算。其他预算收入中如有专项资金收入,还应按照具体项目进行明细核算。单位发生的捐赠预算收入、利息预算收入、租金预算收入金额较大或业务较多的,可单独设置“捐赠预算收入”“利息预算收入”“租金预算收入”等账户。年末结转后,该账户应无余额。

(1) 政府单位接受捐赠现金资产、收到银行存款利息、收到资产承租人支付的租金时,按照实际收到的金额,借记“资金结存——货币资金”账户,贷记该账户。

(2) 每日现金账款核对中如发现现金溢余,按照溢余的现金金额,借记“资金结存——货币资金”账户,贷记该账户。经核实,属于应支付给有关个人和单位的部分,按照实际支付的金额,借记该账户,贷记“资金结存——货币资金”账户。

(3) 收到其他预算收入时,按照收到的金额,借记“资金结存——货币资金”账户,贷记该账户。

(4) 年末,将该账户本年发生额中的专项资金收入转入非财政拨款结转,借记该账户下各专项资金收入明细账户,贷记“非财政拨款结转——本年收支结转”账户;将该账户本年发生额中的非专项资金收入转入其他结余,借记该账户下各非专项资金收入明细账户,贷记“其他结余”账户。

【例 10-26】 广东金融学院(事业单位)接受丙公司的捐赠,其中货币资金300 000元,计算机 10 台,发票上注明的价款为500 000元。假设支付相关税费2 000元,以银行存款付讫。该事业单位的账务处理如下:

借:资金结存——货币资金 300 000

其他支出 2 000

贷:其他预算收入——丙公司 300 000

资金结存——货币资金 2 000

【例 10-27】 广东金融学院(事业单位)月末盘点现金,发现现金溢余 400 元,无法查明原因,该事业单位的账务处理如下:

借:资金结存——货币资金 400

　贷:其他预算收入 400

【例 10-28】 某政府单位经批准将一幢办公楼出租,租期为 5 年,年租金为500 000元。假定该租金收入不上缴财政,收到租金时,该政府单位的账务处理如下:

借:资金结存——货币资金 500 000

　贷:其他预算收入 500 000

【例 10-29】 年末,广东金融学院(事业单位)"其他预算收入"账户贷方余额300 000元,有关贷方的明细账户余额为:专项资金收入250 000元,非专项资金收入50 000元。年末结转时,该事业单位的账务处理如下:

借:其他预算收入——专项资金收入 250 000

　非专项资金收入 50 000

　贷:非财政拨款结转——本年收支结转 250 000

　　其他结余 50 000

第二节 政府单位预算支出的核算

预算支出是指政府单位在预算年度内依法发生并纳入预算管理的现金流出。预算支出一般在实际支付时予以确认,以实际支付的金额计量。符合预算支出定义及其确认条件的项目应当列入预算会计报表。政府单位的预算支出包括行政支出、事业支出、经营支出、上缴上级支出、对附属单位补助支出、债务还本支出、投资支出和其他支出。其中,行政支出是行政单位特有的预算支出项目;事业支出、经营支出、上缴上级支出、对附属单位补助支出、债务还本支出、投资支出是事业单位特有的预算支出项目;其他支出是行政单位和事业单位共有的预算支出项目。

一、行政支出

(一) 行政支出的概念

行政支出是指行政单位履行其职责实际发生的各项现金流出。行政支出是行政单位为实现公共管理职能、完成行政任务所必须发生的各项资金耗费,属于非生产性支出;它是行政单位对财政拨款收入和其他收入等综合安排使用的结果,是行政单位在预算执行过程中的实际资金消耗数。行政支出是日常行政工作任务完成的重要财力保障。

(二) 行政支出的分类

行政支出按照不同标准,可以分为不同类型。

1. 按经济用途分类

按经济用途,行政支出分为工资福利支出、商品和服务支出、对个人和家庭的补助、基本建设支出和其他资本性支出。行政支出按经济用途分类的直接依据是政府收支分类科目中的“部门预算支出经济分类科目”。政府收支分类科目中的“部门预算支出经济分类科目”分为类、款两级科目。按照《2018年政府收支分类科目》中的“部门预算支出经济分类科目”，行政单位的行政支出主要可分为以下七类：

(1) 工资福利支出，反映行政单位开支的在职职工和编制外长期聘用人员的各类劳动报酬，以及为上述人员缴纳的各项社会保险费。其款级科目包括：基本工资、津贴补贴、奖金、伙食补助费、机关事业单位基本养老保险缴费、职业年金缴费、职工基本医疗保险缴费、公务员医疗补助缴费、其他社会保障缴费、住房公积金、医疗费、其他工资福利支出等。

(2) 商品和服务支出，反映行政单位购买商品和服务的支出(不包括用于购置固定资产的支出、战略性和应急性储备支出，但包括军事方面的耐用消费品和设备购置费、军事性建设费以及军事建筑物的购置费)。其款级科目包括：办公费、印刷费、咨询费、手续费、水费、电费、邮电费、取暖费、物业管理费、差旅费、因公出国(境)费、维修(护)费、租赁费、会议费、培训费、公务招待费、专用材料费、被装购置费、专用燃料费、劳务费、委托业务费、工会经费、福利费、公用车运行维护费、其他交通费、税金及附加费用、其他商品和服务支出等。

(3) 对个人和家庭的补助，反映政府用于个人和家庭的补助支出。其款级科目包括：离休费、退休费、退职(役)费、抚恤金、生活补助、救济费、医疗费、助学金、奖励金、个人生产补贴和其他对个人和家庭的补助支出等。

(4) 资本性支出(基本建设)，反映各级发展和改革部门安排的基本建设支出。其款级科目包括：房屋建筑物购建、办公设备购置、专用设备购置、基础设施建设、大型修缮、信息网络及软件购置更新、物资储备、公务用车购置、其他交通工具购置、文化陈列品购置、无形资产购置和其他基本建设支出等。

(5) 资本性支出，反映行政单位安排的资本性支出。由发展和改革部门安排的基本建设支出不在此科目反映。其款级科目主要包括：房屋建筑物购建、办公设备购置、专用设备购置、基础设施建设、大型修缮、信息网络及软件购置更新、物资储备、土地补偿、安置补助、地上附着物和青苗补偿、拆迁补偿、公务用车购置、其他交通工具购置、文化陈列品购置、无形资产购置和其他资本性支出等。

(6) 对社会保障补助，反映政府对社会保险基金的补助以及补充全国社会保障基金的支出。其款级科目主要包括：对社会保险基金的补助和补充全国社会保障基金。

(7) 其他支出，反映不能划分到上述经济科目的其他支出。其款级科目主要包括赠与、国家赔偿费用支出、对民间非营利组织和群众性自治组织补贴、其他支出。

2. 按部门预算管理要求分类

按部门预算管理要求，行政支出可分为基本支出和项目支出。

(1) 基本支出是指行政单位为保障正常运转和完成日常工作任务发生的支出，包括人员经费和日常公用经费。人员经费是指为了开展专业活动而用于个人方面的开支，如基本工资、津贴补贴及奖金、社会保障缴费、离休费、退休费、助学金、医疗费、住房补贴等。人员经费在“部门预算支出经济分类科目”中体现为“工资福利支出”和“对个人和家庭的补助”两部分。日常公用经费是指为了完成业务活动而用于公共管理方面的开支，包括办公费、印刷费、咨询费、水电费、邮电费、取暖费、物业管理费、差旅费、维修(护)费、租赁费等。日常公用

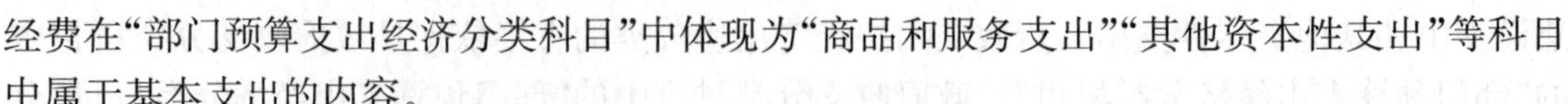

经费在“部门预算支出经济分类科目”中体现为“商品和服务支出”“其他资本性支出”等科目中属于基本支出的内容。

(2) 项目支出是行政单位为完成其特定的工作任务发生的支出，包括基本建设专项业务、大型修缮、大型购置、大型会议等项目支出。项目支出在“部门预算支出经济分类科目”中体现为“基本建设支出”“商品和服务支出”“其他资本性支出”科目中属于项目支出的内容。项目支出具有专项性、独立性和完整性的特点。其中，专项性是指项目支出具有特定目标，为了完成特定工作任务，目标不同项目不同；独立性是指每个项目支出都有支出的明确范围，各项目之间支出不能交叉，项目支出与基本支出之间也不能交叉；完整性是指项目支出完整，体现为完成特定目标或任务的全部支出内容。

3. 按资金类型分类

按资金类型，行政支出可分为财政拨款支出、非财政专项资金支出和其他资金支出。

(1) 财政拨款支出是指行政单位使用财政拨款预算收入安排的行政支出。

(2) 非财政专项资金支出是指行政单位使用财政拨款预算收入之外的预算收入安排的有指定项目和用途的专项资金支出。该支出应当专款专用、单独核算，并按照规定向财政部门或者主管部门报送专项资金的使用情况；项目完成后，应当报送专项资金支出决算和使用效果的书面报告，接受财政部门或者主管部门的检查、验收。

(3) 其他资金支出是指行政单位使用除财政拨款预算收入和非财政专项资金以外的资金安排的行政支出。该支出为行政支出中的非财政非专项资金支出。

4. 按照资金来源分类

按资金来源，行政支出可分为一般公共预算财政拨款支出、政府性基金预算财政拨款支出。其中：一般公共预算财政拨款支出是指行政单位使用一般公共预算财政拨款安排的行政支出；政府性基金预算财政拨款支出是指行政单位使用政府性基金预算财政拨款安排的行政支出。

(三) 行政支出核算的账户设置

为了核算履行其职责实际发生的各项现金流出，行政单位应设置“行政支出”账户。该账户应当分别按照“财政拨款支出”“非财政专项资金支出”“其他资金支出”“基本支出”和“项目支出”等进行明细核算，并按照政府收支分类科目中“支出功能分类科目”的项级科目进行明细核算；“基本支出”和“项目支出”明细账户下应当按照政府收支分类科目中“部门预算支出经济分类科目”的款级科目进行明细核算，同时在“项目支出”明细账户下按照具体项目进行明细核算。有一般公共预算财政拨款、政府性基金预算财政拨款等两种或两种以上财政拨款的行政单位，还应当在“财政拨款支出”明细账户下按照财政拨款的种类进行明细核算。对于预付款项，可通过在该账户下设置“待处理”明细账户进行核算，待确认具体支出项目后再转入该账户下相关明细账户。年末结账前，应将该账户“待处理”明细账户余额全部转入该账户下相关明细账户。年末结转后，该账户应无余额。行政支出的账户设置如表 10 - 2 所示。

(四) 行政支出的账务处理

1. 支付单位职工薪酬

行政单位向职工个人支付薪酬时，按照实际支付的金额，借记该账户，贷记“财政拨款预

表 10-2　　行政支出的账户设置

<table>
<tr><th>总账账户</th><th>一级明细账户</th><th>二级明细账户</th><th>三级明细账户</th><th>四级明细账户</th><th>五级明细账户</th><th>六级明细账户</th></tr>
<tr><td rowspan="8">行政支出</td><td rowspan="4">财政拨款支出</td><td rowspan="2">一般公共预算财政拨款</td><td rowspan="2">支出功能分类科目项级科目</td><td>基本支出</td><td rowspan="2">部门预算支出经济分类科目款级科目</td><td></td></tr>
<tr><td>项目支出</td><td>××项目</td></tr>
<tr><td rowspan="2">政府性基金预算财政拨款</td><td rowspan="2">支出功能分类科目项级科目</td><td>基本支出</td><td rowspan="2">部门预算支出经济分类科目款级科目</td><td></td></tr>
<tr><td>项目支出</td><td></td></tr>
<tr><td rowspan="2">非财政专项资金支出</td><td rowspan="2">支出功能分类科目项级科目</td><td>基本支出</td><td rowspan="2">部门预算支出经济分类科目款级科目</td><td></td><td></td></tr>
<tr><td>项目支出</td><td>××项目</td><td></td></tr>
<tr><td rowspan="2">其他资金支出</td><td rowspan="2">支出功能分类科目项级科目</td><td>基本支出</td><td rowspan="2">部门预算支出经济分类科目款级科目</td><td></td><td></td></tr>
<tr><td>项目支出</td><td>××项目</td><td></td></tr>
</table>

算收入”“资金结存”账户。按照规定代扣代缴个人所得税以及代扣代缴或为职工缴纳职工社会保险费、住房公积金等时，按照实际缴纳的金额，借记该账户，贷记“财政拨款预算收入”“资金结存”账户。

2. 支付外部人员劳务费

行政单位按照实际支付给外部人员个人的金额，借记该账户，贷记“财政拨款预算收入”“资金结存”账户。按照规定代扣代缴个人所得税时，按照实际缴纳的金额，借记该账户，贷记“财政拨款预算收入”“资金结存”账户。

3. 支付购买资产款项

行政单位为购买存货、固定资产、无形资产等以及在建工程支付相关款项时，按照实际支付的金额，借记该账户，贷记“财政拨款预算收入”“资金结存”账户。

4. 支付预付账款

行政单位发生预付账款时，按照实际支付的金额，借记该账户，贷记“财政拨款预算收入”“资金结存”账户。对于暂付款项，在支付款项时可不做预算会计处理，待结算或报销时，按照结算或报销的金额，借记该账户，贷记“资金结存”账户。

5. 支付其他支出

行政单位发生其他各项支出时，按照实际支付的金额，借记该账户，贷记“财政拨款预算收入”“资金结存”账户。

6. 购货退回

行政单位因购货退回等发生款项退回，或者发生差错更正的，属于当年支出收回的，按照收回或更正金额，借记“财政拨款预算收入”“资金结存”账户，贷记该账户。相关举例可参照[例 10-7]。

7. 年末结转

年末，将该账户本年发生额中的财政拨款支出转入财政拨款结转，借记“财政拨款结转——本年收支结转”账户，贷记该账户下各财政拨款支出明细账户；将该账户本年发生额中的非财政专项资金支出转入非财政拨款结转，借记“非财政拨款结转——本年收支结转”账户，贷记该账户下各非财政专项资金支出明细账户；将该账户本年发生额中的其他资金支出（非财政非专项资金支出）转入其他结余，借记“其他结余”账户，贷记该账户下其他资金支出明细账户。

【例 10-30】 天河局通过财政直接支付方式将应付职工薪酬款项分别转入个人工资账户600 000元、住房公积金账户100 000元和国库单账户120 000元。该政府单位的账务处理如下：

借:行政支出——财政拨款支出——基本支出　　820 000
　贷:财政拨款预算收入　　820 000

【例 10-31】 天河局购入用于专业活动的 A 材料一批，取得的增值税专用发票上注明的材料价款为100 000元，增值税额为13 000元。款项通过单位零余额账户支付。另以现金800 元支付运费。该政府单位的账务处理如下：

借:行政支出——财政拨款支出——基本支出　　113 800
　贷:资金结存——零余额账户用款额度　　113 000
　　货币资金　　800

如果行政单位发生预付账款，购买固定资产、无形资产、在建工程、政府储备物资等资产，其款项采用财政授权支付、银行存款、库存现金和其他货币基金支付，其账务处理参照上例进行。如果款项采用财政直接支付方式支付，则贷记“财政拨款预算收入”账户。

【例 10-32】 年末，天河局“行政支出”账户借方余额675 000元，有关明细账户的借方余额为：“财政拨款支出——基本支出”200 000元，“财政拨款支出——项目支出”400 000元，“非财政专项资金支出——项目支出”250 000元，“其他资金支出——基本支出”30 000元。年末结转时，该政府单位的账务处理如下：

借:财政拨款结转——本年收支结转　　600 000
　非财政拨款结转——本年收支结转　　250 000
　其他结余　　30 000
　贷:行政支出——财政补助支出——基本支出　　200 000
　　　　　——项目支出　　400 000
　　非财政专项资金支出——项目支出　　250 000
　　　　——其他资金支出——基本支出　　30 000

二、事业支出

（一）事业支出的概念和分类

事业支出是指事业单位开展专业业务活动及其辅助活动实际发生的各项现金流出是事业单位对各项预算收入综合安排使用的结果，是事业单位预算支出的主要内容，也是考核事业单位预算执行的重要依据。事业支出按照经济用途、部门预算管理要求、资金类型和资金来源等标准可以分为不同类型。与行政支出相比，事业支出按照经济用途分类除了“工资福利支出”中还包括“绩效工资”外，其他类别支出与行政支出的分类相同，具体参见行政支出的分类。

（二）事业支出的核算

1. 事业支出核算的账户设置

为了核算开展专业业务活动及辅助活动实际发生的各项现金流出，事业单位应设置“事业支出”账户。事业单位发生教育、科研、医疗、行政管理、后勤保障等活动的，可在该账户下设置相应的明细账户进行核算，或单设“教育支出”“科研支出”“医疗支出”“行政管理支出”“后勤保障支出”等一级账户进行核算。该账户应当分别按照“财政拨款支出”“非财政专项资金支出”和“其他资金支出”“基本支出”和“项目支出”等进行明细核算，并按照《政府收支分类科目》中“支出功能分类科目”的项级科目进行明细核算；“基本支出”和“项目支出”明细账户下应当按照《政府收支分类科目》中“部门预算支出经济分类科目”的款级科目进行明细核算，同时在“项目支出”明细账户下按照具体项目进行明细核算。有一般公共预算财政拨款、政府性基金预算财政拨款等两种或两种以上财政拨款的事业单位，还应当在“财政拨款支出”明细账户下按照财政拨款的种类进行明细核算。对于预付款项，可通过在该账户下设置“待处理”明细账户进行明细核算，待确认具体支出项目后再转入该账户下的相关明细账户。年末结账前，应将该账户“待处理”明细账户余额全部转入该账户下相关明细账户。年末结转后，该账户应无余额。

事业支出的账户设置如表 10－3 所示。

表 10-3　　事业支出的账户设置

<table>
<tr><th>总账账户</th><th>一级明细账户</th><th>二级明细账户</th><th>三级明细账户</th><th>四级明细账户</th><th>五级明细账户</th><th>六级明细账户</th></tr>
<tr><td rowspan="8">事业支出</td><td rowspan="4">财政拨款支出</td><td rowspan="2">一般公共预算财政拨款</td><td rowspan="2">支出功能分类科目项级科目</td><td>基本支出</td><td rowspan="2">部门预算支出经济分类科目款级科目</td><td></td></tr>
<tr><td>项目支出</td><td>××项目</td></tr>
<tr><td rowspan="2">政府性基金预算财政拨款</td><td rowspan="2">支出功能分类科目项级科目</td><td>基本支出</td><td rowspan="2">部门预算支出经济分类科目款级科目</td><td rowspan="2"></td></tr>
<tr><td>项目支出</td></tr>
<tr><td rowspan="2">非财政专项资金支出</td><td rowspan="2">支出功能分类科目项级科目</td><td>基本支出</td><td rowspan="2">部门预算支出经济分类科目款级科目</td><td></td><td></td></tr>
<tr><td>项目支出</td><td>××项目</td><td></td></tr>
<tr><td rowspan="2">其他资金支出</td><td rowspan="2">支出功能分类科目项级科目</td><td>基本支出</td><td rowspan="2">部门预算支出经济分类科目款级科目</td><td></td><td rowspan="2"></td></tr>
<tr><td>项目支出</td><td>××项目</td></tr>
</table>

2. 事业支出的账务处理

1）支付职工薪酬

事业单位向职工（经营部门职工除外）个人支付薪酬时，按照实际支付的数额，借记该账户，贷记“财政拨款预算收入”“资金结存”账户。按照规定代扣代缴个人所得税以及代扣代缴或为职工缴纳职工社会保险费、住房公积金等时，按照实际缴纳的金额，借记该账户，贷记“财政拨款预算收入”“资金结存”账户。

2）支付专业活动及辅助活动外部人员劳务费

事业单位为专业业务活动及其辅助活动支付外部人员劳务费，按照实际支付给外部人员个人的金额，借记该账户，贷记“财政拨款预算收入”“资金结存”账户。按照规定代扣代缴个人所得税时，按照实际缴纳的金额，借记该账户，贷记“财政拨款预算收入”“资金结存”账户。

3）支付购买专业活动及辅助活动资产款项

事业单位在开展专业业务活动及其辅助活动过程中为购买存货、固定资产、无形资产等以及为在建工程支付相关款项时，按照实际支付的金额，借记该账户，贷记“财政拨款预算收入”“资金结存”账户。

4）支付专业活动及其辅助活动预付款项

事业单位在开展专业业务活动及其辅助活动过程中发生预付账款时，按照实际支付的金额，

借记该账户，贷记“财政拨款预算收入”“资金结存”账户。对于暂付款项在支付款项时可不做预算会计处理，待结算或报销时，按照结算或报销的金额，借记该账户，贷记“资金结存”账户。

5）实际支付专业业务活动及其辅助活动各项税款

事业单位在开展专业业务活动及其辅助活动过程中缴纳的相关税费以及发生的其他各项支出，按照实际支付的金额，借记该账户，贷记“财政拨款预算收入”“资金结存”账户。

6）专业活动及其辅助活动过程中的购货退回

事业单位在开展专业业务活动及其辅助活动过程中因购货退回等发生款项退回，或者发生差错更正的，属于当年支出收回的，按照收回或更正金额，借记“财政拨款预算收入”“资金结存”账户，贷记该账户。

7）年末结转

年末，将该账户本年发生额中的财政拨款支出转入财政拨款结转，借记“财政拨款结转——本年收支结转”账户，贷记该账户下各财政拨款支出明细账户；将该账户本年发生额中的非财政专项资金支出转入非财政拨款结转，借记“非财政拨款结转——本年收支结转”账户，贷记该账户下各非财政专项资金支出明细账户；将该账户本年发生额中的其他资金支出（非财政非专项资金支出）转入其他结余，借记“其他结余”账户，贷记该账户下其他资金支出明细账户。上述有关“事业支出”核算的相关举例，参照“行政支出”核算举例。

三、经营支出

（一）经营支出的概念

经营支出是指事业单位在专业业务活动及其辅助活动之外开展非独立核算经营活动实际发生的各项现金流出。事业单位开展非独立核算经营活动的，应当正确归集开展经营活动发生的各项费用数；无法直接归集的，应当按照规定的标准或比例合理分摊。事业单位的经营支出与经营收入应当配比。经营支出属于事业单位的非财政非专项资金支出。

（二）经营支出的核算

为了核算在专业业务活动及其辅助活动之外开展非独立核算经营活动实际发生的各项现金流出，事业单位应设置“经营支出”账户。该账户应当按照经营活动类别、项目、《政府收支分类科目》中“支出功能分类科目”的项级科目和“部门预算支出经济分类科目”的款级科目等进行明细核算。对于预付款项，可通过在该账户下设置“待处理”明细账户进行明细核算，待确认具体支出项目后再转入该账户下相关明细账户。年末结账前，应将该账户“待处理”明细账户余额全部转入该账户下相关明细账户。年末结转后，该账户应无余额。

1. 支付经营部门职工薪酬

事业单位向职工个人支付薪酬时，按照实际的金额，借记该账户，贷记“资金结存”账户。按照规定代扣代缴个人所得税以及代扣代缴或为职工缴纳职工社会保险费、住房公积金时，按照实际缴纳的金额，借记该账户，贷记“资金结存”账户。

2. 支付经营活动外部人员劳务费

事业单位按照实际支付给外部人员个人的金额，借记该账户，贷记“资金结存”账户。按照规定代扣代缴个人所得税时，按照实际缴纳的金额，借记该账户，贷记“资金结存”账户。

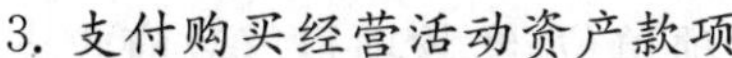

3. 支付购买经营活动资产款项

事业单位开展经营活动过程中为购买存货、固定资产、无形资产等以及在建工程支付相关款项时，按照实际支付的金额，借记该账户，贷记“资金结存”账户。

4. 支付经营活动预付款项

事业单位开展经营活动过程中发生预付账款时，按照实际支付的金额，借记该账户，贷记“资金结存”账户。对于暂付款项，在支付款项时可不做预算会计处理，待结算或报销时，按照结算或报销的金额，借记该账户，贷记“资金结存”账户。

5. 支付经营活动各项税费

事业单位因开展经营活动缴纳的相关税费以及发生的其他各项支出，按照实际支付的金额，借记该账户，贷记“资金结存”账户。

6. 经营活动中购货退回

事业单位开展经营活动中因购货退回等发生款项退回，或者发生差错更正的，属于当年支出收回的，按照收回或更正金额，借记“资金结存”账户，贷记该账户。

7. 年末结转

年末，将该账户本年发生额转入经营结余，借记“经营结余”账户，贷记该账户。

【例 10-33】 广东金融学院（事业单位）将经营活动人员的工资60 000元转入个人工资账户、住房公积金14 000元转入个人住房公积金账户，将代扣的个人所得税6 000元缴入国库单一账户。该事业单位的账务处理如下：

借：经营支出　　80 000

　贷：资金结存——货币资金　　80 000

【例 10-34】 广东金融学院（事业单位）购入用于经营活动的B材料一批，取得的增值税专用发票上注明的材料价款为100 000元，增值税额为13 000元。款项以银行存款付讫。另以现金 800 元支付运费。该事业单位的账务处理如下：

借：经营支出　　113 800

　贷：资金结存——货币资金　　113 800

如果事业单位因开展经营活动发生预付账款，购买固定资产、无形资产、在建工程等资产，其款项采用银行存款、库存现金和其他货币资金支付，其账务处理参照[例 10-34]进行。

【例 10-35】 年末，某事业单位“经营支出”账户借方余额为186 000元。年末结转时，该事业单位的账务处理如下：

借：经营结余　　186 000

　贷：经营支出　　186 000

四、上缴上级支出

（一）上缴上级支出的含义

上缴上级支出是指事业单位按照财政部门和主管部门的规定上缴上级单位款项发生的现金流出。上缴上级支出属于事业单位的非财政非专项资金支出。

（二）上缴上级支出的核算

为了核算按照财政部门和主管部门的规定上缴上级单位款项发生的现金流出，事业单位应设置“上缴上级支出”账户。该账户应当按照收缴款项单位、缴款项目、《政府收支分类科目》中“支出功能分类科目”的项级科目和“部门预算支出经济分类科目”的款级科目等进行明细核算。年末结转后，该账户应无余额。

事业单位按照规定将款项上缴上级单位的，按照实际上缴的金额，借记该账户，贷记“资金结存”账户。年末，将该账户本年发生额转入其他结余，借记“其他结余”账户，贷记该账户。

【例 10-36】 广东金融学院（事业单位）按核定的预算定额上缴上级单位款项200 000元。该事业单位的账务处理如下：

借：上缴上级支出——上级单位　　200 000

　　贷：资金结存——货币资金　　200 000

【例 10-37】 期末，广东金融学院（事业单位）“上缴上级支出”账户借方余额为80 000元。年末结转时，该事业单位的账务处理如下：

借：其他结余　　80 000

　　贷：上缴上级支出　　80 000

五、对附属单位补助支出

（一）对附属单位补助支出的概念

对附属单位补助支出是指事业单位用财政拨款预算收入之外的收入对附属单位补助发生的现金流出。对附属单位补助支出属于事业单位的非财政非专项资金支出。

（二）对附属单位补助支出的核算

为了核算用财政拨款预算收入之外的收入对附属单位补助发生的现金流出，事业单位应设置“对附属单位补助支出”账户。该账户应当按照接受补助单位、补助项目、《政府收支分类科目》中“支出功能分类科目”的项级科目和“部门预算支出经济分类科目”的款级科目等进行明细核算。年末结转后，该账户应无余额。事业单位发生对附属单位补助支出的，按照实际补助的金额，借记该账户，贷记“资金结存”账户。年末，将该账户本年发生额转入其他结余，借记“其他结余”账户，贷记该账户。

【例 10-38】 广东金融学院（事业单位）用非财政拨款收入支付附属甲单位补助款项100 000元。该事业单位的账务处理如下：

借：对附属单位补助支出——甲单位　　100 000

　　贷：资金结存——货币资金　　100 000

【例 10-39】 年末，广东金融学院（事业单位）“对附属单位补助支出”账户借方余额为200 000元。年末结转时，该事业单位的账务处理如下：

借：其他结余　　200 000

　　贷：对附属单位补助支出　　200 000

六、投资支出

（一）投资支出的概念

投资支出是指事业单位以货币资金对外投资发生的现金流出。投资支出属于事业单位的非财政非专项资金支出。

（二）投资支出的核算

为了核算以货币资金对外投资发生的现金流出，事业单位应设置“投资支出”账户。该账户应当按照投资类型、投资对象、《政府收支分类科目》中“支出功能分类科目”的项级科目和“部门预算支出经济分类科目”的款级科目等进行明细核算。年末结转后，该账户应无余额。

（1）事业单位以货币资金对外投资时，按照投资金额和所支付的相关税费金额的合计数，借记该账户，贷记“资金结存”账户。

（2）出售、对外转让或到期收回本年度以货币资金取得的对外投资的，如果按规定将投资收益纳入单位预算，按照实际收到的金额，借记“资金结存”账户，按照取得投资时“投资支出”账户的发生额，贷记该账户，按照其差额，贷记或借记“投资预算收益”账户；如果按规定将投资收益上缴财政的，按照取得投资时“投资支出”账户的发生额，借记“资金结存”账户，贷记该账户。出售、对外转让或到期收回以前年度以货币资金取得的对外投资的，如果按规定将投资收益纳入单位预算，按照实际收到的金额，借记“资金结存”账户，按照取得投资时“投资支出”账户的发生额，贷记“其他结余”账户，按照其差额，贷记或借记“投资预算收益”账户；如果按规定将投资收益上缴财政的，按照取得投资时“投资支出”账户的发生额，借记“资金结存”账户，贷记“其他结余”账户。

上述(1)和(2)的相关举例见[例 10-22]和[例 10-23]。

（3）年末，将该账户本年发生额转入其他结余，借记“其他结余”账户，贷记该账户。

【例 10-40】 年末，广东金融学院（事业单位）“投资支出”账户借方余额为1 000 000元。年末结转时，该事业单位的账务处理如下：

借：其他结余　　　　1 000 000

　贷：投资支出　　　　1 000 000

七、债务还本支出

（一）债务还本支出的概念

债务还本支出是指事业单位偿还自身承担的纳入预算管理的从金融机构举借的债务本金的现金流出。债务还本支出属于事业单位的非财政非专项资金支出。

（二）债务还本支出的核算

为了核算偿还自身承担的纳入预算管理的从金融机构举借的债务本金的现金流出，事业单位应设置“债务还本支出”账户。该账户应当按照贷款单位、贷款种类、《政府收支分类科目》中“支出功能分类科目”的项级科目和“部门预算支出经济分类科目”的款级科目等进行明细核算。年末结转后，该账户应无余额。

（1）事业单位偿还各项短期或长期借款时，按照偿还的借款本金，借记该账户，贷记“资金结存”账户。相关举例参见[例 10-20]。

（2）年末，将该账户本年发生额转入其他结余，借记“其他结余”账户，贷记该账户。

【例 10-41】 年末，广东金融学院（事业单位）“债务还本支出”账户借方余额为500 000元。年末结转时，该事业单位的账务处理如下：

借:其他结余　　500 000
　　贷:债务还本支出　　500 000

八、其他支出

(一) 其他支出的概念和分类

其他支出是指政府单位除行政支出、事业支出、经营支出、上缴上级支出、对附属单位补助支出、投资支出、债务还本支出以外的各项现金流出,包括利息支出、对外捐赠现金支出、现金盘亏损失、接受捐赠(调入)和对外捐赠(调出)非现金资产发生的税费支出、资产置换过程中发生的相关税费支出、罚没支出等。按照资金类型,其他支出分为财政拨款支出、非财政专项资金支出和其他资金支出。按照部门预算管理要求,其他支出分为专项资金支出和非专项资金支出。按照资金来源,其他支出可分为一般公共预算财政拨款支出、政府性基金预算财政拨款支出。

(二) 其他支出核算的账户设置

为了核算其他支出,政府单位应设置“其他支出”账户。该账户应当按照其他支出的类别——“财政拨款支出”“非财政专项资金支出”和“其他资金支出”,《政府收支分类科目》中“支出功能分类科目”的项级科目和“部门预算支出经济分类科目”的款级科目等进行明细核算。其他支出中如有专项资金支出,还应按照具体项目进行明细核算。有一般公共预算财政拨款、政府性基金预算财政拨款等两种或两种以上财政拨款的事业单位,还应当在“财政拨款支出”明细账户下按照财政拨款的种类进行明细核算。单位发生利息支出、捐赠支出等其他支出金额较大或业务较多的,可单独设置“利息支出”“捐赠支出”等账户。年末结转后,该账户应无余额。其他支出的账户设置如表 10-4 所示。

表 10-4　　其他支出的账户设置

<table>
<tr><th>总账账户</th><th>一级明细账户</th><th>二级明细账户</th><th>三级明细账户</th><th>四级明细账户</th><th>五级明细账户</th><th>六级明细账户</th></tr>
<tr><td rowspan="8">其他支出</td><td rowspan="4">财政拨款支出</td><td rowspan="2">一般公共预算财政拨款</td><td rowspan="2">支出功能分类科目项级科目</td><td>基本支出</td><td rowspan="2">部门预算支出经济分类科目款级科目</td><td></td></tr>
<tr><td>项目支出</td><td>××项目</td></tr>
<tr><td rowspan="2">政府性基金预算财政拨款</td><td rowspan="2">支出功能分类科目项级科目</td><td>基本支出</td><td rowspan="2">部门预算支出经济分类科目款级科目</td><td rowspan="2"></td></tr>
<tr><td>项目支出</td></tr>
<tr><td rowspan="2">非财政专项资金支出</td><td rowspan="2">支出功能分类科目项级科目</td><td>基本支出</td><td rowspan="2">部门预算支出经济分类科目款级科目</td><td></td><td></td></tr>
<tr><td>项目支出</td><td>××项目</td><td></td></tr>
<tr><td rowspan="2">其他资金支出</td><td rowspan="2">支出功能分类科目项级科目</td><td>基本支出</td><td rowspan="2">部门预算支出经济分类科目款级科目</td><td></td><td></td></tr>
<tr><td>项目支出</td><td>××项目</td><td></td></tr>
</table>

(三) 其他支出的账务处理

(1) 利息支出。政府单位支付银行借款利息时,按照实际支付金额,借记该账户,贷记“资金结存”账户。

(2) 对外捐赠现金资产。政府单位对外捐赠现金资产时,按照捐赠金额,借记该账户,贷记“资金结存——货币资金”账户。

(3) 现金盘亏损失。政府单位在每日现金盘点中如发现现金短缺,按照短缺的现金金额,借记该账户,贷记“资金结存——货币资金”账户。经核实,属于应当由有关人员赔偿的,按照收到的赔偿金额,借记“资金结存——货币资金”账户,贷记该账户。

(4) 接受捐赠(无偿调入)和对外捐赠(无偿调出)非现金资产发生的税费支出。政府单位接受捐赠(无偿调入)非现金资产发生的归属于捐入方(调入方)的相关税费、运输费等,以及对外捐赠(无偿调出)非现金资产发生的归属于捐出方(调出方)的相关税费、运输费等,按照实际支付金额,借记该账户,贷记“资金结存”账户。

(5) 资产置换过程中发生的相关税费支出。政府单位资产置换过程中发生的相关税费,按照实际支付金额,借记该账户,贷记“资金结存”账户。

(6) 其他支出。政府单位发生罚没等其他支出时,按照实际支出金额,借记该账户,贷记“资金结存”账户。

(7) 年末结转。年末,将该账户本年发生额中的财政拨款支出转入财政拨款结转,借记“财政拨款结转——本年收支结转”账户,贷记该账户下各财政拨款支出明细账户;将该账户本年发生额中的非财政专项资金支出转入非财政拨款结转,借记“非财政拨款结转——本年收支结转”账户,贷记该账户下各非财政专项资金支出明细账户;将该账户本年发生额中的其他资金支出(非财政非专项资金支出)转入其他结余,借记“其他结余”账户,贷记该账户下各其他资金支出明细账户。

【例 10-42】 某政府单位因拖欠税款收到税务部门开出的缴纳滞纳金的通知书,注明应缴滞纳金 800 元,单位通过银行转账缴纳。该政府单位的账务处理如下:

借:其他支出

　　其他资金支出——其他支出　　800

　贷:资金结存——货币资金　　800

【例 10-43】 某政府单位向地震灾区捐赠300 000元,已通过银行转账。该政府单位的账务处理如下:

借:其他支出——其他资金支出——现金资产捐赠支出　　300 000

　贷:资金结存——货币资金　　300 000

【例 10-44】 年末,某政府单位“其他支出”账户借方余额为675 000元,有关明细账户借方余额为:“财政拨款支出——基本支出”200 000元,“财政拨款支出——项目支出”600 000元,“非财政专项资金支出——项目支出”35 000元,“其他资金支出——基本支出”80 000元。年末结转时,该政府单位的账务处理如下:

借:财政拨款结转——本年收支结转　　800 000

　　非财政拨款结转——本年收支结转　　35 000

　　其他结余　　80 000

　　贷:其他支出——财政补助支出——基本支出　　200 000

　　　　财政补助支出——项目支出　　600 000

　　　　非财政专项资金支出——项目支出　　35 000

　　　　其他资金支出——基本支出　　80 000

第三节 政府单位预算结余的核算

预算结余是指政府单位预算年度内预算收入扣除预算支出后的资金余额，以及历年滚存的资金余额。预算结余包括结余资金和结转资金。结余资金是指年度预算执行终了，预算收入实际完成数扣除预算支出和结转资金后剩余的资金。结转资金是指预算安排项目的支出年终尚未执行完毕或者因故未执行，且下年需要按原用途继续使用的资金。符合预算结余定义及其确认条件的项目应当列入预算会计报表。政府单位的预算结余包括财政拨款结转结余、非财政拨款结转结余、专用结余、经营结余。其中专用结余和经营结余属于事业单位特有的预算结余项目，并且事业单位的非财政拨款结余还要按照规定进行分配；其他的结转结余属于行政单位和事业单位共有的结转结余项目。

一、资金结存

（一）资金结存的概念

资金结存是指政府单位纳入部门预算管理的资金的流入、流出、调整和滚存等情况。此处政府单位纳入部门预算管理的资金包括货币资金（以库存现金、银行存款、其他货币资金形态存在的资金）、零余额账户用款额度和财政应返还额度。

（二）资金结存核算的账户设置

为了核算纳入部门预算管理的资金的流入、流出、调整和滚存等情况，政府单位应设置“资金结存”账户。该账户年末借方余额反映单位预算资金的累计滚存情况。“资金结存”账户是为了保证复式记账借贷平衡，体现收付实现制下预算资金流入、流出和结存情况。当政府单位确认预算收入时，同时借记“资金结存”账户；当确认预算支出时，同时贷记“资金结存”账户。“资金结存”账户应当设置下列明细账户：

（1）“零余额账户用款额度”明细账户。该明细账户核算实行国库集中支付的单位根据财政部门批复的用款计划收到和支用的零余额账户用款额度。年末结账后，该明细账户应无余额。

（2）“货币资金”明细账户。该明细账户核算单位以库存现金、银行存款、其他货币资金形态存在的资金。该明细账户年末借方余额反映单位尚未使用的货币资金。

（3）“财政应返还额度”明细账户。该明细账户核算实行国库集中支付的单位可以使用的以前年度财政直接支付资金额度和财政应返还的财政授权支付资金额度。该明细账户下可设置“财政直接支付”“财政授权支付”两个明细账户进行明细核算。该明细账户年末借方余额反映单位应收财政返还的资金额度。

（三）资金结存的主要账务处理

1. 财政授权支付方式

政府单位根据代理银行转来的财政授权支付额度到账通知书，按照通知书中的授权支付额度，借记该账户（零余额账户用款额度），贷记“财政款预算收入”账户。举例见[例10-4]。

政府单位发生相关支出时，按照实际支付的金额，借记“行政支出”“事业支出”等账户，贷记该账户(零余额账户用款额度)。举例见[例 10-2]。

从零余额账户提取现金时，借记该账户(货币资金)，贷记该账户(零余额账户用款额度)。退回现金时，做相反会计分录。

使用以前年度财政直接支付额度发生支出时，按照实际支付金额，借记“行政支出”“事业支出”等账户，贷记该账户(财政应返还额度)。

【例 10-45】 天河局从单位零余额账户提取现金10 000元。该政府单位的账务处理如下：

借：资金结存——零余额账户用款额度　　10 000

　贷：资金结存——货币资金　　10 000

【例 10-46】 天河局收到代理银行转来的“财政直接支付入账通知书”，使用上年未使用的财政直接支付额度购买专用材料一批，材料价款为10 000元，增值税额为1 300元。该政府单位的账务处理如下：

借：事业支出　　11 300

　贷：资金结存——财政应返还额度　　11 300

2. 其他支付方式

政府单位以国库集中支付以外的其他支付方式取得预算收入时，按照实际收到的金额，借记该账户(货币资金)，贷记“财政拨款预算收入”“事业预算收入”“经营预算收入”等账户。举例参见[例 10-6][例 10-11][例 10-13]等。

国库集中支付以外的其他支付方式下，发生相关支出时，按照实际支付的金额，借记“事业支出”“经营支出”等账户，贷记该账户(货币资金)。

【例 10-47】 广东金融学院(事业单位)承接某企业污水处理项目研究，项目总经费为500 000元，需要 3 年完成。按照合同规定，该企业在合同签订时先预付项目研究经费 50%，项目结项时再支付 50%。首付的 50%款项已存入银行。该事业单位的账务处理如下：

• 收到委托企业 50%预付款项时：

借：资金结存——货币资金　　250 000

　贷：事业预算收入　　250 000

• 项目结项收到 50%补付款时：

借：资金结存——货币资金　　250 000

　贷：事业预算收入　　250 000

(四) 按照规定上缴或注销财政拨款结转结余资金

政府单位按照规定上缴财政拨款结转结余资金或注销财政拨款结转结余资金额度的，按照实际上缴资金数额或注销的资金额度，借记“财政拨款结转——归集上缴”或“财政拨款结余——归集上缴”账户，贷记该账户(财政应返还额度、零余额账户用款额度、货币资金)。按规定向原资金拨入单位缴回非财政拨款结转资金的，按照实际缴回的资金数额，借记“非财政拨款结转缴回资金”账户，贷记该账户(货币资金)。

收到从其他单位调入的财政拨款结转资金的，按照实际调入资金数额，借记该账户(财政应返还额度、零余额账户用款额度、货币资金)，贷记“财政拨款结转——归集调入”账户。

(五) 按照规定使用专用基金

政府单位按照规定使用专用基金时，按照实际支付金额，借记“专用结余”账户(从非财

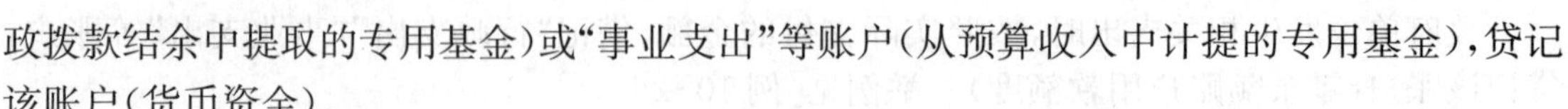

政拨款结余中提取的专用基金)或"事业支出"等账户(从预算收入中计提的专用基金),贷记该账户(货币资金)。

(六)购货退回

政府单位因购货退回、发生撤销更正等退回国库直接支付、授权支付款项,或者收回货币资金的,属于本年度支付的,借记"财政拨款预算收入"账户或该账户(零余额账户用款额度、货币资金),贷记相关支出账户;属于以前年度支付的,借记该账户(财政应返还额度、零余额账户用款额度、货币资金),贷记"财政拨款结转""财政拨款结余""非财政拨款结转""非财政拨款结余"账户。

(七)缴纳所得税

有企业所得税缴纳义务的事业单位缴纳所得税时,按照实际缴纳金额,借记"非财政拨款结余——累计结余"账户,贷记该账户(货币资金)。

【例 10-48】 广东金融学院(事业单位)年末按照税法规定计算出本年度应纳税所得额为100 000元,适用所得税税率为 25%,应缴所得税税额为25 000元,已通过银行上缴税款。该事业单位的账务处理如下:

借:非财政拨款结余——累计结余　　25 000
　　贷:资金结存——货币资金　　25 000

(八)年末确认财政应返还额度

年末,政府单位根据本年度财政直接支付预算指标数与当年财政直接支付实际支出数的差额,借记该账户(财政应返还额度),贷记"财政拨款预算收入"账户;依据代理银行提供的对账单作注销额度的相关账务处理,借记该账户(财政应返还额度),贷记该账户(零余额账户用款额度);本年度财政授权支付预算指标数大于零余额账户用款额度下达数的,根据未下达的用款额度,借记该账户(财政应返还额度),贷记"财政拨款预算收入"账户。相关举例参见财政拨款预算收入的核算。

下年年初,政府单位依据代理银行提供的额度恢复到账通知书作恢复额度的相关账务处理,借记该账户(零余额账户用款额度),贷记该账户(财政应返还额度)。单位收到财政部门批复的上年年末未下达零余额账户用款额度的,借记该账户(零余额账户用款额度),贷记该账户(财政应返还额度)。

【例 10-49】 天河局下年年初收到代理银行转来的"财政直接支付入账通知书",使用上年尚未使用的财政直接支付额度支付款项100 000元,购买办公用笔记本电脑 10 台,已直接交付使用。该政府单位的账务处理如下:

借:行政支出　　100 000
　　贷:资金结存——财政应返还额度　　100 000

【例 10-50】 广东金融学院(事业单位)下年度初收到代理银行转来的100 000元,以及财政授权支付额度恢复到账通知书和财政部门批复的上年度未下达零余额账户用款额度50 000元。该事业单位的账务处理如下:

借:资金结存——零余额账户用款额度　　150 000
　　贷:资金结存——财政应返还额度　　150 000

二、财政拨款结转

财政拨款结转结余是政府单位财政拨款预算收入与财政拨款支出相抵后的差额，包括财政拨款结转和财政拨款结余。

（一）财政拨款结转的概念

财政拨款结转是政府单位调整、结转和滚存的同级财政拨款结转资金调整，包括因会计差错更正、以前年度支出收回引起的年初余额调整、按规定从其他单位调入的财政拨款结转资金、按照规定向其他单位调出的财政拨款结转资金、按照规定上缴财政拨款结转资金或注销财政拨款结转资金额度，以及经财政部门批准改变用途调整用于本单位基本支出或其他未完成项目支出的财政拨款结余。资金结转是指当年政府单位财政拨款收入与其相关支出相抵后的余额，包括基本支出结转和项目支出结转。基本支出结转是指用于基本支出的财政拨款收入减去财政拨款基本支出后的差额，包括人员经费和日常公用经费。基本支出结转原则上结转下年继续使用，用于增人增编等人员支出和公用支出，但在人员支出和公用支出间不得挪用，不得用于提高人员开支标准。项目支出结转是指尚未完成项目支出的财政拨款收入减去财政拨款项目支出后的差额。其具体包括：项目当年已执行但尚未完成而形成的结转资金；项目因故当年未执行，需要推迟到下年执行形成的结转资金；项目需要跨年度执行，但项目支出预算已一次性安排形成的结转资金。项目支出结转资金结转至下年按原用途继续使用。

（二）财政拨款结转核算的账户设置

为了核算取得的同级财政拨款结转资金的调整、结转和滚存情况，政府单位应设置“财政拨款结转”账户。该账户年末贷方余额反映单位滚存的财政拨款结转资金数额。“财政拨款结转”账户应当设置下列明细账户。

1. 与会计差错更正、以前年度支出收回相关的明细账户

年初余额调整，该明细账户核算因发生会计差错更正、以前年度支出收回等原因，需要调整财政拨款结转的金额。年末结账后，该明细账户应无余额。

2. 与财政拨款调拨业务相关的明细账户

(1)“归集调入”明细账户。该明细账户核算按照规定从其他单位调入财政拨款结转资金时实际调增的额度或调入的资金数额。年末结账后，该明细账户应无余额。

(2)“归集调出”明细账户。该明细账户核算按照规定向其他单位调出财政拨款结转资金时实际调减的额度或调出的资金数额。年末结账后，该明细账户应无余额。

(3)“归集上缴”明细账户。该明细账户核算按照规定上缴财政拨款结转资金时，实际核销的额度或上缴的资金数额。年末结账后，该明细账户应无余额。

(4)“单位内部调剂”明细账户。该明细账户核算经财政部门批准对财政拨款结余资金改变用途，调整用于本单位其他未完成项目等的调整金额。年末结账后，该明细账户应无余额

3. 与年末财政拨款结转业务相关的明细账户

(1)“本年收支结转”明细账户。该明细账户核算单位本年度财政拨款收支相抵后的余额。年末结账后，该明细账户应无余额。

（2）“累计结转”明细账户。该明细账户核算单位滚存的财政拨款结转资金。该明细账户年末贷方余额反映单位财政拨款滚存的结转资金数额。“财政拨款结转”账户还应当设置“基本支出结转”“项目支出结转”两个明细账户，并在“基本支出结转”明细账户下按照“人员经费”“日常公用经费”进行明细核算，在“项目支出结转”明细账户下按照具体项目进行明细核算；同时，该账户还应按照《政府收支分类科目》中“支出功能分类科目”的相关科目进行明细核算。有一般公共预算财政拨款、政府性基金预算财政拨款等两种或两种以上财政拨款的，还应当在该账户下按照财政拨款的种类进行明细核算。

财政拨款结转的账户设置如表 10－5 所示。

表 10-5　　财政拨款结转的账户设置

<table>
<tr><th>总账账户</th><th>一级明细账户</th><th>二级明细账户</th><th>三级明细账户</th><th>四级明细账户</th><th>五级明细账户</th></tr>
<tr><td rowspan="24">财政拨款结转</td><td rowspan="4">年初余额调整</td><td rowspan="2">一般公共预算财政拨款结转</td><td rowspan="4">支出功能分类项级科目</td><td rowspan="2">基本支出结转</td><td>人员经费</td></tr>
<tr><td>公用经费</td></tr>
<tr><td rowspan="2">政府性基金预算财政拨款结转</td><td>项目支出结转</td><td>项目名称</td></tr>
<tr><td>项目支出结转</td><td>项目名称</td></tr>
<tr><td rowspan="4">归集调入</td><td rowspan="2">一般公共预算财政拨款结转</td><td rowspan="4">支出功能分类项级科目</td><td rowspan="2">基本支出结转</td><td>人员经费</td></tr>
<tr><td>公用经费</td></tr>
<tr><td rowspan="2">政府性基金预算财政拨款结转</td><td>项目支出结转</td><td>项目名称</td></tr>
<tr><td>项目支出结转</td><td>项目名称</td></tr>
<tr><td rowspan="4">归集调出</td><td rowspan="2">一般公共预算财政拨款结转</td><td rowspan="4">支出功能分类项级科目</td><td rowspan="2">基本支出结转</td><td>人员经费</td></tr>
<tr><td>公用经费</td></tr>
<tr><td rowspan="2">政府性基金预算财政拨款结转</td><td>项目支出结转</td><td>项目名称</td></tr>
<tr><td>项目支出结转</td><td>项目名称</td></tr>
<tr><td rowspan="4">归集上缴</td><td rowspan="2">一般公共预算财政拨款结转</td><td rowspan="4">支出功能分类项级科目</td><td rowspan="2">基本支出结转</td><td>人员经费</td></tr>
<tr><td>公用经费</td></tr>
<tr><td rowspan="2">政府性基金预算财政拨款结转</td><td>项目支出结转</td><td>项目名称</td></tr>
<tr><td>项目支出结转</td><td>项目名称</td></tr>
<tr><td rowspan="4">单位内部调剂</td><td rowspan="2">一般公共预算财政拨款结转</td><td rowspan="4">支出功能分类项级科目</td><td rowspan="2">基本支出结转</td><td>人员经费</td></tr>
<tr><td>公用经费</td></tr>
<tr><td rowspan="2">政府性基金预算财政拨款结转</td><td>项目支出结转</td><td>项目名称</td></tr>
<tr><td>项目支出结转</td><td>项目名称</td></tr>
<tr><td rowspan="4">本年收支结转</td><td rowspan="2">一般公共预算财政拨款结转</td><td rowspan="4">支出功能分类项级科目</td><td rowspan="2">基本支出结转</td><td>人员经费</td></tr>
<tr><td>公用经费</td></tr>
<tr><td rowspan="2">政府性基金预算财政拨款结转</td><td>项目支出结转</td><td>项目名称</td></tr>
<tr><td>项目支出结转</td><td>项目名称</td></tr>
<tr><td rowspan="4">累计结转</td><td rowspan="2">一般公共预算财政拨款结转</td><td rowspan="4">支出功能分类项级科目</td><td rowspan="2">基本支出结转</td><td>人员经费</td></tr>
<tr><td>公用经费</td></tr>
<tr><td rowspan="2">政府性基金预算财政拨款结转</td><td>项目支出结转</td><td>项目名称</td></tr>
<tr><td>项目支出结转</td><td>项目名称</td></tr>
</table>

（三）财政拨款结转的主要账务处理

1. 会计差错更正、以前年度支出收回

（1）因发生会计差错更正退回以前年度国库直接支付、授权支付款项或财政性货币资金，或者因发生会计差错更正增加以前年度国库直接支付、授权支付支出或财政性货币资金支出，属于以前年度财政拨款结转资金的，借记或贷记“资金结存——财政应返还额度、零余额账户用款额度、货币资金”账户，贷记或借记该账户（年初余额调整）。

（2）因购货退回、预付款项收回等发生以前年度支出又收回国库直接支付、授权支付款项或收回财政性货币资金，属于以前年度财政拨款结转资金的，借记“资金结存——财政应返还额度、零余额账户用款额度、货币资金”账户，贷记该账户（年初余额调整）

【例 10-51】 广东金融学院（事业单位）上年度使用财政直接支付方式采购的办公用电脑耗材因质量问题予以退回，款项为50 000元。收到代理银行转来财政直接支付资金退回入账通知书，退回相关款项50 000元，电脑耗材已退回。该事业单位的账务处理如下：

借：资金结存——财政应返还额度　　50 000

　贷：财政拨款结转——年初余额调整——一般公共预算财政拨款结转

　　　　——行政运行——基本支出结转——日常公用经费　　50 000

2. 财政拨款结转结余资金调整

（1）按照规定从其他单位调入财政拨款结转资金的，按照实际调增的额度或调入的资金数额，借记“资金结存——财政应返还额度、零余额账户用款额度、货币资金”账户，贷记该账户（归集调入）。

（2）按照规定向其他单位调出财政拨款结转资金的，按照实际调减的额度或调出的资金数额，借记该账户（归集调出），贷记“资金结存——财政应返还额度、零余额账户用款额度、货币资金”账户。

（3）按照规定上缴财政拨款结转资金或注销财政拨款结转资金额度的，按照实际上缴资金数额或注销的资金额度，借记该账户（归集上缴），贷记“资金结存——财政应返还额度、零余额账户用款额度、货币资金”账户。

（4）经财政部门批准对财政拨款结余资金改变用途，调整用于本单位基本支出或其他未完成项目支出的，按照批准调剂的金额，借记“财政拨款结余——单位内部调剂”账户，贷记该账户（单位内部调剂）。

【例 10-52】 广东金融学院（事业单位）代理银行转来财政授权支付通知书，收到主管部门从其他单位调入的财政拨款结转资金200 000元，用于当年办公大楼的修缮。该事业单位的账务处理如下：

借：资金结存——零余额账户用款额度　　200 000

　贷：财政拨款结转——归集调入——一般公共预算财政拨款结转

　　　　——一般行政管理事务——项目支出结转

　　　　——办公楼修缮　　200 000

【例 10-53】 广东金融学院（事业单位）按主管部门的规定，将40 000元的财政拨款结转资金调出给某小学用于校舍维修。款项已通过银行转账。该事业单位的账务处理如下：

借:财政拨款结转——归集调出——一般公共预算财政拨款结转
——一般行政管理事务——项目支出结转——校舍维修
40 000
贷:资金结存——货币资金 40 000

【例 10-54】 某事业单位将使用新菜地开发建设基金安排的 3 年尚未使用的新技术引进支出的结转资金200 000元上缴财政部门,并核销相应的财政应返还额度。该事业单位的账务处理如下:

借:财政拨款结转——归集上缴——政府性基金预算财政拨款结转
——新菜地开发建设基金——项目支出结转
——技术培训与推广 200 000
贷:资金结存——财政应返还额度 200 000

【例 10-55】 某事业单位经财政部门批准,上年完成的开发新菜地工程项目结余资金50 000元转入改造老菜地工程。该事业单位的账务处理如下:

借:财政拨款结余——单位内部调剂——政府性基金预算财政拨款结转
——新菜地开发建设基金——项目支出结余
——开发新菜地工程 50 000
贷:财政拨款结转——单位内部调剂——政府性基金预算财政拨款结转
——新菜地开发建设基金——项目支出结转——改造老菜地工程
50 000

3. 年末财政拨款结转和结余

(1) 年末,将财政拨款预算收入本年发生额转入该账户,借记"财政拨款预算收入"账户,贷记该账户(本年收支结转);将各项支出中财政拨款支出本年发生额转入该账户,借记该账户(本年收支结转),贷记各项支出(财政拨款支出)账户。

(2) 年末冲销有关明细账户余额。将该账户(本年收支结转、年初余额调整、归集调入,归集调出、归集上缴、单位内部调剂)余额转入该账户(累计结转)。结转后,该账户除"累计结转"明细账户外,其他明细账户应无余额。

(3) 年末完成上述结转后,应当对财政拨款结转各明细项目执行情况进行分析,按照有关规定将符合财政拨款结余性质的项目余额转入财政拨款结余,借记该账户(累计结转),贷记"财政拨款结余——结转转入"账户。

【例 10-56】 某事业单位 2019 年 12 月 31 日财政拨款预算收入明细账户金额如表 10-6所示。

表 10-6 财政拨款预算收入明细账户金额 单位:元

一级明细账户	二级明细账户	三级明细账户	四级明细账户	本年发生额
一般公共预算财政拨款	行政运行	基本支出	人员经费	6 400 000
			公共经费	1 400 000
	一般行政管理事务	项目支出	办公楼修缮	200 000

（续表）

一级明细账户	二级明细账户	三级明细账户	四级明细账户	本年发生额
政府性基金预算财政拨款	新菜地开发建设基金	项目支出	开发新菜地工程	200 000
			改造老菜地工程	100 000
			设备购置	300 000

年末结转时，该事业单位的账务处理如下：

借：财政拨款预算收入——一般公共预算财政拨款——行政运行
　　——基本支出——人员经费　6 400 000
　　——公用经费　1 400 000
　　——一般行政管理事务——项目支出
　　　　——办公楼修缮　200 000
　　——政府性基金预算财政拨款——新菜地开发
　　建设基金——项目支出——开发新地工程　200 000
　　——改造老地工程　100 000
　　——设备购置　300 000

贷：财政拨款结转——本年收支结转
　　一般公共预算财政拨款——行政运行——基本支出结转
　　　　——人员经费　6 400 000
　　——公用经费　1 400 000
　　——一般行政管理事务——项目支出结转
　　　　——办公楼修缮　200 000
　　——政府性基金预算财政拨款——新菜地
　　开发建设基金——项目支出结转
　　　　——开发新菜地工程　200 000
　　——改造老菜地工程　100 000
　　——设备购置　300 000

【例 10-57】 某事业单位 2019 年 12 月 31 日事业支出明细账户金额如表 10-7 所示。

表 10-7　　事业支出明细账户金额

2019 年 12 月 31 日　　单位：元

一级明细账户	二级明细账户	三级明细账户	四级明细账户	五级明细账户	本年发生额
财政拨款支出	一般公共预算财政拨款	行政运行	基本支出	人员经费	6 350 000
				办公经费	1 380 000
		一般行政管理事务	项目支出	办公楼修缮	150 000
	政府性基金预算财政拨款	新菜地开发建设基金		开发新菜地工程	190 000
				改造老菜地工程	80 000
				设备购置	300 000

（续表）

一级明细账户	二级明细账户	三级明细账户	四级明细账户	五级明细账户	本年发生额
非财政专项资金支出	一般行政管理事务				300 000
其他资金支出					250 000

该事业单位的账务处理如下：

借：财政拨款结转——本年收支结转——一般公共预算财政拨款结转
——行政运行——基本支出结转——人员经费　　6 350 000
——公用经费　　1 380 000
——一般行政管理事务——项目支出结转
——办公楼修缮　　150 000
——政府性基金预算财政拨款结转——新菜地开发建设基金——项目支出结转——开发新菜地工程　　190 000
——改造老菜地工程　　80 000
——设备购置　　300 000
非财政拨款结转——一般行政管理事务——办公楼修缮　　300 000
其他结余　　250 000
贷：事业支出　　9 000 000

【例 10-58】 承[例 10-57]，该事业单位的开发新菜地工程和改造老菜地工程项目均已完工。按规定将两个项目的财政拨款结转资金10 000元和20 000元转入财政拨款结余。该事业单位的账务处理如下：

借：财政拨款结转——累计结转——政府性基金预算财政拨款结转
——新菜地开发建设基金——项目支出结转——开发新菜地工程10 000
——改造老菜地工程　　20 000
贷：财政拨款结余——结转转入——政府性基金预算财政拨款结余
——新菜地开发建设基金——项目支出结余——开发新菜地工程 10 000
——改造老菜地工程　　20 000

【例 10-59】 年末，某事业单位财政拨款结转科目除了累计结转外，各一级明细账户余额（其他级明细账户余额从略）如表 10 - 8 所示。

表 10-8　　年末财政拨款结转科目各一级明细账户余额　　单位：元

一级明细账户	年初余额调整	归集调入	归集调出	归集上缴	单位内部调剂	本年收支结转
借方余额			80 000	120 000		
贷方余额	50 000	200 000			60 000	100 000

年末结转时，该事业单位的账务处理如下：

借:财政拨款结转——年初余额调整 50 000
——归集调入 200 000
——单位内部调剂 60 000
——本年收支结转 100 000
贷:财政拨款结转——累计结转 210 000
——归集调出 80 000
——归集上缴 120 000

三、财政拨款结余

(一) 财政拨款结余的概念

财政拨款结余是指政府单位调整、结转和滚存的同级财政拨款项目支出结余资金。

调整主要包括因会计差错更正、以前年度支出收回引起的年初余额调整、按照规定上缴财政拨款结余资金,以及经财政部门批准改变用途调整用于本单位其他未完成项目等的财政拨款结余资金。

结余是指当年政府单位已经完成项目的财政拨款预算收入减去财政拨款项目支出后的差额,具体包括:项目完成形成的结余;由于受政策变化、计划调整等因素的影响,项目终止、撤销形成的结余;对某一预算年度安排的项目支出连续 2 年未使用或者连续 3 年仍未使用完形成的剩余资金等。

(二) 财政拨款结余核算的账户设置

为了核算取得的同级财政拨款项目支出结余资金的调整、结转和滚存情况,政府单位应设置"财政拨款结余"账户。该账户年末贷方余额反映单位滚存的财政拨款结余资金数额。

"财政拨款结余"账户应当设置下列明细账户。

1. 与会计差错更正、以前年度支出收回相关的明细账户

"年初余额调整"明细账户:用于核算因发生会计差错更正、以前年度支出收回等原因,需要调整财政拨款结余的金额。年末结账后,该明细账户应无余额。

2. 与财政拨款结余资金调整业务相关的明细账户

(1)"归集上缴"明细账户:用于核算按照规定上缴财政拨款结余资金时,实际核销的额度或上缴的资金数额。年末结账后,该明细账户应无余额。

(2)"单位内部调剂"明细账户:用于核算经财政部门批准对财政拨款结余资金改变用途,调整用于本单位其他未完成项目等的调整金额。年末结账后,该明细账户应无余额。

3. 与年末财政拨款结余业务相关的明细账户

(1)"结转转入"明细账户:用于核算单位按照规定转入财政拨款结余的财政拨款结转资金。年末结账后,该明细账户应无余额。

(2)"累计结余"明细账户:用于核算单位滚存的财政拨款结余资金。该明细账户年末贷方余额反映单位财政拨款滚存的结余资金数额。

"财政拨款结余"账户还应当按照具体项目、《政府收支分类科目》中"支出功能分类科目"的相关科目等进行明细核算。有一般公共预算财政拨款、政府性基金预算财政拨款等两

种或两种以上财政拨款的，还应当在该账户下按照财政拨款的种类进行明细核算。

财政拨款结余的账户设置如表 10－9 所示。

表 10-9　　财政拨款结余的账户设置

总账账户	一级明细账户	二级明细账户	三级明细账户	四级明细账户
财政拨款结余	年初余额调整	一般公共预算财政拨款结转	支出功能分类项级科目	××项目
				××项目
		政府性基金预算财政拨款结转		××项目
				××项目
	归集调入	一般公共预算财政拨款结转	支出功能分类项级科目	××项目
				××项目
		政府性基金预算财政拨款结转		××项目
				××项目
	单位内部调剂	一般公共预算财政拨款结转	支出功能分类项级科目	××项目
				××项目
		政府性基金预算财政拨款结转		××项目
				××项目
	结转转入	一般公共预算财政拨款结转	支出功能分类项级科目	××项目
				××项目
		政府性基金预算财政拨款结转		××项目
				××项目
	累计结转	一般公共预算财政拨款结转	支出功能分类项级科目	××项目
				××项目
		政府性基金预算财政拨款结转		××项目
				××项目

（三）财政拨款结余的主要账务处理

1. 会计差错更正、以前年度支出收回

（1）因发生会计差错更正退回以前年度国库直接支付、授权支付款项或财政性货币资金，或者因发生会计差错更正增加以前年度国库直接支付、授权支付支出或财政性货币资金支出，属于以前年度财政拨款结余资金的，借记或贷记“资金结存——财政应返还额度、零余额账户用款额度、货币资金”账户，贷记或借记该账户（年初余额调整）。

（2）因购货退回、预付款项收回等发生以前年度支出又收回国库直接支付、授权支付款项或收回财政性货币资金，属于以前年度财政拨款结余资金的，借记“资金结存——财政应返还额度、零余额账户用款额度、货币资金”账户，贷记该账户（年初余额调整）。

【例 10-60】 某事业单位检查上年度已完成的开发新菜地工程项目，年初发现上年列支的一笔支出不当，有关资金使用者已经将该笔支出资金280 000元退回单位零余额账户。该事业单位的账务处理如下：

借：资金结存——财政应返还额度　　280 000

　贷：财政拨款结余——年初余额调整——政府性基金预算财政拨款结余——新菜地开发建设基金——开发新菜地工程　　280 000

2. 财政拨款结余资金调整

（1）经财政部门批准对财政拨款结余资金改变用途，调整用于本单位基本支出或其他未完成项目支出的，按照批准调剂的金额，借记该账户（单位内部调剂），贷记"财政拨款结转——单位内部调剂"账户。

（2）按照规定上缴财政拨款结余资金或注销财政拨款结余资金额度的，按照实际上缴资金数额或注销的资金额度，借记该账户（归集上缴），贷记"资金结存——财政应返还额度、零余额账户用款额度、货币资金"账户。

【例 10-61】 某事业单位检查上年度已完成的老菜地改造工程项目，发现该项目上年结余资金50 000元，按财政部门要求必须上交。该事业单位收到代理银行通知已扣减零余额账户用款额度。该事业单位的账务处理如下：

借：财政拨款结余——归集上缴——政府性基金预算财政拨款结余——新菜地开发建设基金——老菜地改造工程　　50 000

　贷：资金结存——零余额账户用款额度　　50 000

3. 年末财政拨款结转和结余

（1）年末，对财政拨款结转各明细项目执行情况进行分析，按照有关规定将符合财政拨款结余性质的项目余额转入财政拨款结余，借记"财政拨款结转——累计结转"账户，贷记该账户（结转转入）。相关举例见[例 10-58]。

（2）年末冲销有关明细账户余额。将该账户（年初余额调整、归集上缴、单位内部调剂、结转转入）余额转入该账户（累计结余）。结转后，该账户除"累计结余"明细账户外，其他明细账户应无余额。

【例 10-62】 年末，某事业单位"财政拨款结余"账户除了"累计结余"明细账户外，各一级明细账户余额（其他级明细账户余额从略）如表 10－10 所示。

表 10-10　某事业单位年末财政拨款结余各一级明细账户余额　　单位：元

一级明细账户	年初余额调整	归集上缴	单位内部调剂	结转转入
借方余额		50 000	20 000	
贷方余额	280 000			40 000

该事业单位的账务处理如下：

借：财政拨款结余——年初余额调整　　280 000

　　　　　　　　——结转转入　　40 000

　贷：财政拨款结余——累计结余　　250 000

　　　　　　　　　——归集上缴　　50 000

　　　　　　　　　——单位内部调剂　　20 000

四、其他资金结转结余

其他资金结转结余是政府单位除了财政拨款结转结余以外的各项非财政拨款预算收入和非财政拨款支出相抵以后的差额，包括其他结余、经营结余、专用结余、非财政拨款结转、非财政拨款结余。

（一）其他结余

其他结余是指政府单位本年度除财政拨款收支、非同级财政专项资金收支和经营收支以外各项收支相抵后的余额。

为了核算本年度除财政拨款收支、非同级财政专项资金收支和经营收支以外各项收支相抵后的余额，政府单位应设置“其他结余”账户。年末结账后，该账户应无余额。其他结余的主要账务处理如下：

(1) 年末，将事业预算收入、上级补助预算收入、附属单位上缴预算收入、非同级财政拨款预算收入、债务预算收入、其他预算收入本年发生额中的非专项资金收入以及投资预算收益本年发生额转入该账户，借记“事业预算收入”“上级补助预算收入”“附属单位上缴预算收入”“非同级财政拨款预算收入”“债务预算收入”“其他预算收入”账户下各非专项资金收入明细账户和“投资预算收益”账户，贷记该账户（“投资预算收益”账户本年发生额为借方净额时，借记该账户，贷记“投资预算收益”账户）；将行政支出、事业支出、其他支出本年发生额中的非同级财政、非专项资金支出，以及上缴上级支出、对附属单位补助支出、投资支出、债务还本支出本年发生额转入该账户，借记该账户，贷记“行政支出”“事业支出”“其他支出”账户下各非同级财政、非专项资金支出明细账户和“上缴上级支出”“对附属单位补助支出”“投资支出”“债务还本支出”账户。

(2) 年末，完成上述结转后，行政单位将该账户余额转入“非财政拨款结余——累计结余”账户；事业单位将该账户余额转入“非财政拨款结余分配”账户。当该账户为贷方余额时，借记该账户，贷记“非财政拨款结余——累计结余”或“非财政拨款结余分配”账户；当该账户为借方余额时，借记“非财政拨款结余——累计结余”或“非财政拨款结余分配”账户，贷记该账户。

【例 10-63】 年末，某事业单位除了财政拨款预算收入外的各项预算收入和预算支出本年发生额如表 10-11 所示。

表 10-11　　年末各项预算收入和预算支出本年发生额　　单位：元

预算收入账户名称	贷方发生额	预算支出账户名称	借方发生额
事业预算收入	11 820 000	事业支出	9 360 000
其中：专项资金收入——办公楼扩建	500 000	其中：财政拨款支出	5 600 000
上级补助预算收入	500 000	非财政专项资金支出——办公楼扩建	135 000
其中：专项资金收入——办公楼扩建	100 000	其他资金支出	2 410 000
附属单位上缴预算收入	200 000	经营支出	157 500

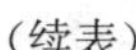
（续表）

预算收入账户名称	贷方发生额	预算支出账户名称	借方发生额
其中：专项资金收入——办公楼扩建	200 000	上缴上级支出	20 000
经营预算收入	400 000	对附属单位补助支出	460 000
债务预算收入	500 000	投资支出	100 000
其中：专项资金收入——办公楼扩建	300 000	债务还本支出	2 500 000
非同级财政拨款预算收入	300 000	其他支出	1 250 000
其中：专项资金收入——办公楼扩建	200 000	其中：财政拨款支出	50 000
投资预算收益	5 000	非财政专项资金支出——办公楼扩建	350 000
其他预算收入	2 040 000	——新技术引进	600 000
其中：专项资金收入——办公楼扩建	500 000	其他资金支出	250 000
——新技术引进	800 000		

年末结转时，该事业单位的账务处理如下：

·结转本年度非专项资金收支时：

借：事业预算收入——其他资金收入　　11 320 000
　　上级补助预算收入——非专项资金收入　　400 000
　　债务预算收入——非专项资金收入　　200 000
　　非同级财政拨款预算收入——非专项资金收入　　100 000
　　投资预算收益　　5 000
　　其他预算收入——其他资金收入　　740 000
　　贷：其他结余　　12 765 000

借：其他结余　　5 740 000
　　贷：事业支出——其他资金支出　　2 410 000
　　　　上缴上级支出　　20 000
　　　　对附属单位补助支出　　460 000
　　　　投资支出　　100 000
　　　　债务还本支出　　2 500 000
　　　　其他支出——其他资金支出　　250 000

·结转"其他结余"账户余额时：

借：其他结余　　7 025 000
　　贷：非财政拨款结余分配　　7 025 000

（二）经营结余

经营结余是指事业单位本年度经营活动收支相抵后余额弥补以前年度经营亏损后的余额。

为了核算本年度经营活动收支相抵后余额弥补以前年度经营亏损后的余额，事业单位应设置"经营结余"账户。该账户可以按照经营活动类别进行明细核算。年末结账后，该账户一般无余额；如为借方余额，反映事业单位累计发生的经营亏损。

经营结余的主要账务处理如下：

(1) 年末，将经营预算收入本年发生额转入该账户，借记“经营预算收入”账户，贷记该账户；将经营支出本年发生额转入该账户，借记该账户，贷记“经营支出”账户。

(2) 年末，完成上述结转后，如该账户为贷方余额，将该账户贷方余额转入“非财政拨款结余分配”账户，借记该账户，贷记“非财政拨款结余分配”账户；如该账户为借方余额，为经营亏损，不予结转。

【例 10-64】 承[例 10-63]，对本年度经营收支，该事业单位的账务处理如下：

· 结转本年度经营收支时：

借：经营预算收入　　400 000

　贷：经营结余　　400 000

借：经营结余　　157 500

　贷：经营支出　　157 500

· 结转“经营结余”账户余额时：

借：经营结余　　242 500

　贷：非财政拨款结余分配　　242 500

(三) 专用结余

专用结余是指事业单位按照规定从非财政拨款结余中提取的具有专门用途的资金。

为了按照规定从非财政拨款结余中提取的具有专门用途的资金的变动和滚存情况，事业单位应设置“专用结余”账户。该账户应当按照专用结余的类别进行明细核算。该账户年末贷方余额反映事业单位从非同级财政拨款结余中提取的专用基金的累计滚存数额。

(1) 根据有关规定从本年度非财政拨款结余或经营结余中提取基金的，按照提取金额，借记“非财政拨款结余分配”账户，贷记该账户。

(2) 根据规定使用从非财政拨款结余或经营结余中提取的专用基金时，按照使用金额，借记该账户，贷记“资金结存——货币资金”账户。

【例 10-65】 承[例 10-63]和[例 10-64]，年末，该事业单位按照经营结余242 500元和其他结余7 025 000元的 20%计提职工福利基金。该事业单位的账务处理如下：

职工福利基金＝(242 500＋7 025 000)×20%＝1 453 500(元)

借：非财政拨款结余分配　　1 453 500

　贷：专用结余　　1 453 500

【例 10-66】 某事业单位从职工福利基金中开支180 700元用于职工集体福利项目。该事业单位的账务处理如下：

借：专用结余　　1 807 000

　贷：资金结存——货币资金　　1 807 000

(四) 非财政拨款结转

1. 非财政拨款结转的概念

非财政拨款结转是指政府单位调整、结转和滚存的除财政拨款收支、经营收支以外各非同级财政拨款专项资金。其中，调整主要包括因发生会计差错更正、以前年度支出收回等原因的年初余额调整、按照规定缴回非财政拨款结转资金、按照规定政府单位从取得的科研项目预算收入中计提的项目间接费用或管理费。结转是指政府单位财政拨款收支、经营收支以外各非同级财政拨款专项资金收入与其相关支出相抵后的余额。

2. 非财政拨款结转核算的账户设置

为了核算除财政拨款收支、经营收支以外各非同级财政拨款专项资金的调整、结转和滚存情况，政府单位应设置"非财政拨款结转"账户。该账户年末贷方余额反映单位滚存的非同级财政拨款专项结转资金数额。

"非财政拨款结转"账户应当设置下列明细账户：

(1) "年初余额调整"明细账户：用于核算因发生会计差错更正、以前年度支出收回等原因，需要调整非财政拨款结转的资金。年末结账后，该明细账户应无余额。

(2) "缴回资金"明细账户：用于核算按照规定缴回非财政拨款结转资金时，实际缴回的资金数额。年末结账后，该明细账户应无余额。

(3) "项目间接费用或管理费"明细账户：用于核算单位取得的科研项目预算收入中按照规定计提项目间接费用或管理费的数额。年末结账后，该明细账户应无余额。

(4) "本年收支结转"明细账户：用于核算单位本年度非同级财政拨款专项收支相抵后的余额。年末结账后，该明细账户应无余额。

(5) "累计结转"明细账户：用于核算单位滚存的非同级财政拨款专项结转资金。该明细账户年末贷方余额反映单位非同级财政拨款滚存的专项结转资金数额。"非财政拨款结转"账户还应当按照具体项目、《政府收支分类科目》中"支出功能分类科目"的相关科目等进行明细核算。

非财政拨款结转的账户设置如表 10-12 所示。

表 10-12　　非财政拨款结转的账户设置

总账账户	一级明细账户	二级明细账户	三级明细账户
非财政拨款结转	年初余额调整	支出功能分类科目项级科目	××项目
			××项目
			××项目
	缴回资金	支出功能分类科目项级科目	××项目
			××项目
			××项目
	项目间接费用或管理费	支出功能分类科目项级科目	××项目
			××项目
			××项目
	本年收支结转	支出功能分类科目项级科目	××项目
			××项目
			××项目

（续表）

总账账户	一级明细账户	二级明细账户	三级明细账户
非财政拨款结转	累计结转	支出功能分类科目 项级科目	××项目
			××项目
			××项目

3. 非财政拨款结转的主要账务处理

(1) 按照规定从科研项目预算收入中提取项目间接费用或管理费时，按照提取金额，借记该账户(项目间接费用或管理费)，贷记“非财政拨款结余——项目间接费用或管理费”账户。

(2) 因会计差错更正收到或支出非同级财政拨款货币资金，属于非财政拨款结转资金的，按照收到或支出的金额，借记或贷记“资金结存——货币资金”账户，贷记或借记该账户(年初余额调整)。

因收回以前年度支出等收到非同级财政拨款货币资金，属于非财政拨款结转资金的，按照收到的金额，借记“资金结存——货币资金”账户，贷记该账户(年初余额调整)。

(3) 按照规定缴回非财政拨款结转资金的，按照实际缴回资金数额，借记该账户(缴回资金)，贷记“资金结存——货币资金”账户。

(4) 年末，将事业预算收入、上级补助预算收入、附属单位上缴预算收入、非同级财政拨款预算收入、债务预算收入、其他预算收入本年发生额中的专项资金收入转入该账户，借记“事业预算收入”“上级补助预算收入”“附属单位上缴预算收入”“非同级财政拨款预算收入”“债务预算收入”“其他预算收入”账户下各专项资金收入明细账户，贷记该账户(本年收支结转)；将行政支出、事业支出、其他支出本年发生额中的非财政拨款专项资金支出转入该账户、借记该账户(本年收支结转)，贷记“行政支出”“事业支出”“其他支出”账户下各非财政拨款专项资金支出明细账户。

(5) 年末冲销有关明细账户余额。将该账户(年初余额调整、项目间接费用或管理费、缴回资金、本年收支结转)余额转入该账户(累计结转)。结转后，该账户除“累计结转”明细账户外，其他明细账户应无余额。

(6) 年末完成上述结转后，应当对非财政拨款专项结转资金各项目情况进行分析，将留归本单位使用的非财政拨款专项(项目已完成)剩余资金转入非财政拨款结余，借记该账户(累计结转)，贷记“非财政拨款结余——结转转入”账户。

【例 10-67】 承[例 10-63]，该事业单位除了财政拨款预算收入外的各项预算收入和预算支出本年发生额资料。假设该单位非财政拨款结转没有发生年初余额调整和缴回资金事项，办公楼当年扩建年初开工年底完成，其结余资金留归本单位。假设事业预算收入中含有科研项目预算收入2 000 000元，按规定从科研项目预算收入中提取 3%的项目管理费。根据上述资料，该事业单位的账务处理如下：

· 从科研项目预算收入提取管理费时：

借：非财政拨款结转——项目间接费用或管理费　　60 000

　　贷：非财政拨款结余——项目间接费用或管理费　　60 000

· 结转本年非财政专项资金收支时：

借:事业预算收入——专项资金收入 500 000
　上级补助预算收入——专项资金收入 100 000
　附属单位上缴预算收入——专项资金收入 200 000
　债务预算收入——专项资金收入 300 000
　非同级财政拨款预算收入——专项资金收入 200 000
　其他预算收入——专项资金收入 1 300 000
　贷:非财政拨款结转——本年收支结转 2 600 000

借:非财政援款结转——本年收支结转 2 300 000
　贷:事业支出——非财政专项资金支出 1 350 000
　　其他支出——非财政专项资金支出 950 000

·结转已完工项目留归本单位结余资金时:

借:非财政拨款结转——累计结转 100 000
　贷:非财政拨款结余——结转转入 100 000

·冲销有关明细账户余额时:

借:非财政拨款结转——本年收支结转 300 000
　贷:非财政拨款结转——项目间接费用或管理费 60 000
　　　　　　　　——累计结转 240 000

(五)非财政拨款结余

1. 非财政拨款结余的概念

非财政拨款结余是指政府单位历年滚存的非限定用途的非同级财政拨款结余资金,主要为非财政拨款结余扣除结余分配后滚存的金额。即非财政拨款结余是政府单位除财政拨款收支、经营收支以外的各非专项资金收入与各非专项资金支出相抵后的余额。

2. 非财政拨款结余核算的账户设置

为了核算历年滚存的非限定用途的非同级财政拨款结余资金,政府单位应设置"非财政拨款结余"账户。该账户年末贷方余额反映单位非同级财政拨款结余资金的累计滚存数额。

"非财政拨款结余"账户应当设置下列明细账户:

(1)"年初余额调整"明细账户:用于核算因发生会计差错更正、以前年度支出收回等原因,需要调整非财政拨款结余的资金。年末结账后,该明细账户应无余额。

(2)"项目间接费用或管理费"明细账户:用于核算单位取得的科研项目预算收入中,按照规定计提的项目间接费用或管理费。年末结账后,该明细账户应无余额。

(3)"结转转入"明细账户:用于核算按照规定留归单位使用,由单位统筹调配,纳入单位非财政拨款结余的非同级财政拨款专项剩余资金。年末结账后,该明细账户应无余额。

(4)"累计结余"明细账户:用于核算单位历年滚存的非同级财政拨款、非专项结余资金。该明细账户年末贷方余额反映单位非同级财政拨款滚存的非专项结余资金数额。"非财政拨款结余"科目还应当按照《政府收支分类科目》中"支出功能分类科目"的相关科目进行明细核算。

非财政拨款结余的账户设置如表 10-13 所示。

表 10-13　　非财政拨款结余的账户设置

总账账户	一级明细账户	二级明细账户
非财政拨款结余	年初余额调整	支出功能分类项级科目
	项目间接费用或管理费	支出功能分类项级科目
	结转转入	支出功能分类项级科目
	累计结余	支出功能分类项级科目

3. 非财政拨款结余的主要账务处理

(1) 按照规定从科研项目预算收入中提取项目间接费用或管理费时,借记"非财政拨款结转——项目间接费用或管理费"账户,贷记该账户(项目间接费用或管理费)。举例见[例 10-67]。

(2) 有企业所得税缴纳义务的事业单位实际缴纳企业所得税时,按照缴纳金额,借记该账户(累计结余),贷记"资金结存——货币资金"账户。

【例 10-68】 承[例 10-67],若该事业单位本年度实际缴纳所得税20 000元。该事业单位的账务处理如下:

借:非财政拨款结余——累计结余　　20 000

　贷:资金结存——货币资金　　20 000

(3) 因会计差错更正收到或支出非同级财政拨款货币资金,属于非财政拨款结余资金的,按照收到或支出的金额,借记或贷记"资金结存——货币资金"账户,贷记或借记该账户(年初余额调整)。

因收回以前年度支出等收到非同级财政拨款货币资金,属于非财政拨款结余资金的,按照收到的金额,借记"资金结存——货币资金"账户,贷记该账户(年初余额调整)。

(4) 年末,将留归本单位使用的非财政拨款专项(项目已完成)剩余资金转入该账户,借记"非财政拨款结转——累计结转"账户,贷记该账户(结转转入)。相关举例见[例 10-67]。

(5) 年末,冲销有关明细账户余额。将该账户(年初余额调整、项目间接费用或管理费、结转转入)余额结转入该账户(累计结余)。结转后,该账户除"累计结余"明细账户外,其他明细账户应无余额。

【例 10-69】 承[例 10-67],年末,该事业单位冲销有关明细账户余额的账务处理如下:

借:非财政拨款结余——项目间接费用或管理费　　60 000

　　　　　　　　——结转转入　　100 000

　贷:非财政拨款结余——累计结余　　160 000

(6) 年末,事业单位将"非财政拨款结余分配"账户余额转入"非财政拨款结余"账户。"非财政拨款结余分配"账户为借方余额的,借记该账户(累计结余),贷记"非财政拨款结余分配"账户;"非财政拨款结余分配"账户为贷方余额的,借记"非财政拨款结余分配"账户,贷记该账户(累计结余)。

年末,行政单位将"其他结余"账户余额转入"非财政拨款结余"账户。"其他结余"账户为借方余额的,借记该账户(累计结余),贷记"其他结余"账户;"其他结余"账户为贷方余额的,借记"其他结余"账户,贷记该账户(累计结余)。

五、非财政拨款结余分配

为了核算本年度非财政拨款结余分配的情况和结果，事业单位应设置“非财政拨款结余分配”账户。年末结账后，该账户应无余额。

(1) 年末，将“其他结余”账户余额转入该账户，当“其他结余”账户为贷方余额时，借记“其他结余”账户，贷记该账户；当“其他结余”账户为借方余额时，借记该账户，贷记“其他结余”账户。举例见[例10-63]。

年末，将“经营结余”账户贷方余额转入该账户，借记“经营结余”账户，贷记该账户。举例参见[例10-64]。

(2) 根据有关规定提取专用基金的，按照提取的金额，借记该账户，贷记“专用结余”账户。相关举例见[例10-65]。

(3) 年末，按照规定完成上述两项的处理后，将该账户余额转入非财政拨款结余。当该账户为借方余额时，借记“非财政拨款结余——累计结余”账户，贷记该账户；当该账户为贷方余额时，借记该账户，贷记“非财政拨款结余——累计结余”账户。

【例10-70】 承[例10-63]至[例10-65]，年末，该事业单位在结转“经营结余”和“其他结余”以及提取职工福利基金后，“非财政拨款结余分配”账户贷方余额为5 814 000元(242 500＋702 500－1 453 500)。该事业单位的账务处理如下：

借：非财政拨款结余分配　　5 814 000

　　贷：非财政拨款结余——累计结余　　5 814 000

第四节　政府单位预算会计报表

一、预算会计报表概述

(一) 预算会计报表的构成

政府单位预算会计报表是综合反映政府单位年度预算收支执行结果的文件，应当包括决算报表和其他应当在决算报告中反映的相关信息和资料。决算报表主要包括预算收入支出表、预算结转结余变动表和财政拨款预算收入支出表，均按照年度编制。政府单位财务报表的经济内容分类和编制时间分类如表10－14所示。

表10-14　　政府单位财务报表的经济内容分类和编制时间分类

编号	报表名称	编制期
会政预01表	预算收入支出表	年度
会政预02表	预算结转结余变动表	年度
会政预03表	财政拨款预算收入支出表	年度

（二）预算会计报表的编制要求

政府单位编制预算会计报表应遵循以下要求：

(1) 预算会计报表的编制主要以收付实现制为基础，以单位预算会计核算生成的数据为准。

(2) 预算会计报表至少应包括预算收入支出表、预算结转结余变动表和财政拨款预算收入支出表。

(3) 政府单位应当至少按照年度编制预算会计报表。

(4) 政府单位应当根据《政府单位会计制度》规定编制真实、完整的预算会计报表，不得违反该制度规定随意改变预算会计报表的编制基础、编制依据、编制原则和方法，不得随意改变该制度规定的预算会计报表有关数据的会计口径。

(5) 预算会计报表应当根据登记完整、核对无误的账簿记录和其他有关资料编制，做到数字真实、计算准确、内容完整、编报及时。

(6) 预算会计报表应当由单位负责人和主管会计工作的负责人、会计机构负责人（会计主管人员）签名并盖章。

二、预算收入支出表

（一）预算收入支出表的内容和结构

1. 预算收入支出表的内容

预算收入支出表是反映政府单位在某一会计年度内各项预算收入、预算支出和预算收支差额的情况的报表，是政府单位主要预算会计报表之一，属于动态报表。预算收入支出表可以反映政府单位在某一会计期间内的各项预算收入实现、预算支出的耗费和预算收支差额情况。预算收入支出表只按照年度编制。

2. 预算收入支出表的结构

预算收入支出表应当按照本年预算收入、本年预算支出和本年预算收支差额分项列示。本年预算收入主要反映财政拨款预算收入、事业预算收入、上级补助预算收入、附属单位上缴预算收入、经营预算收入、债务预算收入、非同级财政拨款预算收入、投资预算收益、其他预算收入、捐赠预算收入、租金预算收入；本年预算支出主要反映行政支出、事业支出、经营支出、上缴上级支出、对附属单位补助支出、投资支出、债务还本支出和其他支出；本年预算收支差额是本年预算收入减去本年预算支出后的差额。

预算收入支出表各项则分为“本年数”和“上年数”两栏填列，其目的在于使报表使用者通过比较不同时期的预算收入、预算支出和预算收支差额情况，判断政府单位预算情况的未来发展趋势。

预算收入支出表“本年数”栏反映各项目的本年实际发生数。本表“上年数”栏反映各项目上年度的实际发生数，应当根据上年度预算收入支出表中“本年数”栏内所列数字填列。如果本年度预算收入支出表规定的项目的名称和内容同上年度不一致，应当对上年度预算收入支出表项目的名称和数字按照本年度的规定进行调整，将调整后金额填入本年度预算收入支出表的“上年数”栏。

预算收入支出表基本格式见表 10－15。

（二）预算收入支出表的填列方法

预算收入支出表“本年数”栏各项目的内容和填列方法如下。

1. 本年预算收入

（1）“本年预算收入”项目，反映单位本年预算收入总额。本项目应当根据本表中“财政拨款预算收入”“事业预算收入”“上级补助预算收入”“附属单位上缴预算收入”“经营预算收入”“债务预算收入”“非同级财政拨款预算收入”“投资预算收益”“其他预算收入”项目金额的合计数填列。

（2）“财政拨款预算收入”项目，反映单位本年从同级政府财政部门取得的各类财政拨款。本项目应当根据“财政拨款预算收入”科目的本年发生额填列。其中：

“政府性基金收入”项目，反映单位本年取得的财政拨款收入中属于政府性基金预算拨款的金额。本项目应当根据“财政拨款预算收入”相关明细科目的本年发生额填列。

（3）“事业预算收入”项目，反映事业单位本年开展专业业务活动及其辅助活动取得的预算收入。本项目应当根据“事业预算收入”科目的本年发生额填列。

（4）“上级补助预算收入”项目，反映事业单位本年从主管部门和上级单位取得的非财政补助预算收入。本项目应当根据“上级补助预算收入”科目的本年发生额填列。

（5）“附属单位上缴预算收入”项目，反映事业单位本年收到的独立核算的附属单位按照有关规定上缴的预算收入。本项目应当根据“附属单位上缴预算收入”科目的本年发生额填列。

（6）“经营预算收入”项目，反映事业单位本年在专业业务活动及其辅助活动之外开展非独立核算经营活动取得的预算收入。本项目应当根据“经营预算收入”科目的本年发生额填列。

（7）“债务预算收入”项目，反映事业单位本年按照规定从金融机构等借入的、纳入部门预算管理的债务预算收入。本项目应当根据“债务预算收入”科目的本年发生额填列。

（8）“非同级财政拨款预算收入”项目，反映单位本年从非同级政府财政部门取得的财政拨款。本项目应当根据“非同级财政拨款预算收入”科目的本年发生额填列。

（9）“投资预算收益”项目，反映事业单位本年取得的按规定纳入单位预算管理的投资收益。本项目应当根据“投资预算收益”科目的本年发生额填列。

（10）“其他预算收入”项目，反映单位本年取得的除上述收入以外的纳入单位预算管理的各项预算收入。本项目应当根据“其他预算收入”科目的本年发生额填列。其中：

“利息预算收入”项目，反映单位本年取得的利息预算收入。本项目应当根据“其他预算收入”科目的明细记录分析填列。单位单设“利息预算收入”科目的，应当根据“利息预算收入”科目的本年发生额填列。

“捐赠预算收入”项目，反映单位本年取得的捐赠预算收入。本项目应当根据“其他预算收入”科目明细账记录分析填列。单位单设“捐赠预算收入”科目的，应当根据“捐赠预算收入”科目的本年发生额填列。

“租金预算收入”项目，反映单位本年取得的租金预算收入。本项目应当根据“其他预算收入”科目明细账记录分析填列。单位单设“租金预算收入”科目的，应当根据“租金预算收入”科目的本年发生额填列。

2. 本年预算支出

（1）“本年预算支出”项目，反映单位本年预算支出总额。本项目应当根据本表中“行政

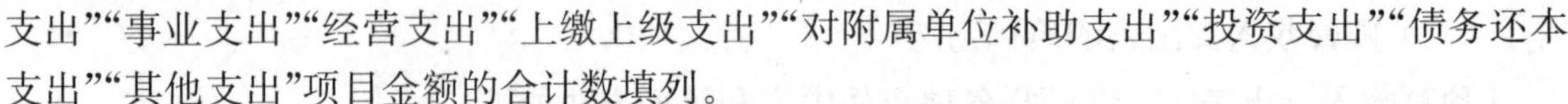

支出”“事业支出”“经营支出”“上缴上级支出”“对附属单位补助支出”“投资支出”“债务还本支出”“其他支出”项目金额的合计数填列。

(2)“行政支出”项目,反映行政单位本年履行职责实际发生的支出。本项目应当根据“行政支出”科目的本年发生额填列。

(3)“事业支出”项目,反映事业单位本年开展专业业务活动及其辅助活动发生的支出。本项目应当根据“事业支出”科目的本年发生额填列。

(4)“经营支出”项目,反映事业单位本年在专业业务活动及其辅助活动之外开展非独立核算经营活动发生的支出。本项目应当根据“经营支出”科目的本年发生额填列。

(5)“上缴上级支出”项目,反映事业单位本年按照财政部门和主管部门的规定上缴上级单位的支出。本项目应当根据“上缴上级支出”科目的本年发生额填列。

(6)“对附属单位补助支出”项目,反映事业单位本年用财政拨款收入之外的收入对附属单位补助发生的支出。本项目应当根据“对附属单位补助支出”科目的本年发生额填列。

(7)“投资支出”项目,反映事业单位本年以货币资金对外投资发生的支出。本项目应当根据“投资支出”科目的本年发生额填列。

(8)“债务还本支出”项目,反映事业单位本年偿还自身承担的纳入预算管理的从金融机构举借的债务本金的支出。本项目应当根据“债务还本支出”科目的本年发生额填列。

(9)“其他支出”项目,反映单位本年除以上支出以外的各项支出。本项目应当根据“其他支出”科目的本年发生额填列。其中:

“利息支出”项目,反映单位本年发生的利息支出。本项目应当根据“其他支出”科目明细账记录分析填列。单位单设“利息支出”科目的,应当根据“利息支出”科目的本年度发生额填列。

“捐赠支出”项目,反映单位本年发生的捐赠支出。本项目应当根据“其他支出”科目的本年发生额填列。单位单设“捐赠支出”科目的,应当根据“捐赠支出”科目的本年发生额填列。

3. 本年预算收支差额

“本年预算收支差额”项目,反映单位本年各项预算收支相抵后的差额。本项目应当根据本表中“本年预算收入”项目金额减去“本年预算支出”项目金额后的金额填列;如相减后金额为负数,以“－”号填列。

【例 10-71】 某事业单位 2019 年度有关预算收入和预算支出科目的本年累计发生数如表 10－15 所示。

表 10-15　　预算收入科目和预算支出科目累计发生额

2019 年度　　单位:元

预算收入科目名称	本年累计发生额	预算支出科目名称	本年累计发生额
财政拨款预算收入	5 800 000	事业支出	9 360 000
其中:政府性基金预算收入	600 000	经营支出	157 500
事业预算收入	11 820 000	上缴上级支出	20 000
上级补助预算收入	500 000	对附属单位补助支出	460 000

（续表）

预算收入科目名称	本年累计发生额	预算支出科目名称	本年累计发生额
附属单位上缴预算收入	200 000	投资支出	100 000
经营预算收入	400 000	债务还本支出	2 500 000
债务预算收入	500 000	其他支出	1 250 000
非同级财政拨款预算收入	300 000	其中：利息支出	30 000
投资预算收益	5 000	捐赠支出	80 000
其他预算收入	2 040 000		
其中：利息预算收入	50 000		
捐赠预算收入	1 460 000		
租金预算收入	500 000		

根据上述资料，编制该事业单位2019年度预算收入支出表，如表10－16所示。

表10-16　　预算收入支出表　　会政预01表

编制单位：××事业单位　　2018年　　单位：元

项目	本年数	上年数
一、本年预算收入	21 565 000	（略）
（一）财政拨款预算收入	5 800 000	
其中：政府性基金收入	600 000	
（二）事业预算收入	11 820 000	
（三）上级补助预算收入	500 000	
（四）附属单位上缴预算收入	200 000	
（五）经营预算收入	400 000	
（六）债务预算收入	500 000	
（七）非同级财政拨款预算收入	300 000	
（八）投资预算收益	5 000	
（九）其他预算收入	2 040 000	
其中：利息预算收入	50 000	
捐赠预算收入	1 460 000	
租金预算收入	500 000	
二、本年预算支出	13 847 500	
（一）行政支出		
（二）事业支出	9 360 000	
（三）经营支出	157 500	

（续表）

项　　目	本年数	上年数
（四）上缴上级支出	20 000	（略）
（五）对附属单位补助支出	460 000	
（六）投资支出	100 000	
（七）债务还本支出	2 500 000	
（八）其他支出	1 250 000	
其中：利息支出	30 000	
捐赠支出	80 000	
三、本年预算收支差额	7 717 500	

（三）本年预算结余和盈余的差异情况说明

为了反映政府单位财务会计和预算会计因核算基础和核算范围不同所产生的本年盈余数与本年预算结余数之间的差异，政府单位应当按照重要性原则，对本年度发生的各类影响收入（预算收入）和费用（预算支出）的业务进行适度归并和分析，披露将年度预算收入支出表中“本年预算收支差额”调节为年度收入费用表中“本期盈余”的信息。有关披露的内容与形式如表 10－17 所示。

表 10-17　　预算结余和盈余的差异情况披露内容与形式　　单位：元

项　　目	金额
一、本年预算结余	
二、差异调节	
（一）重要事项的差异	
加：1. 当期确认为收入但没有确认为预算收入	
（1）应收款项、预算账款确认的收入	
（2）接受非货币性资产捐赠确认的收入	
2. 当期确认为预算支出但没有确认为费用	
（1）支付应付款项、预付账款的支出	
（2）为取得存货、政府储备物资等计入物资成本的支出	
（3）为购建固定资产等的资本性支出	
（4）偿还借款本息支出	
减：1. 当期确认为预算收入但没有确认为收入	
（1）收到应收款项、预收款项确认的预算收入	
（2）取得借款确认的预算收入	
2. 当期确认为费用但没有确认为预算支出	

（续表）

项　　目	金额
(1) 发出存货、政府储备物资等确认的费用	
(2) 计提的折旧费用和摊销费用	
(3) 确认的资产处置费用(处置资产价值)	
(4) 应付款项、预付账款确认的费用	
(二) 其他事项差异	
三、本年盈余(本年收入与费用的差额)	

三、预算结转结余变动表

(一) 预算结转结余变动表的内容和结构

1. 预算结转结余变动表的内容

预算结转结余变动表是反映政府单位在某一会计年度内预算结转结余的变动情况的报表,是政府单位主要会计报表之一,属于动态报表。预算结转结余变动表只编制年度报表。

2. 预算结转结余变动表的结构

预算结转结余变动表按照年初预算结转结余、年初余额调整、本年变动金额、年末预算结转结余分项列示。表中"年末预算结转结余"项目金额等于"年初预算结转结余""年初余额调整""本年变动金额"三个项目的合计数。

此外,为了使报表使用者通过比较不同年度预算结转结余变动表的数据,掌握政府单位预算结转结余各项目变动情况及发展趋势,政府单位需要提供比较预算结转结余变动表,预算结转结余变动表还就各项目再分为"本年数"和"上年数"两栏分别填列。

预算结转结余变动表"本年数"栏反映各项目的本年实际发生数。本表"上年数"栏反映各项目的上年实际发生数,应当根据上年度预算结转结余变动表中"本年数"栏内所列数字填列。如果本年度预算结转结余变动表规定的项目的名称和内容同上年度不一致,应当对上年度预算结转结余变动表项目的名称和数字按照本年度的规定进行调整,将调整后金额填入本年度预算结转结余变动表的"上年数"栏。

预算结转结余变动表的基本格式如表 10 - 19 所示。

(二) 预算结转结余变动表的填列方法

预算结转结余变动表"本年数"栏各项目的内容和填列方法如下。

1. "年初预算结转结余"项目

该项目反映单位本年预算结转结余的年初余额。本项目应当根据本项目下"财政拨款结转结余""其他资金结转结余"项目金额的合计数填列。

(1) "财政拨款结转结余"项目,反映单位本年财政拨款结转结余资金的年初余额。本项目应当根据"财政拨款结转""财政拨款结余"科目本年年初余额合计数填列。

(2) "其他资金结转结余"项目,反映单位本年其他资金结转结余的年初余额。本项目

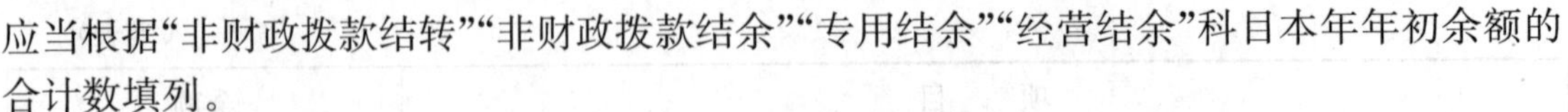

应当根据“非财政拨款结转”“非财政拨款结余”“专用结余”“经营结余”科目本年年初余额的合计数填列。

2.“年初余额调整”项目

该项目反映单位本年预算结转结余年初余额调整的金额。本项应当根据本项目下“财政拨款结转结余”“其他资金结转结余”项目金额的合计数填列。

(1)“财政拨款结转结余”项目，反映单位本年财政拨款结转结余资金的年初余额调整金额。本项目应当根据“财政拨款结转”“财政拨款结余”科目下“年初余额调整”明细科目的本年发生额的合计数填列；如调整减少年初财政拨款结转结余，以“－”号填列。

(2)“其他资金结转结余”项目，反映单位本年其他资金结转结余的年初余额调整金额。本项目应当根据“非财政拨款结转”“非财政拨款结余”科目下“年初余额调整”明细科目的本年发生额的合计数填列；如调整减少年初其他资金结转结余，以“－”号填列。

3.“本年变动金额”项目

该项目反映单位本年预算结转结余变动的金额。本项目应当根据本项目下“财政拨款结转结余”“其他资金结转结余”项目金额的合计数填列。

1)“财政拨款结转结余”项目

该项目反映单位本年财政拨款结转结余资金的变动。本项目应当根据本项目下“本年收支差额”“归集调入”“归集上缴或调出”项目金额的合计数填列。

(1)“本年收支差额”项目，反映单位本年财政拨款资金收支相抵后的差额。本项目计数填列应当根据“财政拨款结转”科目下“本年收支结转”明细科目本年转入的预算收入与预算支出的差额填列；差额为负数的，以“－”号填列。

(2)“归集调入”项目，反映单位本年按照规定从其他单位归集调入的财政拨款结转资金。本项目应当根据“财政拨款结转”科目下“归集调入”明细科目的本年发生额填列。

(3)“归集上缴或调出”项目，反映单位本年按照规定上缴的财政拨款结转结余资金及按照规定向其他单位调出的财政拨款结转资金。本项目应当根据“财政拨款结转”“财政拨款结余”科目下“归集上缴”明细科目，以及“财政拨款结转”科目下“归集调出”明细科目本年发生额的合计数填列；如为负数，以“－”号填列。

2)“其他资金结转结余”项目

该项目反映单位本年其他资金结转结余的变动。本项目应当根据本项目下“本年收支差额”“缴回资金”“使用专用结余”“支付所得税”项目金额的合计数填列。

(1)“本年收支差额”项目，反映单位本年除财政拨款以外的其他资金收支相抵后的差额。本项目应当根据“非财政拨款结转”科目下“本年收支结转”明细科目、“其他结余”科目、“经营结余”科目本年转入的预算收入与预算支出的差额的合计数填列；如为负数，以“－”号填列。

(2)“缴回资金”项目，反映单位本年按照规定缴回的非财政拨款结转资金。本项目应当根据“非财政拨款结转”科目下“缴回资金”明细科目本年发生额的合计数填列；如为负数，以“－”号填列。

(3)“使用专用结余”项目，反映本年事业单位根据规定使用从非财政拨款结余或经营结余中提取的专用基金的金额。本项目应当根据“专用结余”科目明细账中本年使用专用结余业务的发生额填列；如为负数，以“－”号填列。

(4)“支付所得税”项目,反映有企业所得税缴纳义务的事业单位本年实际缴纳的企业所得税金额。本项目应当根据“非财政拨款结余”明细账中本年实际缴纳企业所得税业务的发生额填列;如为负数,以“—”号填列。

4.“年末预算结转结余”项目

该项目反映单位本年预算结转结余的年末余额。本项目应当根据本项目下“财政拨款结转结余”“其他资金结转结余”项目金额的合计数填列。

1)“财政拨款结转结余”项目

该项目反映单位本年财政拨款结转结余的年末余额。本项目应当根据本项目下“财政拨款结转”“财政拨款结余”项目金额的合计数填列。本项目下“财政拨款结转”“财政拨款结余”项目,应当分别根据“财政拨款结转”“财政拨款结余”科目的本年年末余额填列。

2)“其他资金结转结余”项目

该项目反映单位本年其他资金结转结余的年末余额。本项目应当根据本项目下“非财政拨款结转”“非财政拨款结余”“专用结余”“经营结余”项目金额的合计数填列。本项目下“非财政拨款结转”“非财政拨款结余”“专用结余”“经营结余”项目,应当分别根据“非财政拨款结转”“非财政拨款结余”“专用结余”“经营结余”科目的本年年末余额填列。

【例 10-72】 承[例 10-63]至[例 10-68]和[例 10-70],2019 年年末,该事业单位有关净资产科目余额如表 10-18 所示。

表 10-18(1)　　**“财政拨款结转”科目余额**

2019 年度　　单位:元

总账科目	一级明细科目	年初余额	年初余额调整	归集调入	归集调出	归集上缴	本年收支结转	年末余额
财政拨款结转	借方余额				50 000	100 000	—	
	贷方余额	50 000	30 000	100 000			150 000	80 000

表 10-18(2)　　**“财政拨款结余”科目余额**

2019 年度　　单位:元

总账科目	一级明细科目	年初余额	年初余额调整	归集调入	归集调出	归集上缴	结转转入	年末余额
财政拨款结余	借方余额					53 000		
	贷方余额		350 000				100 000	397 000

表 10-18(3)　　**“其他资金结转结余”科目余额**

2019 年度　　单位:元

总账科目	非财政拨款结转	非财政拨款结余	专用结余
年初贷方余额	200 000	800 000	500 000
年初余额调整	0	0	0

根据上述资料,编制该事业单位预算结转结余变动表,如表 10-19 所示。

表 10-19　　　　预算结转结余变动表　　　　会政预 02 表

编制单位：×事业单位　　　　2019 年　　　　单位：元

项　　目	本年数	上年数
一、年初预算结转结余	1 550 000	（略）
（一）财政拨款结转结余	50 000	
（二）其他资金结转结余	1 500 000	
二、年初余额调整（减少以"－"号填列）	380 000	
（一）财政拨款结转结余	380 000	
（二）其他资金结转结余		
三、本年变动金额	5 757 500	
（一）财政拨款结转结余	47 000	
1. 本年收支差额	150 000	
2. 归集调入	100 000	
3. 归集上缴或调出	－203 000	
（二）其他资金结转结余	5 710 500	
1. 本年收支差额	7 567 500	
2. 缴回资金		
3. 使用专用结余	－1 807 000	
4. 支付所得税	－50 000	
四、年末预算结转结余	7 687 500	
（一）财政拨款结转结余	477 000	
1. 财政拨款结转	80 000	
2. 财政拨款结余	397 000	
（二）其他资金结转结余	7 210 500	
1. 非财政拨款结转	340 000	
2. 非财政拨款结余	6 724 000	
3. 专用结余	146 500	
4. 经营结余（如有余额，以"－"号填列）		

四、财政拨款预算收入支出表

（一）财政拨款预算收入支出表的内容和结构

1. 财政拨款预算收入支出表的内容

财政拨款预算收入支出表是反映单位本年财政拨款预算资金收入、支出及相关变动的具体情况的报表，是政府单位主要会计报表之一，属于动态报表。财政拨款预算收入支出表只编制年度报表。

2. 财政拨款预算收入支出表的结构

财政拨款预算收入支出表“项目”栏内各项目，应当根据政府单位取得的财政拨款种类分项设置。其中，“项目支出”项目应根据每个项目设置；政府单位取得除一般公共财政预算拨款和政府性基金预算拨款以外的其他财政拨款的，应当按照财政拨款种类增加相应的资金项目及其明细项目。

财政拨款预算收入支出表“项目”栏内各项目分别填列“年初财政拨款结转结余”“调整年初财政拨款结转结余”“本年归集调入”“本年归集上缴或调出”“单位内部调剂”“本年财政拨款收入”“本年财政拨款支出”“年末财政拨款结转结余”八栏数据。

财政拨款预算收入支出表的基本格式如表 10－20 所示。

表 10-20　　财政拨款预算收入支出表　　会政预 03 表

编制单位：　　____年　　单位：元

项目	年初财政拨款结转结余		调整年初财政拨款结转结余	本年归集调入	本年归集上缴或调出	单位内部调剂		本年财政拨款收入	本年财政拨款支出	年末财政拨款结转结余	
	结转	结余				结转	结余			结转	结余
一、一般公共预算财政拨款											
(一) 基本支出											
1. 人员经费											
2. 日常公用经费											
(二) 项目支出											
1. ××项目											
2. ××项目											
……											
二、政府性基金预算财政拨款											
(一) 基本支出											
1. 人员经费											
2. 日常公用经费											
(二) 项目支出											
1. ××项目											
2. ××项目											
……											
总　计											

(二)财政拨款预算收入支出表的填列方法

财政拨款预算收入支出表各栏及其对应项目的内容和填列方法如下:

(1)"年初财政拨款结转结余"栏中各项目,反映单位年初各项财政拨款结转结余的金额。各项目应当根据"财政拨款结转""财政拨款结余"及其明细科目的年初余额填列。本栏中各项目的数额应当与上年度财政拨款预算收入支出表中"年末财政拨款结转结余"栏中各项目的数额相等。

(2)"调整年初财政拨款结转结余"栏中各项目,反映单位对年初财政拨款结转结余的调整金额。各项目应当根据"财政拨款结转""财政拨款结余"科目下"年初余额调整"明细科目及其所属明细科目的本年发生额填列;如调整减少年初财政拨款结转结余,以"-"号填列。

(3)"本年归集调入"栏中各项目,反映单位本年按规定从其他单位调入的财政拨款结转资金金额。各项目应当根据"财政拨款结转"科目下"归集调入"明细科目及其所属明细科目的本年发生额填列。

(4)"本年归集上缴或调出"栏中各项目,反映单位本年按规定实际上缴的财政拨款结转结余资金,及按照规定向其他单位调出的财政拨款结转资金金额。各项目应当根据"财政拨款结转""财政拨款结余"科目下"归集上缴"科目和"财政拨款结转"科目下"归集调出"明细科目,及其所属明细科目的本年发生额填列,以"-"号填列。

(5)"单位内部调剂"栏中各项目,反映单位本年财政拨款结转结余资金在单位内部不同项目等之间的调剂金额。各项目应当根据"财政拨款结转"和"财政拨款结余"科目下的"单位内部调剂"明细科目及其所属明细科目的本年发生额填列;对单位内部调剂减少的财政拨款结余金额,以"-"号填列。

(6)"本年财政拨款收入"栏中各项目,反映单位本年从同级财政部门取得的各类财政预算拨款金额。各项目应当根据"财政拨款预算收入"科目及其所属明细科目的本年发生额填列。

(7)"本年财政拨款支出"栏中各项目,反映单位本年发生的财政拨款支出金额。各项目应当根据"行政支出""事业支出"等科目及其所属明细科目本年发生额中的财政拨款支出数的合计数填列。

(8)"年末财政拨款结转结余"栏中各项目,反映单位年末财政拨款结转结余的金额。各项目应当根据"财政拨款结转""财政拨款结余"科目及其所属明细科目的年末余额填列。

【复习思考题】

1. 什么是政府单位预算收入?如何对其进行确认?它包括哪些内容?
2. 行政单位和事业单位的预算收入各自包括哪些内容?
3. 财政拨款预算收入与非同级财政拨款预算收入有何区别?
4. 事业预算收入和经营预算收入有何区别?
5. 什么是附属单位上缴预算收入和上级补助预算收入?
6. 什么是债务预算收入和投资预算收益?
7. 什么是其他预算收入?它包括哪些内容?
8. 什么是政府单位的预算支出?如何对其进行确认?它包括哪些内容?
9. 行政单位和事业单位的预算支出各自包括哪些内容?

10. 什么是行政支出？如何对其进行分类？

11. 事业支出和经营支出有何区别？

12. 上缴上级支出和对附属单位补助支出有何区别？

13. 什么是投资支出和债务还本支出？

14. 什么是其他支出？它包括哪些内容？

15. 什么是资金结存？其核算的内容包括哪些？

16. 什么是预算结余？它包括哪些内容？行政单位和事业单位的结转结余科目有何不同？

17. 什么是专用结余和经营结余？

18. 事业单位财政拨款结转和非财政拨款结转、财政拨款结余和非财政拨款结余各有何不同？

19. 事业单位非财政拨款结余分配的项目是什么？

20. 什么是政府单位的预算会计报表？它包括哪些内容？

21. 什么是预算收入支出表？它按照什么时间编制？

22. 什么是预算结转结余变动表？它按照什么时间编制？

23. 什么是财政拨款预算收入支出表？它按照什么时间编制？

24. 政府单位将本年预算结余调整为本年盈余的主要事项包括哪些？

【操作练习题】

操作练习题一

目的：练习行政单位和事业单位共有预算收入账户和资金结存账户的核算。

资料：某政府单位2019年12月发生如下经济业务：

1. 收到“财政直接支付入账通知书”及相关原始凭证，列明采购专用材料一批，用于依法履职或开展专业活动，直接支付入账金额为200 000元，材料已经验收入库。

2. 收到“财政授权支付额度到账通知”，其上列明本月财政授权支付额度为400 000元。

3. 采购的依法履职或开展专业活动的电脑耗材因质量问题予以退回，共计80 000元。其中50 000元属于上年度支付的款项、采用财政授权支付方式支付，30 000元属于本年度支付的款项，采用直接支付方式支付。收到代理银行转来财政直接支付资金退回入账通知书，退回相关款项50 000元，收到代理银行通知书，退回单位零余额账户相关款项30 000元，材料已退回。

4. 收到非同级财政部门的财政拨款收入200 000元，款项已存入银行。

5. 接受某公司捐赠的现金300 000元。

6. 收到银行存款利息收入通知书，本月取得存款利息收入8 000元。

7. 收到出租办公楼的年租金6 180元收入。

8. 年末，经过对账确认财政直接支付预算指标数为4 000 000元，本年度财政直接支付实际支出数为3 800 000元；本年度财政授权支付预算指标数为5 000 000元，本年度零余额账户用款额度下达数为4 800 000元，本年度零余额账户用款额度支用数为4 700 000元。

要求：根据上述经济业务编制预算会计下的相应会计分录，其中涉及“资金结存”账户的要求列出明细账户。

操作练习题二

目的：练习事业单位特有预算收入账户和资金结存账户的核算。

资料：某事业单位2019年12月发生如下经济业务：

1. 收到从财政专户返还的教有收费收入70 000元。

2. 收到向甲企业提供技术服务收入60 000元，该收入不采用财政专户返还方式管理。

3. 收到按合同完成进度预收的科研经费200 000元。

4. 收到按合同完成进度确认的应收科研经费80 000元。

5. 收到非独立核算部门销售产品取得收入6 180元(含税)。

6. 收到上级单位拨入的非财政资金补助款280 000元。

7. 收到附属A单位上缴的收入8 000元。

8. 因开展非独立核算经营活动向银行借款100 000元，期限为10个月。

9. 收到国库券投资的利息收入4 000元。

10. 收到长期股权投资分得的利润80 000元。

要求：根据上述经济业务编制预算会计下的相应会计分录，其中涉及“资金结存”账户的要求列出明细账户。

操作练习题三

目的：练习行政单位预算支出账户和资金结存账户的核算。

资料：某行政单位2019年12月发生如下经济业务：

1. 购买办公文具一批，通过单位零余额账户支付款项4 000元。

2. 通过财政直接支付方式支付职工薪酬400 000元。

3. 购入用于专业活动的计算机一批，取得的增值税专用发票上注明的材料价款为200 000元，增值税额为26 000元，款项通过单位零余额账户支付，另以现金800元支付运费。

4. 购入救灾物资一批，取得的增值税专用发票上注明的材料价款为100 000元，增值税额为13 000元。款项通过财政直接支付方式支付。

5. 收到代理银行转来的“财政直接支付入账通知书”，使用上年未使用的财政直接支付额度购买专用材料一批，材料价款为100 000元，增值税额为13 000元。

6. 向希望工程捐赠现金80 000元，已通过银行转账。

7. 收到接受A公司捐赠的采用名义金额计量的技术设备一台，以银行存款支付相关税费3 000元。

8. 出纳人员将上月盘点发现的现金短缺200元予以赔偿。

要求：根据上述经济业务编制预算会计下的相应会计分录，其中涉及“资金结存”账户的要求列出明细账户。

操作练习题四

目的：练习事业单位预算支出账户和资金结存账户的核算。

资料：某事业单位2019年12月发生如下经济业务：

1. 购买办公文具一批，通过单位零余额账户支付款项6 000元。

2. 通过财政直接支付方式将专业活动人员薪酬800 000元转入个人工资户。

3. 将经营活动人员薪酬10 000元转入职工个人工资户。

4. 购入用于专业活动的计算机一批，取得的增值税专用发票上注明的材料价款为100 000

元，增值税额为13 000元。款项通过单位零余额账户支付，另以现金 800 元支付运费。

5. 收到代理银行转来的“财政直接支付入账通知书”，使用上年未使用的财政直接支付额度购买专用材料一批，材料价款为100 000元，增值税额为13 000元。

6. 购入用于经营活动的材料一批，取得的增值税专用发票上注明的材料价款为100 000元，增值税额为13 000元，款项通过银行支付，另以现金 800 元支付运费。

7. 按核定的预算定额上缴上级单位款项90 000元。

8. 用非财政拨款预算收入支付附属单位补助款项120 000元。

9. 购入 5 年期、票面利率为 5%的国库券，实际支付价款200 000元

10. 偿还 10 个月的短期借款本金100 000元，支付利息5 000元。

11. 向希望工程捐赠现金80 000元，已通过银行转账。

12. 收到接受 A 公司捐赠的采用名义金额计量的技术设备，以银行存款支付相关税费3 000元。

13. 出纳人员将上月盘点发现的现金短缺 200 元予以赔偿。

要求：根据上述经济业务编制预算会计下的相应会计分录，其中涉及“资金结存”账户的要求列出明细账户。

操作练习题五

目的：练习行政单位预算结余的核算。

资料：某行政单位 2018 年和 2019 年的相关资料如下：

1. 2018 年年末，“财政拨款结转”和“非财政拨款结余”的账户余额分别为200 000元和500 000元，“财政拨款结余”账户和“非财政拨款结转”账户无余额。

2. 2019 年年末，各项预算收入和预算支出本年发生额如表 10-21 所示（假设没有政府性基金预算财政拨款）。

表 10-21　　各项预算收入和预算支出本年发生额

2019 年 12 月 31 日　　单位：元

预算收入账户名称	贷方发生额	预算支出账户名称	借方发生额
财政拨款预算收入	5 800 000	行政支出	6 940 000
其中：项目支出——办公楼修缮	500 000	其中：财政拨款支出——项目支出 ——办公楼修缮	400 000
非同级财政拨款预算收入	300 000	——基本支出	5 000 000
其中：专项资金收入——办公楼修缮	200 000	非财政专项资金支出——办公楼修缮	200 000
其他预算收入	2 040 000	——新技术引进	700 000
其中：专项资金收入——办公楼修缮	500 000	其他资金支出	640 000
——新技术引进	800 000	其他支出	700 000
		其中：财政拨款支出	50 000
		非财政专项资金支出——办公楼修缮	500 000
		其他资金支出	150 000

3. 2019 年度，该单位发生如下相关经济业务：

(1) 上年度使用财政直接支付方式采购的办公用电脑耗材因质量问题予以退回，款项30 000元，收到代理银行转来财政直接支付资金退回入账通知书，退回相关款项 50 000 元，材料已退回。

(2) 代理银行转来财政授权支付通知书，收到主管部门从其他单位调入的财政拨款结转资金100 000元，用于当年办公大楼的修缮。

(3) 按照主管部门的规定，将50 000元的财政拨款结转资金调出给其他单位，已通过银行转账。

(4) 检查上年度已完成的老菜地改造工程项目，发现该项目上年结余资金50 000元，按财政部门要求上交。收到代理银行通知已扣减零余额账户用款额度。

4. 假设办公楼修缮项目年底完工。

表 10-22　　财政拨款预算收入明细

2018 年 12 月 31 日　　单位：元

一级明细账户	二级明细账户	三级明细账户	四级明细账户	本年发生额
一般公共预算财政拨款	行政运行	基本支出	人员经费	6 400 000
			公共经费	1 400 000
	一般行政管理事务	项目支出	办公楼修缮	200 000
政府性基金预算财政拨款	新菜地开发建设基金	项目支出	开发新菜地工程	200 000
			改造老菜地工程	100 000
			设备购置	300 000

要求(会计分录列示一级明细账户)：

(1) 编制 2019 年年度发生经济业务预算会计下的会计分录。

(2) 结转 2019 年年度预算收入和预算支出。

(3) 将完工项目的财政拨款结转资金转入"财政拨款结余"账户。

(4) 将"其他结余"账户余额转入"非财政拨款结余"账户。

(5) 计算"财政拨款结转""财政拨款结余""非财政拨款结转"和"非对政拨款结余"账户的 2019 年年末余额。

操作练习题六

目的：掌握行政单位预算收入支出表和预算结转结余变动表的编制。

资料：某行政单位有关资料如下：

1. 沿用操作练习题五操作练习中的资料 1。

2. 2019 年度，该行政单位收到利息收入 50 000 元，捐赠收入 1 460 000 元，租金收入500 000元(不需要上缴财政)；发生现金捐赠支出200 000元。

要求：根据上述资料，编制该行政单位 2019 年度预算收入支出表和预算结转结余变动表(上年数从略)。

主要参考文献

[1] 财政部会计司.政府会计研究报告[M].大连:东北财经大学出版社,2005.

[2] 常丽,何东平.政府与非营利组织会计[M].大连:东北财经大学出版社,2009.

[3] 贾明春.政府与非营利组织会计[M].北京:经济科学出版社,2010.

[4] 财政部编写组.行政事业单位会计制度(2013)讲解[M].北京:中国财政经济出版社,2014.

[5] 事业单位会计制度研究组.事业单位会计制度讲解[M].大连:东北财经大学出版社,2013.

[6] 邢俊英.政府会计[M].2 版.大连:东北财经大学出版社,2018.

[7] 杨光焰,政府预算管理[M].2 版.上海:立信会计出版社,2016.

[8] 财政部国库司.中央部门预算编制指南(2012年)[M].北京:中国财政经济出版社,2011.